제과·제빵
기능사 필기

서문(序文)

한 권의 문화 서적과 인문 서적이 인생을 바꾼다면, 제과·제빵 교육에 필요한 전문 서적은 내일을 위한 희망과 행복을 만듭니다.

글로벌 시대에 각 나라별로 수많은 빵·과자류 제품이 각각의 특색을 갖고 발전하고, 눈부시게 급변하고 있습니다.

제과·제빵 업체의 형태는 다양하게 변모하고 있으며, 단품종의 빵과자류 전문점, 디저트 카페, 베이커리 카페, 윈도우 베이커리도 상향곡선을 나타내고 있어서 다양한 트렌드 제품의 개발도 중요시되고 있습니다.

고객의 가치에 부합하는 고품질의 과자류 제품을 제공하기 위해 효율적이고 체계적인 기술과 생산계획을 수립하여 경영, 판매, 생산, 위생 및 관련 업무에 종사할 수 있는 능력이 강조되고 있습니다.

본 교재는 제과·제빵기능사와 제과·제빵 산업기사, 제과기능장 필기 시험의 공통 과목을 수록했습니다. Part 1에서는 제과와 제빵의 공통과목이며, Part 2에는 제과 이론, Part 3에는 제빵이론, Part 4에는 예상문제풀이와 기출문제(모의고사)를 수록하였습니다.

교사나 학습자가 교재를 선택하는 것은 신중해질 수밖에 없습니다. 서점의 많은 베스트 셀러 중에서 책 한 권을 고르는 것보다도, 긴 세월을 교육 현장에서 직접 가르치면서 국가 정책에 맞는 맞춤형 교재가 필요하다는 것을 절실히 느끼고 있습니다.

본 교재는 한국직업능력개발원의 NCS 학습모듈을 참고문헌으로 하여 요약정리 하였습니다. 직업훈련 정책과 기술자격 검정 출제 기준에 부응하여, 우수한 제과·제빵기능사 및 제과·제빵 산업기사의 배출에 기여하고자 합니다.

이에, 도서출판 유강의 유인하 회장님, 편집에 수고해주신 씨엠씨 황익상 실장님, 항상 열정으로 공부하면서 가르치는 성남제과조리커피직업전문학교, 성남제과제빵커피학원의 유승연 원장님의 협조에 감사의 인사를 드립니다.

여러분들의 앞날에 희망과 행복이 함께 하시길 기원 드립니다.

저자드림

Contents

Part I. 제과 · 제빵 공통 이론

Chapter 1. 재료 준비 ·············· 8

제1절 재료 준비 및 계량 ················ 8
    01. 배합표 작성 및 점검
    02. 재료 준비 및 계량 방법
    03. 재료의 성분 및 특징
    04. 기초재료과학/재료의 영양학적 특성

제2절 충전물 / 토핑물 관리 ·············· 51
    01. 재료의 특성 및 전처리
    02. 충전물/토핑물 제조방법 및 특징

Chapter 2. 제품 저장 관리 ·········· 57

제1절 제품의 냉각 및 포장 ·············· 57
    01. 제품의 냉각 방법 및 특징
    02. 포장재별 특성
    03. 불량제품 관리

제2절 제품의 저장 및 유통 ·············· 66
    01. 저장 방법의 종류 및 특징
    02. 제품의 유통 · 보관 방법
    03. 제품의 저장 · 유통 중의 변질 및 오염원 관리 방법

Chapter 3. 위생 안전 관리 ········· 70

제1절 식품 위생 관련 법규 및 규정 ········ 70
    01. 식품 위생법 관련 법규
    02. HACCP 등의 개념 및 의의
    03. 공정별 위해요소 파악 및 예방
    04. 식품 첨가물

제2절 개인 위생 관리 ·················· 77
    01. 개인 위생 관리
    02. 식중독의 종류, 특성 및 예방 방법
    03. 감염병의 종류, 특성 및 예방 방법

제3절 환경 위생관리 ·················· 83
    01. 작업 환경 위생관리
    02. 소독제
    03. 미생물의 종류와 특징 및 예방방법
    04. 방충, 방서 관리

제4절 공정 점검 및 관리 ················ 86
    01. 공정의 이해와 관리
    02. 설비 및 기기

Part II. 제과 이론(과자류 제품 제조)

제1절 반죽 및 반죽 관리 ················ 90
    01. 반죽법의 종류 및 특징
    02. 반죽의 결과 온도
    03. 반죽의 비중

제2절 팬닝(분할 팬닝 방법) ·············· 97

제3절 성형(제품별 성형 방법 및 특징) ······ 99

제4절 반죽 익히기 ···················· 108
    01. 익히기 방법의 종류 및 특징
    02. 익히기 중 성분 변화의 특징

Part Ⅲ. 제빵 이론(빵류 제품 제조)

제1절 반죽 및 반죽 관리 ········· 112
    01. 반죽법의 종류 및 특징
    02. 반죽의 결과 온도
    03. 반죽의 비용적

제2절 반죽 발효관리 ········· 127

제3절 분할하기 ········· 130

제4절 둥글리기 ········· 131

제5절 중간발효 ········· 132

제6절 성형 ········· 134

제7절 팬닝 ········· 138

제8절 반죽 익히기 ········· 139
    01. 반죽 익히기 방법의 종류 및 특징
    02. 익히기 중 성분 변화의 특징

Part Ⅳ. 예상 문제 & 모의 고사

Part 1. 제과·제빵 공통 문제 ········· 144
    1. 기초재료과학/재료의 영양학적 특성
    2. 제품 저장 관리
    3. 위생 안전 관리

Part 2. 제과 이론 문제 ········· 193
    1. 과자류 제품 재료 혼합
    2. 반죽 및 반죽관리
    3. 팬닝, 성형
    4. 반죽 익히기

Part 3. 제빵 이론 문제 ········· 235
    1. 빵류 제품 재료 혼합
    2. 반죽 및 반죽 관리
    3. 발효, 분할, 둥글리기, 성형, 팬닝
    4. 반죽 익히기

제과기능사 모의 고사 (1~4회) ········· 270

제빵기능사 모의 고사 (1~4회) ········· 297

참고문헌 / 324

 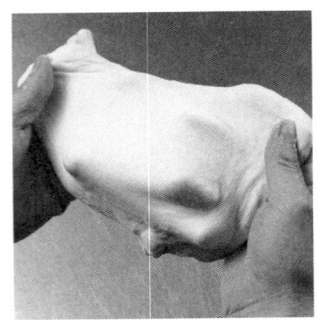 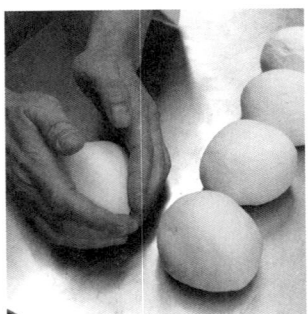

Part I

제과·제빵기능사 공통 이론

Chapter 1. 재료 준비…8

Chapter 2. 제품 저장 관리…57

Chapter 3. 위생 안전 관리…70

Chapter ❶ 재료 준비

제1절 재료 준비 및 계량

01. 배합표 작성 및 점검

1 배합표

배합표란 제품을 만드는 데 필요한 재료의 양을 숫자로 표시한 것이다. 모든 제품의 배합표는 기본 배합에 충실하면서 제조하는 것이 원칙이나 날씨와 작업장의 상태 등의 조건에 따라 달라질 수 있으므로 기본 배합에 충실하면서 상황에 따라 조정할 필요가 있다.

1) 베이커스 백분율 (baker's %)

밀가루 100%를 기준으로 하여 각각의 재료를 밀가루에 한 백분율로 표시한 것이다. 밀가루를 기준으로 소금이나 설탕의 비율을 조정하여 맛을 조절할 때 용이하다. 주로 제품개발실이나 소규모 제과점에서 소비자 맞춤형으로 제품을 생산할 때 이용하는 방법이다.

$$\text{baker's \%} = \frac{\text{각 재료의 중량(g)}}{\text{밀가루의 중량(g)}} \times \text{밀가루의 비율(\%)}$$

2) 트루 퍼센트 (true %)

제품 생산에 필요한 전체 재료에 사용된 양의 합을 100%로 나타낸 것으로, 재료의 사용량을 정확하게 알 수 있다. 생산 수량이 정해지면 재료의 양을 산출하는 방법으로 이용되고, 주로 대량 생산 공장에서 사용하며, 원가 관리가 용이하다. 또한 소규모 제과점인 경우, 일정하게 생산량이 정해진 곳이나 배합표의 변경을 필요로 하지 않는 곳에서 생산할 때도 사용한다.

$$\text{true \%} = \frac{\text{각 재료의 중량(g)}}{\text{밀가루의 중량(g)}} \times \text{총 배합률(\%)}$$

3) 배합표의 단위

배합표에 배합율은 %로 표기하며, 배합량은 g과 kg 단위로 표기한다. 베이커스 퍼센트는 밀가루 비율 100% 기준으로 하여 표기하며, 트루 퍼센트는 전체 사용된 재료의 합을 100%로 표기한다.

4) 배합량 계산법

(1) 밀가루의 무게(g) = $\dfrac{\text{밀가루 비율(\%)} \times \text{총 반죽의 무게(g)}}{\text{총 배합율(\%)}}$

(2) 각 재료의 무게(g) = $\dfrac{\text{각 재료의 비율(\%)} \times \text{밀가루 무게(g)}}{\text{밀가루 비율(\%)}}$

(3) 총 반죽 무게(g) = $\dfrac{\text{총 배합율(\%)} \times \text{밀가루 무게(g)}}{\text{밀가루 비율(\%)}}$

(4) 트루 퍼센트 = $\dfrac{\text{각 재료 중량(g)}}{\text{총 재료 중량(g)}} \times 100$

02. 재료 준비 및 계량 방법

1 재료 준비

1) 원·부재료

제과제빵의 원재료는 밀가루, 달걀, 설탕과 유지(Fat & Oil)를 원재료로 구분하고 원재료 이외의 재료를 부재료라 한다. 이러한 부재료는 소비자의 기호성을 높이고 제품의 품질과 모양을 향상할 목적으로 사용하며 각종 가루류 과일 및 견과 등 다양한 부재료가 있다.

2) 재료 점검

재료를 계량하기 전에 배합표에 명시된 재료의 제조 회사, 유통 기한, 재료 상태 등을 점검해야 한다.

2 재료의 계량

재료를 낭비하지 않고 균일한 제품을 제조하기 위해서는 정확한 계량을 하여야 한다. 재료 계량 시 재료의 무게를 측정할 경우 저울을 사용하여 계량하며, 부피를 측정하는 경우 계량스푼과 계량컵을 사용하여 계량한다.

Chapter ❶ 재료 준비

03. 재료의 성분 및 특징

❶ 밀가루 및 가루제품

1. 밀가루

1) 밀의 구조
① 배아 : 밀의 2~3%이며 제분과정에서 분리된다.
② 껍질 : 밀의 14%를 차지하며 제분과정에서 분리됨 섬유소와 회분을 다량 함유하고 있다.
③ 내배유 : 밀알의 83%를 차지하며 밀가루가 되는 부분이다.

2) 밀기 제분
(1) **제분** : 밀알의 껍질, 배아 부위를 분리하고 내배유의 전분을 손상되지 않게 고운 가루로 만드는 것
(2) **제분율**
① 밀을 제분해서 밀가루를 만들 때 밀에 대한 밀가루의 양을 %로 나타낸 것 (밀가루 / 밀)
② 회분 함량이 많은 밀가루는 입자가 거칠고 어두운 색을 나타낸다.
③ 제분율이 높을수록 껍질 부위가 많이 들어가 많아서 V_{B1}, V_{B2}, 회분, 단백질, 탄수화물 함량↑, 소화율↓
④ 제분율이 낮을수록 껍질 부위가 적으며 고급분이 된다.

3) 밀가루의 성분
(1) **단백질**
① 밀가루로 빵을 만들 때 품질을 좌우하는 중요한 지표로, 단백질 양이 많을수록 질이 좋다.
② 밀가루의 단백질 중 글리아딘과 글루테닌은 물과 결합해 글루텐을 형성한다. (구조형성)
③ 글리아딘은 신장성을 갖게 하고, 글루텐은 점성/탄력성이 좋아 탄산가스를 보유하는 능력이 있다.
④ 단백질이 1% 증가함에 따라 흡수율은 1.5~2% 증가한다.

(2) **탄수화물**
① 밀가루 함량의 70%를 차지한다.
② 당, 전분, 다당류로 구성된다.
③ 대부분은 전분이며, 덱스트린, 셀룰로오스(섬유소)가 많다.
④ 전분 내 아밀로오스 20~25%, 아밀로펙틴 75~80%

(3) 지방

밀가루 함량의 1~2% 포함 (배아)

(4) 회분 (무기질)

① 껍질 부분(밀기울)에 많다. (껍질 부분이 적을수록 회분 함량이 낮아짐)

② 정제 정도에 따라 다르다.

③ 밀가루의 등급을 판단하는 기준이 된다.

④ 정제도 표시 → 고급 밀가루 회분 함량은 밀의 1/4~1/5

 ㉠ 제분 공장의 점검 기준이다.

 ㉡ 제빵 적성을 직접 나타내지는 않는다.

 ㉢ 제분율이 동일할 때 회분 함량은 강력분 〉 박력분

(5) 수분

① 밀가루의 수분은 10~14% 정도

② 밀가루의 수분 함량이 1% 감소시 마다 반죽의 흡수율은 1.3%~1.6% 증가한다.

(6) 효소

① 제빵에 중요한 영향을 미친다.

② 전분을 분해하는 효소(아밀라아제)와 단백질을 분해하는 효소(프로테아제)가 있다.

4) 밀가루의 분류 (단백질 함량 기준)

밀가루	용도	단백질 함량	밀의 종류
듀럼분	스파게티, 마카로니	13% 이상	듀럼분 초자질
강력분	제빵, 마카로니	11~13%	경질춘맥 초자질
중력분	다목적용 (제면)	9~11%	연질동맥 중자질
박력분	제과용	7~9%	연질동맥 분상질

① 듀럼분 : 밀 단백질의 글루텐 함량이 높은 경질밀. 지중해성 기후에 적합

② 춘맥 : 이른 봄에 씨를 뿌려 척 여름에 거두는 보리 (봄 밀)

③ 동맥 : 가을에 씨를 뿌려 이듬해 여름에 수확하는 밀 (겨울 밀)

④ 초자질 : 밀의 배유에서 세포가 치밀하고 광선이 잘 투입되며 단백질 함량이 높은 부분

5) 밀가루의 특징

(1) 색상
① 제분 중 겨층의 혼입 정도, 회분 양, 입도, 불순물의 양 및 제분의 정도 등에 영향을 받는다.
② 회분 함량이 많으면 색상이 어둡고, 입자가 고울수록 밝은 색을 나타낸다.

(2) 흡수율(수화)
① 흡수율에 관여하는 성분은 전분, 단백질, 펜토산, 손상전분 함량 등
② 단백질 함량이 높을수록 흡수율은 증가한다.

(3) 손상전분
① 제분 공정 중 밀알이 분쇄될 때 전립분이 충격을 받아 전분입자가 손상을 받는 것
② 손상전분은 2배의 물을 흡수한다.
③ 연질밀보다 경질밀에 손상 전분함량이 많다.
④ 밀의 경도와의 관계되며, 제빵적성에 바람직한 손상전분의 함량은 4.5 ~ 8%

(4) 밀가루 반죽의 물성에 영향을 주는 원재료
① 탄성을 강하게 하는 요인 : 소금, 비타민C, 마그네슘염(경수) 등
② 글루텐의 연화작용을 하는 요인 : 레몬즙, 식초, 알코올류 등
③ 글루텐의 탄성을 약하게 하는 요인 : 버터, 마가린, 쇼트닝 등

(5) 반죽의 물리적 실험방법

아밀로 그래프	① 전분의 점성을 측정 하는 기기 ② 제빵에 큰 역할을 하는 α아밀라아제 효소 활성도 측정 ③ 가장 적합한 범위는 400~600 B.U
익스텐소 그래프	① 반죽의 신장도를 측정 ② 2차 발효에 의한 반죽의 성질을 판단하며 개량제 및 산화제의 효과를 측정
패리노 그래프	① 밀가루의 점탄성을 측정 ② 반죽의 흡수율, 믹싱시간, 글루텐의 강도, 믹싱 내구성을 측정
믹사트론 (Mixatron)	① 반죽의 상태를 전력으로 환산하여 곡선으로 표시하는 장치 ② 표준 곡선과 비교하여 새로운 밀가루의 정확한 흡수와 믹싱 시간을 신속하게 점검 할수 있다.

(6) 밀가루의 숙성 및 표백
① 제분 직후 밀가루는 크림색(카로티노이드계 색소, 크산토필), 불안정한 상태이다.
② 자연 숙성 및 표백 : 공기 중의 산소로 산화시켜 탈색시키는 과정
③ 인공 숙성 및 표백
밀가루 개량제를 사용하여 빠른 시간 안에 산화작용을 일으켜 표백 및 제빵 품질을 개량시킨다.
ex. 산화제 (브롬산 칼륨, 비타민 C, 아조디카 본아마이드 등)

(7) 제빵에 적합한 밀가루의 선택 기준

① 2차 가공 내성이 좋아야 한다.

② 흡수량이 많아야 한다.

③ 단백질 양이 많고, 질이 좋아야 한다.

④ 제품 특성을 잘 파악하고, 맞는 밀가루를 선택해야 한다.

⑤ 품질이 안정되어 있어야 한다.

(8) 밀가루의 저장 방법

① 습도는 약 60%, 온도는 약 20℃ 정도에서 보관

② 환기가 잘 되고, 서늘한 곳에 보관

③ 방충, 방서, 선입선출

④ 암모니아, 휘발유, 석유 등 냄새가 강한 물건을 가까이 두지 않는다.

2. 기타 가루

호밀 가루	단백질	① 밀가루에 비해 단백질의 양적 차이 없고, 질적 차이 있다. ② 글리아딘, 글루테닌 함량이 밀가루의 약 30% ③ 탄력성, 신장성이 나쁘기 때문에 밀가루와 혼합하여 사용한다.
	탄수화물	① 전분이 70% 이상, 펜토산의 함량이 많다. ② 펜토산으로 이루어진 검(gum)이 많이 들어있어 반죽을 끈적이게 하고 글루텐 형성을 방해한다. ③ 검류는 유기산에 의한 제빵적성이 감소하므로, 이스트에 의한 발효보다는 사워종을 활용하는 것이 좋다.
	지방	호밀의 배아 부분에 주로 존재
대두분		① 필수아미노산(리신) 함량 높아 밀가루 영양 보강제로 사용 ② 대두분 첨가 시, 글루텐과 결합력 강화, 신장성에 저항 ③ 케이크, 도넛 : 껍질구조 강화, 색 개선, 식감 개선 효과
땅콩가루		단백질과 필수아미노산 함량이 높아 영양강화 식품
감자가루		① 감자를 갈아서 만든 가루로 이스트의 영양제, 향료제로 사용한다. ② 식빵에서 수분을 보유하는 성질이 있어 노화를 지연시킨다.
옥수수 가루		① 옥수수를 제분하여 빵과자제품에 직접 사용한다. ② 옥수수 단백질 (제인) : 리신, 트립토판이 결핍된 불완전 단백질이지만, 일반 곡류에 부족한 트레오닌, 메티오닌이 많아, 다른 곡류와 섞어 사용하면 좋다.
보리 가루		① 보리 특유의 구수한 맛, 거칠고, 진한 색 ② 잡곡 바게트 등 건강빵
전분		① 전분 종류에 따라 호화온도, 팽윤정도, 반죽의 점도 차이가 있다. ② 푸딩, 파이 내용물을 결합하기 위해 사용한다.

Chapter 1 재료 준비

프리믹스	제품의 특성에 따라 밀가루, 소금, 설탕, 분유, 계란분말 등의 재료와 이스트, 베이킹파우더와 같은 팽창제를 균일하게 혼합한 가루로, 물과 섞어 편리하게 반죽해서 사용한다.
활성 밀 글루텐	① 밀가루에서 단백질(글루텐)을 추출하여 만든 연한 황갈색의 미세한 분말 (건조 글루텐) ② 밀가루의 단백질 함량이 낮거나, 부재료의 사용으로 밀가루 사용량이 적어질 경우 개량제로 첨가하여 사용한다.

※ 젖은 글루텐 (%) :

반죽을 물로 씻어 전분을 제거한 덩어리 = 젖은 글루텐 반죽의 중량 ÷ 밀가루 중량 × 100

※ 건조 글루텐 (%) :

젖은 글루텐을 건조하여 밀가루 형태로 분말화 한 것 = 젖은 글루텐 (%) ÷ 3

2 감미제

1. 감미제의 기능

① 단맛, 천연 착향제 : 감미제와 독특한 풍미를 제공한다.

② 착색제 : 카라멜화, 메일라드 반응을 통해 껍질색을 낸다.

③ 수분 보유력 증가 : 노화를 지연 시키고, 보존기간을 늘린다.

④ 연화제 : 글루텐 생성을 감소시켜 단백질을 부드럽게 한다.

⑤ 제과 시 흐름성을 이용하여 쿠키 반죽의 퍼짐성을 조절한다. (윤활작용)

⑥ 제빵 시 발효가 진행되는 동안 이스트의 먹이로 제공한다.

⑦ 제품의 속결과 기공을 부드럽게 하며, 발효 조절을 한다.

※ 카라멜화 반응

① 당분을 고온에서 가열시키면 갈색으로 변하는 현상.

② 설탕은 160℃에서 카라멜화가 시작한다.

③ 포도당과 과당은 이보다 낮은 온도에서 착색한다.

※ 메일라이드 반응

① 아미노산과 환원당이 가열에 의해 반응하는 현상.

② 비환원당인 설탕에서는 반응이 나타나지 않는다.

③ 마이야르 반응에 가장 큰 영향을 주는 것은 온도이다.

④ 수분 활성도 0.6~ 0.8에서 가장 반응이 크며, 설탕보다 단당류가 갈색화가 크다.

⑤ 알카리성 쪽으로 기울수록 반응 속도가 증가 한다.

2. 감미제의 종류

1) 설탕

(1) 설탕의 정의

① 사탕수수의 농축액을 결정화하여 원심분리하면 원당(설탕)과 당밀을 생산

② 설탕의 주 성분 : 자당 (Sucrose)

(2) 설탕의 종류

정제당	① 원당으로부터 당밀과 불순물을 제거하여 만든 순수한 당 ② 입상형 당 : ㉠ 자당이 알갱이 형태를 이룬 것 　　　　　　　㉡ 제품별 용도에 따라 입자가 다양하다. ③ 분당 : ㉠ 거친 설탕을 곱게 분쇄하여 가루로 만든 가공당 　　　　 ㉡ 덩어리가 생기는 것을 방지하기 위하여 3% 정도의 옥수수 전분을 혼합한다.
변형당	① 입상형이나 분당에 속하지 않는 당 ② 색은 백색에서 암갈색까지 다양 ③ 각설탕, 소프트 슈가, 냉음료 전용, 빙당, 커피슈가
전화당	① 자당을 산이나 효소로 가수분해 하여 생성된 동량의 포도당과 과당의 혼합물 (시럽형태) ② 설탕대비 감미도가 30%정도 높음 ③ 수분 보유력이 뛰어나서 보습이 필요한 제품에 사용하고 제품을 신선하고 촉촉하게 하여 저장성 지속 (보습성) ④ 제품에 향을 부여하며, 풍미를 개선 ⑤ 설탕의 결정화를 방지하고, 껍질색의 형성을 빠르게 함
액당	① 자당 또는 전화당이 물에 녹아있는 용액의 당(시럽) ② 취급이 용이하고, 위생적으로 설탕을 대량으로 사용하는 공장에서 많이 사용함 ③ 액당의 당도(%) = 설탕의 무게 / (설탕의 무게+물의 무게) x 100
함밀당	① 정제공정 거치지 않아 당밀을 함유한 설탕 ② 종류 : 흑설탕

ex) 당도 계산 : 설탕 40g, 물 60g일 경우 당도는?

$$당도 = \frac{설탕}{설탕 + 물} = \frac{40}{40 + 60} = \frac{40}{100} = 0.4$$

$$= 0.4 \times 100 = 40\%$$

2) 전분당

포도당	① 전분을 가수분해 하여 만든다. ② 무수 포도당과 함수 포도당이 있는데, 제과에서는 함수포도당을 사용한다. ③ 감미도가 설탕 100에 대하여 75 정도이다.
물엿 (맥아당)	① 전분을 산 또는 효소로 가수분해하여 만든 것. ② 포도당, 덱스트린, 맥아당, 물이 혼합된 상태의 점성이 있는 끈적끈적한 액체 ③ 설탕에 비해 감미도는 낮지만, 점성, 보습성이 뛰어나 제품의 조직을 부드럽게 할 목적으로 쓰인다.
이성화당	① 포도당의 일부를 알칼리 또는 효소를 이용해 과당으로 이성화시켜 과당과 포도당이 혼합된 당액 ② 설탕에 비하여 느낌이 상쾌하고 조화된 깨끗한 감미가 있다. ③ 설탕보다 삼투압이 높아 미생물의 생육억제 효과가 크고, 보습성이 강해 설탕과 혼합 사용 시 과자류의 품질 향상

3) 당밀

① 당밀은 사탕수수의 농축액에서 원당(설탕)을 생산하고 남은 1차 산물 또는 부산물
② 시럽 상태의 당(설탕, 전화당, 무기질 및 수분으로 구성)
③ 특유의 단맛과 향을 얻을 수 있고, 제품을 장기간 촉촉하게 보존할 수 있다.
④ 당밀을 적당히 숙성(발효)시키면 럼주가 된다.
⑤ 보습성을 가지고 있어 제품을 장기간 촉촉하게 보존 가능(노화 지연)
⑥ 고급 당밀에는 오픈 케틀이 있으며, 저급 당밀은 식용으로 사용하지 않고, 가축 사료, 이스트 생산 등 제조용 원료로 사용한다.

4) 맥아

① 발아시킨 보리(엿기름)의 낟알을 말하며, 발아 정도는 싹의 길이로 판단한다.
② 탄수화물 분해효소인 아밀라아제가 전분을 맥아당으로 분해한다.
③ 분해 산물인 맥아당은 이스트 먹이로 이용되는 발효성 탄수화물이다. (발효 촉진)
④ 단백질 분해효소가 들어 있다.
⑤ 맥아시럽
　㉠ 맥아분(엿기름)에 물을 넣고 열을 가하여 만든다.
　㉡ 탄수화물 분해효소, 단백질 분해효소, 맥아당, 가용성 단백질, 기타 맥아물질을 추출한 액체로 구성

> **TIP**
> 〈 제빵에서의 역할 〉
> ㉠ 이스트 발효를 촉진
> ㉡ 가스 생산 증가
> ㉢ 특유의 향과 껍질 색 개선
> ㉣ 제품 내부의 수분 함량 증가

5) 올리고당

① 포도당 1개에 과당이 2~4개 결합된 이당류
② 감미도가 설탕의 30% 정도이고 저칼로리이다.
③ 소화효소에 의해 분해되지 않고, 대장까지 도달해 장내 비피더스균의 증식 인자로, 장 활동을 활발하게 한다.
④ 청량감이 있다.

> **TIP**
> 〈 제과제빵에서의 감미제 기능 〉
> ① 속결과 기공, 조직을 부드럽게 만든다.
> ② 캐러멜화와 메일라드 반응을 통하여 껍질 색을 내준다.
> ③ 제과 : 수분 보유력이 있어 제품의 노화를 지연 시키고 신선도를 유지시킨다. 제품에 감미제 특유의 향이 어울리게 해준다.
> ④ 제빵 : 발효가 진행되는 동안 이스트에 발효성 탄수화물을 공급한다.

6) 기타 감미제

꿀	감미도가 높고, 독특한 향이 있으며, 수분 보유력이 좋다.
캐러멜 색소	감미제보다 착색제로 많이 쓰인다.
아스파탐	감미도는 설탕의 200배
사카린	안식향산 계열의 인공 감미료

3 유지, 유지제품 및 계면활성제

1. 유지

1) 유지
3분자의 지방산과 1분자의 글리세린으로 결합된 유기화합물

2) 유지의 특성

가소성	① 유지가 상온에서 고체모양을 유지하는 성질(자유롭게 정형) ② 퍼프페이스트리, 데니시페이스트리, 파이 등
쇼트닝성	① 제과제빵 제품에서 부드러움과 바삭함을 주는 성질 ② 반죽에서 윤활성 및 크리밍 작업 동안 공기를 포집하고 보유
크림성	① 유지가 믹싱 중 공기를 포집하여 크림이 되는 성질 ② 버터크림, 크림법으로 제조하는 케이크 등
유화성	① 유지가 수분을 흡수하여 물과 기름 잘 섞이게 하는 성질 ② 레이어 케이크, 파운드 케이크 등 고율배합의 제품
안정성	① 유지를 산화, 산패시키는 성질에 대해 저항하는 성질 ② 저장기간이 긴 쿠키, 크래커
식감과 저장성	식감 개선 및 보존성 향상

3) 유지의 종류

(1) 버터(Butter)
① 우유의 유지방으로 만들며, 유중 수적형(W/O)이다.

② 지방 80%, 수분 14~17%, 소금 0~3% 등

③ 융점이 낮으며 크림성이 부족하다.

④ 가소성의 범위가 좁다.

> **TIP**
> - 유중 수적형(w/o) : 기름 속에 수분이 작은 입자 모양으로 분산 (버터, 마가린, 쇼트닝)
> - 수중 유적형(o/w) : 수분 속에 기름이 작은 입자 모양으로 분산 (마요네즈, 우유, 아이스크림)

(2) 마가린(Margarine)
① 버터의 대용품으로 식물성 유지(대두유, 면실유)를 경화시켜 만든 경화유, 유중 수적형
② 지방 80%, 우유 16.5%, 소금 0~3%, 유화제 0.5% 등으로 구성
③ 버터에 비해 가소성, 유화성, 크림성이 좋다.
④ 쇼트닝에 비해 융점은 낮고 가소성 범위는 좁다.

> **TIP**
> 〈 경화유 〉
> ① 지방산의 이중결합에 수소를 첨가 → 불포화도를 감소 → 유지의 안정화
> ② 유지의 융점이 높아지고, 유지가 단단해지는 현상

(3) 라드(Lard)
① 돼지의 지방조직을 분리해서 정제한 유지
② 상온에서 백색의 고형 지방
③ 버터 다음으로 풍미가 좋고 가소성 범위가 넓다.
④ 크림성과 산화안정성이 낮아 보존성이 떨어진다.
⑤ 쇼트닝가(부드럽고, 바삭한 식감)를 높이기 위해 파이, 쿠키, 크래커에 사용

(4) 쇼트닝(Shortening)
① 라드의 대용품으로 동,식물성 유지에 수소를 첨가하여 만든 경화유
② 수분량 0.5% 이하, 지방 100%로 무색, 무미, 무취
③ 공기 포집력을 갖으며, 융점이 높다.
④ 반죽의 유동성, 기공과 조직, 부피, 저장성을 개선
⑤ 빵류에는 부드러움을 주고 과자류에는 바삭한 식감을 준다.

4) 유지의 산화(산패)
유지가 대기중의 산소와 결합하여 자기산화 되는 현상

① 튀김 기름의 4대 적 : 온도(열), 수분, 공기(산소), 이물질
② 항산화제 :
  ㉠ 유지의 산화를 방지하여 안정 효과를 갖게 하는 것
  ㉡ 비타민 E(토코페롤), PG(프로필갈레이트), BHT, BHA

※ 유지의 가수분해 정도를 나타내는 지수

산가 (유리지방산가)	1g의 유지에 함유된 유리지방산을 중화시키는데 필요한 수산화칼륨(KOH)의 mg 수, %로 표시
검화가	유지 1g을 검화에 필요한 수산화 칼륨(KOH)의 mg의 수
에스테르가	유지 중 에스테르화된 지방산의 양
과산화물가	유지의 자동산화에 의해 생성되는 과산화물 함유량
활성산소법	유지에 공기를 불어 넣어 온도를 상승시켜서 측정

5) 제과제빵에서의 유지의 기능
① 껍질을 얇고 부드럽게 한다.
② 밀가루 단백질에 대하여 부드럽게 연화작용을 한다.
③ 수분 증발을 방지하고, 노화를 지연시킨다.
④ 유지 특유의 맛과 향을 준다.
⑤ 영양가를 높여 반죽의 신장성을 좋게 한다.
⑥ 가스 보유력을 증대시켜 빵의 부피를 크게 한다.

2. 계면 활성제(유화제)

1) 유화제
① 물과 기름처럼 서로 잘 혼합되지 않는 두 물질을 안정시켜 혼합하는 성질을 갖는 물질로 식품용 계면활성제이다.
② 모든 계면활성제는 친수성 그룹과 친유성 그룹을 함께 갖는다.

친수성 그룹	유기산처럼 극성기를 갖고 있고, 물과 친화력
친유성 그룹	지방산처럼 비극성기를 갖고 있고, 유지에 쉽게 용해
친수성-친유성 균형 (HLB)	① 친유기에 대한 친수기의 크기와 강도의 비 ② HLB값이 클수록 친수성이 증가함

※ HLB(1~20) : 9 이하 : 친유성 (유중 수적형) – 우유, 마요네즈
               11 이상 : 친수성 (수중 유적형) – 버터, 마가린

2) 유화제의 종류

레시틴(인지질)	① 친유성 유화제 ② 쇼트닝과 마가린의 유화제로 쓰임 ③ 천연 레시틴 : 달걀 노른자
모노디글리세리드	① 제과에서 많이 사용 ② 유지의 가수분해로 생성되는 중간산물 ③ 유지에 녹으면서 물에도 분산되고 유화식품 안정
아실 락테이트	비흡습성 분말, 물에 안 녹고, 뜨거운 유지에 녹음
SSL	크림색 분말로 물에 분산되고 뜨거운 기름에 용해

3) 유화제의 기능

① 분산력, 기포력, 유화력, 세척력, 삼투력의 기능을 갖는다.
② 반죽의 유지가 잘 분산되게 하여, 반죽의 기계 내성을 향상 시킨다.
③ 제품의 조직과 부피를 개선시키고, 노화를 지연시킨다.

4 우유 및 유제품

1. 우유

1) 우유의 pH : 6.5 ~ 6.8
2) 비중 : 1.030 ~ 1.032
3) 구성 : 수분 88%, 고형물 12%
4) 우유의 성분

유지방	① 우유의 3.6% ② 우유를 교반하면 비중의 차이로 지방 입자가 뭉치게 되고 뭉쳐진 지방 입자가 크림이 된다. ③ 유지방의 비중은 0.92 ~ 0.94

유단백질	① 우유의 3.4%
	② 카제인
	   ㉠ 유단백질의 80% 차지
	   ㉡ 열에 응고 안되고, 산 / 레닌 (효소)에 의해 응고
	③ 락토알부민, 락토 글로불린
	   ㉠ 유단백질의 20% 차지
	   ㉡ 열에 의해 응고

유당	① 우유의 4.75% ② 동물의 젖에만 존재 ③ 포도당과 갈락토오스가 결합한 이당류 ④ 제빵용 이스트에 발효되지 않는다.
회분	① 우유의 0.7% ② 무기질은 주로 용액 상태로 우유에 녹아 있지만, 칼슘, 인, 마그네슘의 일부는 카제인과 유기 상태로 결합되어 있다.

5) 우유의 살균법

저온 장시간 (L.T.L.T)	60~65℃에서 30분간 저온 살균
고온 단시간 (H.T.S.T)	71.7℃에서 15초간 저온 살균
초고온 순간 (U.H.T)	130℃ 이상에서 1~3초간 순간 가열

2. 유제품

1) 유제품의 종류

시유	음용을 위해 가공된 액상 우유, 보통 시중에서 판매하는 우유를 말한다.

농축
우유
	① 우유의 수분 함량을 감소시켜 고형질 함량을 높인 것
	② 연유
	   ㉠ 가당연유 : 우유에 40% 이상의 설탕 첨가하여 농축
	   ㉡ 무당연유 : 우유에 설탕 첨가하지 않고 그대로 농축
	③ 생크림
	   우유를 교반(원심분리)시켜 지방입자가 뭉쳐져서 농축
	   ㉠ 생크림 : 유지방 함량 18% 이상
	   ㉡ 커피용, 조리용 : 10~18%
	   ㉢ 휘핑용 생크림 : 유지방 함량 35% 이상

멸균우유	135~150℃에서 2~5초간 가열하여 일반 실온에서 자랄 수 있는 모든 미생물을 완전 사멸한 우유
분유	우유의 수분을 제거하여 분말 상태로 만든 것 ㉠ 전지분유 : 우유의 수분만 제거하여 분말로 만듦 ㉡ 탈지분유 : 우유의 유지방과 수분을 제거하여 분말로 만든다.
유장	우유에서 유지방과 카제인을 분리하고 남은 것
요구르트	우유/유즙에 젖산균을 넣어 카제인을 응고시킨 후, 발효 및 숙성시킨 것
치즈	우유/유즙에 레닌을 넣어 카제인을 응고시킨 후, 발효 및 숙성시킨 것

2) 우유 및 분유의 기능

① 영양 강화와 단맛을 낸다.

② 우유 단백질에 의해 글루텐을 강화하여 반죽의 내구성이 증가

③ 완충작용(약 알칼리성)이 있어 배합이 지나쳐도 잘 회복시킨다.

④ 발효 내구성이 증가하여 기공과 결이 좋아진다.

⑤ 분유 1% 증가 시, 수분 흡수율도 1% 증가한다.

> **TIP**
> 탈지분유는 첨가량에 비례하여 흡수율이 증가한다.
> 탈지분유를 2% 증가 시에는 2%의 흡수율이 증가한다.

⑥ 보수력이 있어 촉촉함을 지속시키고 노화를 지연시킨다.
⑦ 유당의 캐러멜화로 껍질 색이 좋아진다.
⑧ 이스트에 의해 생성된 향을 착향시켜 풍미를 개선시킨다.

※ 스펀지 법에서 분유를 스펀지에 첨가하는 이유
① 단백질 함량이 적거나 약한 밀가루를 사용할 때
② 아밀라아제 활성이 과도할 때
③ 밀가루가 쉽게 지칠 때
④ 장시간에 걸쳐 스펀지 발효를 하고, 본 발효시간을 짧게 하고자 할 때

5 달걀

1) 달걀의 구성

껍질	① 달걀의 10% 차지 ② 큐티클 : 세균침입 방지
전란	① 껍데기 제외한 노른자와 흰자 ② 수분 75%, 고형분 25%
노른자	① 전란의 30% 차지 ② 수분 50%, 고형분 50% ③ 고형질의 약 70%가 지방, 레시틴 : 유화제
흰자	① 전란의 60% 차지 ② 수분 88%, 고형분 12% ③ 오브알부민, 콘알부민, 오보뮤코이드 등 단백질 함유

2) 달걀의 신선도

비중법	소금물(물 100%에 소금 6~10%)에 넣었을 때 뜨지 않고 가라앉는다.
등불검사법	밝은 등불에 비추어 보았을 때 속이 어둡지 않고 밝으며 구형이다.
외관법	껍질이 까칠까칠 하다.
진음법	흔들었을 때 소리(움직임)가 나지 않아야 한다.
난황계수법	달걀을 깨었을 때 노른자(흰자)가 퍼지거나 깨지지 않아야 한다.

※ 난황계수
① 노른자의 범위, 노른자의 높이 / 노른자의 폭
② 신선한 난황계수 : 0.36~0.44, 높을수록 신선하다.

3) 달걀의 기능

결합제	① 단백질이 열에 의해 응고되어 농후화제의 역할을 한다. ② 노른자 보다는 흰자의 응고력이 강하다. ③ 응고온도 : 60~70℃ ④ 커스터드 크림
팽창제	① 흰자는 5~6배 공기를 포집하여 제품의 부피를 증가시킨다. ② 엔젤 푸드 케이크, 스펀지 케이크
유화제	① 노른자의 인지질인 레시틴이 천연 유화제로 작용한다. ② 마요네즈, 프렌치 드레싱, 아이스크림 등
구조형성제	밀가루와 함께 결합작용으로 제품의 구조를 형성한다.
기포성	① 흰자를 거품기로 가볍게 교반하면서 공기를 천천히 혼입시키면 처음에는 크고 거친 거품이 생기지만, 그 거품이 서서히 작아져 단단하고 광택이 있는 거품으로 변한다. ② 기포성이 가장 좋은 온도는 30℃
기타 기능	① 색상 부여 (달걀물 칠해 구우면 메일라이드 반응으로 갈색화) ② 영양가 향상 : 양질의 단백질원, 단백가가 100인 완전식품 ③ 향, 속결, 풍미 개선

6 이스트(Yeast)

1) 이스트(효모)

① 이스트 학명 : 사카로미세스 세레비시에 (Saccharomyces Cerevisiae)

② 효모라 불리며, 빵, 맥주 등을 만들 때 사용되는 살아있는 미생물.

③ 광합성 작용과 운동성이 없는 단세포 생물, 출아법으로 생식한다.

④ 탄수화물은 당으로 분해되어 이스트의 먹이로 이용된다.

⑤ 단백질은 아미노산으로 분해되어 질소성분이 영양원으로 작용한다.

⑥ 반죽 내에서 발효 → 이산화탄소, 에틸알코올, 유기산 생성 → 반죽을 팽창시키고, 빵의 향미 성분을 부여

⑦ 효모는 자연계에서 과실의 표면, 수액, 토양, 해수, 공기, 우유 등에 널리 분포되어 있다.
　㉠ 야생효모: 자연계에서 분리된 그대로의 효모
　㉡ 배양 효모: 우수한 성질을 가진 효모를 분리하여 목적에 맞게 배양한 것

2) 이스트의 증식

① 반죽 발효 중 이스트는 발효성 당을 분해하여 이산화탄소와 알코올로 전환

② 호기성 상태 : 증식 → 생균수가 증가

③ 혐기성 상태 : 발효 진행 → 알코올과 이산화탄소 생성

Chapter ❶ 재료 준비

3) 이스트에 들어있는 효소

프로테아제	단백질을 분해하는 작용, 펩티드/아미노산을 분해 생성
리파아제	지방을 지방산과 글리세린으로 분해
인베르타아제	① 설탕을 포도당과 과당으로 분해 ② 최적 pH : 4.2, 적정온도 50~60℃
말타아제	① 맥아당을 포도당과 포도당으로 분해 ② 최적 pH : 6~6.8 , 적정온도 30~35℃
치마아제	① 빵 반죽 발효를 최종적으로 담당하는 효소 ② 단당류를 분해하여 알코올, 탄산가스 생성

4) 이스트의 번식조건

영양분	당, 질소, 인 화합물, 비타민, 미네랄
공기	호기성으로 산소가 필요
온도	① 이스트는 살아있는 생명체 → 최적의 온도에서 최대 활성 ② 28~32℃가 적당, 이스트 활동이 가장 활발한 온도는 38℃
최적 pH	① 반죽의 pH는 발효 진행 정도 예측할 수 있는 척도 ② 최적 pH: 4.5~5.8

5) 이스트의 종류

생 이스트	① 압착효모 ② 수분 함량은 70~75% (고형분 : 25~30%) ③ 이스트 보관 : 냉장보관 (0℃ , 1개월)
활성건조 이스트	① 드라이 이스트, 생 이스트 수분을 7.5~7.9% 로 건조시킨 것 ② 이스트 양의 4배 물에 40~45℃에서 5~10분 수화하여 사용 ③ 생 이스트의 약 40~50%를 사용한다.
인스턴트 이스트	① 건조 이스트의 단점을 보완한 제품 ② 물에 풀지 않고 밀가루에 바로 섞어 이용 ③ 반죽 시간이 짧으면 완전히 용해되기 어려움

※ 건조 이스트를 제빵에 사용하는 이유

　① 혼합 시간이 단축된다.

　② 빵의 색상을 개선시킨다.

　③ 빵의 풍미가 개선된다.

※ 질 좋은 이스트의 조건

　① 보존성이 좋고, 이미, 이취 없고, 미생물 오염이 없어야 한다.

　② 수화 시 용해성이 좋아야 하고, 발효력이 일정해야 한다.

　③ 발효 저해 물질에 대한 저항력이 좋아야 한다.

6) 이스트 사용량의 조절

이스트 양을 증가시키는 경우	이스트 양을 감소시키는 경우
① 설탕 사용량이 많을 때 ② 우유(분유) 사용량이 많을 때 ③ 소금 사용량이 많을 때 ④ 발효 시간을 감소시킬 때	① 수작업 공정이 많을 때 ② 작업량이 많을 때 ③ 실온이 높을 때

7) 이스트 취급 및 저장 시 주의점

① 너무 높은 온도의 물과 직접 닿지 않도록 주의한다.
② 삼투압의 영향으로 소금, 설탕과 직접 닿지 않도록 주의한다.
③ 생이스트는 개봉 후 밀봉 용기에 옮겨 −1~7℃ 정도의 냉장고에서 보관한다.
④ 잡균에 오염되지 않도록 깨끗한 환경에서 보관한다.
⑤ 선입 선출 한다.

7 이스트 푸드

1) 이스트 푸드의 특징

① "이스트의 먹이"라는 뜻
② 제빵용 물 조절사용되던 것이나, 현재는 이스트의 발효를 촉진시키고, 빵 반죽의 질을 개선하기 위한 제빵개량제로 사용한다.

※ **제빵 개량제**
㉠ 최종적으로 반죽을 개량하는 목적으로 사용되는 첨가물
㉡ 질소공급원(염화암모늄), pH 조절제(인산칼슘, 주석산), 효소제(아밀라아제 등), 물 조절제(칼슘염), 유화제, 밀가루 개량제 등

2) 이스트 푸드의 기능

물 조절제	① 물의 경도를 조절하여 제빵 적성을 향상시킴 ② 칼슘염(황산칼슘, 인산칼슘, 과산화칼슘)
이스트의 영양 공급	① 이스트에 부족한 질소 제공 ② 암모늄염(염화암모늄, 황산암모늄, 인산암모늄)
반죽 조절제	① 산화제 : 반죽의 글루텐 강화시켜 탄력성, 부피 증가 　(브롬산칼륨, 요오드칼륨, 아스코르브산, 아조디카본아마이드) ② 환원제 : 반죽의 글루텐 연화시킴 (시스테인, 글루타치온) ③ 효소제 : 반죽의 신장성을 향상시킴 (아밀라아제, 프로테아제)

3) 이스트 푸드 사용 시 주의 점

① 산화제의 종류와 양을 확인해야 한다.
② 맥아, 곰팡이, 균사 등 효소제를 확인해야 한다.
③ 양이 적어도 효과가 크므로 정확히 계량해야 한다.
④ 물 또는 밀가루에 균일하게 분산해야 한다.
⑤ 이스트와 함께 녹여 사용하지 않아야 한다.

4) 이스트 푸드에 전분/ 밀가루를 사용하는 목적

① 구성 성분 균질화 시킨다.
② 수분 흡습제 역할, 계량 및 취급 용이하게 한다.

8 팽창제

팽창제 : 빵, 과자에서 가스를 발생시켜 부피를 크게 하고, 부드러운 조직감을 부여하기 위해 쓰는 첨가제

1. 팽창제의 종류

천연 팽창제	① 주로 빵에 사용되며, 가스 발생이 많음 ② 부피팽창, 연화작용, 향의 개선을 목적으로 사용 ③ 발효시간이 오래 걸리고, 발효 조건이 까다로움 (사용 시 주의) ④ 종류 : 이스트 (효모)
화학적 팽창제	① 천연팽창제의 단점 보완 ② 사용 편리하지만, 팽창력이 약함, 갈변 및 뒷맛 좋지 않음 ③ 종류 : 베이킹 파우더, 탄산수소나트륨(중조, 소다), 암모늄계열 팽창제(탄산수소암모늄, 염화암모늄)

2. 베이킹 파우더(Baking Powder)

① 중조에 산을 첨가 후 중화시키고, 분산제로 전분을 첨가한 팽창제
② 반죽에 미치는 pH에 따라 산성, 중성, 알칼리성으로 나뉜다.
③ 베이킹 파우더가 분해되어 이산화탄소, 물, 탄산나트륨이 된다.
④ 과자 반죽에서 화학적 팽창 작용을 하여 완제품의 부피와 내부 기공의 크기를 조절한다.
⑤ 과자 반죽의 단백질을 용해시켜 완제품의 식감을 부드럽게 만드는 연화 작용을 한다.

3. 중조

① 탄산수소나트륨이라고도 불리며 가열하여 약 20℃ 이상이 되면 분해되어 이산화탄소를 발생시킨다.
② 단독으로 사용하거나, 베이킹 파우더 형태로 사용한다.
③ 사용량이 많으면 소금맛, 소다맛, 비누맛이 나며 제품을 누렇게 변화시킨다.

> **TIP**
> 〈 중화가 〉
> ① 산 100g을 중화시키는데 필요한 중조의 양을 수치화
> ② 중조의 양 ÷ 산성의 양 × 100
> ③ 적정량의 유효 이산화탄소를 발생시키고 중성이 되는 양 조절

9 물

1. 물의 종류

1) 결합여부에 따라 분류

① 유리수(자연수)

당류, 염류, 수용성 단백질 등에 용매로서 작용하는 일반적인 물

② 결합수

식품 중 단백질, 탄수화물과 수소결합에 의해 결합되어 있는 물

유리수(자유수)	결합수
당류, 염류, 수용성 단백질 등에 용매로서 작용하는 일반적인 물	식품 중 단백질, 탄수화물과 수소결합에 의해 결합되어 있는 물
① 용매로 작용한다. ② 0℃ 이하에서 쉽게 동결한다. ③ 100℃에서 쉽게 끓는다. ④ 건조에 의해 쉽게 제거된다. ⑤ 미생물 생육, 번식에 이용한다. ⑥ 밀도가 작다.	① 용매로 작용하지 않는다. ② 0℃ 이하에서 쉽게 동결되지 않는다. ③ 100℃로 가열해도 끓지 않는다. ④ 건조에 의해 쉽게 제거되지 않는다. ⑤ 미생물 생육, 번식에 이용되지 못한다. ⑥ 유리수에 비해 밀도가 크다.

2) 경도에 따라 분류

※ 물의 경도

① 물에 칼슘염과 마그네슘염이 녹아 있는 정도

② 칼슘염과 마그네슘염을 탄산칼슘($CaCO_3$)양으로 환산해 p.p.m으로 표시

(P.P.M = part per million : 1/ 100만)

연수	아연수	아경수	경수
60ppm 미만	60 ~ 120ppm	120 ~ 180ppm	180ppm 이상

Chapter ❶ 재료 준비

(1) 연수

① 물 (증류수, 빗물 등) – 글루텐 연화시켜 반죽 끈적거린다.
② 경도 60ppm 미만
③ 단물이라고도 하며, 증류수, 빗물 등에 해당된다.
④ 글루텐을 연화시켜 반죽을 끈적거리게 하고, 완제품에서 촉촉하다.
⑤ 가스 보유력을 떨어뜨리고, 오븐 스프링을 나쁘게 만든다.

※ **연수 사용 시 처리방법**
① 반죽이 연하고 끈적거린다.
② 흡수율을 1~2% 감소 – 가스보유력 ↓
③ 이스트푸드와 소금 사용량 증가, 이스트 사용량 감소 – 발효 시간 단축

(2) 아연수

경도 60ppm~120ppm

(3) 아경수

① 제빵에 가장 적합한 물이며, 이스트의 영양물질이다.
② 경도 120~180ppm
③ 글루텐을 강화시키는 효과가 있다.
④ 이스트의 영양물질이 된다.

(4) 경수

① 센물(바닷물, 광천수, 온천수 등) – 글루텐 강화되어 반죽이 단단해진다.
② 경도 180ppm 미만
③ 센물이며, 바닷물, 광천수, 온천수 등이 해당된다.
④ 글루텐이 강화되어 반죽이 단단해지고, 발효시간이 길어진다.

> **TIP**
> - **일시적 경수** : 칼슘염과 마그네슘염이 가열에 의해 탄산염으로 침전되어 연수가 되는 물로, 물의 경도에 영향을 주지 않는다.
> - **영구적 경수** : 황산이온(SO_4)이 들어있어 끓여도 연수가 되지 않는 물

※ **경수 사용 시 처리방법**
① 이스트 사용량을 증가시킨다.
② 이스프푸드 사용량을 감소시킨다.
③ 맥아를 첨가하여 효소 공급으로 발효를 촉진시킨다.

④ 물의 양을 증가시킨다.
⑤ 발효시간을 연장시킨다.

3) 산도에 따라 분류

※ 물의 산도(pH)

① 물의 pH는 효소 작용과 글루텐의 물리성에 영향을 준다.
② 알칼리성 / 산성이 강한 물은 적합하지 않다.
③ 약산성의 물 (pH 5.2~5.6) 이 제빵용 물로는 가장 양호하다.

산성 물 (pH 7이하)	- 물에 용해되어 있는 물질이 산성. 발효를 촉진시킨다. - 산성이 지나치면 글루텐을 용해시켜 반죽이 찢어지기 쉽다. - 이온 교환 수지를 이용해 물을 중화시켜 사용
알칼리성 물 (pH 7 이상)	- 물에 용해되어 있는 물질이 알칼리, 반죽을 부드럽게 한다. - 너무 지나치면 탄력성이 떨어지고. 이스트의 발효를 방해하여 발효 속도를 지연시키며, 부피가 작고 빵을 누렇게 만든다. - 황산칼슘을 함유한 산성 이스트푸드의 양을 증가시켜 사용

2. 수분활성도(Aw)

① 식품의 자유수가 얼마나 포함되어 있는지를 나타내는 지표
② 식품 내에 미생물의 성장, 맛, 색, 향을 변화시키는 화학적 반응과 관계된 매우 중요한 특성
③ 어떤 임의의 온도에서 식품이 나타내는 수증기압을 그 온도에서의 순수한 물의 최대 수증기압으로 나눈 것

※ 수분활성도(Aw) = 식품이 나타내는 수증기압 (P) ÷ 순수한 물의 최대 수증기압 (P_0)

① 물의 수분활성도(Aw) =1
② 상대습도 = Aw×100
③ 일반 식품의 수분활성도는 1보다 작다. (일반식품의 Aw 〈 1)
④ 수분활성도가 낮으면 미생물 생육이 억제되고, 높으면 미생물 증식이나 효소의 활성화가 높아진다.

● 미생물 생육 최적 Aw :
  세균(0.92) 〉 효모(0.88) 〉 곰팡이(0.80) 〉 내건성 곰팡이(0.65) 〉 내삼투압성 효모(0.60)

Chapter 1 재료 준비

3. 제빵에서의 물의 중요성
① 용매로서 당, 식염, 밀가루, 수용성 성분 등을 분산, 용해시켜 이스트 발효, 효소의 활성에 도움을 준다.
② 반죽의 온도, 반죽 농도를 조절한다.
③ 밀가루 단백질을 흡수하여 글루텐을 형성한다.
④ 굽기 과정 중 내부온도가 98℃로 올라가면서 증기압을 형성하여 주위의 공기를 팽창시켜 반죽을 부풀린다.

4. 물의 섭취, 흡수, 배설
① 인체의 중요한 구성성분으로 체중의 2/3를 차지한다.
② 체내 대사 과정의 매개가 되어 촉매작용을 한다.
③ 영양소와 노폐물을 운반한다.
④ 모든 분비액과 체온을 조절해 준다.
⑤ 체내 내장기관을 외부의 충격으로부터 보호한다.
⑥ 물을 섭취하면 대장에서 흡수한다.
⑦ 소변, 대변으로 물을 배설하거나 피부로 수분을 증발하여 배출한다.
⑧ 폐를 통한 호흡과정에서 수분을 배출한다.

5. 물의 손실로 인한 증상
① 전해질의 균형이 깨지며, 혈압이 낮아진다.
② 허약, 근육부종, 손발이 차고 창백하며 식은땀이 난다.
③ 맥박이 빠르고 약해지며, 호흡이 잦고 짧아진다.
④ 체내 수분의 20%이상을 상실하면 생명의 위험 초래

10 과실류 및 주류

1. 과실류
① 인과류 : 꽃받이가 성장 발육한 것(사과, 배 등)
② 핵과류 : 지방(씨방)이 발달하여 과육이 된 것으로, 한가운데 핵 층이 있고, 그 안에 종자가 있다. (복숭아, 매실, 살구 등)
③ 장과류 : 중과피와 내과피가 유연하고 과즙이 많은 육질로 구성(포도, 딸기, 무화과 등)
④ 견과류 : 종길을 식용으로 하는 것으로 외과피가 단단하다. (잣, 밤, 호두 등)

2. 주류

빵과자의 잡내를 제거하고, 풍미와 향을 준다.

양조주	① 과실 또는 곡류를 발효시켜 만든 술 ② 청주, 맥주, 포도주, 막걸리 등
증류주	① 양조주를 증류한 술 ② 위스키, 브랜디, 진, 럼, 보드카, 소주 등
혼성주	① 양조주나 증류주에 식물의 초근목피(풀, 뿌리,나무, 껍질, 꽃, 잎), 과일 등의 추출물로 향미를 낸 술 ② 커피 리큐르 : 칼루아 ③ 오렌지 리큐르 : 큐라소, 트리플섹, 그랑마르니에, 쿠앵트로

11 향료 및 향신료

특유의 냄새로 후각 신경을 자극하여 식욕을 증진시키고, 독특한 개성을 준다.

1. 향료

① 원료에 따른 분류

천연향료	① 천연의 식물에서 추출 ② 당밀, 코코아, 바닐라 등
합성향료	① 천연향에 있는 향 물질을 유지에 합성 ② 디아세틸(버터), 바닐린(바닐라빈), 시나몬 알데히드(계피)
조합향료	천연향료와 합성향료를 조합하여 서로의 결점을 보완하여 만든 것

② 가공방법에 따른 분류

비알코올성 향료	① 지용성 향료, 오일 ② 캐러멜, 캔디, 비스켓에 사용
알코올성 향료	① 수용성 향료, 에센스 ② 아이싱, 충전물제조, 청량음료, 빙과에 사용
유화 향료	유화제에 향료 분산, 유화시킨 것
분말 향료	진한 수지액에 향 물질 용해하여 분무 후 건조

Chapter ❶ 재료 준비

2. 향신료
음식에 방향, 착색, 풍미를 주어 식욕 촉진, 소화 증진, 방부 작용, 항산화 작용

1) 잎을 사용
(1) 오레가노(oregano)
① 민트 과에 속하며, 생잎보다 건조시켜 사용
② 독특한 향, 맵고 쌉쌀한 맛
③ 토마토를 이용한 요리 (피자)

(2) 박하(Mint)

2) 열매(종자)
(1) 올스파이스(allspice)
① 열대 상록수 열매를 성숙하기 전 건조시킨 것
② 계피, 넛맥, 정향의 향이 나서 붙여진 이름
③ 후루츠 케이크, 파이 등에 사용

(2) 바닐라(vanilla)
① 성숙한 열매를 따서 발효시켜 바닐린이라는 독특한 향기가 나는 무색 결정체를 얻음
② 제과제빵, 초콜릿, 아이스크림 등에 사용

(3) 넛맥(nutmeg, 육두구)
① 살구처럼 생긴 열매의 종자 말린 것
② 빵 도넛, 푸딩 등에 사용

4) 껍질
● 시나몬(cinnamon, 계피)
① 상록수의 안쪽 껍질 건조시킨 것
② 케이크, 빵, 푸딩, 커피 등에 사용

12 안정제
안정제 : 상태가 불안정한 혼합물을 안정시키는 역할을 한다.

1. 안정제의 종류

한 천	① 우뭇가사리(해조류)에서 추출하여 동결 건조시켜 만든다. ② 물에 불린 후 끓는 물에 녹여 사용
젤라틴	① 동물성 안정제 : 동물의 껍질이나 연골 속의 콜라겐을 정제하여 만든다. ② 35℃ 이상의 미지근한 물에서부터 용해
펙 틴	① 과일의 껍질에 존재하는 다당류의 일종 ② 잼, 젤리, 마멀레이드의 응고제로 사용 (당 60~65% + 펙틴 1~1.5% + pH3.2의 산)
씨엠씨(CMC)	① 식물의 뿌리에 있는 셀룰로오스로부터 만든 제품 ② 온도에 관계 없이 잘 녹으며, 중성용액에서 효과가 좋다. ③ 냉수에서 쉽게 팽윤되어 진한 용액이 된다.
알긴산	① 큰 해초로부터 추출 ② 냉수, 뜨거운 물에도 녹으며 1% 농도로 단단한 교질이 된다.
로커스트빈 검	① 로커스트빈 나무의 껍질을 벗겨 수지를 채취한 것 ② 냉수에는 용해되지만 뜨겁게 해야 효과적이다. ③ 0.5%에서 겔, 5%에서 페이스트 상태가 된다.
트래거캔스	① 트라칸드 나무를 잘라 얻은 수지 ② 냉수에 용해되며 71℃로 가열하면 최대로 농후한 상태가 된다.

2. 안정제의 기능

① 아이싱의 끈적거림, 부서짐을 방지
② 머랭의 수분 배출 억제
③ 무스, 젤리 제조 시 사용
④ 흡수제로 노화지연의 효과가 있음
⑤ 포장성을 개선
⑥ 파이 충전물의 농후화제로 사용 (한천, 젤라틴, 알긴산)

13 소금

1) 소금의 특성

① 바닷물을 모아서 수분을 증발하여 제조, 바닷물의 염도는 약 3.4%
② 나트륨과 염소의 화합물로 염화나트륨(NaCl)
③ 종류 : 정제염, 천일염, 암염, 죽염, 기타 염도를 조절한 가공염
④ 식염 : 정제염 99%와 탄산칼슘, 탄산마그네슘 1% 혼합물로 구성
  ㉠ 칼슘 : 제빵 개량의 효과
  ㉡ 마그네슘 : 반죽의 내구성을 증가시킨다.

2) 제빵에서 소금의 역할

① 감미를 조절하는 기능
② 재료들의 맛을 향상시켜 풍미를 준다.
③ 삼투압 작용으로 잡균 번식을 억제하여 방부 효과가 있다.
④ 반죽에 잔류당(발효에 사용되고 남은 당)을 증가시켜 제품의 색깔을 좋게 한다.
　(캐러멜화 온도를 낮추기 때문에 같은 온도, 같은 시간에서 껍질색을 진하게 만든다.)
⑤ 이스트와 효소의 작용을 억제함으로써 발효 속도를 조절하여 작업속도가 조절된다.
⑥ 글루텐을 강하게 하여 반죽을 단단하게 한다.(점탄성 증가)
⑦ 반죽의 탄력성을 증가하여 가스 보존력을 좋게 하므로, 소금이 없는 반죽보다 소금이 있는 반죽의 가스 발생량이 많다.
⑧ 빵 내부를 누렇게 혹은 회색으로 만든다.

3) 소금의 사용량

① 식빵의 경우 2%, 단과자빵의 경우는 0.8%
② 여름철에는 소금 사용량을 약간 증가시킨다.
③ 겨울철에는 소금 사용량을 약간 감소시킨다.
④ 물이 연수일 때 소금 사용량을 약간 증가시킨다.

4) 소금의 보관

① 주위의 냄새를 흡수하는 경향이 있으므로 적합한 장소에 저장
② 상대습도의 변화에 매우 민감하므로 70~75%에 보관
　※ 습도가 높으면 소금은 수분을 흡수. 습도가 낮으면 수분을 방출한다.

04. 기초 재료 과학 / 재료의 영양학적 특성

1 탄수화물

1. 탄수화물의 정의

① 구성원소 : 탄소(C), 수소(H), 산소(O)
② 에너지 공급원으로 1g당 4kcal의 열량을 공급
③ 최종 분해산물 : 포도당
④ 소화효소 : 아밀라아제, 말타아제, 락타아제, 사카라아제, 프티알린

2. 탄수화물의 분류

단당류	– 탄수화물의 가장 간단한 구성단위 – 소화작용에 의해 더 이상 분해되지 않음 – 5탄당, 6탄당
이당류	– 단당류가 2개 결합하여 만들어진 물질
다당류	– 3개 이상 결합

1) 단당류 : 소화작용에 의해 더 이상 분해되지 않는 물질

① 5 탄당 : 아라비노스(Arabinose), 리보스(Ribose), 자일로스(Xylose)
② 6 탄당 : 포도당 (Glucose), 과당 (Fructose), 갈락토오스 (Galactose), 만노오스 (Mannose)

(1) 포도당 (Glucose)
① 전분의 최종 분해물
② 포도, 과일 등에 함유
③ 혈액 중에 약 0.1% 존재 (혈당)
④ 동물체내의 간에서 글리코겐 형태로 저장된다.

(2) 과당 (Fructose)
① 과일, 벌꿀 등에 함유
② 당류 중 가장 단맛이 강하며 흡습성, 용해도가 크다.
③ 체내에서 포도당으로 쉽게 전환되어 흡수한다.
④ 자당의 구성성분 (자당 : 포도당 + 과당)

(3) 갈락토오스 (Galactose)
① 포도당과 결합하여 유당으로 유즙에 존재한다.
② 물에 잘 녹지 않는다.
③ 뇌, 신경조직의 성분이 된다.

(4) 만노오스 (Mannose)
① 다당류 만난의 구성성분
② 유리상태로 존재하지 않는다.

Chapter ❶ 재료 준비

2) 이당류 : 단당류 2개가 결합하여 만들어진 물질

(1) 자당 (설탕, 서당, Sucrose)
① 포도당 + 과당 (슈크라아제)으로 가수분해
② 사탕수수나 사탕무에 많이 함유한다.
③ 160~180 ℃ 가열 시 갈색색소(캐러멜 반응)
④ 감미도의 기준이 되며 상대적 감미도는 100
⑤ 전화당 : 포도당과 과당의 동량 혼합물로, 벌꿀에 많음 (포도당 : 과당 = 1 : 1)

(2) 유당 (젖당, Lactose)
① 포도당 + 갈락토오스 (락타아제)으로 가수분해
② 동물 유즙에 많이 존재한다.
③ 단맛이 가장 약함(감미도 16)
④ 이스트의 영양원이 되지 못하지만 빵의 착색에 영향을 준다.
⑤ 칼슘과 단백질의 흡수를 돕고 정장 작용을 한다.

(3) 맥아당 (엿당, Maltose)
① 포도당 + 포도당(말타아제)으로 가수분해
② 엿기름에 많음, 물엿의 주성분
③ 상대적 감미도 32

※ **감미도** : 과당(175) 〉 전화당(130) 〉 자당(100) 〉 포도당(75) 〉 맥아당, 갈락토오스(약 32 정도) 〉 유당(16)

3) 다당류 : 여러 개의 단당류가 결합된 화합물

(1) 전분 (녹말, Starch)
① 포도당이 결합된 형태
② 곡류, 감자류 등에 존재
③ 포도당의 배열 형식에 따라 아밀로오스와 아밀로펙틴으로 구성된다.
④ 전분의 종류에 따라 비율이 다르다.

※ **밀가루** : 아밀로오스 약 20%, 아밀로펙틴 약 80%

※ **찹쌀전분** : 아밀로펙틴 100%

※ **전분의 성질**
㉠ 60℃ 이상에서 호화된다.
㉡ 무미, 무취의 흰색 가루
㉢ 물에 녹지 않고 쉽게 가라앉는다.
㉣ 산 또는 효소에 의해 쉽게 가수분해 됨. (최종 분해산물: 포도당)

※ 전분의 구성

항목	아밀로오스	아밀로펙틴
분자량	적다.	많다.
포도당 결합 형태	직쇄결합 (α-1,4결합)	측쇄결합 (α-1,4결합에 α-1,6결합)
요오드 용액 반응	청색	적자색
노화 속도	빠르다.	느리다.
곡물 조성비	일반 곡물에 20% 함유	찹쌀, 찰옥수수 전분은 아밀로펙틴100%

※ 전분의 호화

① 호화(젤라틴화, α화, 덱스트린화)
  ㉠ 생전분(β-전분)에 물을 넣고, 가열하면 물을 흡수하여 전분입자의 팽윤과 점성이 증가하고, 투명도가 증가하여 반투명의 α-전분 상태가 되는 현상
  ㉡ 호화된 α-전분은 점도가 증가하여 콜로이드 용액이 되고, 맛도 좋고 소화도 잘 된다.
② 전분의 호화에 영향을 주는 요인

항목	전분의 호화
전분의 종류	밀가루 : 55~60℃ 에서 호화가 일어난다.
수분	수분 함량이 많을수록 호화가 잘 일어난다.
온도	온도가 높을수록 호화시간이 빠르다.
pH	pH가 높을수록(알칼리) 빨리 일어난다.
염류	음이온이 팽윤제로 작용이 강하며 황산염은 호화를 억제

※ 전분의 노화

① 노화의 의미
  ㉠ α-전분이 수분을 빼앗기면 다시 원래의 β-전분 상태로 돌아가게 되는 현상
  ㉡ 빵의 노화 : 껍질이 딱딱해지고, 속결에 거칠어지며, 풍미 저하
  ㉢ 노화 최적상태 : 온도 10 ℃ / 수분함량 30~60%
② 노화의 방지
  ㉠ 저장온도를 -18 ℃ 이하, 수분함량을 10~15% 로 조절
  ㉡ 유화제(계면활성제) 사용하여 표면장력 변화 (ex. 레시틴)
  ㉢ 방습포장재 사용, 포장 철저
  ㉣ 설탕, 유지의 사용량을 증가시키면 빵의 노화 억제

Chapter 1 재료 준비

※ **전분당**(starch sugar)
㉠ 전분을 산이나 효소에 의해 가수분해 시켜 생성하는 감미제
㉡ 물엿, 포도당, 이성화당
㉢ 전분 —(α-아밀라아제)→ 덱스트린
㉣ 전분 —(β-아밀라아제)→ 맥아당 —(말타아제)→ 포도당 + 포도당

> **TIP**
> - α-아밀라아제 : 내부 아밀라아제 / 액화효소 (제빵용 pH 4.6~4.8 정도가 바람직)
> - β-아밀라아제 : 외부 아밀라아제 / 당화효소

(2) 기타 다당류의 종류

① **글리코겐 (Glycogen)**
동물의 간, 근육에 저장된 포도당 집합체 (동물성 전분)

② **섬유소 (Cellulose)**
㉠ 소화되지 않는 전분(불용성 식이섬유)
㉡ 해조류나 채소류에 존재
㉢ 영양적 가치는 없으나 장의 운동 촉진시켜 변비 예방

③ **펙틴 (Pectin)**
㉠ 과실류, 감귤류의 껍질에 많이 함유
㉡ 펙틴에 당과 산을 가하면 엉겨지는 성질(겔)이 있다.
㉢ 잼, 젤리 만들 때, 응고제로 사용
※ **잼의 3요소** : 설탕 (60%), 펙틴 (1.0~1.5%), 산(0.3%)

④ **덱스트린 (호정, Dextrin)**
㉠ 전분이 포도당으로 될 때의 중간 생성물
㉡ 물에 녹기 쉽고 소화가 용이하다.
㉢ 뻥튀기, 팝콘, 누룽지

⑤ **한천(Agar)**
㉠ 우뭇가사리 등 홍조류에 존재한다.
㉡ 물과 친화력이 강해 수분을 일정한 형태로 유지
㉢ 겔(gel) 형성력이 좋고 응고력이 강하다.
㉣ 빵, 양갱, 젤리 등의 안정제로 사용한다.

3. 탄수화물의 기능

① 에너지 공급원 : 1g 당 4kcal의 에너지 발생
② 혈당관계 – 혈당 0.1% 유지
  – 글리코겐으로 간에 저장, 필요 시 포도당으로 분해되어 사용
③ 단백질 절약작용
④ 식이섬유소 섭취 시 혈당 상승 및 변비 예방

4. 탄수화물의 대사

① 단당류 : 그대로 흡수
② 이당류, 다당류 : 소화관 내에 포도당으로 분해되어 소장에서 흡수된다.
③ 체내에 흡수된 포도당 : 혈액에 섞여 각 조직 내 세포에 운반, 산화되어 에너지를 발생하고 이산화탄소와 물로 분해
④ 당질 대사에는 비타민 B_1 (티아민)을 필요로 한다.
⑤ 포도당은 간과 근육에 글리코겐 형태로 저장되고, 남으면 지방으로 되어 체내 저장된다 (피하지방).

5. 탄수화물의 권장량

① 1일 총 열량 섭취량의 60~65% 권장, 소화율 98%
② 과잉 섭취 시 비만증, 당뇨병, 동맥경화 및 지방과다증
③ 결핍 시 체중감소, 발육부진

2 지질

1. 지질의 정의

① 구성원소 : 탄소(C), 수소(H), 산소(O)
② 지방산 3분자와 글리세롤 1분자가 에스테르 상태로 결합
  – 최종 분해산물 : 지방산, 글리세린
③ 상온에서 액체 : 기름(oil) / 고체 : 지방(fat)
④ 소화효소 : 리파아제, 스테압신

2. 지질의 분류

1) 단순지질, 복합지질, 유도지질

단순지질 (중성지방)	① 지방산 3 분자와 글리세롤 1분자가 결합 ② 유(oil) – 액체 : 면실유, 식용유(식물성) ③ 지(fat) – 고체 : 돼지기름, 소기름(동물성)
복합지질	① 지질과 지질 이외의 물질이 결합 ② 인지질 : 인 + 단순지질 (ex. 레시틴, 난황에 함유) ③ 당지질 : 당 + 단순지질
유도지질	① 단순지질과 복합지질의 가수분해 생성물(스테롤류) ② 콜레스테롤(프로비타민 D_3) ③ 에르고스테롤(프로비타민 D_2)

2) 지질의 구성 : 지방산, 글리세린

지방산	① 글리세린과 결합하여 지방을 구성 ② 포화지방산 / 불포화지방산
글리세린	① 3개의 수산기(OH기)를 갖고 있으며, 지방을 가수분해하여 얻는다. ② 무색, 무취, 감미를 가진 시럽 형태의 액체 ③ 물보다 비중이 커서 가라앉는다. ④ 보습성, 흡습성, 안정성, 용매, 유화제로 작용한다.

3) 지방산의 분류

포화 지방산	① 탄소(C) 와 탄소(C) 사이가 단일결합으로 이루어진 지방산 (이중결합 없다) ② 탄소 수가 증가할수록 융점과 비점이 높아진다. ③ 산화되기가 어렵고, 융점이 높아 상온에서 고체 ④ 동물성 유지에 많이 함유 ⑤ 뷰티르산, 팔미트산, 스테아르산 등
불포화 지방산	① 탄소와 탄소사이 이중결합(C = C)을 1개 이상 갖는 지방산 ② 이중결합 수가 많을수록, 탄소수가 작을수록 융점은 낮아진다. ③ 융점이 낮아 상온에서 액체 ④ 식물성 유지, 어류, 견과류에 많이 함유 ⑤ 올레산(이중결합 1개), 리놀레산(이중결합 2개), 리놀렌산(이중결합 3개), 아라키돈산(이중결합 4개)

※ 필수지방산 (비타민 F)

① 체내에서 생성할 수 없어 음식물로 섭취해야 하는 지방산

② 식물성 기름에 다량 함유

③ 결핍 : 피부염, 성장지연, 생식장애, 시각기능 장애 등

④ 리놀레산 (이중결합 2개), 리놀렌산(이중결합 3개), 아라키돈산 (이중결합 4개)

3. 지방의 화학적 반응

가수분해 (Hydrolysis)	가수분해되면 모노글리세리드, 디글리세리드와 같은 중간생성물을 만들고 결국 글리세린과 지방산으로 분해
산화 (Oxidation)	① 유지가 대기 중의 산소와 반응하여 과산화물을 형성 ② 지방산의 불포화도, 금속, 자외선, 생물학적 촉매, 온도 등이 지방의 산화에 영향을 주는 요인
산패	유지를 공기 중에 오래 두었을 때 산화되어 불쾌한 냄새와 맛이 나는 현상

1) 항산화제
- 유지의 산화적 연쇄 반응을 방해하여 산화 속도를 방해, 안정적인 효과

천연 항산화제	비타민 E, 레시틴, 세사몰, 고시폴, 구아검, 퀘르세틴(양파) 등
합성 항산화제	프로필 갈레이드(PG), BHA(부틸 하이드록실 아니솔), BHT(부틸 하이드록실 톨루엔)
보완제 (상승제)	① 항산화제와 함께 사용하며 지방의 안정성을 돕는다. ② 비타민C(아스코르빈산), 구연산, 주석산, 인산 등

2) 지방의 경화
① 이중 결합을 가지고 있는 불포화 지방산에 니켈(Ni)과 백금(Pt)을 촉매제로 수소(H_2)를 첨가하여 포화지방산으로 만드는 것
② 경화유 : 불포화도가 감소하고 포화도가 높아져 융점이 높아지고 유지가 단단해지는 고체형 기름 (예: 마가린, 쇼트닝)

3) 요오드가 : 불포화 지방산의 양, 유지 100g 중 첨가되는 요오드의 g 수
① 유지의 불포화도를 나타내는 값
② 요오드가 높을수록 불포화지방산을 많이 포함함

건성유	요오드가 130 이상	공기 중 산화, 건조됨	들기름, 아마인유, 호두유
반건성유	요오드가 100~130	공기 중 얇은 피막 형성	대두유, 옥수수유, 참기름, 면실유
불건성유	요오드가 100 이하	안정된 기름, 쉽게 굳지 않음	동백기름, 올리브유, 피마자유, 야자유

4. 지질의 기능
① 에너지 공급원 : 1g 당 9kcal의 에너지 발생
② 인지질 : 세포의 구성성분으로 뇌와 신경조직 구성
③ 필수지방산 공급
④ 지용성 비타민(A, D, E, K)의 흡수를 도움

5. 지질의 대사

① 지방은 지방산과 글리세린으로 분해되어 소장에서 흡수된다.
(위액 소화효소 : 리파아제, 장액 소화효소 : 스테압신, 리파아제)
② 담즙 : 지방을 소화되기 쉬운 형태로 유화 (소화효소는 아님)
③ 지방산은 산화과정을 거쳐 에너지를 방출하고, 이산화탄소와 물로 분해
④ 남은 지방은 피하, 복강, 근육 사이에 저장
⑤ 비타민 A, 비타민 D 가 지방의 대사에 관여

6. 지질의 권장량

① 1일 총 열량 섭취량의 20% 권장, 소화율 95%
② 과잉 섭취 시 비만, 동맥경화, 유방암, 대장암

3 단백질

1. 단백질의 정의

① 구성원소 : 탄소(C), 수소(H), 산소(O), 질소(N)
② 아미노산들이 펩티드 결합
　* 최종 분해산물 : 아미노산(아미노기 + 카르복실기)
③ 열, 산, 알칼리, 효소 등에 응고되는 성질
④ 평균 16%의 질소를 함유 – 질소계수 : 6.25(100/16)
⑤ 소화효소 : 펩신, 트립신, 에렙신

2. 단백질의 분류

화학적 분류	① 단순 단백질 ② 복합 단백질 ③ 유도 단백질
영양학적 분류	① 완전 단백질 ② 부분적 완전 단백질 ③ 불완전 단백질

1) 단백질의 화학적 분류

(1) 단순 단백질
① 가수분해에 의해 아미노산만이 생성되는 단백질
② 알부민, 글로불린, 글루테닌 등

(2) 복합 단백질
① 단순단백질과 비단백질성분이 결합
② 인단백질 : 단백질 + 인
　※ 카제인(우유) ⇨ 레닌 첨가 ⇨ 치즈제조

(3) 유도 단백질
① 열, 산, 알칼리 작용으로 변성, 분해된 단백질
② 1차 유도단백질 – 변성단백질 : 젤라틴(응고단백질)
③ 2차 유도단백질 – 분해단백질 : 펩톤

2) 단백질의 영양학적 분류

(1) 완전 단백질
① 생명유지 및 성장에 필요한 필수아미노산을 충분히 함유한 단백질 (알부민, 글로불린)
② 달걀 : 오보알부민, 오보글로불린, 오보비텔린
③ 우유 : 카제인, 락트알부민, 락트글로불린

(2) 부분적 완전 단백질
① 필수아미노산을 모두 함유하나, 그 중 하나 또는 그 이상 아미노산 함량이 부족한 단백질
② 생명유지는 되나, 성장이 발육되지 못하는 단백질
③ 밀 : 글리아딘, 글루테닌

(3) 불완전 단백질
① 하나 또는 그 이상의 필수아미노산이 결여된 단백질
② 생명유지와 성장 발육이 모두 되지 못하는 단백질
③ 제인(옥수수), 젤라틴

3) 아미노산
– 단백질을 구성하는 기본단위

중성 아미노산	아미노 그룹과 카르복실기 그룹을 각각 1개씩 함유
산성 아미노산	산성을 나타내는 아미노산 (아스파라긴산, 글루타민산)
염기성 아미노산	아미노기가 카르복실기 보다 많아서 염기성을 나타내는 것 (알기닌, 라이신, 히스티딘)
함황 아미노산	① 황을 함유하는 아미노산 ② 시스테인, 시스틴, 메티오닌

Chapter ❶ 재료 준비

〈동물이나 꽃을 만드는 머랭을 만들 때 흰자에 주석산크림을 사용하는 이유〉
흰자는 알칼리성이므로 주석산칼륨을 첨가, 산성화 함으로써
  ㉠ 머랭의 구조를 튼튼하게 한다.
  ㉡ 색상을 희게 하는 효과가 있다.

※ 필수 아미노산 (10가지)
① 체내에서 생성할 수 없으므로 반드시 음식물로 섭취해야 하는 아미노산
② 체조직의 구성과 성장발육에 반드시 필요
③ 동물성 단백질에 많이 함유되었다.
④ 성인이 필요한 필수아미노산(8가지)
  트립토판, 발린, 트레오닌, 이소루신, 루신, 리신, 페닐알라닌, 메니오닌
⑤ 성장기 어린이 (2가지) : 아르기닌, 히스티딘

3. 단백질의 기능
① 에너지 공급원 : 1g 당 4kcal의 에너지 발생
② 체 조직 구성 : 근육 등의 체 조직, 혈액 단백질, 효소 및 호르몬 구성
③ 생리조절 : 조직 내 삼투압 조절, 수분함량 조절, 체내 pH 조절(산, 알칼리 평형)
④ 면역체 역할 : 글로불린이 병에 대한 면역체 역할

4. 단백질의 대사
① 단백질은 아미노산으로 분해되어 소장에서 흡수 된다.
  (위액 소화효소 : 펩신, 레닌(우유 응고) / 장액 소화효소 : 트립신, 에렙신)
② 흡수된 아미노산은 각 조직에 운반되어 조직 단백질을 구성한다.
③ 남은 아미노산은 간으로 운반되어 저장했다가 필요에 따라 분해한다.
④ 최종 분해산물인 요소와 그 밖의 질소 화합물들은 소변으로 배출된다.

5. 단백질의 권장량
① 1일 총 열량 섭취량의 15% 권장, 소화율 92%
② 성인 남자 (75g), 성인 여자 (60g), 임신 및 수유부 (90g)
③ 생리적 필요량 : 체중 1kg당 1g 정도 필요
④ 필수아미노산이 많고 소화흡수율이 높은 동물성 식품과 콩 제품으로 섭취 권장
⑤ 단백질 공급원 : 계란, 치즈, 고기 내장에 많이 포함

TIP
〈 단백질의 결핍증 〉
① 성장지연, 부종, 피부염, 피로, 저항력 약화
② 쿼시오커(Kwashiorkor) : 어린이가 단백질이 장기간 부족하면 발생하는 병

4 비타민

1. 비타민의 정의 및 특성

① 생리적인 기능을 조절하는 영양소
② 인체에 없어서는 안될 필수물질
③ 에너지나 신체구성 물질로 사용되지 않는다.
④ 여러 가지 결핍증 예방
⑤ 대부분 체내에서 합성되지 않으므로 음식을 통해 섭취

2. 비타민의 분류

지용성 비타민	– 비타민 A, D, E, F, K ① 기름에 잘 용해된다. ② 기름과 함께 섭취 시 흡수율 증가한다. ③ 과잉섭취 시 체내에 저장된다. ④ 결핍증이 서서히 나타난다. ⑤ 매일 공급할 필요 없다.
수용성 비타민	– 비타민 B_1, B_2, B_6, B_{12}, 나이아신, 비타민 C ① 물에 잘 용해된다. ② 과잉섭취 시 필요량 제외하고 소변으로 배출된다. ③ 결핍증 바로 나타난다. ④ 매일 필요량을 섭취해야 한다.

3. 비타민의 종류

지용성 비타민	비타민 A (레티놀)	항 안성 비타민	비타민 A의 전구체 : 베타 카로틴
	비타민 D (칼시페롤)	항 구루병성 비타민	비타민 D의 전구체 : 콜레스테롤(비타민 D3), 에르고 스테롤 (비타민 D2)
	비타민 E (토코페롤)	항 산화성 비타민	천연 항산화제 : 비타민 E, C 세사몰(깨), 플라본 유도체
	비타민 F	필수지방산	리놀레산, 리놀렌산, 아라키돈산
	비타민 K	혈액응고성 비타민	지혈작용
수용성 비타민	비타민 B_1 (티아민)	항 각기병성 비타민	탄수화물 대사의 조효소
	비타민 B_2 (리보플라빈)	항 구각염성 비타민	성장 촉진에 관여 (부족시 구순염, 구각염)
	비타민 B_6 (피리독신)	항 피부염성 비타민	단백질 대사에 관여
	비타민 B_{12} (코발라민)	항 악성빈혈성 비타민	코발트(Co) 함유한 비타민
	나이아신	항 펠라글라성 비타민	탄수화물 대사작용을 증진
	비타민 C (Ascorbic Acid)	항 괴혈병성 비타민	혈관벽을 튼튼 하게 유지, 세포 성장 촉진, 면역성 증가

5 무기질

1. 무기질의 특성
① 탄소(C), 수소(H), 질소(N)를 제외한 모든 원소
② 직접적인 열량원은 되지 못하나, 신체를 구성하고 있는 중요한 요소
③ 인체의 4~5% 차지
④ 체내에서 합성되지 않으므로, 반드시 음식물로 섭취

2. 무기질의 기능

구성 영양소	① 필수적 신체 구성성분(뼈, 치아, 근육, 신경, 호르몬) ② 칼슘(Ca), 인(P), 철(Fe), 황(S), 요오드(I), 코발트(Co), 아연(Zn), 구리(Cu) 등
조절 영양소	① 체내 생리 작용 및 대사를 원활하게 하는 무기질 ② 수분과 산, 염기의 평형유지, 근육 수축 및 조절작용 ③ 나트륨(Na), 칼륨(K), 염소(Cl), 마그네슘(Mg) 등

3. 무기질의 종류

칼슘(Ca)	① 인체 내 가장 많은 무기질(인산칼슘 형태로 존재) ② 뼈와 치아의 구성, 혈액응고에 관여 ③ 급원식품 : 우유 및 유제품, 달걀, 뼈째 먹는 생선 ④ 흡수 촉진 : 비타민 D / 흡수방해 : 수산 ⑤ 결핍증 : 구루병, 골연화증, 골다공증, 신경성 마비 등
인(P)	① 인지질과 핵산의 구성성분, 골격과 치아 구성 ② 급원식품 : 멸치, 우유, 난황, 육류, 새우 ③ 결핍증 : 골격과 치아의 발육부진, 골연화증, 성장부진
철(Fe)	① 근육의 미오글로빈에 들어있음 ② 혈액(적혈구)의 필수 구성성분 ③ 조혈작용 (비타민 C : 철의 흡수 도움) ④ 급원식품 : 동물의 간, 난황, 살코기, 녹색채소 ⑤ 결핍증 : 빈혈
구리(Cu)	① 철분이 헤모글로빈 생성 시 촉매작용 ② 급원식품 : 간, 해조류, 콩, 야채류 ③ 결핍증 : 빈혈
요오드(I)	① 티록신(갑상선 호르몬)의 구성성분 ② 급원식품 : 해조류(다시마, 미역, 김), 어패류 ③ 결핍증 : 갑상선종 / 과잉증 : 바세도우씨병
황(S)	체구성 성분 (머리카락, 손톱)
아연(Zn)	① 인슐린 호르몬의 구성 ② 결핍증 : 당뇨병, 빈혈, 피부염
코발트(Co)	① 비타민 B_{12} 의 구성성분 ② 결핍증 : 악성빈혈

나트륨 (Na) 염소(Cl)	① 삼투압 조절, 체내 수분 조절, 산/알칼리 평형 조절 ② 급원식품 : 소금 ③ 결핍증 : 식욕부진, 근육경련, 저혈압 ④ 과잉증 : 동맥경화증
마그네슘(Mg)	① 신경, 근육 수축에 관여 ② 급원식품 : 곡류, 채소, 견과류, 콩류 ③ 결핍증 : 근육 떨림, 경련
칼륨(K)	① 세포 내역에 존재, 삼투압 조절, 신경의 자극 전달 작용 ② 급원식품 : 밀의 배아, 시금치, 감자, 과일류

6 효소

1. 효소의 정의

① 단백질로 구성된 생체 촉매

② 생체 내의 각종 화학반응을 촉진 또는 지연시켜 정상적인 생활이 가능하도록 한다.

③ 열, 산, 염기 등에 의해 변성 ⇨ 활성 상실

2. 효소의 특징

① 촉매작용 : 자기 자신은 변하지 않고 생체 내의 반응 속도를 빠르게 한다.

　※ 촉매 : 화학반응에 있어서 다른 물질의 반응을 촉진시키거나, 지연시키는 물질

② 기질 특이성 : 특정기질의 특정반응에만 선택적으로 작용한다.

　　　　　예) 맥아당을 말타아제의 '기질'

③ 환경에 민감 : 효소는 단백질이라 환경에 민감하다.

3. 효소에 영향을 미치는 환경 인자

① 온도 : 최적온도 30~40℃

② pH : 최적 pH 4.5~8 (펩신 pH2, 아밀라아제 pH7, 트립신 pH 8)

③ 효소농도 : 효소 농도가 커지면 기질에 대한 반응 속도 증가

④ 기질농도 : 기질농도가 증가하면 효소의 반응속도도 최고점까지 증가하나 그 이상으로는 속도의 증가가 없다.

Chapter ❶ 재료 준비

4. 효소의 분류

(1) 탄수화물 분해효소

이당류	인베르타아제	전화당 → 포도당 + 과당 (자당: 사카라아제)
	락타아제	유당 → 포도당 + 갈락토오스
	말타아제	맥아당 → 포도당 + 포도당
다당류	아밀라아제	전분/글리코겐 → 덱스트린, 맥아당 (α-아밀라아제 / β-아밀라아제)
	셀룰라아제	섬유소 → 포도당
	이눌라아제	이눌린 → 과당
산화효소	치마아제	단당류 → 알코올 + 이산화탄소, 이스트에 있음
	퍼옥시다아제	카로틴계 색소 → 무색으로 산화, 대두분에 있음

(2) 단백질 분해효소

프로테아제	단백질 → 펩톤 → 폴리펩티드 → 아미노산
펩신, 에렙신	위액에 존재
트립신	췌액에 존재
레닌	위액에 존재, 단백질 응고
펩티다아제	췌장에 존재

(3) 지방 분해효소

리파아제	지방 → 지방산 + 글리세린
스테압신	췌액에 존재

5. 제빵에 관계하는 효소

(1) 아밀라아제

① 발효성 당을 생산하여 가스 생산을 증가시킨다.
② 빵의 부피와 가스 보유력을 증대시킨다.
③ 껍질 색을 내는 당을 증가시킨다.
④ 빵의 보전성을 향상시킨다.

(2) 프로테아제

① 반죽의 신장성, 기계적 내성을 향상시킨다.

② 완제품의 기공과 조직을 개선시킨다.

③ 혼합시간을 단축시킨다.

재료	효소	기질	분해산물
밀가루	α - 아밀라아제(액화효소)	전분	덱스트린
	β - 아밀라아제(당화효소)	덱스트린	맥아당(말토오스)
	프로테아제	단백질	펩톤, 펩티드, 아미노산
이스트	인베르타아제	전화당, 자당(설탕)	포도당, 과당
	말타아제	맥아당	포도당
	치마아제	포도당, 과당	탄산가스, 에틸알코올
	프로테아제	단백질	펩톤, 펩티드, 아미노산

7 건강과 대사

1. 영양소

식품에 함유된 여러 성분 중, 체내에 흡수되어 생활 유지를 위한 생리적 기능에 이용되는 것

열량 영양소	① 에너지원으로 이용되는 영양 ② 탄수화물, 지방, 단백질
구성 영양소	① 신체 (근육, 골격, 효소, 호르몬 등)를 구성하는 영양 ② 단백질, 무기질, 물
조절 영양소	① 체내 생리 작용 및 대사를 원활하게 하는 영양 ② 무기질, 비타민, 물

2. 소화와 흡수

1) 소화효소의 종류

탄수화물 가수분해 효소	아밀라아제, 수크라아제, 말타아제, 락타아제 등
단백질 가수분해 효소	펩신, 에렙신, 트립신 등
지방 가수분해 효소	리파아제, 스테압신 등

Chapter ❶ 재료 준비

2) 인체 내의 소화과정

입에서의 소화	① 영양소 흡수 일어나지 않고, 당질 분해만 일어난다. (프티알린) ② 아밀라아제 : 전분 → 덱스트린 + 맥아당
위에서의 소화	① pH 3 강산성, 단백질 소화만 이루어진다. ② 영양소는 거의 흡수되지 않는다. (알코올 흡수) ③ 리파아제 : 지방을 소화되게 쉽게 유화 ④ 펩신 : 단백질 → 펩톤 + 프로테오스 ⑤ 레닌 : 유즙으로 응고시켜 펩신 작용을 도와준다.
췌장에서의 소화	① 3대 영양소를 소화시키는 효소가 포함되어 있다. ② 아밀라아제 : 전분 → 맥아당 ③ 스테압신 : 지방 → 지방산 + 글리세린 ④ 트립신 : 단백질 → 펩톤 + 아미노산
소장에서의 소화	① 인베르타아제, 수크라아제 : 전화당(자당) → 포도당 + 과당 ② 락타아제 : 유당 → 포도당 + 갈락토오스 ③ 말타아제 : 맥아당 → 포도당 + 포도당 ④ 에렙신 : 프로테오스, 펩톤, 펩티드 → 아미노산 ⑤ 소장 벽의 융털로 대부분의 영양소 흡수 ※ 담즙 : 간에서 만들어져 소장에 있으며, 지방을 유화시켜 소화를 돕는 기능 (소화효소 아님)
대장에서의 소화	① 소화효소는 분비되지 않는다. ② 장내 세균에 의해 섬유소가 분해되며 대부분의 물이 흡수된다. ③ 흡수가 안 된 영양소는 변으로 배설

3. 에너지 대사

– 생체 내에서 일어나는 에너지의 방출, 전환, 저장 및 이용의 모든 과정

기초대사량	생명을 유지하는 데 필요한 최소한의 대사량
활동대사량	일상생활에서 운동, 노동 등 활동을 하면서 소모되는 에너지량
특이동적 대사량	식품자체의 소화, 흡수, 대사를 위해 사용되는 에너지 소비량

※ 1일 총 에너지 소요량 : 기초대사량 + 활동 대사량 + 특이동적 대사량

특이동적 대사량 = (기초대사량 + 활동 대사량) ÷ 10

예상문제 기초대사 1200Kcal, 활동 대사 200Kcal인 경우 1일 총에너지 대사량은?

특이동적 대사량 = (기초대사량 + 활동 대사량) ÷ 10
(1200 + 200Kcal) ÷ 10 = 140Kcal 이므로
에너지 대사량 = 기초대사량 + 활동 대사량 + 특이동적 대사량
1200Kcal + 200Kcal + 140Kcal = 1540Kcal

1) 기초대사량
① 생물체가 생명을 유지하는 데 필요한 최소한의 에너지량
② 총 에너지의 60~70%
③ 수면 시에는 평상시 보다 10% 감소
④ 성인남자 1400~1800kcal, 성인여자 1200~1400kcal
⑤ 휴식 상태일 때 기초대사량 만큼의 에너지가 소모된다.

2) 기초 대사량이 높은 경우
① 여성 보다 남성이 높다.
② 기온이나 체온이 높을 때 높다.
③ 근육량이 많을수록 높다.
④ 체표면적이 클수록 높다.
⑤ 신장이 클수록 높다.
⑥ 나이가 적을수록 높다.

제2절 충전물 / 토핑물 관리

01. 재료의 특성 및 전처리

충전물 / 토핑물은 빵과자의 공정에 추가로 제품 사이에 추가하는 재료로 크림류, 앙금류, 잼류, 버터류, 견과류 등이 있다.

1) 밀가루 : 체를 친다

밀가루 체를 치는 이유
① 가루 속의 불순물 제거
② 공기의 혼입
③ 재료의 분산을 골고루 하게 함
④ 흡수율 증가
⑤ 제품의 부피 증가 (밀가루의 10% 증가)

2) 탈지분유

탈지분유의 유당은 흡수성이 있어서 그릇에 잘 붙고 덩어리가 생기며 용해가 잘 되지 않으므로, 밀가루나 설탕에 섞어 놓거나 물에 풀어 놓는다.

3) 유지류

유지류는 사용하기 몇 시간 전에 냉장/냉동고에서 꺼내어 실온 상태에서 유연성을 준다.

4) 이스트 : 물에 풀어 둔다

5) 건포도 : 물에 불려둔다

6) 커피 가루 : 설탕이나 밀가루에 혼합해서 사용한다

7) 액체 재료 : 반죽온도에 맞춰 온도를 조절한다

02. 충전물/토핑물 제조방법 및 특징

1 충전물

1) 크림류

크림은 기본적으로 지방과 공기를 이용해서 부드러움과 고소한 식감을 더해주며 다른 재료와 혼합하여 충전제와 토핑제로 많이 사용한다.

(1) 생크림

생크림은 우유와 우유 지방(35~40%)을 원심 분리에 의하여 농축한 것.

순수한 유지방만으로 되어 있는 생크림은 풍미는 뛰어나지만, 지방구가 응집되어 구조가 붕괴되어 생크림이 원래 상태대로 돌아가지 않는 경우가 있으므로, 생크림에 유화제나 안정제를 첨가한 컴파운드 크림이 널리 사용되고 있다. (보관 온도 0~10℃)

(2) 휘핑 크림

식물성 지방이 40% 이상인 크림을 거품 낸 것. (4~6℃에서 거품이 잘 일어난다.)

(3) 커스터드 크림

우유, 계란, 설탕을 섞고, 증점제(농후화제)인 옥수수 전분이나 박력분을 넣어 끓인 것

> **TIP**
> 농후화제(증점제) : 교질 용액의 상태로 만드는 것
> 디프로 매트 크림 : 커스터드 크림과 무가당 생크림을 동량으로 혼합한 크림

(4) 버터 크림

버터와 쇼트닝을 동량으로 넣고 교반 하면서 유지중에 공기를 분산시키고 시럽이나 설탕을 넣고 휘핑하여 크림 상태로 만든다.

(5) 가나슈 크림

생크림을 80℃ 이상에서 살균하여 초콜릿을 1 : 1 비율로 섞어 만든다.

(6) 요거트 생크림
생크림, 플레인 요구르트와 요구르트 페이스트를 각각 1 : 1 : 1 로 넣어서 휘핑해서 만든다.

2) 앙금류
앙금 제조 후의 색깔에 따라 적앙금과 백앙금으로 나누며, 팥, 잠두, 완두콩, 녹두, 강낭콩 등을 사용하여 설탕 65~75% 정도 넣고 반죽하여 조린다.

3) 잼류
과일류 또는 채소류에 당류를 첨가하여 젤리화 한 것

4) 시럽류
시럽은 설탕과 물의 비율을 1 : 1 로 섞고 중불에서 끓여 주면서 약간 졸인 것으로 용도에 따라 물의 양을 가감하여 사용한다.

5) 버터류
샌드위치를 만들 때에는 빵에 기름막을 형성하여 수분 흡수를 막고 맛을 내며, 빵과 속재료를 연결하는 접착제 역할을 한다.

6) 치즈류
치즈는 젖소, 염소, 물소, 양 등의 동물의 젖에 들어있는 단백질을 응고시켜서 만든 제품으로, 단백질로 숙성 중에 미세하게 분해되기 때문에 소화 흡수가 잘 된다. 또한 비타민과 미네랄(Ca) 등의 영양소가 들어있다.

(1) 자연치즈
자연치즈는 소, 산양, 양, 물소 등의 젖을 원료로 하며, 단백질을 효소나 그 밖의 응고제로 응고시키고, 유청의 일부를 제거한 것 또는 그것을 숙성시킨 것이다.

(2) 가공치즈
가공 치즈는 자연 치즈를 분쇄하고 가열 용해하여 유화한 제품으로 숙성에 따른 깊은 맛은 없지만, 품질과 영양면에서 모두 안정적이다. 견과류와 향신료, 허브 등을 섞어서 만든 것도 있다. 자연치즈의 원료는 생우유인데 반해 가공치즈의 원료는 자연치즈를 가공한 것이다.

7) 채소류
샌드위치에 많이 사용하며 양상추, 양배추, 치커리, 로메인 상추, 샐러리, 토마토, 양파, 파프리카, 오이, 당근 등이 있다.

8) 허브류 : 로즈마리, 바질, 오레가노(Oregano), 파슬리, 월계수잎 외에 다양하다.

Chapter ❶ 재료 준비

9) 어류 : 샌드위치에 많이 사용하며 연어, 새우, 참치 등이 있다.

10) 견과류

호두, 아몬드, 밤, 땅콩, 캐슈넛이 사용되고 있으며, 아몬드의 경우 슬라이스나 가루의 형태로 사용되고 땅콩은 그대로 사용되거나 작은 알갱이인 분태로 충전물과 토핑물로 사용된다.

11) 냉동 건과일

급속 동결 과일 제품은 신선한 과일이나 냉동과일을 동결건조 시킨 것으로, 영양성분 파괴가 거의 없고 색과 맛이 그대로 유지된다.

2 토핑물

1) 분당(슈가 파우더, powdered sugar)

입상형의 설탕을 분쇄하여 미세한 분말로 만든 다음 고운 눈금을 가진 체를 통과시켜서 만든다. 이렇게 만들어진 분당은 입자가 미세하기 때문에 표면적이 넓어져서 수분을 흡수하여 덩어리가 져서 단단하게 되는 성질이 있기 때문에 이것을 방지하기 위해 3% 정도의 전분을 추가하여 만들게 된다.

2) 계피 설탕

설탕에 계피가루를 3~5% 정도 넣고 섞어서 만들며, 주로 도넛류에 사용된다.

3) 도넛 설탕

도넛 설탕은 포도당(분말), 쇼트닝(분말), 소금, 녹말가루와 향(분말)을 더하여 섞어서 만든 것으로 도넛의 토핑물로 널리 사용되고 있다.

4) 퐁당(fondant)

식힌 시럽을 섞어서 설탕을 일부분 결정화하여 만든 제품으로 주로 제과의 아이싱(빵 과자의 표면을 당으로 피복하는 것) 재료로 사용되지만 경우에 따라서는 빵류에 사용하기도 한다. 혼당이라고 불리기도 한다.

5) 코코아 및 초콜릿

(1) 초콜릿을 구성하는 성분

① 코코아(62.5% ,5/8)
   카카오 매스를 압착하여 카카오 버터와 카카오 박(Press Cake)으로 분리하여, 카카오 박을 200mesh 정도의 고운 분말로 만든 것.

② 카카오 버터 (37.5%, 3/8)

③ 유화제 0.2 ~ 0.8%

(2) 초콜릿의 원료

카카오 매스	외피, 배아, 배유로 구성된 카카오빈(cacao bean)을 볶고, 외피와 배아를 제거하여 배유를 파쇄, 가열한 페이스트 (비터 초콜릿)
카카오 버터	① 카카오 매스에서 분리한 단순지방(지방산 3 + 글리세린 1) ② 초콜릿의 풍미를 결정하는 가장 중요한 원료
설탕	정백당과 분당을 많이 사용, 포도당/물엿으로 일부 설탕을 대체한다
우유	밀크초콜릿의 원료 (전지분유, 탈지분유, 크림 파우더 등)
유화제	카카오 버터에는 1% 이하의 수분이 들어있어, 친유성 유화제 사용한다
향	바닐라 향을 0.05~0.1% 사용, 그 외 제품 특성에 따라 버터향 등

(3) 초콜릿의 종류

① 원료에 의한 분류

카카오 매스 (비터 초콜릿)	카카오 빈에서 외피와 배아를 제거하고 잘게 부순 것으로 다른 성분이 포함되어 있지 않아 카카오 빈 특유의 쓴 맛이 난다.
다크 초콜릿	순수한 쓴맛의 카카오 매스에 설탕, 카카오버터, 레시틴, 바닐라향 등을 섞어 만든 초콜릿
밀크 초콜릿	다크 초콜릿 구성성분에 분유를 더한 것으로 가장 부드러운 맛의 초콜릿
화이트 초콜릿	다갈색의 카카오 고형분을 빼고, 카카오버터에 설탕, 분유, 레시틴, 바닐라향을 넣은 백색의 초콜릿
컬러 초콜릿	화이트 초콜릿에 유성 색소를 넣어 색을 낸 초콜릿

② 사용 용도에 의한 분류

가나슈용 초콜릿	카카오 매스에 버터를 넣지 않고 설탕만을 더한 것
코팅용 초콜릿	① 카카오 매스에서 카카오 버터를 제거한 다음, 식물성 유지와 설탕을 넣어 만든 것 ② 번거로운 템퍼링 작업 없이도 손쉽게 사용 가능
커버츄어 초콜릿	① 카카오 버터의 비율이 높아 일정 온도에서 유동성과 점성을 가지고 있어 봉봉초콜릿의 피복용으로 사용된다. ② 반드시 템퍼링 거쳐야 특유의 광택이 난다.
코코아 분말	① 카카오 매스에서 카카오 버터를 2/3 추출 후, 분말로 만든 것 ② 천연코코아 / 더치 코코아 (알칼리 처리)

Chapter ❶ 재료 준비

(4) 템퍼링
① 초콜릿에 들어있는 카카오 버터를 안정적인 β형으로 만들어 초콜릿 전체가 안정된 상태로 굳을 수 있도록 온도를 조절하는 작업
② 수냉법 : 초콜릿을 40~45℃ 정도로 용해하여 15~18℃의 물에서 27~29℃까지 낮춘 다음 다시 30~32℃까지 온도를 올린다.
③ 템퍼링을 하면, 입안에서 녹는 감촉이 좋아진다.
④ 템퍼링을 안 하면, 광택이 적고, 풍미와 용해성이 떨어지며 지방의 블룸(얼룩이 생기는 현상)의 원인이 될 수 있다.

(5) 초콜릿의 적정 보관
① 온도 17~18℃ 정도
   온도가 25℃ 이상 상승 시 초콜릿의 결정구조가 불안정 해져서 표면에 지방질이 흰 반점으로 된다.
② 습도 40~50% 정도
   습도가 높아지면 초콜릿에 함유된 설탕이 표면으로 나와 흰 반점이 생긴다. (Bloom)

(6) 블룸 (Bloom)

지방 블룸 (Fat Bloom)	① 카카오 버터가 원인이 된다. ② 템퍼링 불량한 경우, 직사광선에 노출된 곳이나 온도가 높은 곳에서 보관 시 지방이 분리되었다가 다시 굳으면서 얼룩이 생긴다.
슈가 블룸 (Sugar Bloom)	① 설탕이 원인이 된다. ② 제품을 습도가 높은 장소에 오랫동안 방치하거나, 급작스런 온도 변화가 있는 경우 일어난다. ③ 표면에 물방울이 떨어져서 초콜릿 중의 설탕을 용해한 후 수분이 증발하면 설탕 표면에서 재결정 되어 반점이 나타난다.

Chapter 2 제품 저장 관리

제1절 제품의 냉각 및 포장

01. 제품의 냉각 방법 및 특징

1 냉각

갓 구워낸 제품을 상온의 온도 상태로 낮추는 것을 냉각이라 한다.
냉각 장소는 환기시설이 잘 되어 있고, 통풍이 잘되며, 병원성 미생물 혼입이 없는 곳이어야 한다.

① 냉각후 내부 온도 : 35~40℃
② 냉각후 수분의 함량 : 38%
③ 냉각실 온도 : 20~25℃
  온도가 너무 낮으면 표면이 거칠어 진다.
④ 냉각실 상대습도 : 75~85%
  냉각실의 습도가 지나치게 낮으면 껍질에 잔주름이 생기며 갈라진다.
⑤ 냉각 손실률 : 2%

2 냉각 방법

① 자연 냉각 : 3~4 시간 소요
② 냉장, 냉동고 보관 : 주로 제과류 냉각
③ 냉각 컨베이어 : 냉각실에 22~25℃의 냉각 공기를 불어 넣어 냉각시키는데, 대규모 공장에서 많이 사용한다. 냉각실의 공기 흐름이 지나치게 빠르면 껍질에 잔주름이 생기며, 빵 모양이 변하며, 옆면이 들어가게 된다.

02. 포장재별 특성

1 포장의 기능

① 내용물의 보호
② 취급의 편의 및 판매 촉진
③ 상품의 가치 증대와 정보 제공
④ 사회적 기능과 환경 친화적 기능

Chapter ② 제품 저장 관리

2 포장의 목적

① 수분의 증발을 방지한다.
② 미생물의 오염을 방지하며 저장성이 증대한다.
③ 식품이 보관·가공·운송·판매를 거쳐 소비자에 이르기까지 충격, 압력, 온도, 습도 등의 외적 환경과 해충으로부터 보호한다.
④ 보관·운송·판매 등 일련의 작업을 능률적으로 행하기 위함이다.
⑤ 소비자가 사용하기 쉽도록 하며, 상품의 가치를 높이기 위함이다.

3 포장 재료의 조건

① 위생적이며, 방수성이 있으며 통기성은 없어야 한다.(위생성)
   (산소가 들어가 빵의 노화와 유지 산패를 촉진 시킨다)
② 가격이 저렴해야 한다.(경제성)
③ 사용이 간편 하고 상품 가치를 높여야 한다.(간편성, 상품성)
④ 제품 파손을 막아야 한다.(저장성)
⑤ 기계 적성이 양호 해야 한다.(위생성, 작업성)

4 포장재

1) 플라스틱 포장재

1차 포장은 포장을 하는 과자류 제품과 직접 접촉하는 포장으로 수분, 습기, 광열 및 충격 등을 방지 또는 차단한다. 이를 위하여 적합한 포장재 및 용기를 사용하여야 한다.

플라스틱은 합성수지로 필름, 시트, 각종 성형품으로 가공이 잘되고 과자 포장재로 요구되는 여러 가지 특성을 갖고 있는 포장재이다. 필름용 포장재로는 연신 프로필렌(OPP : oriented polypropylene)이 있다. 특히 프로필렌 종류는 수분 증발을 막아 과자 종류 포장에 많이 쓰이며, 투명과 불투명이 있다. 플라스틱통, 플라스틱 시트, 플라스틱 비닐백 등은 폴리스틸렌(PS : polystyrene), 폴리에틸렌(PE : polyethylene), 프로필렌(PP : propylene) 등을 사용할 수 있다.

2) 종이 및 지기

종이 포장재는 매우 다양하나 식품 포장에 사용하는 종이 종류 대부분이 가공지(converted paper)이다. 일반적으로 많이 사용되는 가공지는 포장용지이며, 특수 가공 포장용지로는 파라핀 왁스지, 폴리에틸렌 가공지, 부직포 등이 있다. 지기(paper container)는 종이, 판지로 만든 용기를 말하며, 일반적으로 판지로 만든 상자이다. 지기의 장점은 물리적 강도, 통기성, 내용물 보호, 완충 작용, 위생성, 개봉성이 우수하다. 단점은 내수성, 기체 차단성, 열봉합성이 부족하고 내유성과 내약품성이 없다. 지기의 단점을 보완하기 위해 플라스틱이나 Al-foil을 적층하거나 표면 코팅을 할 수 있다.

3) 유리병, 사기그릇, 알루미늄
- 종이와 판지 제품 : 종이 봉투, 종이 용기
- 유연 포장 재료 : 셀로판, 플라스틱, 알루미늄
- 금속제 : 통조림용 금속 용기
- 유리제 : 병, 컵
- 목재 : 나무 상자, 나무통

03. 불량제품 관리

1 제품의 속과 껍질의 노화

제품 속의 수분이 표면으로 이동하여 표피가 눅눅해지고 질겨지고, 빵과자 속이 건조해지고 탄력을 잃는다.

2 노화에 영향을 주는 조건

① 저장 시간 : 오븐에서 꺼내면서부터 노화는 시작된다.
② 온도 : 냉장온도 (10℃)에서 빨리 노화된다.
③ 계면 활성제, 펜토산 : 수분 보유량을 높여 제품을 부드럽게 한다.
　　　　　　　　　　반죽에 알파 아밀라아제를 첨가 하거나 모노- 디 글리세라이드 계통의 유화제를 첨가하면 노화 지연된다.
④ 단백질 : 밀가루 단백질이 많고 질이 높을수록 노화가 지연된다.
　　　　　탈지분유와 달걀의 사용으로 단백질을 증가 시켜 노화 지연한다.
⑤ 수분 : 물의 사용량을 늘려 수분이 38% 이상이면 노화가 지연된다.
⑥ 당류 : 당류 첨가하여 수분 보유력을 높여주면 노화가 지연된다.
⑦ 포장 : 방습 포장 재료로 포장하여 노화를 지연한다.

Chapter 2 제품 저장 관리

3 제품의 평가

1) 제품 평가의 기준

평가 항목		세부 사항
외부 평가	외형의 균형성	좌, 우, 앞, 뒤가 대칭인 것이 좋다
	부피	분할 무게에 대한 완제품의 부피가 적당해야 한다
	터진 정도	옆면에 적당한 터진 정도, 찢어진 정도가 적당해야 한다
	껍질색	황금 갈색이 좋다
	굽기의 균일성	전체가 균일하게 구워진 것이 좋다
	껍질 형성	두께가 일정하고, 너무 질기지 않고, 딱딱하지 않아야 좋다
내부 평가	조직	탄력성 있으며, 부드러운 느낌이 있어야 좋다
	기공	작고 균일한 기공과 얇은 기공벽으로 이루어진 것이 좋다
	속결, 색상	크림색을 띠고 있는 흰색이 좋다
	냄새, 향	고소하고 빵 특유의 향이 있다
	맛, 식감	제품 고유의 맛과 만족스러운 식감이 있어야 좋다

2) 어린 반죽과 지친 반죽으로 만든 제품의 비교

항목	어린 반죽 (발효와 반죽이 덜된 것)	지친 반죽 (발효와 반죽이 많이 된 것)
기공	거칠고 두꺼운 기공	얇은 세포벽
조직	거칠다	거칠다
브레이크	찢어짐과 터짐이 아주 적다	거칠다가 적어진다
부피	작다	크다가 적어진다
껍질 특성	두껍고 질기고 기포가 있을 수 있다	두껍고 단단해서 잘 부서지기 쉽다
껍질 색	어두운 적갈색	밝은 색
속 색	무겁고 어둡다 (숙성 부족)	색이 희고 윤기가 부족하다
외형의 균형	예리한 모서리, 옆면이 유리처럼 매끄러움	둥근 모서리, 옆면이 움푹 들어감
구운 상태	위, 옆, 아랫 부분이 모두 검다	연하다
맛	덜 발효된 맛	발효된 맛
향, 냄새	생 밀가루 냄새	신 냄새

3) 각 재료의 분량에 따른 제품의 결과

(1) 밀가루

항목	정량 보다 많이 사용한 경우	정량 보다 적게 사용한 경우
기공	세포가 좋다	얇은 껍질이 되고 세포가 파괴된다
부피	커진다	작아진다
껍질 색	진하다	연하다
속 색	황갈색	흰색
외형의 균형	예리한 모서리, 브레이크가 적다	둥근 모서리, 브레이크가 크다
맛	좋다	좋지 않다
향, 냄새	밀 고유의 향이 좋다	향이 약하다

(2) 설탕

항목	정량 보다 많이 사용한 경우	정량 보다 적게 사용한 경우
기공	세포는 좋아진다	가스 생성이 잘 안되어 세포가 파괴된다
부피	작다	작다
껍질 색	어두운 적갈색	연한 색
속 색	발효가 잘되면 속색은 좋다	회색 또는 황갈색
외형의 균형	모서리 각이 지고 찢어짐이 적다	모서리가 둥글다
맛	달다	발효에 의한 맛이 적다
향, 냄새	정상 발효되면 향이 좋다	향미가 적다

(3) 우유

항목	정량 보다 많이 사용한 경우	정량 보다 적게 사용한 경우
기공	세포가 거칠다	세포가 약하다
부피	커진다	감소한다
껍질 색	진하다	연하다
속 색	황갈색	흰색
외형의 균형	예리한 모서리, 브레이크 적다	둥근 모서리, 브레이크 크다
맛	우유 맛이 강하고 약간 달다	단맛이 적고, 약간 신맛이 난다
향, 냄새	미숙한 발효 냄새, 껍질이 탄 듯한 냄새	지나친 발효로 약한 신 냄새

(4) 소금

항목	정량 보다 많이 사용한 경우	정량 보다 적게 사용한 경우
기공	두꺼운 세포벽, 거친 기공	얇은 세포벽
부피	작다	크다
껍질 색	검고 어두운 붉은 색	흰색
속 색	진한 암갈색	회색
외형의 균형	예리한 모서리, 약간 터지고 윗면이 평평 하다	둥근 모서리 브레이크가 크다
맛	짠맛	부드러운 맛
향, 냄새	향이 없다	향미 있다

(5) 쇼트닝

항목	정량 보다 많이 사용한 경우	정량 보다 적게 사용한 경우
기공	세포가 거칠다	세포가 파괴되어 기공이 열리고 거칠다
부피	작아진다	작아진다
껍질 색	진하고 어둡고 윤기가 난다	색이 연하고, 표면에 윤기가 없다
속 색	황갈색	엷은 황갈색
외형의 균형	각진 모서리, 브레이크 작다	둥근 모서리, 브레이크 크다
맛	기름기 맛이 강하다	발효가 미숙한 맛
향, 냄새	불쾌한 냄새	발효가 미숙한 냄새

4 빵류 제품의 결함과 원인

1) 껍질

결점	원인
껍질이 질김	약하거나 저질의 밀가루 사용 지나치게 강한 밀가루 사용 저배합 비율 성형 때 거칠게 다루거나 지친 반죽 발효 부족이거나 2차 발효 과다 2차 발효실 습도 높음 낮은 오븐 온도 또는 오븐속 증기 과다
껍질에 반점이 생김	배합 재료가 고루 섞이지 않음 덧가루 과다 사용 분유가 녹지 않거나 설탕의 용출 2차 발효실의 수분 응축
표피에 수포가 발생	반죽이 질거나 성형기 취급 부주의 발효가 부족하거나 2차 발효실 습도 높음 오븐의 윗불 온도가 높음

결점	원인
껍질이 두꺼움	소금, 설탕, 분유, 쇼트닝 과다 사용 질 좋은 단백질 밀가루 과다 / 너무 강한 밀가루 이스트 푸드, 효소제 과다 사용 지친 반죽 또는 2차 발효실 습도 부족 과 온도 낮음 낮은 오븐 온도 / 오븐 스팀량 부족
껍질이 갈라짐	효소제 사용량 부족 / 지치거나 어린 반죽 2차 발효실 습도 부족 높은 윗불 온도 / 급속한 제품 냉각
껍질 색이 옅음	설탕 사용량 부족 / 연수 사용 오래된 밀가루 사용 / 효소제 사용 과다 부적당한 믹싱 1차 발효시간의 초과 / 2차 발효실 습도 낮음 굽기 시간의 부족 오븐속의 습도와 온도가 낮음 / 오븐에서 거칠게 다룸
껍질 색이 짙음	설탕, 분유 사용량 과다 / 지나친 믹싱 / 1차 발효시간 부족 / 2차 발효실 습도 높음 높은 오븐 온도, 높은 윗불 온도, 과도한 굽기

2) 부피

결점	원인
부피가 큼	우유, 분유 사용량 과다 / 소금 사용량 부족 과다한 1차 발효 와 2차 발효 팬의 크기에 비해 많은 반죽 부적합한 성형 / 스펀지의 양이 많을 때 낮은 오븐 온도 / 팬기름을 너무 칠한 경우
부피가 작음	이스트 사용량 부족 / 오래되거나 온도가 높은 이스트 사용 이스트 푸드 사용량 부족 오래되거나 약한 밀가루 사용 / 미성숙 밀가루 사용 소금, 설탕, 쇼트닝, 분유 사용량 과다 / 효소제 사용량 과다 알칼리성 물 사용 / 물 흡수량이 부족 부족한 믹싱 / 반죽 속도가 빠를 때 / 차가운 믹서, 틀의 온도 팬의 크기에 비해 부족한 반죽량 / 반죽이 지나치거나 부족할 때 성형시 주위의 낮은 온도 2차 발효 부족 / 지나친 발효 오븐에서 거칠게 다룸 오븐의 온도가 초기에 높을 때 / 오븐의 증기가 많거나 적을때

3) 빵 내부

결점	원인
빵 속 색깔이 어두움	맥아, 이스트 푸드 사용량 과다 / 저질 밀가루 사용 / 과다한 표백제 사용한 밀가루 사용 반죽의 신장성 부족 / 지나친 2차 발효 / 낮은 오븐 온도 / 뜨거운 틀, 철판 사용
빵 속 줄무늬 발생	덧가루 과다 사용 / 밀가루 체질 안함 / 반죽 개량제 사용 과다, 재료 혼합 부족, 된 반죽 표면이 마른 스펀지 사용 / 건조한 중간 발효 / 잘못된 성형기의 롤러 조절 / 과다한 기름 사용
거친 기공과 좋지 않은 조직	약한 밀가루 사용 / 이스트 푸드 사용량 부족 / 경수(알칼리성 물) 사용 / 되거나 진 반죽 낮은 오븐 온도 / 오븐에서 거칠게 다룸 / 뜨거운 틀, 철판 사용

Chapter ❷ 제품 저장 관리

4) 빵의 외형

결점	원인
빵의 바닥이 움푹 들어감	믹싱 부족 / 진 반죽 / 팬에 기름칠 하지 않음 / 2차 발효실 습도 높음 초기 굽기의 지나친 온도 / 뜨거운 틀, 철판 사용 팬 바닥에 구멍이 없음 / 팬 바닥에 수분이 있음
윗면이 납작하고 모서리가 날카로움	미숙성한 밀가루 사용 / 소금 사용량 과다 / 지나친 믹싱 / 진 반죽 발효실의 높은 습도
브레이크와 슈레드 부족 (터짐과 찢어짐)	이스트 푸드 사용량 부족, 연수 사용 / 효소제 사용량 과다/ 진반죽 발효 부족 / 지나친 2차 발효 / 2차 발효실 온도 높거나 습도 낮음 / 오븐 증기 부족
빵의 옆면이 터짐	지친 반죽 / 팬보다는 넘치는 반죽량 / 지나친 2차 발효 / 오븐열이 고르지 못함
곰팡이 발생	제품 냉각 부족 / 작업도구 오염 / 굽기 부족 / 취급자나 식품 용기의 비위생적인 취급

5 단과자 빵류의 결함 원인

	결점	원인
껍질	껍질에 반점 발생	낮은 반죽 온도 / 숙성 덜된 반죽 사용 / 발효중 반죽이 식음 / 굽기전 찬공기를 오랫동안 접촉
	껍질 색이 엷음	배합 재료 부족 / 지친 반죽 / 발효시간 과다 / 반죽의 수분 증발 / 덧 가루 사용 과다
	껍질색이 짙음	질 낮은 밀가루 사용 / 낮은 반죽온도 / 식은 반죽/ 높은 습도 / 어린 반죽
	껍질이 두껍고 탄력이 적음	박력 밀가루 사용 / 설탕 유지의 사용량 부족 / 반죽 정도 부족 / 가수율 부족 보관중 바깥 공기와 접촉
내부	빵속이 건조함	설탕 사용량 부족 / 지나친 스펀지 발효 시간 / 된 반죽 / 낮은 오븐 온도
외형	빵 바닥이 거침	이스트 사용량 과다 / 부족한 반죽 정도 / 2차 발효실의 높은 온도
	풍미 부족	저율 배합표 사용 / 낮은 반죽 온도 / 과숙성 반죽 사용 / 2차 발효실의 높은 온도 낮은 오븐 온도
	노화가 빠름	박력 밀가루 사용 / 설탕, 유지의 사용량 부족 / 반죽 정도 부족 / 가수율 부족 보관중 바깥 공기와 접촉

6 2차 발효에 따른 식빵의 결점

부피가 작다		① 중간 발효와 2차 발효가 부족하다. ② 2차 발효실 온도가 너무 낮거나 높다. ③ 2차 발효실 상대습도가 부족하다.
껍질	진하다	지나친 2차 발효
	두껍다	2차 발효실 온도와 상대습도가 낮다.
	수포 형성	2차 발효실 상대습도가 높다.
	갈라짐	2차 발효실 상대습도가 너무 낮거나 높다.
	반점 생김	2차 발효실 습도가 높아 표면에 수분 응축
브레이크 & 슈레드 부족		① 2차 발효가 짧거나 길다. ② 2차 발효실 상대습도가 부족하거나 많다. ③ 2차 발효실 온도가 너무 높다.

외관	옆면 들어감	2차 발효가 지나치다
	밑면 들어감	2차 발효실 상대습도가 너무 높다.
	표면이 터짐	2차 발표가 짧음
기공이 균일하지 않고 내상이 나쁨		① 너무 긴 2차 발효 ② 2차 발효실 상대습도가 너무 높거나 낮음
빵의 향, 맛 미흡		발효가 짧거나 지나친 반죽
제품 보존성 나쁨		발효 온도, 습도, 시간 관리 불량

7 케이크의 결점과 원인

케이크의 결점	원인
1) 균일하지 못한 케이크	① 팬닝한 표면이 고르지 않음 ② 오븐 선반이 고르지 않음 ③ 찌그러진 팬 사용 ④ 알맞지 않은 비중
2) 케이크 중앙이 올라옴	① 쇼트닝 부족 ② 물이 적어 건조한 반죽 ③ 윗불이 너무 높은 오븐 온도
3) 중앙이 주저앉아 대칭성 부족한 케이크	① 과다한 설탕 사용 ② 구조 형성 재료 부족 ③ 과다한 팽창제 사용 ④ 온도가 낮은 오븐 ⑤ 언더 베이킹
4) 크기가 작은 케이크	① 배합률 불균형 ② 너무 낮거나 높은 오븐 온도 ③ 믹싱 부적절 ④ 너무 큰 팬 사용
5) 진한 껍질색의 케이크	① 너무 높은 오븐 온도 ② 윗불이 너무 높은 오븐 온도 ③ 과다한 설탕이나 분유
6) 엷은 껍질색의 케이크	① 너무 낮은 오븐 온도 ② 배합률 불균형
7) 껍질색이 균일하지 못한 케이크	① 오븐 열 불균일 ② 크기가 다른 팬으로 구움
8) 두껍고 단단한 껍질의 케이크	① 너무 높은 오븐 온도 ② 너무 장시간 구움
9) 표면이 갈라진 케이크	① 너무 높은 오븐 온도 ② 수분이 많은 반죽 ③ 너무 낮은 반죽 온도
10) 향이 바람직하지 못하거나 부족한 케이크	① 질이 나쁜 재료 사용 ② 향이 부족하거나 부적절한 조합 ③ 재료 보관 불량 ④ 소금 사용량 부족

Chapter 2 제품 저장 관리

제2절 제품의 저장 및 유통

01. 저장 방법의 종류 및 특징

1 저장 관리

식재료의 사용량과 일시가 결정되어 구매를 통해 구입한 식재료를 철저한 검수 과정을 거치며, 출고할 때까지 손실 없이 합리적인 방법으로 보관하는 과정을 말한다.

2 저장 관리의 목적

저장 관리는 입고된 재료 및 제품을 품목별, 규격별, 품질 특성별로 분류한 후에 적합한 저장방법으로 저장고에 위생적인 상태로 보관하는 것을 가리킨다.
① 폐기에 의한 재료 손실을 최소화함으로써 원재료의 적정 재고를 유지
② 재료를 위생적이며 안전하게 보관함으로써 손실을 방지하기 위한 올바른 출고 관리
③ 출고된 재료의 양을 조절·관리하여 재료 낭비로 인한 원가 상승 방지
④ 출고된 재료는 매일 총계를 내어 정확한 출고량을 파악·관리 및 도난 방지

3 저장 관리의 원칙

1) 저장 위치 표시의 원칙

다양한 재료와 제품의 저장 위치를 손쉽게 알 수 있도록 물품별 카드에 의거하여 재료와 제품의 위치를 쉽게 파악할 수 있게 한다.

2) 분류 저장의 원칙

재료의 식별이 어렵지 않게 명칭, 용도 및 기능별로 분류하여 효율적인 저장 관리가 이루어질 수 있도록 동종 물품끼리 저장한다.

3) 품질 보존의 원칙

재료의 성질과 적절한 온도, 습도 등의 특성을 고려하여 저장함으로써 재료와 제품의 변질을 최소화시키고 사용 가능한 상태로 보존할 수 있다.

4) 선입 선출의 원칙

재료가 효율적으로 순환되기 위하여 유효 일자나 입고 일을 꼭 기록하고 먼저 구입하거나 생산한 것부터 순차적으로 판매 혹은 제조하는 것으로, 재료의 선도를 최대한 유지하고 낭비의 가능성을 최소화할 수 있다.

5) 공간 활용 극대화의 원칙
저장 시설에 있어서 충분한 저장 공간의 확보가 중요하며, 재료 자체가 점유하는 공간 외에 이동의 효율성과 운송 공간도 고려되어야 한다.

6) 안전성 확보의 원칙
저장 물품의 부적절한 유출을 방지하기 위해서는 저장고의 방범 관리와 출입 시간 및 절차를 명확히 준수하여야 한다.

4 저장 방법

1) 실온 저장
건조 식자재를 저장·보관하는 건조 저장고는 적합한 공간과 사용 현장과의 위치, 저장 식재료의 안전성을 고려하여야 한다.

건조 창고의 온도는 10~20℃, 상대 습도 50~60%를 유지하며, 채광과 통풍이 잘 되어야 한다.

2) 냉장 저장

(1) 냉장 저장고의 종류
① 물품창고 식 대형 냉장고(walk-in refrigerator)
   대량의 재료나 제품을 직접 들어가 이동형 선반으로 운반, 보관하도록 설계된 것으로 안에서 문을 열 수 있는 장치가 설치되어 안전하게 이용할 수 있다.
② 편의 형 소형 냉장고(reach-in refrigerator)
   소규모 냉장고로 작업실 내 설치하여 전처리 식품이나 당일 사용할 재료를 보관할 수 있다.
③ 앞뒤 양면에 문이 있는 냉장고(pass-through unit)
   주로 완제품을 보관하는 것으로 앞뒤로 문을 열 수 있어 판매대와의 연결에서 효율적으로 사용할 수 있다.

(2) 시설
① 워크인 냉장고의 문은 안에서도 열려야 한다.
② 조명이나 신호 장치에 의해 냉장고 내부에 사람이 있음을 알릴 수 있어야 한다.
③ 냉장고 내부의 벽은 내구성과 위생성이 좋은 재질을 사용하며, 배수구와 환기 시설을 설치한다.
④ 선반은 위생성과 이동성, 견고성을 고려한 조립식 트레이 선반을 사용하면 편리하다.

(3) 적정 온도와 습도
냉장 저장 온도는 0~10℃로 보통 5℃ 이하로 유지하는 것이 좋으며, 습도는 75~95%에서 저장 관리한다.

3) 냉동 저장
(1) 냉동 방법
① 에어블래스트 냉동법(급속 냉동, air blast)
   냉동고는 완제품을 −40℃의 냉풍으로 급속히 냉동시키는 방법으로, 60분 정도면 완전 경화된다.

② 컨덕트 냉동법(급속 냉동, conduct)
   속이 비어 있는 두꺼운 알루미늄판 속에 암모니아 가스를 넣어 −50℃ 정도로 냉각시키는 방법으로, 40분 정도면 완전 경화된다.

③ 니트로겐 냉동법(순간 냉동, nitrogen)
   −195℃의 액체 질소(니트로겐)를 블르트컨베이어에 올려놓고 순간적으로 냉동시키는 방법으로, 약 3~5분 정도면 완전 경화된다.

(2) 냉동 해동 방법
해동 중에 맛, 향, 감촉, 영양, 모양 등의 변화가 없어야 한다.

① 완만 해동
   ㉠ 냉장고 내 해동
      냉장고 내에서 천천히 해동하는 방법으로, 대량으로 해동할 경우 이용한다.
   ㉡ 상온 해동
      실내에서 자연히 해동하는 방법으로, 공기 중의 수분이 재료나 제품에 직접 응결되지 않도록 포장한 채 해동한다. 실온이 높을수록 해동 시간은 짧아지지만, 균일하게 해동되지 않으므로 실온이 낮은 곳이 바람직하다.
   ㉢ 액체 중 해동
      포장하거나 비닐 주머니에 넣어 보통 10℃ 정도의 물 또는 식염수로 해동하는 방법으로, 고인 물보다 흐르는 물에 빨리 해동된다.

② 급속 해동
   ㉠ 건열 해동
      대류식 오븐을 이용하는 방법이다.
   ㉡ 전자레인지 해동
      비교적 단시간에 해동할 수 있는 방법이다.

ⓒ 그밖에 증기를 이용하는 방법인 스팀 해동, 뜨거운 물 속에서 해동하는 방법인 보일 해동, 냉동식품을 고온의 기름 속에 넣어 해동 조리하는 튀김 해동 등이 있다.

(3) 적정 온도와 습도

냉동 저장 온도는 −23~−18℃, 습도 75~95%에서 관리한다.

02. 제품의 유통·보관 방법

1 유통 기한

유통 기한은 섭취가 가능한 날짜(Expiration Date)가 아닌 Sell by date, 즉 식품의 제조일로부터 소비자에게 판매가 가능한 기한을 말한다. 또한 이 기한 내에서 적정하게 보관·관리한 식품은 일정 수준의 품질과 안전성이 보장됨을 의미한다.

2 소비기한

식품이 제조 되어 유통 과정을 거쳐 소비자에게 전달된 후, 소비자가 소비해도 건강이나 안전에 문제가 없을 것으로 인정되는 소비 최종 시한을 소비기한이라 한다.

03. 제품의 저장·유통 중의 변질 및 오염원 관리 방법

1 식품의 변질

식품을 아무런 보호·보존책 없이 장기간 방치하면 식품 중의 산소, 미생물, 일광, 수분, 효소, 온도 등의 요인으로 인하여 성분이 파괴되어 외형이 변화되고 맛과 향이 달라져 그 식품의 특성을 잃게 된다.

2 교차 오염

교차 오염이란 식재료나 기구, 용수 등에 오염되어 있던 미생물이 오염되지 않은 식재료나 기구, 용수 등에 접촉 혹은 혼입되면서 전이되는 현상이다. 오염의 유형은 식재료 접촉, 기구 오염, 미흡한 손씻기가 원인이다. 익히거나 조리된 식재료와 날 것 혹은 조리되지 않은 식재료 간의 접촉이 대표적이며,기구 보관을 부주의했거나 세척 미흡으로 인해 해당 기구가 그렇지 않은 기구들이나 식자재와 접촉하면서 전이되는 경우도 있다. 그리고 대부분은 손을 대충 씻는다거나 손을 씻지 않고 제조를 하는 경우에 씻겨 나가지 않은 미생물이나 세균이 음식에 전이되는 경우에 발생한다. 이와 같은 교차오염을 줄이기 위해서 종사원이 가장 주의를 요하는 것은 올바른 손씻기 방법으로 손에 부착되는 세균 및 미생물을 제거하는 것이다.

Chapter ❸ 위생 안전 관리

제1절 식품 위생 관련 법규 및 규정

01. 식품 위생법 관련 법규

1 식품위생법의 목적(식품위생법 제1조)

위생상의 위해를 방지, 식품영양의 질적 향상, 국민 보건의 증진에 이바지한다.

2 용어의 정의(식품위생법 제2조)

1) **식품** : 모든 음식물(의약으로 섭취하는 것은 제외)을 말한다.
2) **식품첨가물** : 식품을 제조·가공 또는 보존하는 과정에서 식품에 넣거나 섞는 물질 또는 식품을 적시는 등에 사용되는 물질을 말한다. 이 경우 기구, 용기, 포장을 살균, 소독하는 데에 사용되어 간접적으로 식품으로 옮아갈 수 있는 물질을 포함한다.
3) **화학적 합성품** : 원소 또는 화합물에 분해반응 외의 화학반응을 일으켜 얻은 물질을 말한다.
4) **기구** : 식품 또는 식품첨가물에 직접 닿는 기계, 기구나 그 밖의 물건 (농업과 수산업에서 식품을 채취하는 데에 쓰는 기계, 기구나 그 밖의 물건은 제외)
5) **표시** : 문자, 숫자 또는 도형
6) **식품위생 대상** : 식품, 식품첨가물, 기구 또는 용기, 포장을 대상
7) **영업** : 식품 또는 식품첨가물을 채취, 제조, 수입, 가공, 조리, 저장, 소분, 운반 또는 판매하거나 기구 또는 용기, 포장을 제조, 수입, 운반, 판매하는 업(농업과 수산업에 속하는 식품 채취업은 제외)
8) **영업자** : 영업허가를 받은자나 영업신고를 한자 또는 영업등록을 한 자
9) **위해** : 식품, 식품첨가물, 기구, 용기, 포장에 존재하는 위험요소로서 인체 건강을 해치거나 해칠 우려가 있는 것
10) **집단 급식소** : 영리를 목적으로 하지 아니하면서 특정 다수인(50명 이상)에게 계속하여 음식물을 공급하는 다음의 어느 하나에 해당하는 곳의 급식시설로서 대통령 령으로 정하는 시설 (기숙사, 학교, 병원, 사회복지시설, 산업체, 국가 지방자치단체 및 공공기관, 그 밖의 후생기관 등)

11) 식품 이력 추적관리 : 식품을 제조, 수입, 가공 단계부터 판매단계까지 각 단계별로 정보를 기록, 관리하여 그 식품의 안전성 등에 문제가 발생할 경우 그 식품을 추적하여 원인을 규명하고 필요한 조치를 할 수 있도록 관리하는 것

02. HACCP 등의 개념 및 의의

1 HACCP의 정의

① 식품 위해 요소 중점 관리 기준
② 식품의 원료, 제조, 가공 및 유통의 모든 과정에서 위해 요소를 분석하고, 각 공정 및 단계를 중점적으로 관리하는 기준
③ 발생 가능한 위해 요소를 예방, 제거 또는 허용수준 이하로 감소시켜 위해 발생을 사전에 방지
④ 식품의약품안전처에서 일정한 규모의 사업장은 심사를 통과해야만 영업 가능하도록 규제 강화

2 HACCP = HA (위해요소 분석) + CCP (중요관리점)

중요 관리점(CCP, Critical Control Point)은 위해요소 중점관리 기준을 적용하여 식품의 위해요소를 예방 제거하거나 수준 이하로 감소시켜 당해 식품의 안전성을 확보할 수 있는 중요한 단계, 과정 또는 공정을 말한다.

03. 공정별 위해요소 파악 및 예방

1 위해요소(Hazard) 분석

위해 식품 등의 판매 등 금지의 규정에서 정하고 있는 인체의 건강을 해할 우려가 있는 생물학적, 화학적 또는 물리적 인자나 조건을 말한다.

① 생물학적 위해요소

원·부자재, 공정에 내재하면서 인체의 건강을 해할 우려가 있는 E Coli O157:H7, 대장균, 대장균군, 효모, 곰팡이, 기생충, 바이러스 등이 있다. 제과에서 발생할 수 있는 생물학적 위해요소는 황색포도상구균, 살모넬라, 병원성대장균 등의 식중독균이 있다.

② 화학적 위해요소

제품에 내재하면서 인체의 건강을 해할 우려가 있는 중금속, 농약, 항생물질, 항균물질, 사용기준 초과 또는 사용 금지된 식품첨가물 등이 있다.

③ 물리적 위해요소

원료와 제품에 내재하면서 인체의 건강을 해할 우려가 있는 인자 중에서 돌조각, 유리조각, 쇳조각, 플라스틱 조각, 머리카락, 금속조각, 비닐, 노끈 등의 이물이 있다.

2 위해요소 평가

위해요소평가는 제품 설명서에서 파악된 원부재료별로, 그리고 공정 흐름도에서 파악된 공정 단계별로 구분하여 실시한다. 이 과정에서 발생 가능한 모든 위해요소를 파악하여 목록을 작성한다. 즉, 각 위해요소의 유입경로와 이것을 제어할 수 있는 예방수단을 파악하여 기술한다.
이때 위해요소의 발생가능성과 발생 시 그 결과의 심각성을 감안하여 위해를 평가한다.

3 HACCP의 12단계(준비단계 5단계 + 7원칙)

(1) 1단계 : HACCP 팀 구성
HACCP을 진행할 팀을 설정하고, 수행업무와 담당을 기재

(2) 2단계 : 제품 설명서 작성
① 생산하는 제품에 대해 설명서 작성
② 제품명, 제품유형 및 성상, 제조단위, 완제품 규격, 보관 및 유통방법, 포장방법, 표시 사항 등 해당

(3) 3단계 : 용도 확인
예측 가능한 사용 방법과 범위, 제품에 포함될 잠재성 가진 위해 물질에 민감한 대상 소비자 파악

(4) 4단계 : 공정흐름도 작성
원료 입고에서부터 완제품의 출하까지 모든 공정단계 파악하여 흐름도 도식화

(5) 5단계 : 공정 흐름도 현장 확인
작성된 공정 흐름도가 현장과 일치하는지를 검증하는 단계

(6) 6단계(1원칙) : 위해요소 분석
원료, 제조공정 등에 대해 생물학적, 화학적, 물리적인 위해 분석하는 단계

(7) 7단계(2원칙) : 중요 관리점(CCP) 결정
HACCP을 적용하여 식품의 위해를 방지, 제거하거나 안전성을 확보할 수 있는 단계

(8) 8단계(3원칙) : 중요 관리점(CCP) 한계 기준 설정
　　결정된 중요 관리점에서 위해를 방지하기 위해 한계 기준을 설정하는 단계 (온도, 시간, 습도)

(9) 9단계(4원칙) : 중요관리점(CCP) 모니터링 체계 확립
　　중요 관리점에 해당되는 공정이 한계 기준을 벗어나지 않고 안정적으로 운영되도록 관리하기 위해 종업원 또는 기계적인 방법을 관찰 및 측정할 수 있는 모니터링 설정

(10) 10단계(5원칙) : 개선 조치 및 방법 수립
　　모니터링에서 한계 기준을 벗어날 경우 취해야 할 개선조치를 사전에 설정하여 신속하게 대응할 수 있도록 방안 수립

(11) 11단계(6원칙) : 검증절차 및 방법 수립
　　HACCP시스템이 적절하게 운영되고 있는지를 확인하기 위한 검증방법 설정

(12) 12단계(7원칙) : 문서화 및 기록 유지
　　HACCP 체계를 문서화하는 효율적인 기록 유지 및 문서관리 방법 설정

Chapter 3 위생 안전 관리

[HACCP 적용 절차]

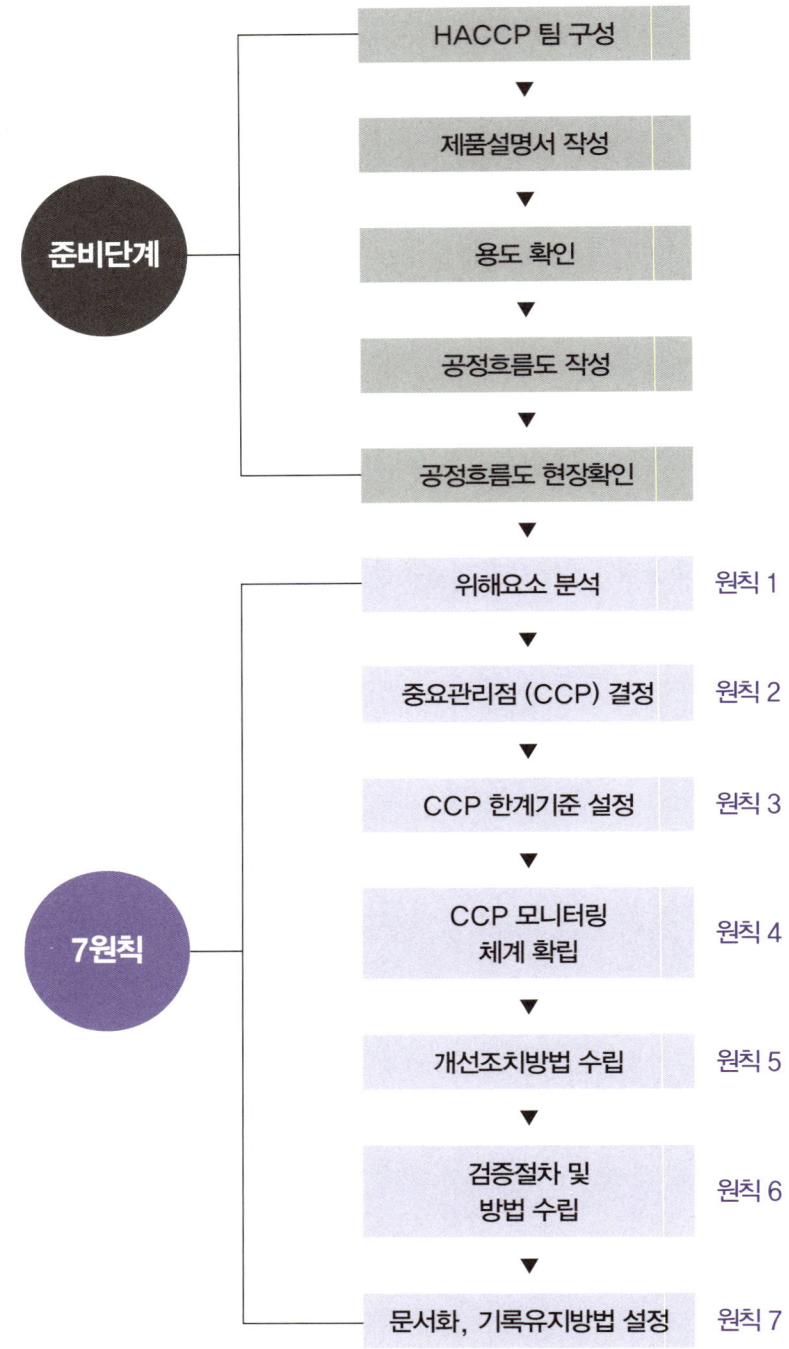

04. 식품 첨가물

식품 첨가물이라 함은 식품을 제조, 가공 또는 보존함에 있어서 식품에 첨가, 혼합, 침윤, 기타의 방법으로 사용되는 물질을 말한다.

1 식품 첨가물의 사용 목적

1) 식품 외관을 만족시키고 기호성을 향상
2) 식품의 변질, 부패를 방지
3) 식품의 품질을 개량하여 저장성 향상
4) 식품의 향과 풍미를 개선하고 영양을 강화

2 식품첨가물의 조건

1) 변질 미생물에 대한 증식억제 효과가 클 것
2) 미량으로도 효과가 클 것
3) 특성이 없거나 극히 적을 것
4) 무미, 무취이고 자극성이 없을 것
5) 빛, 공기, 열 등에 안정하고, pH에 대한 영향을 받지 않을 것
6) 사용이 편리하고, 가격이 저렴할 것(경제적)

3 식품첨가물의 종류

1) 보존성 높이는 첨가물

(1) **방부제(보존료)** : 식품의 변질 및 부패의 원인이 되는 미생물을 증식을 억제

소르빈산	팥앙금류, 잼, 케찹
프로피온산	빵 과자류
데히드로 초산	버터, 마가린
안식향산	청량음료

(2) **살균제** : 식품의 부패 원인균, 전염병의 병원균을 사멸
　　　　차아염소산 나트륨, 표백분(음료수)

(3) **산화방지제 (항 산화제)** : 식품 중의 산화 변질 현상을 방지

Chapter 3 위생 안전 관리

2) 관능을 만족시키는 첨가물

(1) **조미료** : 호박산(조개 국물맛), 글루타민산 나트륨(M.S.G), 이노신산

> **TIP**
> • 4대 기본 원미(Henning) : 단맛, 짠맛, 신맛, 쓴맛

(2) **감미료** : 사카린, 아스파탐, D-솔비톨, 글리시리친산 나트륨, 자일리톨

(3) **산미료** : 구연산, 젖산

(4) **착색제** : 타르색소 (천연색소 : 오징어 먹물, 캬라멜)

(5) **발색제** : 색소 고정 (아질산염 : 햄, 소세지)

(6) **표백제** : 과산화수소, 아황산 나트륨

3) 품질 유지 또는 개량을 위한 첨가물

(1) **밀가루 개량제 (소맥분 개량제)**

제분된 밀가루의 표백 및 숙성기간을 단축 시키고 제빵효과를 높이는 물질
(과황산암모늄, 브롬산칼륨, 과산화벤조일)

(2) **유화제 (계면 활성제)**

서로 혼합이 잘 되지 않는 두 종류의 액체를 유화시키기 위해 사용(대두인지질, 지방산 에스테르)

(3) **호료 (증점제)**

식품의 물성, 촉감을 향상시키기 위하여 사용하는 원료(카제인, 메틸 셀룰로오스, 알긴산나트륨)

4) 식품의 제조 · 가공 과정에 필요한 첨가물

(1) **소포제** : 거품 제거(규소수지)

(2) **팽창제** : 빵이나 카스테라 등을 부풀게 해서 적당한 형체를 갖추게 할 때 사용
(효모, 명반, 탄산수소 나트륨, 탄산 수소 암모늄, 탄산 암모늄)

5) 기타

(1) **이형제** : 유동파라핀(빵 속 최대 잔존허용량 : 0.1% 이하)

> **TIP**
> 이형유는 발연점이 높은 기름을 사용하며 반죽무게의 0.1~0.2%정도 사용한다.
> 제과제빵의 틀을 실리콘으로 코팅하면 이형유의 사용을 줄일수 있다.

(2) **검류** : 유화제, 안정제, 점착제로 사용되며, 낮은 온도에서 높은 점성을 나타내는 친수성 물질이다.

4 유해물질

1) 중금속
① 카드뮴(Cd) : 이타이이타이병(골 연화증)
② 수은(Hg) : 미나마타병(신장독, 전신 경련)

2) 유해 첨가물
① 감미료 : 둘신(설탕의 250배 단맛, 혈액독)
　　　　　 사이클라메이트(설탕의 40~50배 단맛, 발암성)
　　　　　 페릴라틴(설탕의 2000배 단맛)
② 표백제 : 롱가릿, 형광 표백제

제2절 개인 위생 관리

01. 개인 위생 관리

1) 복장(위생복, 앞치마), 위생화 착용한다.
2) 고무 장갑, 면장갑을 구분해서 사용한다.
3) 건강 관리, 건강 진단
　① 연 2회 건강 진단을 실시한다.
　② 손이나 피부에 상처가 있거나 다른 사람에게 감염시킬 수 있는 질병이 있으면 종사하지 않도록 한다.
4) 손 세척, 손톱 관리를 철저히 한다.
5) 장신구 착용을 금지한다.

02. 식중독의 종류, 특성 및 예방 방법

1 식중독의 정의

1) **식중독** : 유독, 유해한 물질이 음식물과 함께 입을 통해 섭취되어 생리적인 이상을 일으키는 것.
2) 원인에 따라 세균성 식중독, 화학적 식중독, 자연독 식중독, 곰팡이 식중독 등으로 나눈다.
3) **세균성 식중독 발생시기** : 6~9월에 집중적으로 발생한다.

2 식중독의 분류

구분		원인물질
세균성 식중독 (병원성 세균)	감염형	살모넬라균 · 장염비브리오균 · (클로스트리듐)웰치균 · 병원성 대장균
	독소형	황색포도상구균 · 클로스트리디움 보툴리늄(보툴리누스균)
화학적 식중독		금속 · 농약 유해첨가물 · 메탄올
자연독 식중독	동물성	복어 · 섭조개 · 대합 · 모시조개 · 굴 · 바지락
	식물성	독버섯 · 감자 · 독미나리 · 청매
곰팡이 식중독 (마이코톡신에 의한 중독)		아플라톡신 중독 · 맥각중독 · 황변미 중독
알레르기성 식중독 (히스타민 중독)		부패세균(비병원성 세균)

〈세균성 식중독과 소화기계 전염병(경구전염병)의 차이점〉

	세균성 식중독	소화기계 전염병
	식중독균에 오염된 식품의 섭취로 발생	전염병균에 오염된 식품과 물을 섭취 또는 수질의 오염에 의한 경구 감염
균수	많은 양의 균이나 독소에 의해 발생	적은 양의 균으로 발생
잠복기	짧다	길다
감염	2차 감염 없다	2차 감염 있다
면역	면역성이 없다	면역성이 있다

3 세균성 식중독

1) 감염형 식중독

(1) 살모넬라균

① 원인세균 : Gram 음성간균, 60℃에서 20분간 가열하면 사멸

② 증상 : 구토, 설사, 복통, 발열증상(급격하게 38~40℃)

③ 원인식품 및 감염경로 : 주로 단백질 식품(식육류나 그 가공품, 어패류, 어육, 연제품 등) 알류, 우유 및 유제품, 생과자, 샐러드 등에 의한 경우가 많으며, 쥐, 파리, 바퀴벌레, 닭, 돼지 등이 전파매체가 된다.

④ 예방 : 방충 및 방서시설, 식품의 저온보존, 위생관리에 주력하며, 균은 열에 약하므로 음식물을 60℃에서 약 30분간 가열하여 섭취.

(2) 장염비브리오균

① 원인세균 : 해수세균으로 3~4%의 식염농도에서 잘 발육.

② 원인식품 및 감염경로 : 어패류의 생식이 주원인.

③ 예방 : 열에 약하므로 가열 처리, 식품의 저온보존

(3) 병원성 대장균

① 원인세균 : 병원성 대장균(분변오염의 지표)

② 원인식품 : 우유, 햄, 치즈, 소시지, 마요네즈

③ 감염원 : 환자, 보균자의 분변, 오염된 식품

④ 예방 : 용변 후 손의 세척, 분뇨의 위생처리, 식품의 가열조리

2) 독소형 식중독

식품 내에 병원체가 증식하여 생성한 독소에 의해 생기는 식중독

(1) 포도상구균(Staphylococcus aureaus)

① 원인세균 : 황색 포도상구균(식중독 및 화농성 질환의 대표적인 원인균),
균은 열에 약하다(80℃, 30분).

② 독소 : 엔테로톡신(enterotoxin, 장독소)
독소는 열에 가장 강하여 끓여도 파괴되지 않음.

③ 잠복기 : 잠복기가 가장 짧음(보통 1~6시간, 평균 3시간)

④ 증상 : 급성위장염으로 급격히 발병하며, 타액의 분비가 증가하고 구토, 복통, 설사

⑤ 원인식품 및 감염경로 : 육류, 크림, 버터, 치즈 등의 유제품이 주요 원인식이며, 조리자의 손에 화농소가 있는 경우 오염되기 쉽다.

⑥ 예방 : 식품기구 및 식기 멸균, 화농이 있는 자의 식품취급을 금하며, 식품의 저온보존.

(2) 보툴리누스균(Clostridium botulinum)

① 원인세균 : 그람양성, 간균, 포자형성

② 독소 : 보툴리누스균이 통조림이나 소시지 등 식품의 혐기성 상태에서 신경독소인
뉴로톡신(neurotoxin, 신경독소)을 분비하여 식중독의 원인이 됨.

③ 증상 : 신경증상으로 눈의 시력 저하, 사시, 동공 확대, 현기증, 두통, 변비, 사지 마비, 호흡곤란 증상, 치사율은 30~80%(사망률이 매우 높음)

④ 원인식품 및 감염경로 : 소시지, 통조림, 병조림의 가공공정 중 불충분한 가열로 혐기성 상태에 놓이게 되는 경우 문제.

⑤ 예방 : 가열처리 후 섭취. 통조림이나 소시지 등은 위생적으로 보관

Chapter ❸ 위생 안전 관리

> **TIP**
> 〈 노로 바이러스 〉
> ① 증상 : 바이러스성 장염, 메스꺼움, 설사, 복통, 구토(어린이, 노인과 면역력이 약한 사람에게는 탈수증상 발생)
> ② 잠복기 : 1~2일
> ③ 원인 : 사람의 분변, 구토물, 오염된 물
> ④ 원인 식품
>   ㉠ 샌드위치, 제빵류, 샐러드, 채소류
>   ㉡ 케이크 아이싱, 샐러드 드레싱
>   ㉢ 오염된 물에서 채취된 굴, 조개
> ⑤ 예방법
>   ㉠ 철저한 개인위생 관리
>   ㉡ 인증된 유통업자 및 상점에서의 수산물 구입, 가열 섭취

4 식중독 예방

1) 식중독 예방 요령
① 손 씻기 : 손은 비누 등의 세정제를 사용하여 손가락 사이, 손등까지 골고루 흐르는 물로 30초 이상 씻는다.
② 익혀 먹기 : 음식물은 중심부 온도가 85℃, 1분 이상 조리하여 속까지 충분히 익혀 먹는다.
③ 끓여 먹기 : 물은 끓여서 먹는다.

2) 식중독 예방관리
식중독 예방을 위해서는 식품 재료의 취급, 보관 등 생산에서부터 유통, 조리, 저장, 섭취 등에 이르는 각 단계에서 식중독 세균의 오염 방지를 위한 노력이 필요하다.

03. 감염병의 종류, 특징 및 예방 방법

1 감염병 발생의 3대 요소

1) 감염원 (병원체, 병원소)
① 병원체가 생활하고 증식하면서 질병을 일으키는 원인이며, 다른 숙주에 전파될 수 있는 상태로 저장되는 장소를 말한다.
② 환자, 보균자, 매개 동물, 곤충, 오염 식품, 생활용품 등을 통해 감염된다.

2) 감염경로 (환경)
① 감염원으로부터 병원체가 전파되는 과정으로 간접적인 영향이 크다.
② 공기감염, 토양에 의한 감염, 음식물 감염, 절족동물 감염 등이 있다.

3) 숙주의 감수성

① 숙주

한 생물체가 다른 생물체의 침범으로 조직이 상하거나 영양물질이 빼앗기는 생물체를 말한다.

② 감수성

질병에 대해서 민감한 상태를 말하며, 감염이 될 수 있는 확률이 높아진 상태를 말한다.

다른 생물체(병원체)가 침입하여 증식하기 좋은 환경으로 저항력이 낮아지게 된다.

면역성이 약해지면 감수성이 높아지고 질병이 발병하기 쉽다.

③ 감염병이 전파되어도 개인적으로 면역성이 있고 저항력에 따라 감염되는 정도는 다르다.

2 감염병의 종류

1) 병원체에 따른 감염병의 분류

① 바이러스 : 뇌염, 홍역, 인플루엔자, 천연두, 급성회백수염(소아마비 · 폴리오), 전염성간염, 트라코마, 풍진, 광견병(공수병), 유행성이하선염

② 리케차 : 발진티푸스, 발진열, 양충병, Q열

③ 세균 : 콜레라, 이질, 장티푸스, 파라티푸스, 성홍열, 디프테리아, 백일해, 페스트, 유행성 뇌척수막염, 파상풍, 결핵, 폐렴, 나병

2) 인체 침입구에 따른 감염병의 분류

① 호흡기계 침입 : 환자나 보균자의 객담, 콧물 등으로 감염, 공기전파 및 진애에 의한 감염
디프테리아, 백일해, 결핵, 폐렴, 인플루엔자, 두창, 홍역, 수두, 풍진, 유행성 이하선염, 성홍열

② 소화기계 침입 : 병원체가 환자나 병원체 보유자의 분변으로 배설되어 일정조건하에 외부에서 생존해서 음식물이나 식수에 오염되어 경구 침입됨. 콜레라, 이질(세균성, 아메바성), 장티푸스, 파라티푸스, 폴리오, 유행성간염, 기생충병 등

③ 경피 침입 : 병원체의 피부 접촉에 의해 체내에 침입, 상처를 통한 감염, 동물에 쏘이거나 물려서 병원체 침입

Chapter ❸ 위생 안전 관리

3) 법정 감염병

구분	특 징
제 1급 감염병	생물 테러 감염병, 치명률이 높거나 집단 발생의 우려가 커서 발생 또는 유행 즉시 신고해야 하고, 음압 격리와 같은 높은 수준의 격리가 필요한 감염병
제 2급 감염병	전파 가능성을 고려하여 발생 또는 유행시 24시간 내 신고해야 하고, 격리가 필요한 감염병
제 3급 감염병	그 발생을 계속 감시할 필요가 있어 발생, 또는 유행 시 24시간 이내에 신고 해야 하는 감염병
제 4급 감염병	1~3급 외에 유행 여부를 조사하기 위해 표본 감시 활동이 필요한 감염병

❸ 감염병 관리 대책

1) 감염원 대책

(1) 감염원의 조기 발견

① 환자의 신고 : 감염병 예방법 등에 의한 법정 감염병 등의 신고.

② 보균자의 검색 : 특히 식품을 다루는 업무에 종사하고 있는 사람 등에 중점적으로 실시.

(2) 감염원에 대한 처치

① 격리와 치료 : 병원체에 확산방지를 위한 환자나 보균자의 격리나 완전치료가 필요.

② 환자, 보균자의 배설물 및 오염 물건의 소독

2) 감염경로 대책

① 감염원과의 접촉 기회 억제 : 학교 · 학급의 폐쇄, 교통차단

② 소독, 살균의 철저 : 직접 접촉에는 화학적, 기계적인 예방조치, 감염원의 배설물, 오염 물건 등의 소독, 손의 수세 · 소독 등의 실시가 필요.

③ 공기의 위생적 유지, 상수도의 위생관리, 식품의 오염방지

3) 감수성 대책

① 저항력의 증진 : 체력을 증진시켜 저항력의 유지 증진에 노력.

② 예방접종(인공면역)

- 생후 가장 먼저 실시하는 예방접종 : 결핵(BCG)
- D · P · T : 디프테리아, 백일해, 파상풍

제3절 환경 위생관리

01. 작업 환경 위생관리

1) 안전 사고 유의

① 물적, 시설 요인

각종 기계, 장비, 시설물의 자재불량, 노후화에 의한 문제, 전기시설 문제로 인한 화재, 누전, 감전 사고 우려, 바닥 문제로 인한 낙상 우려

② 환경적인 요인

조리실 시설 환경, 작업대 높이, 기기의 배치, 작업 공간, 소음 문제

2) 재해방지 위한 대책

① 작업 환경 개선 : 작업자가 넘어지거나 미끄러지는 위험 방지, 기계설비 개선

② 조직관리 기준 개선 : 정기적인 안전 교육 실시, 법정 근로 시간 준수

3) 작업장 주변 환경 점검

① 정리 정돈 점검

② 작업장의 온도 습도 관리 실시

③ 조명 유지

④ 오염 관리 : 쓰레기, 재활용품 처리

4) 작업실의 조도

작업 내용	표준 조도 (Lux)
발효	50
굽기, 포장	100
반죽, 정형	200
계량	300
장식, 마무리 작업	500

Chapter ❸ 위생 안전 관리

02. 소독제

1 살균 및 소독의 종류와 방법

1) **소독** : 병원성을 약화시켜서 감염력을 없애는 조작(병원균만 사멸)
2) **멸균** : 병원 미생물뿐 아니라 모든 미생물을 사멸

   (1) **소독약의 구비조건**

      ① 살균력이 강할 것
      ② 금속부식성이 없을 것
      ③ 표백성이 없을 것
      ④ 용해성이 높을 것
      ⑤ 사용하기 간편하고 값이 쌀 것
      ⑥ 침투력이 강할 것

   (2) **종류 및 용도**

      ① **염소, 차아염소산나트륨** : 상수, 과일, 야채, 식기소독
        수돗물 잔류 염소 : 0.2 ppm
        수영장 잔류 염소 : 0.4 ppm
      ② **표백분(클로르칼키, 클로르 석회)** : 수영장 소독, 야채, 식기소독
      ③ **역성비누(양성비누)** : 과일, 야채, 식기, 손소독. 세정력(세척력)은 없고 소독력만 있으므로 중성세제를 먼저 사용후 역성비누로 소독한다.
      ④ **과산화수소(3%)** : 입안 상처 소독, 피부상처 소독
      ⑤ **석탄산(3%)** : 살균력 비교 시 사용한다. 화장실(분뇨), 하수도, 진개, 오물 소독

$$※ \text{석탄산계수} = \frac{(다른)소독약의\ 희석배수}{석탄산의\ 희석배수} = (살균력\ 비교\ 시\ 사용)$$

      ⑥ **크레졸(3%)** : 화장실(분뇨), 하수도, 진개, 오물 소독
      ⑦ **포르말린(30%)** : 화장실(분뇨), 하수도 소독
      ⑧ **생석회** : 화장실(분뇨), 하수도, 진개, 오물 소독
      ⑨ **승홍수(0.1%)** : 비금속 소독 (금속 부식성)
      ⑩ **에틸알코올(70%)** : 손소독, 금속 기구 소독
      ⑪ **포름알데히드(기체)** : 병원, 도서관, 거실 소독
      ⑫ **에틸렌옥사이드(기체)** : 식품 및 의약품 소독

03. 미생물의 종류와 특징 및 예방방법

1) 미생물의 크기

곰팡이 > 효모 > 세균 > 리케차 > 바이러스

2) 미생물의 종류

(1) 세균 : 구균(공모양), 간균(막대모양), 나선균(나사모양)이 있으며, 2분법으로 증식한다.

(2) 곰팡이 : 균사체를 발육기관으로 하는 진균을 총칭하여 곰팡이(사상균)이라 한다.

① 누룩곰팡이[아스퍼질러스(Aspergillus)속] : 약주, 탁주, 된장, 간장제조에 이용된다.

② 푸른곰팡이[페니실리움(Penicillum)속] : 황변미

③ 털곰팡이[뮤코아(Mucor)속] : 전분의 당화, 치즈 숙성 및 과일 부패

④ 거미줄곰팡이[리조푸스(Rhizopus)속] : 빵 곰팡이

(3) 바이러스 : 미생물 중에서 가장 작은 미생물로 여과성 병원체

3) 미생물의 번식 조건

(1) 영양소 : 무기염류, 탄소원, 질소원, 비타민B군

(2) 수분 : 미생물의 번식 촉진: 60~65% (번식 억제 : 13~15%)

> **TIP**
> - 생균에 필요한 수분량의 순서 : 세균 > 효모 > 곰팡이
> - 곰팡이의 번식 억제 수분량 : 13-15% 이하

(3) 온도

① 저온균 : 약 10 ~ 20℃

② 중온균 : 약 30 ~ 40℃ (25 ~ 36℃)

③ 고온균 : 약 50 ~ 60℃

(4) pH (수소이온 농도)

① pH 4 ~ 6 (산성) : 효모, 곰팡이 번식 활성

② pH 6.5 ~ 7.5 (약산성 ~ 중성) : 일반 세균

③ pH 8 정도 (알카리성) : 수인성 감염병 (콜레라)

(5) 산소

① 호기성 균 : 산소가 존재 하는 상태에서 번식

② 혐기성 균 : 산소가 있으면 생육에 지장을 받고, 산소가 없어야 잘 번식

③ 통성 혐기성 균 : 산소가 있거나 없어도 번식 가능

④ 편성 혐기성 균 : 산소가 없어야 번식

Chapter 3 위생 안전 관리

04. 방충, 방서 관리

작업장 내 어느 장소에서도 설치류, 곤충, 새, 해충 등의 혼입을 방지하기 위하여 밀폐식 구조로 한다. 곤충의 번식을 하지 못하도록 찌꺼기 및 서식처를 완전히 제거하여야 하고, 외부로부터 위생 곤충의 혼입을 방지하기 위하여 창문에는 방충망을 설치하고 유지, 관리를 하여야 한다. 방충망용 그물의 크기는 30mesh가 적당하다.

제4절 공정 점검 및 관리

01. 공정의 이해와 관리

1) 제조 공정도
원료 투입부터 제품 생산까지 각각의 공정을 순서대로 도식화하여 생산 흐름을 보여주는 자료이다. 투입되는 원료, 발효실, 오븐의 위생관리, 냉각 설정 조건, 제품 중량, 제품 규격, 포장 상태 및 보관 조건 등을 기재한다.

2) 제조 공정서
제품을 만드는 설명서에 사용하는 원료 배합 비율, 반죽 온도, 반죽하는 방법, 분할과 정형 방법, 발효, 굽기, 포장 방법 등을 기재하여 작업자가 활용할 수 있도록 한다.

02. 설비 및 기기

1 제과 · 제빵 설비

1) 믹서
① 수평형 믹서 : 다량 생산 시 필요
② 수직형 믹서(버티컬 믹서) : 소규모 제과점에서 사용
③ 스파이럴 믹서 : 나선형 훅이 내장되어 있어 프랑스빵, 독일빵처럼 된반죽에 사용
④ 에어 믹서 : 과자 반죽시 기포 형성하는 제과 전용 믹서(키친 에드)

> **TIP**
> **믹서기의 부속기구**
> – 휘퍼 (whipper) : 거품 낼 때 사용
> – 비터(beater) : 반죽을 혼합하고 유연한 크림을 낼 때 사용
> – 훅(hook) : 밀가루 단백질을 글루텐으로 생성 하고 발전 시키고자 할 때 사용

2) 오븐

공장 설비 중 제품의 생산능력을 나타내는 기준으로 오븐 안에 들어가는 철관의 매수로 계산한다.

종류	특징
데크 오븐	• 반죽을 넣는 입구와 제품을 꺼내는 출구가 같음 • 단층으로 되어있는 "단 오븐" • 소규모 제과점에서 많이 사용함 • 윗불, 아랫불을 조절할 수 있음
터널 오븐	• 반죽이 들어가는 입구와 제품이 나오는 출구가 서로 다름 • 단일품목을 대량생산하는 공장에서 많이 사용 • 넓은 면적이 필요하고 열 손실이 큼
컨백션 오븐	• 팬으로 열을 순환시켜 반죽을 균일하게 굽는 대류식 오븐 • 낮은 온도에서 좀 더 빨리 구울 수 있음 • 하드계열처럼 껍질이 바삭하게 굽는 제품에 적당함
로터리 래크 오븐	• 구울 팬을 래크의 선반에 끼워 래크 채로 오븐에 넣으면 회전하며 구워짐 • 열 전달이 고르고 한번에 많은 양을 구울 수 있음 • 하드계열처럼 껍질이 바삭하게 굽는 제품에 적당함

3) 발효기

빵류 반죽을 발효시키는 데 사용되며 온도, 습도 조절이 가능하다.

4) 도우 컨디셔너(dough conditioner)

빵류 반죽을 냉장, 냉동, 해동, 발효하는 데 이용하며 전자식 프로그램에 의해 자동으로 온도 및 시간 조절이 가능하다.

5) 파이롤러

반죽의 두께를 조절하면서 반죽을 밀어 펼 수 있는 기계.

6) 데포지터

크림이나 과자 반죽을 일정한 모양짜기로 성형하여 팬닝한다.

7) 튀김기

자동 온도조절 장치로 일정한 온도를 유지해 가며 빵 과자류 제품을 튀길 수 있다.

8) 슬라이서(bread slicer)

제빵을 일정한 간격으로 자르는 기계.

Chapter ❸ 위생 안전 관리

2 제과 · 제빵용 소도구

1) **스쿱 (scoop)** : 밀가루나 설탕 통에서 퍼낼 때 사용
2) **전자 저울** : 재료 계량시 사용
3) **온도계** : 재료, 반죽 또는 제품의 온도를 측정할 때 사용
4) **믹싱볼** : 손 반죽 시 사용
5) **고무 주걱(rubber scraper)** : 믹싱볼이나 비터, 거품기에 붙어 있는 반죽을 긁어내거나 반죽 윗면을 평평하게 고를 때, 반죽을 짤 주머니에 옮길 때 사용.
6) **스크래퍼(scraper)** : 반죽을 분할하고, 작업대에 붙어 있는 반죽을 떠내거나 긁어 모을 때 사용
7) **돌림판(회전판)** : 케이큐를 아이싱 작업 시 회전시켜 가면서 사용.
8) **스패튜라 (spatula)** : 케이크 아이싱 시 사용
9) **짤 주머니** : 슈크림, 쿠키 반죽, 다양한 크림류 등을 주머니에 넣고 짜낼 때 사용
10) **스파이크 롤러(spiked roller)** : 롤러에 가시가 박힌것으로서 비스킷이나 밀어편 퍼프 페스트리, 도우 등을 골고루 구멍을 낼 때 사용

3 제빵용 자동화 기계

종류	특징
자동 분할기 (divider)	1차 발효가 끝난 반죽을 부피로 분할하는 기계
라운더 (rounder)	분할한 반죽의 표피를 매끄럽게 둥글리는 기계
오버헤드 프루퍼 (overhead proofer)	둥글리기한 반죽을 중간발효시키는 기계
정형기 (moulder)	반죽을 밀어펴기, 말기, 봉하기 등 정형하는 기계

Part Ⅱ

제과 이론
(과자류 제품 제조)

제1절 반죽 및 반죽 관리…90

제2절 팬닝…97

제3절 성형…99

제4절 반죽 익히기…108

제1절 반죽 및 반죽 관리

01. 반죽법의 종류 및 특징

1 반죽형 반죽

밀가루, 유지, 설탕, 계란을 기본으로 하여 만들며, 많은 량의 유지를 사용하여 크림성과 유화성을 갖고 있는 반죽 법이다. 화학적 팽창제(베이킹 파우더)를 사용하여 적당히 부피를 얻을 수 있다.

1) 크림법(Cream Method)
   ① 유지와 설탕을 넣고 균일하게 혼합한 후 계란을 나누어 넣으면서 부드러운 크림 상태로 만든 다음 밀가루와 베이킹파우더를 체에 쳐서 가볍게 섞는다.
   ② 장점 : 제품의 부피가 큰 케이크를 만들 수 있다.
   ③ 단점 : 스크랩핑(믹서 볼의 옆면과 바닥을 긁어 주는 동작)을 자주 해야 한다.

2) 블렌딩법(Blend Method)
   ① 유지와 밀가루를 파슬파슬하게 혼합한 뒤 건조 재료와 액체 재료를 섞는다.
   ② 장점 : 제품의 조직을 부드럽고 유연하게 만든다.

3) 설탕/물법(Suger / Water Method)
   ① 설탕물(비율은 2 : 1로 만든 용액)을 넣고 균일하게 혼합한 후 건조 재료를 넣고 섞은 다음 계란을 넣고 반죽한다.
   ② 장점 : 계량의 편리성으로 대량 생산이 용이하다. 껍질색이 균일한 제품을 생산할 수 있다. 스크랩핑이 필요 없다.

4) 1단계법(Single Stage Method)
   ① 모든 재료를 한꺼번에 넣고 반죽하는 방법이다.
   ② 전제조건 : 유화제와 베이킹파우더를 첨가하고, 믹서의 성능이 좋아야 한다.
   ③ 장점 : 노동력과 제조시간이 절약된다.

2 거품형 반죽

계란의 단백질이 휘핑에 의한 포성과 열에 대한 응고성(변성)을 이용한 반죽으로, 머랭 반죽과 스펀지 반죽이 있다.

1) 머랭법

① 흰자에 설탕을 넣고 거품을 낸 반죽.

② 설탕과 흰자의 비율은 2 : 1

③ 머랭 제조 시 지방 성분이 들어가면 거품이 안 올라오므로 기름기나 노른자가 들어가지 않도록 주의한다.

※ 머랭제조시 설탕을 처음부터 넣고 거품을 내면?
- 머랭의 부피가 작아지고, 믹싱 시간이 장시간 요구된다.
- 머랭의 거품 안정을 위해 0.5% 소금 주석산 사용

※ 주석산 크림을 사용하는 이유
- 달걀 흰자를 단단 하게 함 (단백질 강화)
- 달걀 흰자의 pH 조정 및 중화 작용
- 머랭의 색을 희게 하는 효과

2) 스펀지법

① 전란(흰자 + 노른자)에 설탕을 넣고 거품을 낸 후 다른 재료와 섞은 반죽.

② 노른자가 흰자 단백질에 신장성과 부드러움을 부여하여 부피 팽창과 연화 작용을 향상시킨다.

스펀지법의 분류		제조 및 특성
공립법	더운 믹싱법	• 달걀과 설탕을 중탕(43℃ 전후)하여 거품을 내는 방법. (고율 배합에 적합) • 온도가 높아져서 기포성이 좋아지고, 믹싱시간이 짧아진다. • 설탕입자가 다 녹아서 껍질색이 균일하다.
	찬 믹싱법	• 중탕하지 않고 달걀에 설탕을 넣고 거품 내는 방법. (저율 배합에 적함) • 공기 포집 속도는 떨어지고, 기포성은 떨어지나, 튼튼한 거품을 형성하여, 거품이 치밀하고 안정적이다. • 베이킹파우더를 사용할 수 있다.
별립법		전란을 흰자와 노른자로 분리하여 각각에 설탕을 넣고 거품을 낸 후, 다른 재료와 함께 흰자 머랭, 노른자 반죽을 섞어주는 방법.

스펀지 케이크 반죽에 용해 버터를 넣을 경우, 50~70℃로 중탕하여 가루재료를 넣어 섞은 다음 마지막 단계에 넣어 가볍게 섞는다.

제1절 반죽 및 반죽 관리

3 시폰형 반죽 (Chiffon Type Dough)

※ 시폰 (Chiffon) : '비단'이라는 프랑스어

1) 시폰형 반죽의 특성
① 시폰형 반죽은 비단같이 부드러운 식감의 제품을 의미.
② 별립법처럼 흰자로 머랭은 만들지만, 노른자는 거품을 내지 않는다.
③ 거품낸 흰자와 화학 팽창제로 부풀린 반죽을 말하며, 시폰 케이크가 있다.
④ 시폰형 반죽은 거품형 반죽의 머랭법과 반죽형 반죽의 블렌딩법을 함께 사용하는 시폰법을 많이 사용한다.

2) 시폰법
① 식용유와 노른자를 섞은 다음, 설탕과 건조 재료를 넣고 섞는다.
② 물을 조금씩 넣으면서 매끄러운 상태로 만든다. (반죽형 반죽의 블렌딩법)
③ 따로 흰자에 설탕을 넣어 머랭을 만든 뒤, 노른자 반죽과 섞어준다. (거품형 반죽의 머랭법)

02. 반죽의 결과온도

1 반죽 온도가 제품에 미치는 영향
① 반죽의 온도는 제품의 부피와 조직에 영향을 준다.
② 반죽의 비중과 반죽의 온도는 상관관계에 놓여 있다.
- 온도가 낮으면 기공이 조밀해 부피가 작고, 식감이 나쁘며, 굽는 시간이 더 필요하다.
- 온도가 높으면 기공이 열리고 큰 공기구멍이 생겨 조직이 거칠고 노화가 빨리 일어난다.
- 반죽형 반죽의 반죽 온도가 너무 높아 유지가 고체의 성질을 잃어버리면 오히려 반죽 안에 유입되는 공기가 적어져 조직이 조밀하고 부피가 작아질 수 있다.

> **TIP**
> 과자 반죽의 희망 결과 온도
> ① 일반적인 과자 반죽의 온도 : 22~24°
> ② 희망 반죽 온도가 가장 낮은 제품 : 퍼프 페이스트리(20℃)
> ③ 희망 반죽 온도가 가장 높은 제품 : 슈(40℃)

2 반죽 온도 계산법

> **TIP 용어설명**
> - 실내 온도 : 작업장의 온도
> - 수돗물 온도 : 반죽에 사용한 물의 온도
> - 마찰계수 : 반죽을 만드는 동안 발생하는 마찰열에 의해 상승한 온도를 실질적 수 지로 환산한 값
> - 결과 온도 : 반죽을 만든 후의 반죽 온도
> - 희망 온도 : 만들고자 하는 반죽의 원하는 결과 온도

① 마찰계수

마찰계수 = (결과 온도 × 6) − (실내 온도 + 밀가루 온도 + 설탕 온도 + 쇼트닝 온도 + 계란 온도 + 수돗물 온도)

② 사용할 물 온도

사용할 물 온도 = (희망 반죽 온도 × 6 − 실내 온도 + 밀가루 온도 + 설탕 온도 + 쇼트닝 온도 + 계란 온도 + 마찰계수)

> **TIP** 수온을 구하는 공식은 경우에 따라 (희망온도) × 6일 경우도 있고 (희망 온도 × 3)일 경우도 있는데, 실내 온도 + 밀가루 온도 + 설탕 온도 + 쇼트닝 온도 + 계란 온도 + 마찰계수가 제시되면 '6'으로 하고 실내 온도 + 밀가루 온도 + 수돗물 온도가 제시되면 '3'으로 한다.

③ 얼음 사용량

$$얼음 사용량 = \frac{사용할 물량 \times (수돗물 온도 - 사용할 물 온도)}{(80 + 수돗물 온도)}$$

> **TIP** 얼음량 계산 공식 중 '80'은 얼음이 녹아 액체로 변할 때 생기는 융해열을 나타낸 것이다.

03. 반죽의 비중

1 비중의 정의

① 비중 : 같은 용적의 물의 무게에 대한 반죽의 무게를 소수로 나타낸 값. 0~1까지의 값으로 나타낸다.
② 수치가 작을수록 비중이 낮고, 비중이 낮을수록 반죽 속에 공기가 많다.

제1절 반죽 및 반죽 관리

2 제품에 미치는 영향

제품에 영향을 미치는 항목	비중이 낮으면	비중이 높으면
부피	크다	작다
기공	열린다	작다
조직	거칠다	조밀하다

> **TIP**
> ※ 반죽의 비중에 영향을 주는 주요한 요소
> ① 반죽의 점도, 반죽의 산도
> ② 온도
> ③ 혼합 시간
> ④ 쇼트닝의 형태와 함량과 팽창제의 량

3 비중 측정법

① 반죽과 물을 같은 비중컵에 차례로 담아 무게를 측정한 뒤, 비중컵의 무게를 빼고 반죽의 무게를 물의 무게로 나누면 된다.

② 비중

$$비중 = \frac{(반죽\ 무게 - 컵\ 무게)}{(물\ 무게 - 컵\ 무게)} = \frac{같은\ 부피의\ 반죽\ 무게}{같은\ 부피의\ 물\ 무게}$$

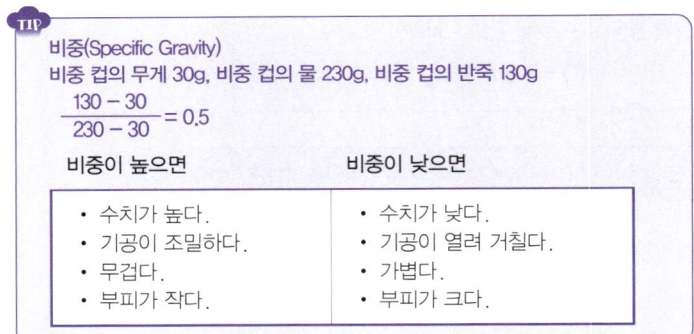

4 제품별 비중

제품명	반죽의 비중	제품명	반죽의 비중
파운드 케이크	0.8+0.05	레이어 케이크	0.8+0.05
스펀지 케이크	0.5 ±0.05	롤 케이크	0.45 ±0.05

5 고율배합과 저율배합

설탕 사용량이 밀가루 사용량보다 많고, 전체 액체가 설탕량보다 많으면 고율배합이다. 고율배합으로 만든 제품은 신선도가 높고 부드러움이 지속되어 저장성이 좋은 특징이 있다.

1) 고율배합과 저율배합의 비교

현상	고율배합	저율배합
믹싱중 공기의 혼입 정도	많다	적다
화학 팽창제 사용	줄인다	늘린다
반죽의 비중	낮다	높다
굽기 온도와 시간	저온 장시간 굽기 (Over Baking)	고온 단시간 굽기 (Under Baking)

2) 배합률 조절 공식의 비교

고율배합	저율배합
설탕 ≥ 밀가루	설탕 ≤ 밀가루
달걀 ≥ 쇼트닝	달걀 ≥ 쇼트닝
전체 액체 (달걀+ 우유) 〉밀가루	전체 액체 (달걀+ 우유) ≤ 밀가루
전체 액체 〉설탕	전체 액체 = 설탕

6 반죽의 pH

1) pH의 의미

① 용액의 수소이온 농도를 나타내며 범위는 pH 1~14로 표시한다.
② pH 7을 중성으로 하여 수치가 pH 1에 가까워지면 산도가 커진다.
③ pH 14에 가까워지면 알칼리도가 커진다.

2) 제품의 적정 pH (제품마다 최상의 제품을 만들기 위한 적정 pH)

제품명	반죽의 pH	제품명	반죽의 pH
데블스 푸드 케이크	pH 8.5~9.2	초콜릿 케이크	pH 7.8~8.8
화이트 레이어 케이크	pH 7.4~7.8	스펀지 케이크	pH 7.3~7.6
옐로 레이어 케이크	pH 7.2~7.6	파운드 케이크	pH 6.6~7.1
엔젤 푸드 케이크	pH 5.2~6.0	과일케이크	pH 4.4~5.0

3) pH가 제품에 미치는 영향

산은 글루텐을 응고시켜 부피 팽창을 방해하므로 기공은 조밀하고 당의 열 반응도를 방해하므로 껍질색은 여리다. 반대로 알칼리는 글루텐을 용해시켜 부피 팽창을 유도하므로 기공이 거칠고 당의 열 반응도를 유도하므로 색이 어둡다.

산이 강한 경우 (pH 낮음)	알칼리가 강한 경우 (pH 높음)
기공이 치밀하다	기공이 거칠다
껍질색이 여리고 밝아진다	껍질색과 속색이 어둡다
연한 향	강한 향
톡 쏘는 신맛	소다 맛
제품의 부피가 작다	정상보다 제품의 부피가 크다

4) pH 조절

① 향과 색을 진하게 하려면 : pH가 높아야 하므로, 중조를 넣어 알칼리성으로 조절한다.
② 향과 색을 연하게 하려면 : pH가 낮아야 하므로, 주석산 크림, 사과산, 구연산, 레몬즙, 식초를 넣어 산성으로 조절한다.

5) 가장 많이 쓰는 재료의 pH

박력분	pH 5.2	치즈	pH 4.0–4.5
설탕	pH 6.5–7.0	증류수	pH 7.0
흰자	pH 8.8–9.0	우유	pH 6.6
베이킹파우더	pH 6.5–7.5	베이킹 소다	pH 8.4–8.8

제2절 팬닝

01. 분할 팬닝 방법

1 분할 팬닝 방법
① 틀의 부피를 기준으로 반죽량을 채우는 방법
② 틀의 부피를 비용적으로 나누어 반죽량을 산출하여 채우는 방법

2 팬닝 시 주의사항
① 팬에 반죽량이 많으면 윗면이 터지거나 흘러 넘친다.
② 팬에 반죽량이 적으면 모양이 좋지 않다.
③ 비용적(반죽 1g당 굽는 데 필요한 팬의 부피)을 알고, 팬의 부피를 계산한 후 팬닝을 하여야 알맞은 제품을 얻을 수 있다.

3 제품별 팬닝 정도 (팬 높이에 대한 팬닝량)

거품형 반죽 (스펀지 케이크)	반죽형 반죽 (파운드 케이크)	커스터드 푸딩
50~60%	70%	95%

4 틀 부피 계산법

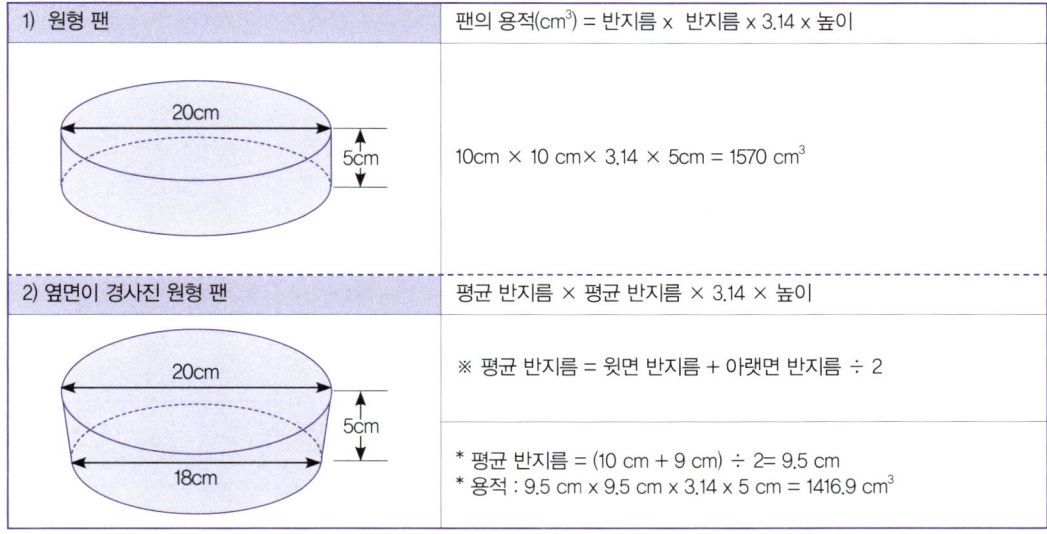

제2절 팬닝(분할 팬닝 방법)

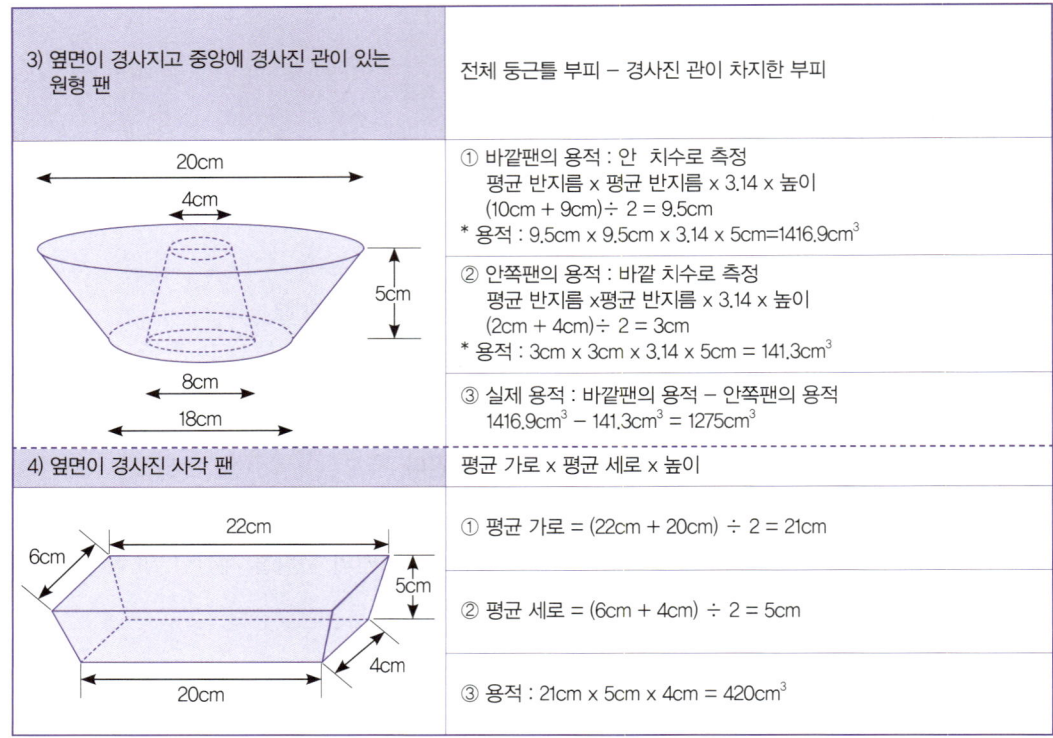

3) 옆면이 경사지고 중앙에 경사진 관이 있는 원형 팬	전체 둥근틀 부피 − 경사진 관이 차지한 부피
(20cm, 4cm, 5cm, 8cm, 18cm)	① 바깥팬의 용적 : 안 치수로 측정 평균 반지름 x 평균 반지름 x 3.14 x 높이 (10cm + 9cm) ÷ 2 = 9.5cm * 용적 : 9.5cm x 9.5cm x 3.14 x 5cm = 1416.9cm^3
	② 안쪽팬의 용적 : 바깥 치수로 측정 평균 반지름 x 평균 반지름 x 3.14 x 높이 (2cm + 4cm) ÷ 2 = 3cm * 용적 : 3cm x 3cm x 3.14 x 5cm = 141.3cm^3
	③ 실제 용적 : 바깥팬의 용적 − 안쪽팬의 용적 1416.9cm^3 − 141.3cm^3 = 1275cm^3
4) 옆면이 경사진 사각 팬	평균 가로 x 평균 세로 x 높이
(22cm, 6cm, 5cm, 20cm, 4cm)	① 평균 가로 = (22cm + 20cm) ÷ 2 = 21cm
	② 평균 세로 = (6cm + 4cm) ÷ 2 = 5cm
	③ 용적 : 21cm x 5cm x 4cm = 420cm^3

※ 팬용적을 정확하게 구하기 어려운 경우에는 팬에 물을 담은 후, 눈금 있는 용기로 용적을 구하기도 한다.

5 반죽의 비용적

① 반죽 무게

> 반죽 무게 = 틀 부피 (용적) ÷ 비용적

② 비용적 : 반죽을 구울 때 1g당 차지하는 부피(cm^3/g)

> 비용적 = 틀 부피 (용적) ÷ 반죽 무게

6 제품별 비용적

파운드 케이크	2.40cm^3/g	엔젤 푸드케이크	4.70cm^3/g
레이어 케이크	2.96cm^3/g	스펀지케이크	5.08cm^3/g

제3절 성형

밀어펴기	반죽에 적절한 힘을 가하여 압력을 가하여 밀어 펴기 하여, 일정한 방향성과 두께를 얻을 수 있고, 반죽 내부의 조직과 밀도를 균일하게 해주어 절단 및 정형 과정을 진행하기 쉽게 만든다.
짜 내기	짤 주머니 이용, 모양 깍지의 모양에 따라 다양한 형태를 만든다.
찍어 내기	다양한 형태의 틀을 이용 하여 찍어 낸다.
접어 밀기	유지를 반죽으로 감싼뒤, 밀고 펴고 접는 과정을 반복 한다. (퍼프 페이스트리)
절단 / 재단 하기	적당한 크기와 모양으로 재단하고 절단한다.
팬닝 하기	다양한 모양의 틀에 반죽을 채워 넣는다.
냉각 하기	틀에 부은 반죽을 굳히는 제품 (무스, 젤리, 바바로와 등)을 자연 냉각, 냉장, 냉동으로 냉각한다.

〈제품별 성형 방법 및 특징〉

01. 케이크류

1 파운드 케이크

밀가루, 설탕, 유지, 달걀을 각각 1 파운드씩 같은 분량을 넣어 만들었던 것에서 유래되었다.

제조 공정	① 크림법 : 유지(버터, 마가린, 쇼트닝) 18~25℃에 소금과 설탕을 넣으면서 크림을 만든다.	응용 제품 : 과일케이크, 마블 케이크
	② 밀가루와 나머지 액체 재료도 넣고 균일한 반죽을 만든다.	
	③ 밀가루를 혼합할 때 가볍게 하여 글루텐 발전을 최소화해야 부드러운 조직이 된다.	
	④ 반죽온도 20~24℃, 비중 0.7 ± 0.05	
	⑤ 파운드 틀을 사용하여 안쪽에 종이를 깔고 틀 높이의 70% 정도만 채운다.	
	⑥ 윗면을 칼집을 넣어서 터트리거나 자연적으로 터지게 한다.	
	⑦ 이중팬을 사용하여 굽는다. (고율 배합이므로 균일해야 함) – 반죽량이 많은 제품 : 170~180℃ – 반죽량이 적은 제품 : 180~190℃	

> **TIP**
> **파운드 케이크를 구울 때 윗면이 자연적으로 터지는 원인**
> ① 반죽에 수분이 불충분할 때
> ② 설탕입자가 다 녹지 않을 때
> ③ 오븐 온도가 높아 껍질이 빨리 생길 때
> ④ 팬닝 후 장시간 방치하여 표면이 마를 때

제3절 성형(제품별 성형 방법 및 특징)

1) 파운드 케이크 구울 때 이중팬을 사용하는 이유
   ① 바닥과 옆면의 두꺼운 껍질 형성을 방지 하기 위해
   ② 제품의 맛과 조직을 좋게 하기 위해

2) 파운드 케이크 구운 후, 노른자에 설탕 넣고 칠하는 이유
   ① 광택제 및 착색효과
   ② 보존기간 개선 하고 맛을 좋게 해준다

2 과일 파운드 케이크

① 파운드 케이크 반죽에 첨가하는 과일 분량은 전체 반죽의 25~50%이다.
② 과일은 건조과일을 쓰거나 시럽에 담근 과일을 사용한다. 시럽에 담근 큰 과일은 사용 전에 물을 충분히 뺀 뒤 사용한다.
③ 과일을 밀가루에 묻혀 사용하면 과일이 밑바닥에 가라앉는 것을 방지할 수 있다.
④ 과일류는 믹싱 최종단계에 넣는다.

> **TIP**
> 과일 케이크에서 과일이 가라 앉는 이유
> ① 강도가 약한 밀가루 사용한 경우
> ② 시럽에 담긴 과일을 사용할 때 액체가 많이 섞여 있는 경우
> ③ 과일이나 견과류가 너무 크고, 무거운 경우
> ④ 믹싱이 지나치고 큰 공기방울이 반죽에 남아 있는 경우

3 스펀지 케이크 : 거품형 케이크

전란을 사용하여 만드는 스펀지 반죽으로 만든 제품.

제조 공정	① 공립법과 별립법이 있다.	응용 제품 : 카스테라
	② 팬닝 : 철판, 원형틀에 60% 정도 반죽을 채운다.	
	③ 굽기 과정에서 공기의 팽창, 전분의 호화, 단백질의 응고 현상이 일어난다.	
	④ 달걀 사용량이 많으므로, 구운 즉시 팬에서 꺼내서 냉각 시켜야 수축을 막을수 있다	

4 롤케이크

스펀지 케이크 보다 달걀량이 많으므로, 수분이 많아야 표면이 터지지 않는다.

제조 공정	① 공립법, 별립법, 1 단계법이 있다.
	② 철판에 팬 높이 정도로유산지를 깔고 반죽을 빠르게 팬닝 후 윗면을 고르게 한다.
	③ 기포가 꺼지므로 팬닝은 가능한 빨리하고, 남긴 반죽에 캐러멜 소스를 섞은 후 무늬를 그린다.
	④ 양이 적은 반죽은 높은 온도에서 굽고 양이 많은 반죽은 비교적 낮은 온도에서 굽는다. 단, 수분 손실이 많으면 말 때 터질 수 있으므로 오버 베이킹 되지 않도록 주의한다.
	⑤ 수축 방지위해 구운 직후, 팬에서 바로 분리한다. (제품이 끈적 거리지 않고, 표면이 터지지 않게)
	⑥ 열이 좀 빠지면 압력을 가해 수평을 맞추어 잼을 바르고 말아준다.

1) 케이크에 충전물(잼)이 스며들지 않게 하려면
① 밀가루 사용량 늘린다.
② 수분의 비율을 늘려 준다.
③ 낮은 온도에서 장시간 굽는다.

2) 롤 케이크 말기를 할 때 표면의 터짐을 방지하는 방법
① 설탕의 일부는 물엿과 시럽으로 대치한다.
② 배합에 덱스트린을 사용하여 점착성을 증가시키면 터짐이 방지된다.
③ 팽창이 과도한 경우 팽창제 사용을 감소하거나 믹싱 상태를 조절한다.
④ 노른자의 비율이 높은 경우에도 부서지기 쉬우므로 노른자를 줄이고 전란을 증가시킨다.
⑤ 굽기 중 너무 건조시키면 말기를 할 때 부서지기 때문에 오버 베이킹을 하지 않는다.
⑥ 밑불이 너무 강하지 않도록 하여 굽는다.
⑦ 반죽의 비중이 너무 높지 않게 믹싱을 한다.
⑧ 반죽 온도가 낮으면 굽는 시간이 길어지므로 온도가 너무 낮지 않도록 한다.
⑨ 배합에 글리세린을 첨가해 제품에 유연성을 부여한다.

5 엔젤 푸드 케이크

달걀의 흰자의 거품을 이용한다는 측면에서 스펀지 케이크와 유사한 거품형 제품이나 전란 대신에 흰자를 사용하는 것이 다르다.
케이크 중에서 반죽 비중과 pH가 가장 낮다

제3절 성형(제품별 성형 방법 및 특징)

제조 공정	① 머랭 반죽 만들기의 제조법으로 하며, 주석산 크림의 넣는 시기에 따라 산 전처리법, 산 후처리법으로 부른다.
	② 머랭에 밀가루, 설탕, 주석산, 크림, 소금 넣고 골고루 섞는다.
	③ 틀에 이형제로 물을 분무한 후 60~70% 정도 팬닝한 후 굽는다.
	④ 오버 베이킹(over baking) 시, 제품의 수분 손실량이 많다.

> **TIP**
> 이형제 :
> 반죽을 구울 때 달라붙지 않게 하고 모양을 그대로 유지하기 위하여 사용하는 재료.
> 시폰 케이크와 엔젤 푸드 케이크는 이형제로 물을 사용한다.

02. 쿠키류

수분 함량이 5% 이하로 적고 크기가 작은 건과자

1) 쿠키의 특성
① 쿠키의 반죽 온도 : 18~24°C
② 포장과 보관 온도 : 10°C 정도

2) 반죽 상태에 따른 분류
① 반죽형 반죽 쿠키

드롭(소프트) 쿠키	① 계란의 사용량이 많아 반죽형 쿠키 중에서 수분이 가장 많은 부드러운 쿠키. ② 짤주머니로 짜서 성형한다. (버터쿠키)
스냅(슈가) 쿠키	① 계란 사용량이 적으며, 설탕 사용량이 많다. ② 밀어펴서 성형기로 찍어 제조한다. ③ 낮은 온도에서 오래 구워, 단단하고 바삭하다.
쇼트 브레드 쿠키	① 유지(쇼트닝) 사용량이 많다. ② 밀어펴서 성형기로 찍어 제조한다.(냉장휴지) ③ 식감은 부드럽고 바삭하다.

② 거품형 반죽 쿠키

스펀지 쿠키	① 계란의 전란을 사용하며(공립법), 모든 쿠키 중에서 수분이 가장 많은 쿠키. ② 짤주머니로 짜서 성형한다. (핑거 쿠키)
머랭 쿠키	① 흰자와 설탕을 휘핑한 머랭으로 만든 쿠키. ② 낮은 온도(100°C 이하)에서 건조시키는 정도로 굽는다. ③ 짤주머니로 짜서 성형한다. (마카롱, 다쿠와즈)

3) 제조 방법에 따른 분류

밀어내거나 찍어낸 쿠키	반죽을 충분히 휴지후 두께를 적당하게 밀어펴서 정형기로 정형 (쇼트브레드 쿠키, 스냅쿠키)
짜는 형태의 쿠키	짤 주머니네 넣어 크기와 모양을 균일하게 정형 (드롭 쿠키, 거품형 반죽 크기)
냉장(냉동) 쿠키	유지가 많은 배합의 쿠키 반죽을 냉동고에서 굳혀 잘라 정형
판에 등사 하는 프랑스식 쿠키	아주 묽은 상태의 반죽을 철판에 올려 놓은 틀에 흘려 굽는다.
마카롱 쿠키	흰자에 설탕을 넣고 거품을 올려 머랭을 만든후, 아몬드 분말을 넣어 만든다.

4) 쿠키의 퍼짐

쿠키의 퍼짐을 좋게 하기 위한 조치	쿠키의 퍼짐이 큰 원인	쿠키의 퍼짐이 작은 원인
① 팽창제를 사용한다. ② 입자가 큰 설탕을 사용한다. ③ 알칼리 재료의 사용량을 늘린다. ④ 오븐 온도를 낮게 한다.	• 묽은 반죽 • 팽창제 과다 사용	• 된 반죽
	• 유지 과다 사용	• 유지 적게 사용
	• 믹싱 부족	• 믹싱 과다
	• 알칼리성 반죽	• 산성 반죽
	• 설탕 과다 사용	• 설탕 적게 사용
	• 낮은 오븐 온도	• 높은 오븐 온도

03. 퍼프 페이스트리

밀가루 반죽에 유지를 넣어 결을 낸 유지층 반죽 과자로 프렌치 파이라고 한다.

1) 제조 공정

반죽형 (스코틀랜드식)	① 유지를 깍두기 모양으로 잘라서 강력분과 섞고, 물을 넣어 반죽을 만든다.	※ 강력분 사용하는 이유 : 많은 량의 유지를 지탱하고, 수차례에 걸쳐 접고 밀기 하는 공정에 반죽과 유지의 층을 형성 해야 하기 때문이다.
	② 작업이 편리한 대신 덧가루가 많이 들고, 제품이 단단하다.	
접기형 (프랑스식)	① 강력분, 유지, 물로 발전 단계까지 반죽한 후, 충전용 유지를 넣고 싸서 접고 밀어 펴는 방법	
	② 결이 균일하고 부피가 커진다.	

2) 정형 시 주의사항

① 반죽 후 휴지를 시킬 때 휴지의 완료점은 손가락으로 살짝 눌렀을 때 누른 자국이 남아있다.

② 전체적으로 똑같은 두께로 밀어 편다.

③ 예리한 칼을 이용해 파치가 최소한이 되도록 원하는 모양으로 자른다.

④ 굽기 전 20분 정도 실온 휴지시킨다.

제3절 성형(제품별 성형 방법 및 특징)

3) 굽기 시 주의 사항
① 굽기할 때 색이 날 때까지 오븐 문을 열지 않는다. 전에 열면 주저앉기 쉽다.
② 굽는 온도가 낮으면 글루텐이 말라 신장성이 줄고 증기압이 발생해 부피가 작고 묵직해진다.
③ 굽는 온도가 높으면 껍질이 먼저 생겨 글루텐의 신장성이 작은 상태에서 팽창이 일어나 제품이 갈라진다.

> **TIP**
> **퍼프 페이스트리 반죽을 냉장고에서 휴지시키는 목적**
> ① 밀가루의 수화를 통해 글루텐을 안정화 하고 손상된 글루텐 재정돈 한다.
> ② 반죽을 연화하고 이완시켜 밀어펴기 용이 하다.
> ③ 성형하고 절단할 때 수축 방지 해준다.
> ④ 반죽과 유지의 된정도를 같게 하여 층을 분명하게 해준다.
> ⑤ 끈적거림을 방지하여 작업성을 좋게 한다.

4) 페이스트리를 굽는 동안 유지가 흘러 나오는 이유
① 박력분을 사용했을 경우
② 밀어펴기를 잘못했을 경우
③ 오래된 반죽을 사용했을 경우
④ 오븐의 온도가 너무 낮거나 높은 경우

5) 불규칙하거나 팽창이 부족한 이유
① 휴지시간이 부족하였다.
② 예리하지 못한 칼을 사용하였다.
③ 덧가루를 많이 사용하였다.
④ 수분이 없는 경화쇼트닝을 사용하였다.
⑤ 오븐 온도가 너무 높거나 낮았다.
⑥ 밀어펴기를 잘못하였다.

6) 정형시 반죽이 수축하는 이유
① 된 반죽
② 반죽시 유지 사용량이 적은 경우
③ 과도한 밀어펴기
④ 휴지기간이 짧거나 불충분 한 경우

04. 사과 파이

설탕으로 졸인 사과를 사과 파이 반죽 으로 감싸서 구운 쇼트 페이스트리.

※ **착색제** : 설탕, 포도당, 물엿, 분유, 버터, 계란 등을 사용
0.1%의 탄산수소나트륨(중조, 소다), 녹인 버터 칠

제조 공정	① 블렌딩 법 : 밀가루와 유지를 섞어 유지의 입자가 콩알 크기처럼 될 때까지 잘라준다. (유지의 입자 크기에 따라 파이의 결이 결정된다).	응용제품 : 쇼트페이스트리, 호두 파이, 애플 파이
	② 소금 설탕 등을 물에 녹여 넣으면서 반죽하여 휴지 시킨다. (15℃ 이하의 온도에서 4~24시간 휴지)	
	③ 냉장휴지하는 동안 사과를 잘라서 필링 준비한다.	
	④ 옥수수전분, 설탕, 소금, 계피 가루를 넣고 잘 섞은 후, 뜨거운 물을 부어 호화시킨다.	
	⑤ 되직한 상태가 되면 불에서 내린 후, 버터 넣고 섞어 잘라놓은 사과를 넣고 식힌다. (20℃)	
	⑥ 덮개형 또는 격자형으로 정형해서 굽는다.	

1) 충전물용 농후화제 사용 목적

① 충전물을 만들때 호화를 잘 되게 하고 진하게 해준다.
② 충전물에 좋은 광택이 나게 해준다.
③ 과일이 들어간 충전물은 과일의 색과 향을 유지 해준다.
④ 완성된 충전물이 냉각되었을 때, 적정 농도를 유지시켜 준다.

2) 충전물이 끓어 넘치는 경우

① 제품을 봉할 때 위, 아래 부분을 잘 붙이지 않은 경우
② 껍질에 수분이 많거나, 구멍을 뚫지 않았을 경우
③ 충전물의 온도가 높거나, 오븐의 온도가 낮은 경우
④ 바닥의 껍질이 너무 얇은 경우
⑤ 천연산이 많이 들어 있는 과일을 사용한 경우
⑥ 설탕의 분량이 너무 많이 들어간 경우

3) 껍질이 단단하고 정형 이나 굽기 도중에 수축한 경우

① 강력분을 사용하거나, 자투리 반죽을 많이 사용한 경우
② 반죽 시간과 휴지 시간이 부족 한 경우
③ 지나치게 많이 반죽 하거나, 여러번 밀어 편 경우
④ 바닥 껍질이 위 껍질 보다 얇은 경우
⑤ 틀이나 철판에 기름칠을 잘못 하여 반죽이 철판에 붙어 있을 경우

제3절 성형(제품별 성형 방법 및 특징)

05. 케이크 도넛

화학 팽창제를 사용하여 팽창시키며, 도넛의 껍질 안쪽 부분이 보통의 케이크와 조직이 비슷하여 붙여진 이름이다.

제조 공정	
	공립법, 크림법이 있다. (반죽온도 22~24℃)
	휴지 후 정형한다.
	발연점이 높은 면실유 (180℃ ~ 190℃)에서 튀긴다.
	튀긴 후 식기 전에 도넛 글레이징 (49℃) 토핑

> **TIP**
> **케이크 도넛 휴지의 효과**
> ① 이산화탄소가 발생하여 반죽이 부푼다.
> ② 각 재료에 수분이 흡수된다.
> ③ 표피가 빨리 마르지 않는다.
> ④ 밀어펴기가 쉬워진다.

1) 특성

① 밀가루는 중력분을 쓰며 팽창제, 설탕, 분유 등을 섞는다.
② 계란 노른자의 레시틴은 유화제 역할을 한다.
③ 계란은 구조 형성 재료로, 도넛을 튼튼하게 하며 수분을 공급한다.
④ 튀김온도 : 185~195℃
⑤ 적정 기름의 깊이 : 12~15cm 정도
⑥ 마무리로는 충전과 아이싱을 한다.
- 도넛이 식기 전에 도넛 글레이즈를 49℃로 중탕하여 토핑한다.
- 초콜릿이나 퐁당을 아이싱한 후 굳기 전에 코코넛, 호두가루, 땅콩, 오색 당의정을 묻히거나 뿌리기도 한다.
- 도넛 설탕이나 계피 설탕은 점착력이 큰 온도에서 뿌린다.
- 커스터드 크림은 냉각 후 충전하고 냉장고에 보관한다.
- 초콜릿은 중탕으로 녹인 후에 퐁당은 40℃ 정도로 가온하여 아이싱 한다.

2) 발한현상에 대한 대처

도넛에 묻힌 설탕이나 글레이즈가 수분에 녹아 시럽처럼 변하는 발한 현상이 생길 수 있으므로, 발한현상에 대해 대처 한다.

① 설탕 사용량을 늘린다.
② 40℃ 전후로 충분히 식히고 나서 설탕을 묻힌다.

③ 튀김시간을 늘려 도넛의 수분 함량을 줄인다.
④ 튀김기름에 스테아린을 3~6% 첨가하여 기름이 배어나오는 것을 막는다.
⑤ 도넛의 수분 함량을 21~25%로 한다.

3) 도넛에 기름이 많다
① 설탕, 유지, 팽창제의 사용량이 많은 경우
② 튀김시간이 긴 경우
③ 지친반죽이나 어린반죽, 묽은 반죽일 경우
④ 튀김 온도가 낮았다.

06. 슈

구워진 겉모양이 양배추 같다고 해서 choux(프랑스어)라고 부르며, 텅빈 내부에 크림을 넣으므로 슈크림이라고 한다.

다른 반죽과 달리 밀가루를 먼저 익힌 뒤 굽는 것이 특징이다.

물, 유지, 밀가루, 계란을 기본 재료로 해서 만들고 기본재료에는 설탕이 들어가지 않는다.

제조 공정	물, 소금, 유지 넣고 끓인후, 유지가 녹으면 밀가루를 넣고 호화 시킬 때 까지 젓는다.	응용 제품 : 츄러스, 에클레어
	60~65°C로 냉각시킨 다음, 계란을 소량씩 넣으면서 매끈한 반죽을 만든 후 베이킹파우더를 넣고, 균일하게 혼합한다.	
	평철판 위에 충분한 간격을 두어(팽창이 큼) 짠 후, 굽기 중에 껍질이 너무 빨리 형성되는 것을 막기 위해 분무 · 침지시킨다.	
	초기에는 아랫불을 높이고, 윗불을 약하게 하여 굽다가, 표피가 거북이 등처럼 되고 밝은 갈색이 나면 아랫불을 줄이고 윗불을 높여 굽는다.	
	구울 때 찬공기가 들어가면 슈가 주저 앉으므로 팽창 중에는 오븐문을 열지 않아야 한다.	

> **TIP**
> 슈 반죽에 설탕이 들어가면 일어나는 현상
> ① 상부가 둥글게 된다.
> ② 내부에 구멍형성이 좋지 않다.
> ③ 표면에 균열이 생기지 않는다.

1) 슈 제조 후 바닥 껍질 가운데가 위로 올라오는 이유
① 슈 반죽을 짤 때에 반죽 밑 바닥에 공기가 들어간 경우
② 팬에 바닥이 과다하거나, 오븐 바닥 온도가 너무 높은 경우

제4절 반죽 익히기

2) 슈가 팽창 하지 않는 이유
굽는 온도가 낮고, 기름칠이 적은 경우

3) 슈 밑면이 움푹 들어간 이유
① 팬에 기름칠을 너무 많이 한 경우
② 오븐 온도가 너무 높은 경우
③ 굽기중 수분을 너무 많이 잃은 경우

07. 냉과

무스	① 무스 : 프랑스어로 거품이란 뜻. ② 커스터드 또는 초콜릿, 과일 퓨레에 생크림, 젤라틴 등을 넣고 굳혀 만든 제품. ③ 바바루아가 발전된 것이 무스이고, 안정제는 젤라틴이다.
푸딩	① 계란, 설탕, 우유 등을 혼합하여 중탕으로 구운 제품. ② 육류, 과일, 야채, 빵을 섞어 만들기도 한다. ③ 계란의 열변성에 의한 농후화 작용을 이용 한 제품 ④ 푸딩을 만들 때 설탕과 계란의 비는 1 : 2로 배합을 작성 하며 팬닝은 95%로 거의 팽창하지 않는다. 너무 온도가 높으면 푸딩 표면에 기포가 생긴다.
바바루아	① 독일 바바리아 지방의 음료를 19세기 초에 현재와 같은 모양으로 만든 냉과 ② 우유, 설탕, 계란, 생크림, 젤라틴을 기본재료로 해서 만든 제품. ③ 과실 퓨레를 사용하여 맛을 보강한다.
젤리	과즙, 와인 같은 액체에 펙틴, 젤라틴, 한천, 알긴산 등의 안정제를 넣어 굳힌 제품.
블라망제	아몬드를 넣은 희고 부드러운 냉과

제4절 | 반죽 익히기

01. 익히기 방법의 종류 및 특징

1 굽기

1) 굽기 방법
① 고율배합 반죽과 다량의 반죽 : 낮은 온도에서 장시간 굽는다.
② 저율배합 반죽과 소량의 반죽 : 높은 온도에서 단시간 굽는다.

2) 온도의 부적합으로 생긴 현상

오버 베이킹 (over baking)	낮은 온도에서 오래 구워서 윗면이 평평하고 조직이 부드러우나 수분 손실이 크다.
언더 베이킹 (under baking)	높은 온도에서 구울 경우 속은 설익고 중심 부분이 갈라지고 조직이 거칠며 주저 앉는다.

3) 굽기 손실

$$굽기\ 손실률 = \frac{(굽기\ 전\ 반죽\ 무게 - 굽기\ 후\ 반죽\ 무게)}{굽기\ 전\ 반죽\ 무게} \times 100$$

2 튀기기

1) 튀김기름

① 튀김기름의 표준온도 :

식품의 종류와 크기, 튀김옷의 수분 함량, 두께에 따라 다르지만 보통 180℃ 정도

(도넛 : 160℃에서 약 3분)

② 튀김기름의 4대 적 :

온도(열), 수분(물), 공기(산소), 이물질

※ 튀김 기름의 가수분해나 산화를 가속시켜 산패를 가져온다.

③ 튀김 기름의 양 : 튀김 재료의 약 10배 정도의 충분 한 양의 기름 준비

> **TIP**
> ※ 튀김기름이 갖추어야 할 조건
> - 부드러운 맛과 엷은 색을 띤다.
> - 가열 시 푸른 연기가 나며, 발연점이 높아야 한다.
> - 이상한 맛이나 냄새가 나지 않아야 한다.
> - 산패에 대한 안정성이 있어야 한다.
> - 산가가 낮아야 한다.
> - 여름에는 융점이 높고 겨울에는 융점이 낮아야 한다.

2) 흡유량의 증가 원인

① 기름의 온도가 너무 낮으면, 너무 많이 부풀어 껍질이 거칠고 기름이 많이 흡수된다.

② 튀기는 식품 재료의 표면적이 크면 클수록, 흡유량이 증가한다.

③ 재료 중에 당과 지방의 함량이 많을 때, 흡유량을 증가시킨다.

④ 달걀 노른자에는 인지질(레시틴)이 함유되어 있어서 재료에 달걀을 넣게 되면 흡유량을 증가 시킨다.

⑤ 수분 함량이 많을 때, 흡유량을 증가 시킨다.

제4절 반죽 익히기

3) 흡유량의 감소 원인
글루텐이 많은 경우에는 흡유량이 감소된다.

3 찌기
① 찜의 전달 방식은 수증기가 움직이면서 열이 전달되는 현상인 대류열이다.
② 가압하지 않은 찜기의 내부온도는 99℃ 정도이다.
③ 찜 과자류 : 푸딩, 찜 케이크, 찐 빵, 찐 만주 등

02. 익히기 중 성분 변화의 특징

1 굽기 중 성분 변화

- **껍질의 갈색 변화**

  열에 의해 당류가 갈색을 내는 캐러멜화 반응과 당류와 아미노산이 결합하여 갈색색소인 멜라노이딘을 만드는 마이야르 반응이 나타난다.

  ① **카라멜화 반응(Caramelization)**
  당이 녹을 정도의 고온(설탕의 경우 160℃)으로 가열하면 여러 단계의 화학 반응을 거쳐 보기 좋은 연한 금갈색에서 진한 갈색으로 변하는 과정을 거치는데, 색깔의 변화와 함께 당류 유도체 혼합물의 변화로 향미의 변화가 동시에 일어난다.

  ② **마이야르 반응(Maillard reaction)**
  비효소적 갈변 반응으로 당류와 아미노산, 펩티드, 단백질 모두를 함유하고 있기때문에 대부분의 모든 식품에서 자연 발생적으로 일어난다.

2 찌기 중 성분 변화

- **달걀의 열응고성의 변화**

  커스터드는 달걀의 열응고성을 이용한 대표적인 것으로, 희석 정도, 첨가물의 종류와 양에 따라 응고 온도, 응고 시간, 조직감이 달라진다. 커스터드 푸딩은 찜기의 뚜껑을 비껴 놓거나 불을 약하게 해서 증기의 온도가 85~90℃ 이상으로 되지 않도록 주의해야 한다. 재료 배합에 따라 응고 온도는 다르나 중심 온도는 74~80℃ 정도이다.

Part Ⅲ

제빵 이론
(빵류 제품 제조)

제1절 반죽 및 반죽 관리 … 112

제2절 반죽 발효관리 … 127

제3절 분할하기 … 130

제4절 둥글리기 … 131

제5절 중간발효 … 132

제6절 성형 … 134

제7절 팬닝 … 138

제8절 반죽 익히기 … 139

제1절 반죽 및 반죽관리

01. 반죽법의 종류 및 특징

1 빵의 분류

① 식빵류

한끼 식사용으로 먹는 달지 않은 빵

예) 식빵류, 프랑스빵(바게트, 하드 롤 등), 롤, 번, 호밀빵 등

② 과자빵류

간식용으로 설탕, 유지가 많이 들어가는 빵

예) 앙금빵, 크림빵, 스위트 롤, 커피 케이크, 브리오슈, 크루아상, 데니시 페이스트리 등

③ 특수빵류

튀기기, 찌기 등 익히는 방법이 특수한 빵

예) 빵도넛, 찐빵, 러스크, 토스트, 브라운 앤 서브 롤 등

④ 조리빵류

빵에 요리를 접목시켜 만든 빵

예) 소시지빵, 피자파이, 샌드위치, 햄버거 등

> **TIP** 두 번 구운 빵의 종류에는 러스크, 토스트, 브라운 앤 서브 롤 등이 있다.

2 반죽(믹싱)

밀가루, 이스트, 소금, 그 밖의 재료에 물을 혼합하여 결합시켜 글루텐을 만들어 탄산가스를 보호하는 막을 형성한다.

1) 반죽을 만드는 목적

① 원재료를 균일하게 분산하고 혼합한다.

② 밀가루의 전분과 단백질에 물을 흡수시킨다.

③ 반죽에 공기를 혼입시켜 이스트의 활력과 반죽의 산화를 촉진시킨다.

④ 글루텐을 숙성(발전)시키며 반죽의 가소성, 탄력성, 점성을 최적 상태로 만든다.

2) 반죽에 부여하고자 하는 물리적 성질

① 탄력성 : 성형단계에서 본래의 모습으로 되돌아가려는 성질

② 가소성 : 반죽이 성형과정에서 형성되는 모양을 유지시키려는 성질
③ 점탄성 : 점성과 탄력성을 동시에 가지고 있는 성질
④ 흐름성 : 반죽이 팬 또는 용기의 모양이 되도록 흘러 모서리까지 차게 하는 성질
⑤ 신장성 : 반죽이 늘어나는 성질

3) 반죽이 만들어지는 단계

픽업 단계 (pick up stage)	데니시페이스트리	• 밀가루와 원재료에 물을 첨가하여 대충 혼합하는 단계로 글루텐의 구조가 형성되는 시기이다. • 반죽이 끈기가 없이 끈적거리는 상태이다. • 믹서는 저속으로 사용한다.
클린업 단계 (clean up stage)	스펀지법의 스펀지 반죽	• 글루텐이 어느 정도 형성된 단계로 유지를 넣으면 믹싱시간이 단축된다. • 반죽이 한 덩어리가 되고 믹싱볼이 깨끗해진다. • 글루텐의 결합은 적고 반죽을 펼쳐도 두꺼운 채로 끊어진다. • 클린업 단계는 끈기가 생기는 단계로 흡수율을 높이기 위하여 소금을 넣는다.
발전 단계 (development stage)	하스 브레드	• 믹싱 중 생지 변화에 있어 탄력성이 최대로 증가하며 반죽이 강하고 단단해지는 단계이다. • 믹서의 최대 에너지가 요구된다.
최종 단계 (final stage)	식빵, 단과자빵	• 글루텐이 결합하는 마지막 단계로 특별한 종류를 제외하고는 이 단계가 빵 반죽에서 최적의 상태이다. • 반죽을 펼치면 찢어지지 않고 얇게 늘어난다. • 탄력성과 신장성이 가장 좋으며, 반죽이 부드럽고 윤이 나는 반죽 형성 후기 단계이다.
렛 다운 단계 (let down stage)	햄버거빵, 잉글리시 머핀	• 최종 단계를 지나 생지가 탄력성을 잃으며 신장성이 커져 고무줄처럼 늘어지며 점성이 많아진다. • 오버믹싱, 과반죽이라고 한다. • 잉글리시 머핀 반죽은 모든 빵 반죽에서 가장 오래 믹싱한다.
파괴 단계 (break down stage)	-	• 반죽이 푸석거리고 완전히 탄력을 잃어 빵을 만들 수 없는 단계를 말한다. • 이 반죽을 구우면 팽창이 일어나지 않고 제품이 거칠게 나온다.

TIP
- 반죽 부족은 어린 반죽이라고도 하며 반죽이 다 되지 않은 상태로 제품의 모서리가 예리하게 된다.
- 밀가루 단백질인 글루테닌과 글리아딘이 물의 첨가와 믹싱으로 글루텐을 만든다.
- 글루텐이 결합한 형태의 종류는 S-S결합, 이온 결합, 수소 결합, 물 분자 사이의 수소 결합이 있다.

4) 반죽의 흡수율에 영향을 미치는 요소

① 손상 전분 1% 증가에 흡수율은 2% 증가된다.
② 설탕 5% 증가 시 흡수율은 1% 감소된다.
③ 분유 1% 증가 시 흡수율은 0.75~1% 증가한다.
④ 반죽의 온도가 5℃ 올라가면 물 흡수율은 3% 감소하고 온도가 5℃ 내려가면 흡수율은 3% 증가한다.

제1절 반죽 및 반죽 관리

⑤ 연수를 사용하면 글루텐이 약해지며 흡수량이 적고, 경수를 사용하면 글루텐이 강해지며 흡수량이 많다.
⑥ 단백질 1% 증가에 흡수율은 1.5% 증가된다.
⑦ 소금을 픽업 단계에 넣으면 글루텐을 단단하게 하여 글루텐 흡수량의 약 8%를 감소시킨다.
⑧ 소금을 클린업 단계 이후에 넣으면 물 흡수량이 많아진다.

5) 반죽시간에 영향을 미치는 요소

① 반죽기의 회전 속도가 느리고 반죽양이 많으면 길다.
② 소금을 클린업 단계에 이후에 넣으면 짧아진다.
③ 설탕량이 많으면 반죽의 구조가 약해지므로 길다.
④ 분유, 우유양이 많으면 단백질의 구조를 강하게 하여 길다.
⑤ 유지를 클린업 단계 이후에 넣으면 짧아진다.
⑥ 물 사용량이 많아 반죽이 질면 반죽시간이 길다.
⑦ 반죽 온도가 높을수록 반죽시간이 짧아진다.
⑧ PH 5.0 정도에서 글루텐이 가장 질기고 반죽시간이 길다.
⑨ 밀가루 단백질의 양이 많고, 질이 좋고 숙성이 잘 되었을수록 반죽시간이 길다.

> **TIP**
> **후염법**
> – 소금을 클린업 단계 직후에 넣는 제법
> – 장점 : 반죽시간 단축, 반죽의 흡수율 증가, 조직을 부드럽게 함, 속색을 갈색으로 만든다.

3 반죽법의 종류

반죽법은 빵을 만드는 공정에서 반죽 만드는 공정과 발효를 시키는 공정을 기준으로 스트레이트법, 스펀지법, 액체발효법으로 분류하며, 그 외는 이 세 가지 반죽법을 약간씩 변형시킨 것이다.

1) 스트레이트법

모든 재료를 믹서에 한 번에 넣고 배합하는 방법으로 직접 반죽법이라고도 한다.

제조공정

① 배합표 작성

재료명	비율(%)	재료명	비율(%)
강력분	100	소금	2
물	63	설탕	5
생이스트	2.5	유지	4
이스트 푸드	0.2	탈지분유	3

② 재료 계량 : 배합표대로 신속하게, 정확하게, 청결하게 계량한다.
③ 반죽 만들기
- 유지를 제외한 모든 재료를 밀가루에 넣고 혼합하여 수화시켜 글루텐을 발전시킨다.
- 글루텐이 형성되는 클린업 단계에 유지를 넣는다.
- 반죽온도는 27°C로 맞춘다.
④ 1차 발효 : 온도 27°C, 상대습도 75~80%, 시간 1~3시간

> **TIP**
> **1차 발효 완료점을 판단하는 방법**
> - 처음 반죽부피의 3~3.5배 증가
> - 직물구조(섬유질 상태) 생성을 확인
> - 반죽을 눌렀을 때 조금 오므라드는 상태

⑤ 펀치
- 발효하기 시작하여 반죽의 부피가 2~2.5배 되었을 때
- 전체 발효시간의 2/3, 60%가 지난 때
- 반죽에 압력을 주어 가스를 빼거나 접어서 가스를 뺀다.
- 바게트처럼 장시간 발효하거나 브리오슈처럼 버터가 많은 빵에 볼륨을 줄 때하면 좋다.

> **TIP**
> **펀치를 하는 이유**
> ① 반죽 온도를 균일하게 해준다.
> ② 이스트의 활동에 활력을 준다.
> ③ 산소 공급으로 산화, 숙성을 시켜준다.
> ④ 탄력성이 더해지고 글루텐을 강화시킨다.

⑥ 분할 : 발효가 진행되지 않도록 15분에서 20분 이내에, 원하는 양만큼 저울을 사용하여 반죽을 나눈다.
⑦ 둥글리기 : 발효 중 생긴 큰 기포를 제거하고, 반죽 표면을 매끄럽게 한다.
⑧ 중간발효 : 온도 27~29°C, 상대습도 75%, 시간 15~20분
⑨ 정형 : 원하는 모양으로 만든다.
⑩ 팬닝 : 팬에 정형한 반죽을 넣을 때 이음매를 밑으로 하여 반죽을 놓는다.
⑪ 2차 발효 : 온도 35~40°C, 상대습도 85~90%, 시간 30분~1시간
⑫ 굽기 : 반죽의 크기, 배합 재료, 제품 종류에 따라 오븐의 온도를 조절한다.
⑬ 냉각 : 구워낸 빵을 35~40°C로 식힌다.

제1절 반죽 및 반죽 관리

※ 장 · 단점(스펀지법과 비교)

장점	단점
· 발효 손실을 줄일 수 있다. · 시설,장비가 간단하다. · 제조 공정이 단순하다. · 노동력과 시간이 절감된다.	· 잘못된 공정을 수정하기 어렵다. · 노화가 빠르다 · 기계내성, 발효 내구성이 약하다. · 향미, 식감이 덜하다.

2) 스펀지 도우법

처음의 반죽을 스펀지(Sponge)법의 반죽 나중의 반죽을 분(dough) 반죽이라 하여 배합을 두번 하므로 중종법이라고 한다.

제조 공정

① 배합표 작성

재료	스펀지 반죽 비율(100%)	본 반죽 비율(100%)
강력분	60~100	40~0
생이스트	1~3	–
이스트 푸드	0~0.75	–
물	스펀지 밀가루의 55~60	(전체 밀가루의 60~66) – (스펀지에서 사용한 물양)
소금	–	1.75~2.25
설탕	–	3~8
유지	–	2~7
탈지분유	–	2~4

② 재료 계량 : 배합표대로 신속하게, 정확하게, 청결하게 계량한다.

③ 스펀지 반죽 만들기

- 반죽시간 : 저속에서 4~6분
- 반죽 온도 : 22~26℃ (통상 24℃)
- 1단계(혼합 단계)까지 반죽을 만든다.

④ 스펀지 반죽 발효 : 온도 27℃, 상대습도 75~80%, 시간 3~5시간

> **TIP 스펀지 반죽 발효의 완료점**
> – 처음 반죽 중앙이 반죽부피의 오목하게 4~5배 증가
> – 반죽 중앙이 오목하게 들어가는 현상(드롭, drop)이 생길 때
> – pH가 4.8를 나타낼 때(스펀지는 발효 초기에 pH 5.5 정도이나, 발효가 끝나면 pH 4.8로 떨어진다.)
> – 반죽 표면은 유백색을 띠며 핀 홀이 생긴다.

⑤ 도우(본 반죽) 만들기 : 스펀지 반죽과 본 반죽용 재료를 전부 넣고 섞는다.
(반죽 온도 : 27℃)
⑥ 플로어 타임(본 반죽의 발효) : 반죽할 때 파괴된 글루텐 층을 다시 재결합시키기 위하여 10~40분 발효시킨다.

> **TIP**
> **플로어 타임이 길어지는 경우**
> – 본 반죽 시간이 길고, 온도가 낮다.
> – 스펀지 반죽에 사용한 밀가루의 양이 적다.
> – 사용하는 밀가루 단백질의 양과 질이 좋다.
> – 본 반죽 상태의 처지는 정도가 크다.

⑦ 분할 : 발효가 진행되지 않도록 15분에서 20분 이내에 원하는 양만큼 저울을 사용하여 반죽을 나눈다.
⑧ 둥글리기 : 발효 중 생긴 큰 기포를 제거하고, 반죽 표면을 매끄럽게 한다.
⑨ 중간발효 : 온도 27~29℃, 상대습도 75%, 시간 15~20분
 정형 : 원하는 모양으로 만든다.
⑪ 팬닝 : 팬에 정형한 반죽을 넣을 때 이음매를 밑으로 하여 반죽을 놓는다.
⑫ 2차 발효 : 온도 35~43, 습도 85~90%, 시간 60분
⑬ 굽기 : 반죽의 크기, 배합재료, 제품 종류에 따라 오븐의 온도를 조절하여 굽는다.
⑭ 냉각 : 구워낸 빵을 35~40℃로 식힌다.

※ 장 · 단점(스트레이트법과 비교)

장점	단점
• 노화가 지연되어 제품의 저장성이 좋다. • 부피가 크고 속결이 부드럽다. • 발효 내구성이 강하다. • 작업 공정에 대한 융통성이 있어 잘못된 공정을 수정할 기회가 있다.	• 시설, 노동력, 장소 등 경비가 증가한다. • 발효 손실이 증가한다.

> **TIP**
> **스펀지 반죽에 밀가루를 증가할 경우**
> – 스펀지발효시간은 길어지고 본 반죽의 발효시간은 짧아진다.
> – 본 반죽의 반죽시간이 짧아지고 플로어 타임도 짧아진다.
> – 반죽의 신장성이 좋아져 성형공정이 개선된다.
> – 부피 증대, 얇은 기공막, 부드러운 조직으로 제품의 품질이 좋아진다.
> – 풍미가 강해진다.

제1절 반죽 및 반죽 관리

3) 액체발효법(액종법)

이스트, 이스트 푸드, 물, 설탕, 분유 등을 섞어 2~3시간 발효시킨 액종을 만들어 사용하는 스펀지 도우법(스펀지 반죽법)의 변형이다. 스펀지도우법의 스펀지 발효에서 생기는 결함(공장의 공간을 많이 필요로 함)을 없애기 위해 만들어진 제조법으로 완충제를 분유로 사용하기 때문에 ADMI(아드미) 법이라고도 한다.

제조공정

① 배합표 작성

액종		본 반죽	
재료	사용범위(100%)	재료	사용범위(100%)
물	30	액종	35
생이스트	2~3	강력분	100
이스트 푸드	0.1~0.3	물	32-34
탈지분유	0~4	설탕	2-5
설탕	3~4	소금	1.5-2.5
		유지	3-6

② 재료 계량 : 배합표대로 신속하게, 정확하게, 청결하게 계량한다.

③ 액종 만들기
- 액종용 재료를 같이 놓고 섞는다.
- 온도 : 30°C
- 발효시간 : 2-3시간 발효

> **TIP** 액종의 배합재료 중 분유, 탄산칼슘과 염화암모늄을 완충제로 넣는 이유는 발효하는 동안에 생성되는 유기산과 작용하여 급격히 밀어지는 p(산도)를 조절하는 역할을 하기 때문이며, 발효가 다 되었는지 파악하기 위해 pH를 측정한다(pH 4.2~5.0 정도)

④ 본 반죽 만들기
- 믹서에 액종과 본 반죽용 재료를 넣고 반죽한다.
- 반죽 온도 : 28~32°C

⑤ 플로어 타임 : 발효시간 15분

⑥ 분할 : 발효가 진행되지 않도록 15분에서 20분 이내에, 원하는 양만큼 저울을 사용하여 반죽을 나눈다.

⑦ 둥글리기 : 발효 중 생긴 큰 기포를 제거하고 반죽 표면을 매끄럽게 한다.

⑧ 중간발효: 온도 27~29℃, 시간 15~20분
⑨ 정형: 원히는 모양으로 만든다.
⑩ 팬닝 : 팬에 정형한 반죽을 이음매가 아래로 향하게 넣는다.
⑪ 2차 발효: 온도 35~43℃, 상대습도 85~95%, 시간 50~60분
⑫ 굽기 : 반죽의 크기, 배합 재료, 제품 종류에 따라 오븐의 온도를 조절하여 굽는다.
⑬ 냉각 : 구워낸 빵을 35~40%로 식힌다.

※ 장 · 단점

장점	단점
• 단백질 함량이 적어 발효 내구력이 약한 밀가루로 빵을 생산하는 데도 사용할 수 있다. • 한 번에 많은 양을 발효시킬 수 있다. • 발효 손실에 따른 생산 손실을 줄일 수 있다. • 펌프와 탱크 설비가 이루어져 있어 공간, 설비가 감소된다. • 균일한 제품 생산이 가능하다.	• 환원제, 연화제가 필요하다. • 산화제 사용량이 늘어난다.

4) 연속식 제빵법

액체발효법이 더 발달된 방법으로 공정이 자동으로 진행되며 기계적인 설비를 사용하여 적은 인원으로 많은 빵을 만들 수 있는 방법이다.

제조공정

① 재료계량:배합표대로 정확히 계량한다.
② 액체발효기 : 액종용 재료를 넣고 섞어 30℃로 조절한다.
③ 열교환기 : 발효된 액종을 통과시켜 온도를 30℃로 조절 후 예비 혼합기로 보낸다.
④ 산화제 용액기 : 브롬산칼륨, 인산칼륨, 이스트 푸드 등 산화제를 녹여 예비 혼합기로 보낸다.
⑤ 쇼트닝 온도 조절기: 쇼트닝 플레이크를 녹여 예비 혼합기로 보낸다.
⑥ 밀가루 급송장치 : 액종에 사용하고 남은 밀가루를 에비 혼합기로 보낸다.
⑦ 예비 혼합기 : 각종 재료들을 고루 섞는다.
⑧ 반죽기(디벨로퍼) : 3~4기압하에서 30~60분간 반죽을 발진시켜 분할기로 직접 연결시킨다. 디벨로퍼에서 숙성시키는 동안 공기 중의 산소가 결핍되므로 기계적 교반과 산화제에 의하여 반죽을 형성시킨다.
⑨ 분할기
⑩ 팬닝 : 팬에 정형한 반죽을 놓는다.
⑪ 2차 발효 : 온도 35~43℃, 삼대습도 85~90%, 발효시간 40~60분

제1절 반죽 및 반죽 관리

⑫ 굽기 : 반죽의 크기, 배합재료, 제품 종류에 따라 오븐의 온도를 조절하여 굽는다.
⑬ 냉각 : 구워낸 빵을 35~40℃로 식힌다

※ 장 · 단점

장점	단점
• 발효 손실 감소 • 설비감소. 설비공간 설비면적 감소 • 노동력을 1/3 감소	• 일시적 기계 구입 부담이 크다. • 산화제 첨가로 인한 발효향 감소

5) 재반죽법

스트레이트법 변형으로 모든 재료를 넣고 물을 8% 정도 남겨 두었다가 발효 후 나머지 물을 넣고 반죽하는 방법이다.

제조공정

① 배합표작성

재료	비율(100%)	재료	비율(100%)
강력분	100	설탕	5
물	58	쇼트닝	4
생이스트	2.2	탈지분유	2
이스트 푸드	0.5	재반죽용 물	8~10
소금	2	–	–

② 재료 계량 : 배합표대로 정확히 계량한다.
③ 믹싱 : 저속에서 4~6분, 온도 25~26℃
④ 1차 발효 : 온도 26~27℃, 시간 2~2.5시간
⑤ 재반죽 : 중속에서 8~12분, 온도 28~29℃
⑥ 플로어 타임 : 15~30분
⑦ 분할 : 재료를 정확히 나눈다.
⑧ 둥글리기 : 발효 중 생긴 기포를 제거하고 반죽 표면을 매끄럽게 한다.
⑨ 중간발효 : 온도 27~29℃, 상대습도 75%, 시간 15~20분
⑩ 정형 : 반죽을 틀에 넣거나 밀대로 밀어편 뒤 접는다.
⑪ 팬닝 : 팬에 정형한 반죽을 놓는다.
⑫ 2차 발효 : 온도 36~38℃, 상대습도 85~90%, 시간 40~50분
⑬ 굽기 : 반죽의 크기, 배합 재료, 제품 종류에 따라 오븐의 온도를 조절하여 굽는다.
⑭ 냉각 : 구워낸 빵을 35~40℃로 식힌다.

※ 장점
- ① 반죽의 기계 내성이 양호
- ② 스펀지 도우법에 비해 공정시간 단축
- ③ 균일한 제품 생산
- ④ 식감과 색상 양호

6) 노타임 반죽법

이스트 발효에 의한 밀가루 글루텐의 생화학적 숙성을 산화제와 환원제의 사용으로 대신함으로써 발효시간을 단축하며, 장시간 발효과정을 거치지 않고 배합 후 정형공정을 거쳐 2차 발효를 하는 제빵법이다.

(1) 산화제와 환원제의 종류

산화제(발효시간 단축)	환원제(반죽시간 단축)
요오드칼륨 브롬산칼륨 비타민 C(아스코르브산) 아조디카본아마이드(ADA)	L-시스테인 프로테아제 소르브산

※ 장·단점

장점	단점
반죽이 부드러우며 흡수율이 좋다. 반죽의 기계 내성이 양호하다. 빵의 속결이 치밀하고 고르다. 제조시간이 절약된다.	제품에 광택이 없다. 제품의 질이 고르지 않다. 맛과 향이 좋지 않다. 반죽의 발효내성이 떨어진다. (프로테아제: 단백질을 분해하는 효소)

(2) 스트레이트법을 노타임 반죽법으로 변경할 때의 조치사항

- ① 물 사용량을 약 1~2% 정도 줄인다.
- ② 설탕 사용량을 1% 감소시킨다.
- ③ 이스트 사용량을 0.5~1% 증가시킨다.
- ④ 브롬산칼륨, 요오드칼륨, 아스코르브산(비타민 C)을 산화제로 사용한다.
- ⑤ L-시스테인을 환원제로 사용한다.
- ⑥ 반죽 온도를 30~32°C로 한다.

7) 비상반죽법

갑작스런 주문에 빠르게 대처할 때 표준 스트레이트법 또는 스펀지법을 변형시킨 방법으로 공정 중 발효를 촉진시켜 전체공정 시간을 단축하는 방법이다.

제1절 반죽 및 반죽 관리

(1) 비상반죽법의 필수조치와 선택조치

필수조치	선택조치
• 반죽시간 20~30% 증가 : 신장성 향상으로 발효속도 빠르게 • 설탕 사용량 1% 감소 : 발효시간이 짧아 잔류당이 많으므로 • 1차 발효시간 15~30분 : 제조시간 단축을 위해 30분 이내로 • 반죽 온도 30℃ : 발효속도 빠르게 • 이스트 2배 증가 : 발효속도 비율 증가 • 물 사용량 1% 감소 : 반죽 온도가 높아 수분 흡수율이 떨어지므로	• 이스트 푸드 0.5~0.75% 증가 : 이스트 2배 증가로 함께 증가 • 식초 0.25~0.75% 첨가 : 반죽의 pH를 낮추기 위해 • 분유 1% 감소 : 완충작용으로 발효를 지연시키므로 • 소금 1.75% 감소 : 삼투압 작용으로 이스트 활성을 방해하므로

(2) 비상스트레이트법으로 변경시키는 방법

재료	스트레이트법(100%)	비상스트레이트법(100%)
강력분	100	100
물	63	*62
생이스트	2	*4
이스트 푸드	0.2	0.2
설탕	5	*4
탈지분유	4	4
소금	3	3
쇼트닝	4	4
반죽 온도	27℃	*30℃
반죽 시간	18분	*22분
1차 발효시간	1~3 시간	*15분~30분

*표시는 필수조치사항

※ 장 · 단점

장점	단점
• 비상시 대처가 용이하다. • 제조 시간이 짧아 노동력, 임금이 절약된다.	• 부피가 고르지 못할 수도 있다. • 이스트 냄새가 날 수도 있다. • 노화가 빠르다.

8) 찰리우드법

① 영국의 찰리우드 지방에서 고안된 기계적 숙성 반죽법으로 초고속 반죽기를 이용하여 반죽하므로 초고속 반죽법이라 한다.

② 이스트 발효에 따른 생화학적 숙성을 대신한다.

③ 초고속 믹서로 반죽을 기계적으로 숙성시킴으로 플로어타임 후 분할한다.

④ 공정시간은 줄어드나 제품의 발효향이 떨어진다.

9) 냉동반죽법

① 1차 발효 또는 성형 후 114이다. 금속냉동시켜 ~20℃ 전후로 보관한 후 해동시켜 제조하는 방법이다.
② 냉장고(5~10c)에서 15-16시간을 해동 시킨 후 온도 30-33 C , 상대 금도 80%의 2차 발효실에 넣는데 반드시 완만해동, 냉장해동을 준수
③ 저울배합보다 설탕, 유지가 많은 고율배합이 노화가 더디기 때문에 냉동반죽법은 고율배합 제품에 적합하다.

(1) 재료 준비

① 밀가루 : 단백질 함량이 높은 밀가루를 선택한다.
② 물 : 물이 많아지면 이스트가 파괴되므로 가능한 수분량을 줄인다.
③ 생이스트 : 냉동 중 이스트가 죽어 가스발생력이 떨어지므로 이스트의 사용량을 2배로 늘린다.
④ 소금, 이스트 푸드 : 반죽의 안정성을 도모하기 위해 약간 늘린다.
⑤ 설탕, 유지, 계란 : 물의 사용량을 줄이는 대신 설탕, 유지, 계란은 늘린다.
⑥ 노화방지제(SSL) : 제품의 신선함을 오랫동안 유지시켜주기 위해 약간 첨가한다.
⑦ 산화제(비타민 C, 브롬산칼륨) : 반죽의 글루텐을 단단하게 하므로 냉해에 의해 반죽의 퍼짐현상을 막을 수 있다.
⑧ 유화제 : 냉동반죽의 가스 보유력을 높인다.

(2) 제조 공정

① 반죽(스트레이트법) : 반죽 온도 20℃, 수분 63%- 58%
② 1차 발효 : 발효시간은 0~15분 정도로 짧게 한다. 왜냐하면 발효 시 생성되는 물이 반죽 냉동 시 얼면서 부피가 팽창하여 이스트와 글루텐을 손상시키기 때문이다.
③ 분할 : 냉동할 반죽의 분량이 크면 냉해를 입을 수 있어 좋지 않다.
④ 정형 : 원하는 모양으로 만든다.
⑤ 냉동저장 : -40℃로 급속냉동하여 25~-18℃에서 보관한다.
⑥ 해동 : 냉장고(5~10℃)에서 15~16시간 완만하게 해동시키거나 도우컨디셔너, 리타드 등의 해동기기를 이용하며, 차선책으로 실온해동을 한다.
⑦ 2차 발효 : 온도 30~33℃, 상대습도 80%
⑧ 굽기 : 반죽의 크기, 배합 재료, 제품 종류에 따라 오븐의 온도를 조절하여 굽는다.

제1절 반죽 및 반죽 관리

※ 장 · 단점

장점	단점
• 다품종, 소량 생산이 가능하다. • 운송, 배달이 용이하다. • 발효 시간이 줄어 전체 제조 시간이 짧다. • 제품의 노화가 지연된다. • 반죽의 저장성이 향상되며 소비자에게 신선한 빵을 제공할 수 있다. • 계획 생산이 가능하며 휴일 작업에 대처가 가능하다. • 작업효율이 좋아 1인당 생산량이 증가한다.	• 반죽이 퍼지기 쉽다. • 가스 보유력이 떨어진다. • 이스트가 죽어 가스 발생력이 떨어진다. • 많은 양의 산화제를 사용해야 한다.

냉동 시 일부 이스트가 죽어 활원성 물질(글루타티온)이 나와 반죽이 퍼지는 것을 막기 위해 반죽을 되게 한다.

10) 오버 나이트 스펀지법

① 밤새(12~24시간) 발효시킨 스펀지를 이용하는 방법으로 발효 손실이 최고로 크다.
② 효소의 작용이 천천히 진행되기 때문에 반죽의 가스 보유력이 좋아진다.
③ 발효시간이 길기 때문에 적은 이스트로 매우 천천히 발효시킨다.
④ 제품은 풍부한 발효향을 지니게 된다.

11) 사워종법

① 공장제 이스트를 사용하지 않고 호밀가루나 밀가루에 자생하는 효모 균류, 유산균류, 초산 균류와 대기 중에 존재하는 야생 이스트나 유산 균을 착상시킨 후 물과 함께 반죽하여 자가 배양한 발효종을 이용하 는 제빵법이다.
② 사워종의 장점은 풍미개량, 반죽의 개선, 노화억제, 보존성 향상, 소화흡수율 향상 등이다.

02. 반죽의 결과온도

① 반죽 온도의 높고 낮음에 따라 반죽의 상태와 발효의 속도가 달라진다.
② 온도 조절이 가장 쉬운 물을 사용해 반죽 온도를 조절한다.
③ 스트레이트법에서의 반죽 온도 계산방법

● 마찰계수

> 마찰계수 = (결과 온도 × 3) − (밀가루 온도 + 실내 온도 + 수돗물 온도)

● 사용할 물 온도

> 사용할 물 온도 = (희망 온도 × 3) − (밀가루 온도 + 실내 온도 + 마찰계수)

- 얼음 사용량

$$\text{얼음 사용량} = \frac{\text{사용할 물량} \times (\text{수돗물 온도} - \text{사용할 물 온도})}{(80 + \text{수돗물 온도})}$$

> **TIP**
> **반죽의 온도에 영향을 주는 변수**
> – 실내온도 : 작업장의 온도
> – 밀가루 온도 : 빵에는 많은 재료가 사용되나 밀가루와 물이 사용량이 많으므로 변수 값으로 삼는다.
> – 마찰계수 : 반죽을 만드는 동안 발생하는 마찰열에 의해 상승한 온도를 실질적 수치로 환산한 값
> – 수돗물 온도 : 반죽에 사용한 물의 온도로 반죽의 결과온도에 영향을 미친다.
> – 믹서의 훅 : 훅의 온도는 반죽온도에 영향을 미치기는 하나 변수 값으로 산정하지 않는다.

④ 스펀지법에서의 반죽 온도 계산방법
- 마찰계수

$$\text{마찰계수} = (\text{결과 온도} \times 4) - (\text{밀가루 온도} + \text{실내 온도} + \text{수돗물 온도} + \text{스펀지 반죽 온도})$$

- 사용할 물 온도

$$\text{사용할 물 온도} = (\text{희망 온도} \times 4) - (\text{밀가루 온도} + \text{실내 온도} + \text{마찰계수} + \text{스펀지 반죽 온도})$$

- 얼음 사용량

$$\text{얼음 사용량} = \frac{\text{사용할 물량} \times (\text{수돗물 온도} - \text{사용할 물 온도})}{(80 + \text{수돗물 온도})}$$

> **TIP**
> – 표준 스트레이트법의 반죽 온도는 27℃가 적당하다.
> – 표준 스펀지법의 스펀지 반죽 온도는 24℃가 적당하다.
> – 비상스트레이트법 반죽 온도는 30℃가 적당하다.
> – 비상스펀지법의 스펀지 반죽 온도는 30℃가 적당하다.
> – 액체발효법의 액종 온도는 30℃가 적당하다.
> – 냉동반죽법의 반죽 온도는 20℃가 적당하다.

제1절 반죽 및 반죽 관리

03. 반죽의 비용적

1 반죽의 무게 및 비용적 부피를 구하는 공식

① 반죽무게

$$반죽\ 무게 = \frac{틀부피\ (용적)}{비용적}$$

② 비용적 : 반죽을 구울 때 1g당 차지하는 부피(cm3/g)

$$비용적 = \frac{틀부피\ (용적)}{반죽\ 무게}$$

2 틀 부피 계산법

옆면을 가진 원형 팬	밑넓이 × 높이 = 반지름 × 반지름 × 3.14 × 높이
옆면이 경사진 원형 팬	평균 반지름 × 평균 반지름 × 3.14 × 높이
옆면이 경사지고 중앙에 경사진 관이 있는 원형 팬	전체 둥근틀 부피 − 관이 차지한 부피
경사면을 가진 사각 팬	평균 가로 × 평균 세로 × 높이
정확한 치수를 측정하기 어려운 팬	유채씨나 물을 담은 후 메스실린더로 부피를 구한다.

3 제품별 비용적

엔젤 푸드 케이크	4.70cm3/g	산형 식빵	3.36cm3/g
파운드 케이크	2.40cm*/g	스펀지 케이크	5.08cm3/g

제2절 반죽 발효관리

〈 발효 조건 및 상태관리 〉

1 발효

반죽이 완료된 후 정형과정에 들어가기 전까지의 발효 기간을 말한다.
일반적으로 1차 발효는 온도 27℃, 상대습도 75~80% 조건에서 1~3시간 발효하여야 한다.

2 발효를 시키는 목적

① 반죽의 팽창작용 : 이스트가 활동할 수 있는 최적의 조건을 만들어 주어 가스 발생력을 극대화 시킨다.
② 반죽의 숙성작용 : 이스트의 효소가 작용하여 반죽을 유연하게 만든다.
③ 빵의 풍미 생성 : 발효에 의해 생성된 알코올류, 유기산류, 에스테르 류, 알데히드류, 케톤류 등을 축적하여 독특한 맛과 향을 부여한다.

3 발효 중에 일어나는 생화학적 변화

① 단백질은 프로테아제에 의해 아미노산으로 변화한다.
② 반죽의 pH는 발효가 진행됨에 따라 생성된 유기산과 첨가된 무기산의 영향으로 pH 4.6로 떨어진다. PH의 이러한 하강은 전분의 수화와 윤, 효소 작용 속도, 반죽의 산화·환원 과정을 포함하는 여러 가지 화학반응에 영향을 미치게 된다.
③ 설탕의 사용량이 5%를 초과하거나 소금의 사용량이 1%를 넘으면 삼투압 작용으로 이스트의 활동을 방해하여 가스 발생력을 저하시킨다. 삼투압 작용은 설탕과 소금의 양이 많으면 이스트의 활력을 방해하여 가스 발생력을 저하시킨다.
④ 전분은 아밀라아제에 의해 덱스트린과 맥아당으로 분해되고 맥아당은 말타아제에 의해 2개의 포도당으로 변환된다.
⑤ 포도당과 과당은 치마아제에 의해 $2CO_2$(탄산가스) + $2C_2H_5OH$(알코올) + 66kcal(에너지) 등을 생성한다. 에너지의 생성은 반죽 온도를 지속적으로 올라가게 한다.
⑥ 설탕은 인베르타아제에 의해 포도당 + 과당으로 가수분해된다.
⑦ 유당은 잔당으로 남아 캐러멜화 역할을 한다.

제2절 반죽 발효관리

4 가스 보유력에 영향을 주는 요인

요인	보유력이 커짐	보유력이 낮아짐
밀가루 단백질의 양	많을수록	적을수록
밀가루 단백질의 질	좋을수록	나쁠수록
발효성 탄수화물	설탕 2~3%	적정량 이상
유지의 양과 종류	쇼트닝 3~4%	쇼트닝 4% 이상
반죽	정상 반죽	진 반죽
이스트량	많을수록	적을수록
산도	pH 5.0~5.5	pH 5.0 이하
소금	–	첨가
계란	첨가	–
유제품	첨가	–
산화제	알맞은 양	–
산화정도	낮을수록	높을수록

5 이스트의 가스 발생력에 영향을 주는 요소(발효에 영향을 미치는 요인)

① 이스트의 양 : 이스트의 양이 많으면 가스 발생량이 많다.

② 발효성 탄수화물(설탕, 맥아당, 포도당, 과당, 갈락토오스) :
   3~5%까지는 가스 발생력이 커지나 그 이상이면 가스 발생력이 떨어져 발효시간이 길어진다.

③ 반죽 온도 : 반죽 온도가 높을수록 가스 발생력은 커지고 발효시간은 짧아진다.
   (38℃일 때 활성최대)

④ 반죽의 산도 : pH 4.5~5.5일 때 가스 발생력이 커지나 pH4 이하, pH6 이상이면 오히려 작아진다.

⑤ 소금 : 소금의 양이 1% 이상이면 삼투압에 의해 발효가 지연된다.

6 가스 발생력과 보유력에 관여하는 요인의 변화

① 이스트 사용량의 변화
- 이스트가 발효성 탄수화물을 소비하여 산도의 저하와 글루텐의 연화 등에 영향을 준다.
- 발효 중의 이스트는 어느 정도 성장하고 증식하지만 이스트의 사용량이 적을수록 발효시간은 길어지고 이스트의 사용량이 많을수록 발효시간은 짧아진다.

$$\text{변경할 이스트량} = \frac{\text{기존의 이스트량} \times \text{기존의 발효시간 변경할 발효시간}}{\text{변경할 발효시간}}$$

② 전분의 변화 : 맥아나 이스트 푸드에 들어있는 α-아밀라아제가 전분을 분해하여 발효 촉진, 풍미와 구운 색이 좋아짐, 노화 방지 등을 시킨다.

③ 단백질의 변화
- 글루테닌과 글리아딘은 물과 힘의 작용으로 글루텐으로 변하여 발효할 때 발생되는 가스를 최대한 보유할 수 있도록, 반죽에 신장성. 탄력성을 준다.
- 프로테아제의 작용으로 생성된 아미노산은 당과 메일라드 반응을 일으켜 껍질에 황금갈색을 부여하고 빵 특유의 향을 생성한다.
- 프로테아제의 작용으로 생성된 아미노산은 이스트의 영양원으로도 이용된다.
- 프로테아제는 단백질을 가수분해하여 반죽을 부드럽게 하고 신장성을 증가시킨다.

7 발효 관리

가스 발생력과 가스 보유력이 평행과 균형이 이루어지게 하는 것을 말하며, 발효 관리가 잘되면 완제품의 기공, 조직, 껍질색, 부피가 좋아진다.

① 제법에 따른 발효 관리 조건의 비교와 장점

관리 항목	스트레이트법	스펀지법
발효 시간	1~3시간	3.5~4.5시간
발효실 조건	온도 27~28℃, 상대습도 75~80%	온도 24℃, 상대습도 75~80%
발효 조건에 따른 제품에 미치는 영향	발효시간이 짧아, 발효 손실이 적다.	• 발효 내구성이 강하다. • 부피가 크다. • 속결이 부드럽다. • 노화가 지연된다.

8 발효 손실

발효 공정을 거친 후 반죽 무게가 줄어드는 현상

① 발효 손실을 일으키는 원인
- 반죽 속의 수분이 증발한다.
- 탄수화물이 탄산가스로 가수분해되어 휘발한다.
- 탄수화물이 알코올로 가수분해되어 휘발한다.

② 1차 발효 손실량 : 통상 1~2%

제3절 분할하기

③ 발효 손실에 영향을 미치는 요인

영향을 미치는 요인	발효 손실
소금, 설탕이 적을수록	크다
발효시간이 길수록	크다
반죽 온도가 높을수록	크다
발효실의 온도가 높을수록	크다
발효실의 습도가 낮을수록	크다

제3절 분할하기

〈 반죽 분할 〉

1차 발효를 끝낸 반죽을 미리 정한 무게만큼씩 나누는 것을 말하며, 분할하는 과정에도 발효가 진행되므로 가능한 빠른 시간에 분할해야 한다.

1 분할하는 방법

기계 분할	① 분할기를 사용하여 식빵류를 기준으로 15~20분 이내에 분할한다. ② 분할 속도는 통상 12~16회/분으로 한다. 너무 속도가 빠르면 기계 마모가 증가하고, 느리면 반죽의 글루텐이 파괴된다. ③ 이 과정에서 반죽이 분할기에 달라붙지 않도록 광물유인 유동파라핀 용액을 바른다.
손 분할	① 주로 소규모 빵집에서 적당하다. ② 기계 분할에 비하여 부드럽게 할 수 있으므로 약한 밀가루 반죽의 분할에 유리 하다. ③ 덧가루는 제품의 줄무늬를 만들고 맛을 변질시키므로 가능한 적게 사용해야 한다.

2 기계 분할 시 반죽의 손상을 줄이는 방법

① 직접 반죽법보다 중종 반죽법이 내성이 강하다.
② 반죽의 결과 온도는 비교적 낮은 것이 좋다.
③ 밀가루의 단백질 함량이 높고 양질의 것이 좋다.
④ 반죽은 흡수량이 최적이거나 약간 된 반죽이 좋다.

제4절 둥글리기

1 반죽 둥글리기

분할한 반죽을 손이나 전용 기계로 뭉쳐 둥글림으로써 반죽의 잘린 단면을 매끄럽게 마무리하고 가스를 균일하게 조절하는 것을 말한다.

1) 둥글리기의 목적
① 가스를 균일하게 분산하여 반죽의 기공을 고르게 조절한다.
② 가스를 보유할 수 있는 반죽 구조를 만들어 준다.
③ 반죽의 절단면은 접착성을 가지므로 이것을 안으로 넣어 표면에 막을 만들어 점착성을 적게 한다.
④ 분할로 흐트러진 글루텐의 구조와 방향을 정돈시킨다.
⑤ 분할된 반죽을 성형하기 적절한 상태로 만든다.

2) 둥글리기의 요령
① 지나친 덧가루는 제품의 맛과 향을 떨어뜨린다.
② 성형의 모양에 따라 둥글게도 길게도 하여 성형 작업을 편리하게 한다.
③ 과발효 반죽은 느슨하게 둥글려서 벤치타임을 짧게 한다.
④ 미발효의 반죽은 단단하게 하여 중간발효를 길게 한다.

3) 둥글리기 방법의 종류

자동	라운더를 사용하여 빠르게 둥글리기를 하나 반죽의 손상이 많다.
수동	분할된 반죽이 작은 경우에는 손에서 둥글리고 큰 경우에는 작업대에서 둥글리기 한다.

4) 반죽의 끈적거림을 제거하는 방법
① 최적의 발효 상태를 유지한다.
② 덧가루는 적정량을 사용하여야 한다.
③ 반죽에 최적의 가수량을 넣는다.
④ 반죽에 유화제를 사용한다.

제5절 중간발효

〈 발효조건 및 상태관리 〉

둥글리기가 끝난 반죽을 정형하기 전에 잠시 발효시키는 것으로 벤치타임(bench time)이라고도 하며, 젖은 헝겊이나 비닐종이로 덮어둔다.

1 중간발효의 목적

① 반죽의 신장성을 증가시켜 정형 과정에서의 밀어 펴기를 쉽게 한다.
② 가스 발생으로 반죽의 유연성을 회복시킨다.
③ 성형할 때 끈적거리지 않게 반죽 표면에 얇은 막을 형성한다.
④ 분할, 둥글리기 하는 과정에서 손상된 글루텐 구조를 재정돈한다.

2 중간발효를 할 때 관리항목

① 온도 : 27~29℃
② 습도 : 75%
③ 시간 : 10~20분
④ 부피팽창 정도 : 1.7~2.0배

3 2차 발효조건 및 상태관리

성형과정을 거치는 동안 불완전한 상태의 반죽을 온도 38℃ 전후, 습도 85% 전후의 발효실에 넣어 숙성시켜 좋은 외형과 식감의 제품을 얻기 위하여 제품 부피의 70~80%까지 부풀리는 작업으로 발효의 최종 단계이다.

1) 2차 발효의 목적

① 성형에서 가스 빼기가 된 반죽을 다시 그물구조로 부풀린다.
② 반죽 온도의 상승에 따라 이스트와 효소가 활성화된다.
③ 바람직한 외형과 식감을 얻을 수 있다.
④ 알코올, 유기산 및 그 외의 방향성 물질을 생산한다.
⑤ 발효 산물인 유기산과 알코올이 글루텐에 작용한 결과 생기는 반죽의 신장성 증가가 오븐 팽창이 잘 일어나도록 돕는다.

2) 제품에 따른 2차 발효 온도, 습도의 비교

상태	온도	습도	제품
고온 고습 발효	35~38°C	75~90%	식빵, 단과자빵, 햄버거빵
건조 발효	32°C	65~70%	도넛
저온 저습 발효	27~32°C	75%	데니시 페이스트리, 브리오슈, 하스 브레드

3) 2차 발효 시간이 제품에 미치는 영향

빵의 종류, 이스트의 양, 제빵법, 반죽 온도, 발효실의 온도, 습도, 반죽 숙성도, 단단함, 성형할 때 가스 빼기의 정도 등에 따라서 결정된다.

2차 발효의 시간	제품에 나타나는 결과
부족한 경우	• 부피가 작다. • 껍질색이 진한 적갈색이 된다. • 옆면이 터진다.
지나친 경우	• 부피가 너무 크다. • 껍질색이 여리다. • 기공이 거칠다. • 조직과 저장성이 나쁘다. • 과다한 산의 생성으로 향이 나빠진다.

4) 2차 발효의 온도, 습도, 반죽의 상태가 제품에 미치는 영향

2차 발효의 조건	제품에 나타나는 결과
습도가 낮을 때	• 부피가 크지 않고 표면이 갈라진다. • 껍질색이 고르지 않아 얼룩이 생기기 쉬우며 광택이 부족하다. • 제품의 윗면이 올라온다.
습도가 높을 때	• 껍질이 거칠고 질겨진다. • 껍질에 기포, 반점이나 줄무늬가 생긴다. • 제품의 윗면이 납작해진다.
어린 반죽 (발효가 부족할 때)	• 껍질의 색이 짙고 붉은 기가 약간 생기며, 균열이 일어나기 쉽다. • 속결이 조밀하고 조직은 가지런하지 않게 된다. • 글루텐의 신장성이 불충분하여 부피가 작다.
지친 반죽 (발효가 지나칠 때)	• 껍질색이 연하고 결이 거칠다. • 신맛이 나고 노화가 빠르다. • 윗면이 움푹 들어간다.
저온일 때	• 발효시간이 길어진다. • 풍미의 생성이 충분하지 않다. • 제품의 겉면이 거칠다. • 반죽막이 두껍고 오븐 팽창도 나쁘다.
고온일 때	• 발효 속도가 빨라진다. • 속과 껍질이 분리된다. • 반죽이 산성이 되어 세균의 번식이 쉽다.

제6절 성형

1 성형 하기

중간발효가 끝난 생지를 밀대로 가스를 고르게 뺀 후 만들고자 하는 제품의 형태로 만드는 공정이다.

① 작업실 온·습도 : 온도 27~29℃, 상대습도 75% 내외
② 좁은 의미의 성형공정 : 밀기 말기 → 봉하기
③ 넓은 의미의 성형공정 : 분할 → 둥글리기 → 중간발효 정형 → 팬닝

2 제품별 성형 방법 및 특징

1) 프랑스빵(바게트)

일정한 모양의 틀을 쓰지 않고 바로 오븐 구움대 위에 얹어서 굽는 하스 브레드의 하나로, 설탕, 유지, 계란을 거의 쓰지 않는 빵이다. 설탕, 유지, 계란을 거의 쓰지 않는 빵이므로 겉껍질이 단단한 하스 브레드의 한 종류이다.

① 믹싱 : 비타민은 물에 녹여 다른 재료들과 함께 발전단계까지 믹싱한다.

> **TIP**
> 바게트에서 비타민 C는 10~15ppm(part per million, 1/1,000,000)정도를 사용한다. 밀가루 1,000g 사용 시 10~15ppm(바게트에 사용한 비타민 C의 양) × 1,000g(밀가루의 무게) / 1,000,000(ppm의 수) 방식으로 계산하여 비타민 C의 양을 g(0.01~0.015)으로 환산한다.

② 1차 발효 : 온도 27℃, 상대습도 65~75%, 시간 70~80분 정도로 발효시킨다.
③ 분할, 둥글리기 : 270g짜리 6개로 분할하여 타원이 되게 둥글리기 한다.
④ 중간발효, 정형 : 15~30분, 가스빼기를 한 후 30cm 정도의 둥근 막대 형으로 성형한다.
⑤ 팬닝 : 철판에 3개씩 약간 비스듬히 팬닝을 한다.
⑥ 2차 발효 : 온도 30~33℃, 상대습도 75%, 시간 50~70분 정도로 발효시킨다.
⑦ 자르기 : 반죽 표면이 조금 굳으면 비스듬히 5번 칼집을 준다.
⑧ 굽기 : 오븐에 넣기 전후로 스팀을 분사하여 220~240℃로 하여 35~40분 굽는다.

굽기 전 스팀을 분사하는 이유	제품별 굽기 손실률	
– 껍질을 얇고 바삭하게 한다. – 껍질에 윤기가 나게 한다. – 껍질의 형성이 늦춰지면서 팽창이 커진다. – 불규칙한 터짐을 방지한다.	풀먼식빵	7~9%
	단과자빵	10~11%
	일반식빵	11~13%
	하스 브레드	20~25%

2) 단과자빵

식빵 반죽보다 설탕, 유지, 계란을 더 많이 배합한 빵을 가리킨다.

① 믹싱 : 클린업 단계에서 유지를 넣고 최종 단계까지 믹싱을 한다.
② 1차 발효 : 온도 27℃, 상대습도 75~80%, 시간 80~100분 정도 발효 시킨다.
③ 분할, 둥글리기 : 46g씩 분할하여 둥글리기를 한다.
④ 중간발효 : 분할한 반죽을 작업대에 놓고 헝겊이나 비닐을 덮어 10~15분 발효시킨다.
⑤ 정형 : 제품의 종류에 따라 다음 같이 모양을 만든다.

크림빵	일본식 단과자 빵으로, 크림을 싸서 끝 부분에 4~5개의 칼집을 준다.
단팥빵	일본식 단과자 빵으로, 소로 단팥을 싸서 만든 빵이다.
스위트롤	대표적인 미국식 단과자 빵으로, 반죽을 밀어 펴서 계피설탕을 뿌리고 말아서 막대형으로 만든 후 4~5cm 길이로 잘라 모양을 만든다. 말발굽형, 야자잎형, 트리플 리프형 등의 모양이 있다.
커피 케이크	미국식 단과자 빵으로, 커피와 함께 먹는 빵의 이름이다.

⑥ 팬닝 : 철판에 간격을 고르게 배열한 후 붓을 이용하여 계란 물칠을 한다.
⑦ 2차 발효 : 온도 35~40℃, 상대습도 85%, 시간 30~35분 정도 발효를 시킨다.
⑧ 굽기 : 윗불 190~200℃, 밑불 150℃ 전후로 12~15분 정도 굽는다.

3) 잉글리시 머핀

이스트로 부풀린 영국식 머핀과 베이킹파우더로 부풀린 미국식 머핀으로 크게 나누어지며, 이스트로 부풀린 영국식 머핀 빵은 속이 벌집과 같은 것이 아주 큰 특징이다.

① 믹싱 : 반죽에 흐름성을 부여하기 위하여 렛 다운 단계까지 믹싱을 해야 한다.
② 1차 발효 : 온도 27℃, 상대습도 75~80%, 60~70분 정도로 충분하게 발효시킨다.
③ 분할 : 옥분을 묻혀가며 70g씩 분할한다.
④ 정형, 팬닝 : 둥글리기를 한 후 12cm가 되도록 둥글납작하게 눌러 적당한 간격으로 팬닝한다.
⑤ 2차 발효 : 온도 35~43℃, 상대습도 85~95%, 25~35분 정도로 충분하게 발효시킨다.
⑥ 굽기 : 2.5~3cm 높이가 되도록 철판을 올려서 210~220℃에서 8~12분 정도 굽는다.

4) 호밀빵

밀가루에 호밀가루를 넣어 배합한 빵이다.

제6절 성형

① 믹싱 : 캐러웨이씨를 혼합하여 발전 단계까지 반죽한다(반죽 온도 25℃).
② 1차 발효 : 온도 27℃, 상대습도 80%, 시간 70~80분 정도로 충분하게 발효시킨다.
③ 분할, 둥글리기 : 200g씩 분할하여 표면을 매끄럽게 둥글리기 한다.
④ 중간발효, 정형 : 15~30분 정도 중간발효시키며 원로프 형태로 만든다.
⑤ 팬닝 : 구움대에 놓고 굽는 하스 브레드 형태와 틀에 넣고 굽는 틴브레드 형태로 성형이 가능하다.
⑥ 2차 발효 : 온도 32~35℃, 상대습도 85%, 시간 50~60분 정도로 충분하게 발효시킨다.
⑦ 굽기 : 윗불 180℃, 밑불 160℃로 하여 40~50분 굽는다.

5) 데니시 페이스트리

과자용 반죽인 퍼프 페이스트리에 설탕, 계란, 버터와 이스트를 넣어 반죽을 만들어서 냉장휴지를 시킨 후 롤인용 유지를 집어넣고 밀어 펴서 발효시킨 다음 구운 제품이다.

① 믹싱 : 클린업 단계에서 유지를 투여하여 발전 단계까지 반죽한다 (반죽 온도 18~ 22℃).
② 냉장휴지: 반죽을 한 후 마르지 않게 비닐에 싸서 3~7℃의 냉장고에 30분 정도 휴지시킨다.
③ 밀어펴기 : 총 3절×3회로 밀어펴서 접기를 한 후 매번 냉장휴지를 30분씩 시킨다.
④ 정형 : 달팽이형, 초승달형, 바람개비형, 포켓형 등으로 정형 작업을 한다.
⑤ 팬닝 : 같은 모양의 제품은 같은 팬에 놓아서 구워야 고르게 익힐 수 있다.
⑥ 2차 발효 : 온도 28~33℃, 상대습도 70~75%, 시간 30~40분
⑦ 굽기 : 윗불 200℃, 밑불 150℃에서 15~18분 구워준다.

6) 건포도 식빵

일반 식빵에 밀가루 기준 50%의 건포도를 전 처리하여 넣어 만든 빵을 가리킨다.

① 재료 계량 후 건포도를 전처리한다.

> **TIP**
> **건포도의 전처리 방법 및 효과**
> - 건조되어 있는 건포도에 물을 흡수하도록 하는 조치를 말한다.
> - 27℃의 물에 담갔다가 체에 걸러 물을 빼고 4시간 정도 방치한다.
> - 수분이동을 억제하여 빵 속이 건조하지 않도록 한다.
> - 건포도의 맛과 향이 살아나도록 한다.
> - 건포도가 빵과 결합이 잘 이루어지도록 한다.
> - 물을 흡수시키면 건포도를 10% 더 넣은 효과가 나타난다.

② 믹싱 : 최종 단계에서 전처리한 건포도를 넣고 으깨지지 않도록 고루 혼합한다.
③ 1차 발효 : 온도 27℃, 상대습도 80%, 시간 70~80분
④ 분할, 둥글리기 : 일반 식빵에 비해 분할량을 10~20% 증가시켜 분할 하여 둥글리기 한다.
⑤ 중간발효 : 비닐이나 형겊으로 덮어 마르지 않게 10~20분 유지한다.

⑥ 정형 : 둥글리기 한 반죽을 밀대로 타원형으로 만들며 가스를 뺀다.
⑦ 팬닝 : 배열 및 간격을 고르게 하고 이음매를 밑으로 가게 한다(건포도의 당분으로 늘어붙거나 탈 수 있으므로 일반 식빵에 비해 팬 기름을 많이 바른다).
⑧ 2차 발효 : 온도 35~45℃, 상대습도 85% 전후, 시간 50~70분(건포도가 많이 들어가 오븐 팽창이 적으므로 팬 위로 1~2cm 정도 올라온 상태까지 발효한다. 그래서 일반 식빵에 비해 2차 발효시간이 길다.)
⑨ 굽기 : 윗불 180~190℃, 밑불 160~170℃로 40~50분 정도 굽는다.

> **TIP**
> **건포도를 최종 단계 전에 넣을 경우**
> – 반죽이 얼룩진다.
> – 반죽이 거칠어져 정형하기 어렵다.
> – 이스트의 활력이 떨어진다.
> – 빵의 껍질색이 어두워진다.

7) 피자

피자는 1700년경 이탈리아에서 빵에 토마토를 조미하여 만들기 시작했으며 이탈리아를 대표하는 음식으로 발전했다. 피자 바닥 껍질의 두께에 따라 얇은 나폴리 피자와 두꺼운 시실리 피자로 나뉜다.

* **피자 크러스트(껍질반죽)의 재료 특성**

① 밀가루 : 단백질 함량이 높아야 충전물의 소스가 스며들지 않는다.
② 향신료 : 피자를 대표하는 향신료로 오레가노를 사용한다.

* **충전물 재료의 특성**

① 피자를 대표하는 충전물에는 토마토 소스, 토마토 퓨레, 토마토 페이스트 등이 있다.
② 피자를 대표하는 치즈는 모차렐라 치즈이다.

제7절 팬닝

⟨ 팬닝 방법 ⟩

팬닝이란 정형이 완료된 반죽을 팬에 채우거나 나열하는 공정으로 팬 넣기라고도 한다.

1 팬닝을 할 때 주의사항

① 반죽의 무게와 상태를 정하여 비용적에 맞추어 적당한 반죽량을 넣는다.
② 반죽의 이음매는 팬의 바닥에 놓아 2차 발효나 굽기 공정 중 이음매가 벌어지는 것을 막는다.
③ 팬닝 전의 팬의 온도를 적정하고 고르게 할 필요가 있다.
④ 팬닝 온도 : 32℃가 적당

> **TIP**
> 팬에 바르는 기름(이형유)이 갖추어야 할 조건
> - 산패에 강한 것이 좋다.
> - 반죽 무게의 0.1~0.2%를 사용한다.
> - 발연점이 210℃ 이상되는 기름을 적정량 사용한다.
> - 무색, 무취를 띠는 것이 좋다.
> - 기름이 과다하면 밑 껍질이 두껍고 어둡다.

2 반죽량 산출하기

① 팬용적의 결정
 - 물을 가득 채워서 그 용적을 재는 법
 - 유채씨를 가득 채워 그 용적을 실린더로 다시 재는 법
 - 틀의 길이를 측정하여 용적을 계산하는 법

② 비용적 : 반죽 1g을 발효시켜 구웠을 때 제품이 차지하는 부피를 말하며, 단위는 cm^3/g이다.

③ 반죽의 적정 분할량

$$\text{반죽의 적정 분할량} = \frac{\text{틀의 용적}}{\text{비용적}}$$

제8절 반죽 익히기

01. 반죽 익히기 방법의 종류 및 특징

1 굽기

반죽에 가열하여 소화하기 쉬우며 향이 있는 완성 제품을 만들어 내는 것을 의미하며 제빵 과정에서 가장 중요한 공정이라 할 수 있다.

1) 굽기의 목적
① 전분을 화하여 소화가 잘되는 빵을 만든다.
② 껍질에 구운 색을 내며 맛과 향을 향상시킨다.
③ 발효에 의해 생긴 탄산가스를 열 팽창시켜 빵의 부피를 갖추게 한다.

2) 굽기의 방법
① 처음 굽기 시간의 25~30%는 팽창, 다음의 35~40%는 색을 띠기 시작하고 반죽을 고정하며, 마지막 30~40%는 껍질을 형성한다.
② 고율배합과 발효 부족인 반죽은 저온 장시간 굽기가 좋다.
③ 저율배합과 발효 오버된 반죽은 고온 단시간 굽기가 좋다.
④ 과자빵과 식빵의 일반적인 오븐 사용온도는 180~230℃이다.

2 튀기기

1) 튀김기름
① 튀김기름의 표준온도 : 180~195℃
② 튀김기름의 온도가 낮으면 너무 많이 부풀어 껍질이 거칠고 기름이 많이 흡수된다.
③ 튀김기름의 4대 적 : 온도(열), 수분(물), 공기(산소), 이물질로써 튀김 기름의 가수분해나 산화를 가속시켜 산패를 가져온다.
④ 튀김기름이 갖추어야 할 조건
- 부드러운 맛과 엷은 색을 띤다.
- 가열 시 푸른 연기가 나는 발연점이 높아야 한다.
- 이상한 맛이나 냄새가 나지 않아야 한다.
- 산패에 대한 안정성이 있어야 한다.
- 산가가 낮아야 한다.
- 여름에는 융점이 높고 겨울에는 융점이 낮아야 한다.

제8절 반죽 익히기

3 찌기

① 찜의 전달방식은 수증기가 움직이면서 열이 전달되는 현상인 대류열 이다.
② 가입하지 않은 찜기의 내부온도는 97℃ 정도이다.
③ 찜 과자류 : 푸딩, 찜케이크, 찐빵, 찜만주 등

02. 익히기 중 성분 변화의 특징

1 굽기를 할 때 일어나는 반죽의 변화

오븐 팽창 (오븐 스프링 : oven spring)	① 반죽 내부온도가 49℃에 달하면서 반죽이 짧은 시간 동안 급격하게 부풀어 처음 크기의 약 1/3정도 팽창하는 것을 말한다. ② 오븐의 열에 의한 가스압의 증가, 탄산가스 기체와 용해 알코올 방출로 팽창된다. ③ 글루텐의 연화와 전분의 호화, 가소성화가 팽창을 돕는다. ④ 반죽 내부온도가 79℃에 이르면 용해 알코올이 증발하여 빵에 특유의 향이 발생한다.	
오븐 라이즈 (oven rise)	반죽의 내부 온도가 60℃에 이르러 이스트가 사멸하기 전까지 이스트가 활동하므로, 탄산가스를 생성시켜 반죽의 부피를 조금씩 키우는 과정이다.	
전분의 호화	① 전분에 물을 가하고 가열하면 팽윤되고 전분입자의 미세구조가 파괴되는 현상을 말한다. ② 굽기 과정 중 전분 입자는 54℃에서 호화하기 시작하여 70℃ 전후에 이르면 유동성이 급격히 떨어지며 호화가 완료된다. ③ 전분의 팽윤과 호화과정에서 전분 입자는 반죽 중의 유리수와 단백질과 결합된 물을 흡수한다. ④ 전분의 호화는 산도, 수분과 온도에 의해 영향을 받는다. ⑤ 빵의 외부 층은 오랜 시간, 높은 온도에 노출되므로 내부의 전분보다 많 이 호화되나, 열에 오래 노출되어 있는 만큼 수분 증발이 일어나 더 이 상 호화할 수 없다.	
단백질의 변성 (글루텐의 응고)	① 글루텐 막은 굽는 과정에서의 급격한 열팽창을 지탱하는 중요한 역할을 한다. ② 글루텐 막은 탄력성과 신장성이 있어서 탄산가스를 보유할 수 있다. ③ 오븐온도가 74℃를 넘으면 단백질이 굳기 시작한다. ④ 74℃에서 단백질이 열변성을 일으키면 단백질의 물이 전분으로 이동하면서 전분의 호화를 돕는다. ⑤ 단백질은 호화된 전분과 함께 빵의 구조를 형성하게 된다.	
효소 작용	① 전분이 호화하기 시작하면서 효소가 활성을 하기 시작한다. ② 아밀라제가 전분을 가수분해하여 반죽 전체가 부드러워지며, 반죽의 팽창이 수월해진다. ③ 효소가 불활성 되는 온도의 범위 • 알파-아밀라아제 : 65~95℃에서 불활성 • 베타-아밀라아제 : 52~72℃에서 불활성	
향의 생성	① 향은 주로 껍질에서 생성되어 빵 속으로 침투되고 흡수되어 형성된다. ② 향의 원인 : 사용 재료(분유, 유제품 등), 이스트에 의한 발효 산물, 화학 적 변화, 열 반응 산물 ③ 향에 관계하는 물질 : 알코올류, 유기산류, 에스테르류, 케톤류	
갈색화 반응	캐러멜화 반응	당류가 150~160℃ 정도의 높은 온도에서 갈색화
	마이야르 반응 (메일라드 반응)	① 당에서 분해된 환원당과 단백질에서 분해된 아미노산이 결합하여 낮은 온도(130℃)에서 멜라노이드 색소를 만들어 갈색화 ② 단당류가 이당류보다 마이야르 반응 속도가 빠르며 단당류 중에서도 감미도 높은 당이 반응이 빠름(과당〉포도당〉설탕)

> **TIP**
> – 메일라드(마이야르, 아미노 카르보닐) 반응에 영향을 주는 요인 : 온도, 수분, 매 당의 종류, 반응물질의 농도
> – pH 가 알칼리성 쪽으로 기울수록 갈색화 반응 속도가 빨라진다.

2 제품에 나타나는 결과에 따른 원인

원인	제품에 나타나는 결과
낮은 오븐 온도	• 껍질 형성이 늦어 빵의 부피가 크다. • 굽기 손실이 많아 퍼석한 식감이 난다. • 껍질이 두껍고, 구운 색이 엷으며 광택이 부족하다. • 풍미가 떨어진다.
높은 오븐 온도	• 껍질 형성이 빨라 빵의 부피가 작다. • 굽기 손실이 적어 수분이 많아 눅눅한 식감이 난다. • 껍질의 색이 짙다. • 과자빵은 반점이나 불규칙한 색이 나며 껍질이 분리되기도 한다.
부족한 증기	• 표피가 터지기 쉽다. • 구운 색이 엷고 광택 없는 빵이 된다. • 낮은 온도에서 구운 빵과 비슷하다
과도한 증기	• 오븐 팽창이 좋아 빵의 부피가 크다. • 껍질이 두껍고 질기며, 표피에 수포가 생기기 쉽다.
부적절한 열의 분배	• 고르게 익지 않아 빵이 찌그러지기 쉽다. • 오븐 내의 위치에 따라 빵의 굽기 상태가 달라진다.
가까운 팬의 간격	• 열 흡수량이 적어진다. • 반죽의 중량이 450g인 경우 2cm의 간격을, 680g인 경우는 2.5cm를 유지한다.

3 굽기 손실

① 반죽 상태에서 빵의 상태로 구워지는 동안 중량이 줄어드는 현상으로 이산화탄소, 알코올 등의 휘발성 물질과 수분의 증발로 인해 손실이 발생한다.

② 굽기 손실 계산
- 굽기 손실무게

$$굽기\ 손실의\ 무게 = 굽기\ 전\ 반죽의\ 무게 - 빵의\ 무게$$

$$굽기\ 손실률 = \frac{굽기\ 손실\ 무게}{반죽의\ 무게} \times 100$$

$$분할\ 무게(반죽\ 무게) = 완제품의\ 무게\ (1 - 굽기\ 손실)$$

$$밀가루\ 무게 = \frac{손실\ 전\ 반죽\ 무게 \times 밀가루\ 비율\ 100\%}{총\ 배합률}$$

제8절 반죽 익히기

③ 제품별 굽기 손실률

풀먼식빵	7~9%	단과자빵	10~11%
일반식빵	11~13%	하스 브레드	20~25%

4 밀가루 반죽의 제빵적성 시험기계

1) 아밀로그래프
① 밀가루를 호화시키면서 온도 변화에 따른 밀가루 전분의 점도에 미치는 α-아밀라제의 효과를 측정하는 기계
② 양질의 빵 속을 만들기 위한 전분의 호화력을 그래프 곡선으로 나타내면 곡선의 높이는 400~600 B.U.이다.

2) 익스텐소그래프
① 밀가루 반죽을 끊어질 때까지 늘려서 반죽의 신장성에 대한 저항을 측정하는 기계
② 신장성과 신장저항성을 파악하여 반죽에 산화제나 환원제를 더해야 하는지를 알 수 있다.

3) 패리노그래프
① 반죽하는 동안 믹서 내에서 일어나는 물리적 성질을 파동 곡선 기록기로 기록하여 밀가루의 흡수율, 글루텐의 질, 믹싱 시간, 반죽의 점 탄성을 측정하는 기계
② 곡선이 500 B.U.에 도달하는 시간 등으로 밀가루가 물을 흡수하는 시간(속도)을 알 수 있다.

4) 믹소그래프
반죽하는 동안 글루텐의 발달 정도를 측정하는 기계

5) 레오그래프
반죽이 기계적 발달을 할 때 일어나는 변화를 측정하는 기계

6) 믹서트론
새로운 밀가루에 대한 흡수율과 믹싱시간을 신속히 측정하는 기계

7) 점도계
밀가루 전분의 점도를 측정하는 기계

Part IV

예상 문제 & 모의 고사

Part 1. 제과·제빵기능사 공통 문제…144
1. 기초재료과학/재료의 영양학적 특성
2. 제품 저장 관리
3. 위생 안전 관리

Part 2. 제과 이론 문제…193
1. 과자류 제품 재료 혼합
2. 반죽 및 반죽관리
3. 팬닝, 성형
4. 반죽 익히기

Part 3. 제빵 이론 문제…235
1. 빵류 제품 재료 혼합
2. 반죽 및 반죽 관리
3. 발효, 분할, 둥글리기, 성형, 팬닝
4. 반죽 익히기

제과·제빵기능사 모의고사…270

Part 1. 제과 · 제빵기능사 공통 문제

1. 기초재료과학/재료의 영양학적 특성

〈탄수화물〉

01 유당에 대한 설명으로 틀린 것은?

① 우유에 함유된 당으로 입상형, 분말형, 미분말형 등이 있다.
② 감미도는 설탕 100에 대하여 16 정도이다.
③ 환원당으로 아미노산의 존재 시 갈변 반응을 일으킨다.
④ 포도당이나 자당에 비해 용해도가 높고 결정화가 느리다.

> TIP 유당은 물에 잘 녹지 않고 단맛이 적다.

02 포도당의 설명 중 틀린 것은?

① 포도당은 물엿을 완전히 전환시켜 만든다.
② 설탕에 비해 삼투압이 높으며 감미가 높다.
③ 입에서 용해될 때 시원한 느낌을 준다.
④ 효모의 영양원으로 발효를 촉진 시킨다.

> TIP 설탕(자당)의 감미도 : 100
> 포도당의 감미도 : 75

03 다음 중 이당류만 묶인 것은?

① 맥아당, 유당, 설탕　　② 포도당, 과당, 맥아당
③ 설탕, 갈락토오스, 유당　　④ 유당, 포도당, 설탕

> TIP 단당류 : 포도당, 과당, 갈락토오스
> 이당류 : 자당(설탕), 맥아당, 유당

04 포도당과 결합하여 젖당을 이루며 뇌신경 등에 존재하는 당류는?

① 과당(fructose)　　② 만노오스(mannose)
③ 리보오스(ribose)　　④ 갈락토오스(galactose)

> TIP 젖당(유당)은 포도당 + 갈락토오스의 결합체이다.

정답　01 ④　02 ②　03 ①　04 ④

05 유당이 가수분해되어 생성되는 단당류는?

① 갈락토오스 + 갈락토오스 ② 포도당 + 갈락토오스
③ 포도당 + 포도당 ④ 맥아당 + 포도당

> TIP 유당 → 포도당 + 갈락토오스
> 맥아당 → 포도당 + 포도당
> 자당(설탕) → 포도당 + 과당

06 이당류가 아닌 것은?

① 설탕(sucrose) ② 유당(lactose)
③ 셀룰로오스(cellulose) ④ 맥아당(maltose)

> TIP 이당류
> ① 단당류 2분자가 결합 된 당류이며, 단맛이 있고 물에 잘 녹는다.
> ② 자당(설탕), 맥아당(엿당), 유당(젖당)이 있다. → 셀룰로오스는 다당류에 속한다.

07 맥아당이 분해되면 포도당과 무엇으로 되는가?

① 포도당 ② 유당 ③ 과당 ④ 설탕

> TIP 맥아당이 분해되면서 포도당 두 분자로 분해된다.

08 다음 중 다당류에 속하는 것은?

① 올리고당 ② 맥아당 ③ 포도당 ④ 설탕

> TIP 단당류 : 포도당, 과당, 갈락토오스
> 이당류 : 자당(설탕), 유당, 맥아당
> 다당류 : 전분, 글리코겐, 섬유소, 펙틴, 올리고당, 한천

09 다당류에 대한 설명으로 틀린 것은?

① 일반적으로 전분은 아밀로오스(amylose)와 아밀로펙틴(amylopectin)으로 이루어져 있다.
② 전분은 소화효소에 의해 가수분해될 수 있다.
③ 섬유소는 사람의 소화액으로는 소화되지 않는다.
④ 펙틴은 단순 다당류에 속한다.

> TIP 펙틴은 다당류에 유리산, 암모늄, 칼륨, 나트륨염이 결합된 복합다당류이다.

05 ② 06 ③ 07 ① 08 ① 09 ④ 정답

Part 1. 제과·제빵기능사 공통 문제

10 아밀로펙틴의 특성이 아닌 것은?

① 요오드테스트를 하면 자주빛 붉은색을 띈다.
② 노화되는 속도가 빠르다.
③ 곁사슬 구조이다.
④ 대부분의 천연 전분은 아밀로펙틴 구성비가 높다.

> **TIP** 아밀로펙틴(amylopectin)
> ① 아밀로오스보다 분자량이 크다. (분자량이 1,000,000 이상)
> ② 포도당이 α-1, 4 결합으로 이어진 사슬에 α-1, 6 결합인 다른 사슬이 나뭇가지 모양으로 결합하고 있다.
> ③ 요오드 용액에 적자색 반응을 나타낸다.
> ④ β-아밀라아제에 의해 52%까지만 분해한다.
> ⑤ 노화가 늦게 된다.

11 아밀로펙틴만으로 구성된 것은?

① 옥수수 전분   ② 찹쌀 전분   ③ 멥쌀 전분   ④ 감자 전분

> **TIP** 찹쌀 전분은 아밀로펙틴만으로 구성되어 있다.

12 전분의 호화 현상에 대한 설명으로 틀린 것은?

① 전분의 종류에 따라 호화특성이 달라진다.
② 전분 현탁액에 적당량의 수산화나트륨(NaOH)을 가하면 가열하지 않아도 호화될 수 있다.
③ 수분이 적을수록 호화가 촉진된다.
④ 알칼리성일 때 호화가 촉진된다.

> **TIP** 호화(밀가루 전분은 55~60℃에서 일어난다.)
> 생전분(β전분)에 물과 열을 가하면 전분 입자가 팽윤하고 점성이 증가해 반투명한 풀 상태가 되는데, 이를 호화(β전분)라 한다. 호화는 수분이 많을수록, pH가 높을수록 빨리 일어난다.

13 전분이 호화됨에 따라 나타나는 현상이 아닌 것은?

① 팽윤에 의한 부피팽창   ② 방향 부동성의 손실
③ 용해 현상의 감소   ④ 점도의 증가

14 다음 중 전분의 노화가 가장 잘 일어나는 온도는?

① -50℃   ② -20℃   ③ 2℃   ④ 30℃

> **TIP** 전분의 노화가 가장 잘 일어나는 온도는 2℃이다. 즉 냉장 온도를 뜻한다.

정답 10 ② 11 ② 12 ③ 13 ③ 14 ③

15 전분의 노화에 대한 설명 중 틀린 것은?

① 노화는 -18℃에서 잘 일어나지 않는다.
② 노화된 전분은 소화가 잘 된다.
③ 노화란 α-전분이 β-전분으로 되는 것을 말한다.
④ 노화는 전분 분자끼리의 결합이 전분과 물 분자의 결합보다 크기 때문에 일어난다.

> TIP 호화된 전분은 소화가 잘된다.

16 다음 중 제품 특성상 일반적으로 노화가 가장 빠른 것은?

① 단과자빵　　② 카스테라　　③ 식빵　　④ 도넛

> TIP 설탕의 기능 중 노화 지연의 기능이 있다.
> 단과자 빵, 카스테라, 도넛 중에서 설탕량이 제일 적은 식빵이 노화가 가장 빨리 일어난다.

17 빵의 노화를 억제하는 방법이라 할 수 없는 것은?

① 수분함량의 조절　　② 냉동법　　③ 설탕의 감소　　④ 유화제의 사용

> TIP 빵의 노화를 억제하는 방법으로는 수분함량의 조절, 냉동법, 설탕의 증가, 유화제의 사용이 있다.

18 다음 밀가루 중 면류를 만드는 데 주로 사용되는 것은?

① 박력분　　② 중력분　　③ 강력분　　④ 대두분

> TIP 강력분 – 제빵용 / 중력분 – 면류 / 박력분 – 쿠키류, 케익류 / 대두분 – 밀가루에 영양소 보강

19 일반적으로 강력분으로 만드는 것은?

① 소프트 롤케이크　　② 스펀지 케이크　　③ 엔젤푸드케이크　　④ 식빵

> TIP 밀가루의 분류
> ① 강력분 : 단백질의 함량 11~13% – 식빵(제빵)
> ② 중력분 : 단백질의 함량 9~11% – 국수
> ③ 박력분 : 단백질의 함량 7~9% – 과자(제과)

정답　15 ②　16 ③　17 ③　18 ②　19 ④

Part 1. 제과·제빵기능사 공통 문제

20 탄수화물 식품은 어디에서부터 소화되는가?
① 입   ② 위   ③ 소장   ④ 십이지장

21 당질이 혈액 내에 존재하는 형태는?
① 글루코오스(glucose)   ② 글리코겐(glycogen)
③ 갈락토오스(galactose)   ④ 프락토오스(fructose)

> **TIP** 혈액에는 포도당(glucose)이 0.1% 존재한다. (혈당)

22 두뇌와 신경, 적혈구의 열원으로도 이용되며 체내 당 대사의 중심물질인 것은?
① 과당   ② 포도당   ③ 갈락토오스   ④ 유당

> **TIP** 포도당
> ① 과일이나 혈액 중에 함유되어 있고 설탕, 맥아당 같은 이당류의 구성성분으로 존재한다.
> ② 동물 체내의 간장에서 글리코겐 형태로 저장된다. 환원당이며 상대적 감미도는 75이다.
> ③ 체내 당 대사의 중심역할을 한다.

23 하루 2400kcal를 섭취하는 사람의 이상적인 탄수화물의 섭취량은 약 얼마인가?
① 140~150g   ② 200~230g   ③ 260~320g   ④ 330~420g

> **TIP** 탄수화물의 1일 섭취량은 60%이다.
> ① 2400kcal × 60% = 1440kcal
> ② g당 탄수화물은 4kcal
> ③ 1440kcal ÷ 4kcal = 360g

24 다음 중 발효할 때 유산(젖산)을 생성하는 당은?
① 유당   ② 설탕   ③ 과당   ④ 포도당

> **TIP** 유당-유산균에 의해서 유산을 생성한다.

25 식빵 제조시 물을 넣는 것 보다 우유를 넣는 것이 제품의 껍질색이 진하다. 우유의 무엇이 제품의 껍질색을 진하게 하는가?
① 젖산   ② 카제인   ③ 무기질   ④ 유당

> **TIP** 제빵에서의 우유의 역할
> * 영양가를 향상 시킨다.
> * 향과 풍미를 개선한다.
> * 빵 속의 광택을 좋게 하고, 크림색을 띠게 한다.
> * 껍질색을 좋게 한다.(유당의 캐러멜화)
> * 빵 속을 부드럽게 한다.
> * 믹싱시 내구력을 높이고, 오버 믹싱의 위험을 감소시킨다.

정답   20 ①   21 ①   22 ②   23 ④   24 ①   25 ④

〈지방〉

01 지방은 무엇이 축합되어 만들어지는가?

① 지방산과 글리세롤
② 지방산과 올레인산
③ 지방산과 리놀레인산
④ 지방산과 팔미틴산

> **TIP** 지방
> – 3대 영양소의 하나로 탄소, 수소, 산소로 구성되어 있다. 3분자의 지방산과 1분자의 글리세린이 결합되어 만들어진 에스테르, 즉 트리클리세리드이다.
> – 탄수화물이나 단백질에 비해 산소 함유량이 적고, 탄소와 수소가 많기 때문에 산화 분해될 때 발생하는 에너지가 더 많다.

02 글리세롤 1분자와 지방산 1분자가 결합한 것은?

① 트리글리세라이드(triglyceride)
② 디글리세라이드(diglyceride)
③ 모노글리세라이드(monoglyceride)
④ 펜토스(pentose)

> **TIP** 모노글리세라이드(monoglyceride) = 글리세롤 + 지방산 1분자
> 디글리세라이드(diglyceride) = 글리세롤 + 지방산 2분자
> 트리글리세라이드(triglyceride) = 글리세롤 + 지방산 3분자

03 유지의 분해산물인 글리세린에 대한 설명으로 틀린 것은?

① 자당보다 감미가 크다.
② 강한 점성과 흡습성이 있는 무색 무취의 액체이다.
③ 보습성이 뛰어나 빵류, 케이크류, 소프트 쿠키류의 저장성을 연장시킨다.
④ 물–기름의 유탁액에 대한 안정기능이 있고 독성은 없다.

> **TIP** 자당의 감미도는 100이고, 글리세린의 감미도는 60 정도이다.

04 지방산의 이중결합 유무에 따른 분류는?

① 트렌스지방, 시스지방
② 유지, 라드
③ 지방산, 글리세롤
④ 포화지방산, 불포화지방산

> **TIP** ① 단일결합 – 탄소와 탄소 사이의 전자가 1개
> ② 이중결합 – 탄소와 탄소 사이의 전자가 2개
> ③ 단일결합, 이중결합은 포화지방산과 불포화지방산을 분류하는 기준이다.

01 ① 02 ③ 03 ① 04 ④ 정답

Part 1. 제과·제빵기능사 공통 문제

05 다음 중 포화지방산은?

① 올레산(oleic acid)　　　　　　② 스테아르산(stearic acid)
③ 리놀렌산(linoleic acid)　　　　④ 아이코사펜테노익산(eicosapentaenoic acid)

> TIP 포화지방산에는 팔미트산, 스테아르산이 있다.

06 포화지방산의 탄소수가 다음과 같을 때 일반적으로 융점이 가장 높은 것은?

① 4개　　② 8개　　③ 14개　　④ 18개

> TIP 탄소수가 높을수록 융점이 높은 것이다.

07 다음 중 포화지방산을 가장 많이 함유하고 있는 식품은?

① 올리브유　　② 버터　　③ 콩기름　　④ 홍화유

> TIP 포화지방산 : 버터, 마가린
> 　　불포화지방산 : 대두유, 올리브유

08 콜레스테롤에 관한 설명 중 잘못된 것은?

① 담즙의 성분이다.　　　　　　② 비타민D_3의 전구체가 된다.
③ 탄수화물 중 다당류에 속한다.　　④ 다량 섭취 시 동맥경화의 원인 물질이 된다.

> TIP 콜레스테롤은 유도지방이며, 담즙의 성분이고 비타민D_3의 전구체가 된다.

09 다음 중 필수 지방산이 아닌 것은?

① 리놀레산　　② 스테아르산　　③ 리놀렌산　　④ 아라키돈산

> TIP 필수 지방산(비타민F)
> － 체내에서 합성되지 않아 음식물에서 섭취해야 하는 지방산이다.
> － 성장을 촉진시키고 피부 건강을 유지 시키며 혈액 내의 콜레스테롤양을 저하시킨다.
> － 리놀레산, 리놀렌산, 아라키돈산이 있으며 이중 리놀레산은 식물성 기름에 함유되어 있어 지나친 결핍증세는 나타나지 않는다.

10 필수지방산의 특징으로 알맞지 않은 것은?

① 체내에서 합성되지 않아 음식물에서 섭취해야 한다.
② 성장을 촉진시키고 피부건강을 유지시킨다.
③ 혈액 내의 콜레스테롤의 양을 높인다.
④ 노인의 경우 필수 지방산의 흡수를 위하여 콩기름을 섭취하는 것이 좋다.

> TIP 필수지방산은 혈액 내의 콜레스테롤 양을 저하시킨다.

정답　05 ②　06 ④　07 ②　08 ③　09 ②　10 ③

11 유지의 경화와 관계가 없는 물질은?

① 불포화지방산 ② 수소 ③ 콜레스테롤 ④ 촉매

> **TIP** 불포화지방산에 수소를 첨가하게 되면 유지가 굳어진다. 니켈을 촉매로 한다. 콜레스테롤과는 아무 관련이 없다.

12 유지의 가소성은 그 구성성분 중 주로 어떤 물질의 종류와 양에 의해 결정되는가?

① 스테롤 ② 트리글리세라이드 ③ 유리지방산 ④ 토코페롤

> **TIP** 지방 – 3대 영양소의 하나로 탄산, 수소, 산소로 구성되어 있다. 3분자의 지방산과 1분자의 글리세린이 결합되어 만들어진 에스테르 즉, 트리클리세리드이다.
> – 탄수화물이나 단백질에 비해 산소 함유량이 적고, 탄소와 수소가 많기 때문에 산화 분해될 때 발생하는 에너지가 더 많다.

13 유지의 산패를 가속화하는 요인은?

① 수소 ② 탄소 ③ 산소 ④ 질소

> **TIP** 유지의 산패는 산소에 의해서 일어난다.

14 다음 중 튀김용 기름으로 사용할 수 있는 것은?

① 거품이 일지 않는 것
② 색깔이 있고 자극적인 냄새가 나는 것
③ 점도의 변화가 높은 것
④ 발연점이 낮은 것

> **TIP** 기름의 조건은 거품이 잘 일지 않고 자극적인 냄새가 나지 않는 것, 점도의 변화가 낮은 것, 발연점이 높은 것이다.

15 식용유지로 튀김 요리를 반복할 때 발생하는 현상이 아닌 것은?

① 발연점 상승
② 유리지방산 생성
③ 카르보닐화합물 생성
④ 점도 증가

> **TIP** 튀김기름을 반복적으로 사용하면 유리지방산이 생성되어 발연점은 점점 낮아진다.

16 생체 내에서의 지방의 기능 중 틀린 것은?

① 생체기관을 보호한다.
② 체온을 유지한다.
③ 효소의 구성 성분이다.
④ 주요한 에너지원이다.

> **TIP** 효소의 구성 성분은 단백질이다.

정답 11 ③ 12 ② 13 ③ 14 ① 15 ① 16 ③

Part 1. 제과 · 제빵기능사 공통 문제

17 지방의 기능이 아닌 것은?

① 지용성 비타민의 흡수를 돕는다.
② 외부의 충격으로부터 장기를 보호한다.
③ 높은 열량을 제공한다.
④ 변의 크기를 증대시켜 장관 내 체류시간을 단축시킨다.

> **TIP** 지방의 기능
> ① 에너지 공급원이다. (1g당 9kcal)
> ② 피하 지방은 체온의 발산을 막아 체온을 조절한다.
> ③ 복강 지방은 체온의 발산을 막아 체온을 조절한다.
> ④ 장내에서 윤활제 역할을 하여 변비를 막아준다.
> ⑤ 지용성 비타민의 흡수와 운반을 돕는다.
> ⑥ 외부의 충격으로부터 장기를 보호한다.

18 지질의 대사산물이 아닌 것은?

① 물   ② 수소   ③ 이산화탄소   ④ 에너지

> **TIP** 지질의 대사산물은 물, 이산화탄소, 에너지이다.

19 지방질 대사를 위한 간의 중요한 역할 중 잘못 설명한 것은?

① 지방질 섭취의 부족에 의해 케톤체를 만든다.
② 콜레스테롤을 합성한다.
③ 담즙산의 생산 원천이다.
④ 지방산을 합성하거나 분해한다.

> **TIP** 탄수화물 섭취의 부족에 의한 케톤체를 만든다.

20 지방의 연소와 합성이 이루어지는 장기는?

① 췌장   ② 간   ③ 위장   ④ 소장

> **TIP** 지방의 연소와 합성이 이루어진 장기는 간이다.

21 결핍증세 중 필수지방산의 결핍으로 인체에 발생하는 것은?

① 신경통   ② 결막염   ③ 간질   ④ 피부염

> **TIP** 필수지방산의 결핍 : 성장 정지, 피부염, 생식기능 이상

정답 17 ④ 18 ② 19 ① 20 ② 21 ④

22 지질의 대사에 관여하고 뇌신경 등에 존재하며 유화제로 작용하는 것은?

① 에고스테롤(ergosterol) ② 글리시닌(glycinin)
③ 레시틴(lecithin) ④ 스쿠알렌(squalene)

> **TIP** 노른자의 레시틴은 유화제 역할을 한다. (복합지방)
> ① 인지질 : 중성지방에 인산 등이 결합 된 것으로 뇌, 신경 조직의 구성성분이며 간, 동물 내장, 달걀노른자 등에 많다.
> ② 레시틴 : 뇌, 신경, 간장, 난황, 콩 등에 존재한다.
> ③ 세팔린 : 뇌, 혈관에 들어있고 식품 중에는 난황, 콩에 함유되어 있다. 혈액 응고에 관여한다.

23 하루 2,400kcal를 섭취하는 사람의 이상적인 지질의 섭취량은 얼마인가?

① 45g ② 48g ③ 53g ④ 60g

> **TIP** 지질의 1일 섭취량은 20%   2,400kcal × 20% = 480kcal
> 1g당 지질은 9kcal   480kcal ÷ 9kcal = 53g

〈단백질〉

01 단백질에 대한 설명으로 틀린 것은?

① 기본단위는 아미노산이다. ② 밀단백질의 질소 계수는 8.25이다.
③ 대부분의 단백질은 열에 응고된다. ④ 고온으로 가열하면 변성된다.

> **TIP** 단백질은 탄소, 산소, 질소, 수소로 구성되어 있는데 질소가 단백질의 특성을 규정 짓는다. 밀은 질소를 정량으로 하여 단백질의 질소 계수를 5.7를 곱하고 일반 식품은 6.25를 곱한다.

02 다음 중 아미노산은 구성하는 주된 원소가 아닌 것은?

① 탄소(C) ② 수소(H) ③ 질소(N) ④ 규소(Si)

> 단백질
> ① 탄소, 수소, 산소 이외에 질소 등을 함유하는 고분자 유기화합물이다.
> ② 기본 구성단위는 아미노산으로 단백질 조직은 수많은 아미노산의 펩티드 결합으로 이루어진 것이다.

03 단순 단백질이 아닌 것은?

① 알부민 ② 글로불린 ③ 글리코프로테인 ④ 글루테닌

> **TIP** 단순 단백질에는 알부민, 글로불린, 글루테닌 등이 있고 복합단백질에는 핵단백질, 당단백질, 인단백질, 색소단백질, 금속단백질, 레시틴단백질, 지단백질 등이 있다.

22 ③ 23 ③   01 ② 02 ④ 03 ③ **정답**

Part 1. 제과·제빵기능사 공통 문제

04 중성 용매에 녹지 않고 묽은 산, 묽은 염기에 녹는 단백질로 밀에 존재하는 단순 단백질은?

① 글리아딘   ② 글루테닌   ③ 오브알부민   ④ 락토글로블린

> **TIP** 글루테닌
> 반죽의 탄력성에 영향을 주며, 물에는 녹지 않으나 70% 알코올에는 용해된다. 중성 용매에 녹지 않고 묽은 산, 묽은 염기에 녹는 단백질로 밀에 존재하는 단순 단백질이다.

05 다음 중 불완전 단백질 식품은?

① 옥수수   ② 달걀   ③ 우유   ④ 육류

> **TIP** 완전 단백질 : 달걀, 우유, 육류
> 불완전 단백질 : 제인(옥수수), 젤라틴

06 카제인(casein)은 다음 중 어디에 속하는가?

① 단순단백질   ② 당단백질   ③ 인단백질   ④ 색소단백질

> **TIP** 카제인은 복합단백질이며, 인단백질이다.

07 유단백질 중 산에 반응해 응고하는 단백질은?

① 락토알부민   ② 락토글로불린   ③ 카제인   ④ 알라닌

> **TIP** 유단백질 중 주된 단백질은 카제인으로서 산과 레닌 효소에 의해서 응고되고 락토알부민과 락토글로불린은 열에 응고된다.

08 우유의 단백질 중에서 열에 응고되고 쉬운 단백질은?

① 카제인   ② 락토알부민   ③ 리포프로테인   ④ 글리아딘

> **TIP** 유단백 : 카제인은 유단백의 80%를 차지하고 산에 의해 응고된다. 락토알부민은 열에 의해 응고되나 산에 의해 응고되지 않는다.

09 체내에서 단백질의 역할이 아닌 것은?

① 항체 형성   ② 체조직의 구성   ③ 지용성 비타민 운반   ④ 호르몬의 형성

> **TIP** 지용성이란 지방에 용해되는 성질이란 뜻이므로 지용성 비타민의 운반은 지방의 역할이다.

10 소화율이 가장 높은 것은?

① 지방   ② 단백질   ③ 무기질   ④ 탄수화물

> **TIP** 소화율은 지방 95%, 단백질 92%, 탄수화물 98%로 탄수화물이 가장 높다.

정답   04 ②   05 ①   06 ③   07 ③   08 ②   09 ③   10 ④

11 열량 영양소의 단위 g당 칼로리에 대한 설명으로 맞는 것은?

① 단백질은 지방보다 칼로리가 많다.
② 탄수화물은 지방보다 칼로리가 적다.
③ 탄수화물은 단백질보다 칼로리가 적다.
④ 탄수화물은 단백질보다 칼로리가 많다.

> **TIP** 영양소의 단위 g당 칼로리 : 단백질 4kcal, 탄수화물 4kcal, 지방 9kcal이다.

〈무기질, 비타민〉

01 칼슘의 설명 중 올바른 것은?

① 비타민 B_{12}의 구성성분이다.
② 적혈구 구성에 관여한다.
③ 급원 식품에는 간, 콩, 해조류 등이 있다.
④ 비타민 D가 결핍되면 칼슘과 인의 부족으로 구루병, 골연화증, 골다공증을 일으킨다.

> **TIP** ①②③은 코발트(CO)의 특징이다.

02 무기질의 기능이 아닌 것은?

① 우리 몸의 경조직 구성성분이다.
② 열량을 내는 열량 급원이다.
③ 효소의 기능을 촉진시킨다.
④ 세포의 삼투압 평형 유지 작용을 한다.

> **TIP** 인체는 96%가 탄소, 수소, 산소, 질소로 구성되어 있으며, 나머지 4%가 그 외의 원소인 무기질로 구성되어 있다. 무기질은 체내에서 직접적인 열량원은 되지 못한다. 무기질은 생체 기능을 조절하며 체내에서 합성되지 못하므로 반드시 음식으로부터 공급받아야 한다.

03 지용성 비타민의 특징이 아닌 것은?

① 간장에 운반되어 저장된다.
② 단기간에 급속히 중증의 결핍증이 나타난다.
③ 섭취과잉으로 인한 독성을 유발 시킬 수 있다.
④ 지질과 함께 소화, 흡수되어 이용된다.

> **TIP** 지용성 비타민은 체내에서 저장되며 결핍증은 천천히 나타난다.

04 유지의 도움으로 흡수, 운반되는 비타민으로만 구성된 것은?

① 비타민 A, B, C, D
② 비타민 B, C, E, K
③ 비타민 A, B, C, K
④ 비타민 A, D, E, K

> **TIP** 유지는 지용성 비타민의 흡수와 운반을 돕는다.

11 ② 　　　　　　　　　　　01 ④　02 ②　03 ②　04 ④　**정답**

Part 1. 제과·제빵기능사 공통 문제

05 비타민 K와 관계있는 것은?

① 근육 긴장　② 혈액 응고　③ 자극 전달　④ 노화 방지

> TIP 비타민 K(필로퀴논)
> ① 기능 – 간에서 혈액 응고에 필요한 프로트롬빈의 형성을 돕는다.
> ② 결핍증 – 혈액 응고 지연
> ③ 급원 식품 – 녹색 채소(양배추, 시금치 등), 간유, 난황 등

06 다음 중 모세혈관의 삼투성을 조절하여 혈관 강화 작용을 하는 비타민은?

① 비타민 A　② 비타민 D　③ 비타민 E　④ 비타민 P

> TIP 비타민 P
> – 감귤류 색소인 플라본류를 총칭하는 화합물이다. 메밀에 함유된 루틴 외에 헤스페리딘, 시트룰린, 쿼써틴 등이 있다.
> – 결합조직인 콜라겐을 만드는 비타민 C의 기능을 보강하여 모세혈관을 튼튼하게 하며 순환을 촉진하고 항균 작용을 한다.

07 비타민과 관련된 결핍증의 연결이 틀린 것은?

① 비타민 A – 야맹증
② 비타민 B_1 – 구내염
③ 비타민 C – 괴혈병
④ 비타민 D – 구루병

> TIP 비타민 B_1(티아민)
> ① 기능 : 당질 대사의 보조 작용을 하고 뇌, 심장, 신경 조직의 유지에 관여한다.
> ② 결핍증 : 각기병, 식욕부진, 피로, 권태감, 신경통
> ③ 급원 식품 : 겨, 대구, 땅콩, 돼지고기, 난황, 간, 배아 등

〈효소〉

01 발효 중 알콜과 탄산가스를 생성하는 효소는?

① 인버타아제　② 말타아제　③ 프로테아제　④ 치마아제

> TIP 치마아제 : 포도당, 과당과 같은 단당류를 알콜과 이산화탄소로 분해시키는 효소로 제빵용 이스트에 있다.

02 다음은 이스트의 효소들이다. 단당류를 직접 발효시킬 수 있는 효소는?

① 인버타아제　② 말타아제　③ 프로테아제　④ 치마아제

> TIP 치마아제는 단당류를 직접 발효시켜 이산화탄소와 알코올로 분해시킨다.

정답　05 ②　06 ④　07 ②　　01 ④　02 ④

03 탄수화물 분해효소 중 이산화탄소와 에틸알코올로 분해시키는 산화효소는?

① 치마아제   ② 아밀라아제   ③ 인베르타아제   ④ 말타아제

> **TIP** 치마아제는 포도당, 갈락토오스, 과당 같은 단당류를 산화시켜 이산화탄소와 알코올로 분해시킨다.

04 과당이나 포도당을 분해하여 CO_2 가스와 알코올을 만드는 효소는?

① 말타아제(maltase)   ② 인버타아제(invertase)
③ 프로테아제(protease)   ④ 치마아제(zymase)

> **TIP** 발효 중에 일어나는 생화학적 변화
> * 단백질(프로테아제) → 아미노산
> * 설탕(인베르테아제) → 포도당 + 과당(치마아제) → CO_2 + 알코올
> * 전분(아밀라아제) → 맥아당(말타아제) → 포도당 + 포도당 → CO_2 + 알코올

05 효소를 구성하는 주성분에 대한 설명으로 틀린 것은?

① 탄소, 수소, 산소, 질소 등의 원소로 구성되어 있다.
② 아미노산이 펩티드결합을 하고 있는 구조이다.
③ 열에 안정하여 가열하여도 변성되지 않는다.
④ 섭취 시 4kcal의 열량을 낸다.

> **TIP** 효소를 구성하는 주성분은 단백질이며, 가열하면 열변성이 일어난다.

06 효소의 성질에 대한 설명 중 틀린 것은?

① 효소는 어느 특정한 기질에만 반응하는 선택성이 있다.
② 효소는 온도에 따라 영향을 받는다.
③ 효소는 반응혼합물의 pH에 따라 영향을 받는다.
④ 효소는 0℃ 상승에 따라 활성은 4배가 된다.

> **TIP** 효소의 온도는 반응속도와 안정성에 관계하여 온도가 높아짐에 따라 반응속도는 빠르게 되지만 어느 온도 이상으로 고온이 되면 효소 단백질이 변성되어 활성을 잃는다.

07 다음 중 전분을 분해하는 효소는?

① 리파아제   ② 아밀라아제   ③ 프로테아제   ④ 말타아제

> **TIP** 전분을 분해하는 효소는 α-아밀라아제, β-아밀라아제이다.

정답 03 ① 04 ④ 05 ③ 06 ④ 07 ②

Part 1. 제과·제빵기능사 공통 문제

08 전분을 덱스트린(dextrin)으로 변화시키는 효소는?

① β-아밀라아제(amylase) ② α-아밀라아제(amylase)
③ 말타아제(maltase) ④ 치마아제(zymase)

> TIP 전분 덱스트린(dextrin)으로 변화시키는 효소는 α-아밀라아제(amylase)이며 덱스트린을 맥아당으로 가수분해 시키는 효소는 β-아밀라아제(amylase)이다.

09 입속의 침에서 분해되는 전분 당화효소는?

① 펩신 ② 프티알린 ③ 리파아제 ④ 인버타아제

> TIP 프티알린은 침속에 들어있는 탄수화물 가수분해효소이다. 아밀라제로서 녹말을 덱스트린과 맥아당으로 분해한다.

10 지방 분해효소는?

① 리파아제 ② 프로테아제 ③ 퍼미아제 ④ 말타아제

> TIP **단백질** : 프로테아제 / **맥아당** : 말타아제

11 설탕을 포도당과 과당으로 분해하는 효소는?

① 인버타아제(Invertase) ② 치마아제(zymase)
③ 말타아제(Maltase) ④ 알파 아밀라아제(α-amylase)

> TIP **인버타아제** : 설탕을 포도당과 과당으로 가수분해하는 효소

12 β-아밀라아제의 설명으로 틀린 것은?

① 전분이나 덱스트린을 맥아당으로 만든다.
② 아밀로오스의 말단에서 시작하여 포도당 2분자씩을 끊어가면서 분해한다.
③ 전분의 구조가 아밀로펙틴인 경우 약 52%까지만 가수분해 한다.
④ 액화효소 또는 내부 아밀라아제라고도 한다.

> TIP α-아밀라아제는 내부 아밀라아제라고 하며, β-아밀라아제는 외부 아밀라아제라고도 한다.

13 탄수화물 분해효소 중 이산화탄소와 에틸알코올로 분해시키는 산화효소는?

① 치마아제 ② 아밀라아제 ③ 인베르타아제 ④ 말타아제

> TIP 치마아제는 포도당, 갈락토오스, 과당 같은 단당류를 산화시켜 이산화탄소와 알코올로 분해시킨다.

정답 08 ② 09 ② 10 ① 11 ① 12 ④ 13 ①

14 다음 효소 중 단백질을 분해시키는 것은?

① 프티알린　　② 트립신　　③ 스테압신　　④ 락타아제

> **TIP** 단백질 분해효소
> * **프로타아제** : 단백질을 펩톤, 폴리펩티드, 펩티드, 아미노산으로 분해하는 효소로 밀가루, 발아 중의 곡식, 곰팡이류에 존재한다.
> * **펩신** : 위액에 존재한다.　　* **트립신** : 췌액이 존재한다.　　* **에렙신** : 장액에 존재한다.
> * **레닌** : 단백질을 응고시키며, 반추동물(소, 양 등)의 위액에 존재한다.　　* **펩티다아제** : 췌장에 존재한다.

15 치즈 제조에 관계되는 효소는?

① 레닌　　② 치마아제　　③ 펩신　　④ 팬크리아틴

> **TIP** 레닌(rennin) : 우유를 굳게 하는 단백질 가수분해 효소, 반주 동물의 위액 속에 들어 있다. 치즈를 만들 때 카제인을 응고 시키는 데에 쓴다. (응유효소 · 키마아제 · 키모신)

〈충전물 · 토핑물 제조〉

01 충전물로 사용하는 버터 종류의 설명으로 알맞은 것은?

① 버터를 제조할 때 소금을 넣으면 무염버터라고 한다.
② 에스카르고 버터는 푸른곰팡이 치즈의 왕이라고 불린다.
③ 로크포르 버터는 마늘과 파슬리 향이 특징이다.
④ 안초비 버터는 적당한 짠맛과 특유의 풍미가 특징이다.

> **TIP** 버터를 제조할 때 소금을 넣으면 가염버터라고 한다.
> 에스카르고 버터(식용 달팽이 버터)는 마늘과 파슬리 향이 특징이다.
> 로크포르 버터는 푸른곰팡이 치즈의 왕이라고 불리며 버터에 섞으면 부드럽게 즐길 수 있다.

02 버터의 사용방법으로 알맞지 않은 것은?

① 상온에 두어서 부드러워지면 빵에 바른다.
② 녹은 버터를 사용하면 풍미가 향상된다.
③ 부드러운 상태에서 휘핑해두면 사용하기 편리하다.
④ 치즈처럼 얇게 썰어서 하드계열 빵에 듬뿍 넣어도 좋다.

> **TIP** 버터는 30℃ 전후에서 녹기 시작하는데, 버터가 녹으면 조직이 변해서 풍미가 떨어지므로 기온이 높은 시기에는 냉장고에 보관하는 등 관리에 주의해야 한다.

14 ②　15 ①　　　　01 ④　02 ②　**정답**

Part 1. 제과·제빵기능사 공통 문제

03 초콜릿 템퍼링 작업을 한 경우의 장점으로 알맞지 않은 것은?

① 안정한 결정이 많고 결정형이 일정하다.
② 입안에서의 용해성이 좋다.
③ 광택이 좋고 내부조직이 크다.
④ 모양 만들기가 좋다.

> **TIP**
>
> | 항목 | 템퍼링 작업을 한 경우(장점) | 템퍼링 작업을 안한 경우(단점) |
> |---|---|---|
> | 결정 | 안정한 결정이 많고 결정형이 일정하다. | 불안정한 결정이 많고 결정형이 일정치 않다. |
> | 식감 | 입안에서의 용해성이 좋다. | 입안에서의 용해성이 나쁘다. |
> | 외관 | 광택이 좋고 내부조직이 조밀하다. | 광택이 없고 내부조직이 크다. |
> | 모양 만들기 | 좋다. | 나쁘다. |

04 다음 설명에 맞는 허브를 고르시오.

> • 이탈리안 소스에 잘 들어가는 허브
> • 쌉쌀한 맛과 강한 향
> • 토마토소스에 포인트를 주는 재료로도 사용

① 오레가노　② 바질　③ 로즈마리　④ 월계수잎

> **TIP** 바질 : 이국적인 비누 냄새 / 로즈마리 : 솔향기 비슷한 향
> 월계수잎 : 각종 소스에 첨가해서 향을 더하는 재료로 사용, 고기류나 해산물 데칠 때 사용

05 건포도 식빵을 만들 때 건포도를 전처리하는 목적이 아닌 것은?

① 수분을 제거하여 건포도의 보존성을 높인다.
② 제품내에서의 수분 이동을 억제한다.
③ 건포도의 풍미를 되살린다.
④ 씹는 촉감을 개선한다.

> **TIP** 건포도 전처리의 이점
> * 빵의 내상과 건조되지 않고 건포도가 제품에 잘 결합되어 있게 한다.(제품의 수분 이동을 억제)
> * 향미와 맛을 다시 회복하게 된다.
> * 수율이 증가한다. 전처리함으로써 건포도내의 수분이 15%에서 25%로 증가하기 때문이다.
> * 건포도를 10% 더 사용하는 것과 같은 효과를 얻게 된다.

정답　03 ③　04 ①　05 ①

06 입상형 설탕을 분쇄하여 미세한 분말로 만든 다음 고운 눈금을 가진 체를 통과시켜서 만든 토핑물을 고르시오.

① 계피 설탕　　② 분당(슈가파우더)　　③ 퐁당　　④ 캐슈넛

> **TIP** 계피 설탕 : 설탕에 계피가루를 3~5% 정도 넣고 섞은 제품
> 퐁당 : 식힌 시럽을 섞어서 설탕을 일부분 결정화하여 만든 제품
> 캐슈넛 : 견과류

07 커스터드 크림 제조 내용 중 알맞지 않은 것은?

① 재료가 잘 섞이도록 거품기로 계속 저어준다.
② 처음에는 센 불로 데우다가 끓으면 중불로 낮춘다.
③ 바닐라빈이 없을 경우 바닐라 오일로 대체한다.
④ 완성된 제품은 실온에서 보관한다.

> **TIP** 완성된 제품은 냉장보관하고 되도록 빨리 사용한다.

08 잼 농축 완성점의 판정 방법으로 알맞지 않은 것은?

① 찬물에 떨어뜨려 보아 그대로 떨어지면 완성된 것이다.
② 스푼으로 떠서 흘려 보아 일부가 붙어 얇게 퍼지면서 끝이 젤리 모양으로 굳어서 떨어지면 완성된 것이다.
③ 당도를 검사하여 80%가 되면 완성된 것이다.
④ 온도가 104℃가량 되었으면 완성된 것이다.

> **TIP** 당도를 검사하여 60~65%가 되면 완성된 것이다.

09 퐁당 제조 방법으로 알맞은 것은?

① 온도를 130℃까지 끓인다.
② 대리석 위에 끓인 용액을 부어서 완전히 식힌다.
③ 생크림과 우유를 넣으면 안된다.
④ 주걱으로 흰색이 될 때까지 저어준다.

> **TIP** 온도를 116℃까지 끓인다.
> 대리석 위에 끓인 용액을 부어서 40℃까지 식힌다.
> 필요에 따라 생크림과 우유를 넣은 카라멜 폰던트를 만들거나 과일 퓨레를 넣은 폰던트를 만들 수도 있다.

정답 06 ② 07 ④ 08 ③ 09 ④

Part 1. 제과·제빵기능사 공통 문제

10 조림 앙금의 제조에 대한 설명으로 알맞지 않은 것은?

① 보통 배합 조림 앙금은 생앙금 100(수분 60% 기준)에 설탕 65~75 정도 넣는다.
② 고배합 조림 앙금은 생앙금 100에 설탕 90~100, 물엿 15 정도 넣는다.
③ 조림 앙금은 생앙금에 대하여 40~50%의 물을 첨가한다.
④ 80℃에서 1시간 농축하는 것이 130℃에서 40~50분 농축하는 것보다 색과 광택이 좋다.

TIP 앙금 제조는 130℃에서 40~50분 농축하는 것이 색과 광택이 좋다.

11 과일 케이크를 만들 때 과일이 가라앉는 이유가 아닌 것은?

① 강도가 약한 밀가루를 사용한 경우
② 믹싱이 지나치고 큰 공기 방울이 반죽에 남는 경우
③ 진한 속 색을 내기 위해 탄산수소나트륨을 과다로 사용한 경우
④ 시럽에 담근 과일의 시럽을 배수시켜 사용한 경우

TIP 과일 시럽을 배수시켜 사용한 경우는 과일이 가라앉지 않는다.

12 충전물 또는 젤리가 롤 케이크에 축축하게 스며드는 것을 막기 위해 조치해야 할 사항으로 틀린 것은?

① 굽기 조정　　　　　　② 물 사용량 감소
③ 반죽 시간 증가　　　　④ 물엿 사용

TIP 물엿을 사용하면 더 축축해진다.

13 과일 파이에서 과일 충전물이 끓어 넘치는 이유가 아닌 것은?

① 과일 충전물 배합이 부정확하다.　② 오븐 온도가 높이 굽는 시간이 너무 짧다.
③ 파이 껍질의 수분이 너무 많다.　　④ 파이 껍질에 구멍을 뚫지 않았다.

TIP 과일 파이에서 과일 충전물이 끓어 넘치는 이유
① 과일 충전물 배합이 부정확할 경우
② 파이 껍질의 수분이 많을 경우
③ 파이 껍질에 구멍을 뚫지 않았을 경우
④ 오븐 온도가 낮아 굽는 시간이 길어질 경우

정답　10 ④　11 ④　12 ④　13 ②

14 과일 충전물 파이를 성형하고 굽는 동안 껍질이 찢어지는 원인이 아닌 것은?

① 유지 사용량이 낮았다. ② 박력분을 사용했다.
③ 밀어 펴기가 고르지 못하였다. ④ 지친 반죽과 자투리 반죽을 많이 썼다.

> **TIP** 파이의 껍질이 찢어지거나, 충전물이 끓어 넘치는 원인
> ① 껍질에 수분이 많다.
> ② 위, 아래 껍질을 잘 붙이지 않았다.
> ③ 껍질에 구멍을 뚫지 않았다. 수증기가 빠져나갈 곳이 없어 흘러나온다.
> ④ 오븐 온도가 낮다. 굽기 시간이 길어져 잘 구워지기 전에 충전물이 끓어 넘친다.
> ⑤ 충전물을 사용한 설탕량이 적다.
> ⑥ 충전물 온도가 높다.
> ⑦ 바닥 껍질이 얇아 충전물에 많은 열이 전달되었다.
> ⑧ 천연산이 많이 든 과일을 썼다.
> ⑨ 생과일로 만든 충전물을 썼다. → 유지 사용량이 많으면 껍질이 찢어진다.

15 커스터드 크림의 재료에 속하지 않는 것은?

① 우유   ② 달걀   ③ 설탕   ④ 생크림

> **TIP** 커스타드 크림은 달걀노른자에 설탕, 전분을 넣고 섞은 다음 우유를 넣고 걸죽하게 만든다.

16 아이싱에 사용되는 재료 중 다른 세 가지와 조성이 다른 것은?

① 이탈리안 머랭   ② 퐁당   ③ 버터크림   ④ 스위스 머랭

> **TIP** 버터크림 : 유지를 크림화 상태로 만든 크림이다.

17 단순 아이싱(flat icing)을 만드는 데 들어가는 재료가 아닌 것은?

① 분당   ② 달걀   ③ 물   ④ 물엿

> **TIP** 단순 아이싱을 만드는 데는 분당, 물, 물엿, 향료 등이 들어간다.

18 다음 중 케이크의 아이싱에 주로 사용되는 것은?

① 마지팬   ② 프랄린   ③ 글레이즈   ④ 휘핑크림

> **TIP** 휘핑크림이나 생크림은 주로 케이크의 아이싱에 사용된다.

19 거품을 올린 흰자에 뜨거운 시럽을 첨가하면서 고속으로 믹싱하여 만드는 아이싱은?

① 마시멜로 아이싱   ② 콤비네이션 아이싱
③ 초콜릿 아이싱   ④ 로얄 아이싱

> **TIP** 거품을 올린 흰자에 뜨거운 시럽을 첨가하면서 고속으로 믹싱하여 만드는 아이싱은 마시멜로 아이싱이다.

정답 14 ①   15 ④   16 ③   17 ②   18 ④   19 ①

Part 1. 제과 · 제빵기능사 공통 문제

20 생크림을 휘핑할 때의 가장 적당한 온도는?

① −5~1℃   ② 1~10℃   ③ 15~18℃   ④ 22~26℃

> TIP 생크림은 우유의 지방을 추출한 것인데 온도에 매우 민감하다. 지방의 특징은 온도가 높으면 거품이 오르지 않기 때문에 냉장 온도에서 휘핑해야 한다.

21 데커레이션 케이크 재료인 생크림에 대한 설명으로 적당하지 않은 것은?

① 크림 100에 대하여 1.0~1.5%의 분설탕을 사용하여 단맛을 낸다.
② 유지방 함량 35~45% 정도의 진한 생크림을 휘핑하여 사용한다.
③ 휘핑시간이 적정시간보다 짧으면 기포의 안정성이 약해진다.
④ 생크림의 보관이나 작업시 제품온도는 3~7℃가 좋다.

> TIP 생크림의 단맛을 내기 위해서는 설탕을 사용한다.

22 설탕의 재결정성을 이용하여 만드는 퐁당을 끓일 때 시럽의 적정 온도는?

① 106~110℃   ② 130~134℃   ③ 120~126℃   ④ 114~118℃

> TIP 퐁당은 설탕 100에 물 30 정도를 넣고 114~118℃로 끓인 뒤 다시 희뿌연 상태로 결정화시킨 것이다.

23 아이싱에 이용되는 퐁당(fondant)은 설탕의 어떤 성질을 이용하는가?

① 보습성   ② 재결정성
③ 용해성   ④ 전화당으로 변하는 성질

> TIP 퐁당 : 설탕을 물에 녹여 끓인 뒤 다시 희뿌연 상태로 결정화시킨 것으로 빵, 과자의 윗면을 아이싱하는 데 널리 쓰인다.
> −제조공정
> ① 설탕 100에 대하여 물 30을 넣고 114~118℃로 끓여 시럽을 만든다.
> ② 끓인 시럽을 대리석 작업대 위에 얇게 펴고 분무기로 물을 뿌리면서 38~44℃까지 식힌다.
> ③ 나무 주걱 등으로 휘저으면서 설탕 결정이 생겨 유백색이 된다. 이것을 계속 저으면 급격히 굳어지므로 굳기 전에 한데 모아 떡 반죽처럼 이긴다.

24 퐁당 크림을 부드럽게 하고 수분 보유력을 높이기 위해 일반적으로 첨가하는 것은?

① 한천, 젤라틴   ② 물, 레몬
③ 소금, 크림   ④ 물엿, 전화당 시럽

> TIP 물엿, 전화당 시럽 : 수분 보유력을 높이고 퐁당 크림을 부드럽게 한다.

정답 20 ②   21 ①   22 ④   23 ②   24 ④

25 로열 아이싱이나 버터크림 등의 시럽을 제조할 때 설탕과 물엿의 비율로 적합한 것은?

① 2 : 1   ② 2 : 3   ③ 1 : 2   ④ 1 : 1

> TIP 시럽을 제조할 때 설탕 2와 물엿 1의 비율이 적합하다.

26 버터크림 당액 제조 시 설탕에 대한 물 사용량으로 가장 알맞은 것은?

① 25%   ② 80%   ③ 100%   ④ 125%

27 버터크림 제조 시 당액의 온도로 가장 알맞은 것은?

① 80~90℃   ② 98~104℃   ③ 114~118℃   ④ 150~155℃

> TIP 버터크림 제조 시 당액의 온도는 114~118℃이다.

28 가나슈 크림에 대한 설명으로 옳은 것은?

① 생크림은 절대 끓여서 사용하지 않는다.
② 초콜릿과 생크림의 배합비율은 10 : 1이 원칙이다.
③ 초콜릿 종류는 달라도 카카오 성분은 같다.
④ 끓인 생크림에 초콜릿을 더한 크림이다.

> TIP 초콜릿과 생크림의 비율은 1 : 1 정도로 한다.

29 도넛에서 발한을 제거하는 방법은?

① 도넛에 묻힌 설탕의 양을 감소시킨다.   ② 기름을 충분히 예열시킨다.
③ 결착력이 없는 기름을 사용한다.   ④ 튀김 시간을 증가한다.

> TIP 도넛에서 발한을 제거하는 방법으로는 튀김 시간을 증가한다.

30 도넛을 글레이즈할 때의 적정한 품온은?

① 24~27℃   ② 28~32℃   ③ 33~36℃   ④ 43~49℃

> TIP 글레이즈
> ① 분당에 물을 넣으면서 물이 고루 분산되도록 갠다. 퐁당 상태로 만든다.
> ② 따뜻하게 가온하여 도넛 표면에 묻힌다. 향과 색을 넣을 수 있으며, 약간의 전분 (5~30%)을 사용.
> ③ 도넛 글레이즈의 사용 온도는 45~50℃가 적당하다.

31 꽃을 짜거나 조형물을 만들 머랭을 제조하려 할 때 흰자에 대한 설탕의 사용 비율로 가장 알맞은 것은?

① 50%   ② 100%   ③ 200%   ④ 400%

> TIP 꽃 제조 시 흰자에 대한 설탕의 비율은 200%이다.

정답 25 ①   26 ①   27 ③   28 ④   29 ④   30 ④   31 ③

Part 1. 제과 · 제빵기능사 공통 문제

2. 제품 저장 관리

〈제품의 냉각 및 포장〉

01 냉각방법 중 냉각실에 22~25℃의 냉각공기를 불어넣어 냉각시키는 것으로, 대규모 공장에서 많이 쓰이고 소형 베이커리에서는 많이 사용하지 않는 방법은?

① 냉장고　② 급속냉동고　③ 냉동고　④ 냉각 컨베이어

02 냉각 환경에 대한 설명으로 알맞은 것은?

① 온도는 30~35℃ 사이를 유지하는 것이 좋다.
② 습도는 일반적으로 90% 정도면 적당하다.
③ 15분에서 1시간이면 대부분의 제과류는 냉각이 된다.
④ 환기시설이 잘되어 있고 통풍은 안되는 곳이어야 한다.

> TIP　① 온도는 15~20℃ 사이를 유지하는 것이 좋다.
> ② 습도는 일반적으로 80% 정도면 적당하다.
> ③ 환기시설이 잘되어 있고 통풍이 잘되는 곳이어야 한다.

03 냉과류 냉각 시 알맞지 않은 것은?

① 겉의 굳기만 확인하면 된다.
② 냉과류가 완전히 굳도록 30~40분 냉각시킨다.
③ 성형을 끝낸 냉과류 제품을 확인한다.
④ 냉동고를 −20℃ 이하 또는 −40℃로 설정한다.

> TIP　냉각이 잘 되었는지 보기 위해 내부온도 체크와 굳기를 확인한다.

04 냉각 시 안전 · 유의사항으로 알맞지 않은 것은?

① 오븐에서 갓 나온 제품을 다룰 때는 화상에 주의해야 한다.
② 제품을 타공팬에 옮길 때 너무 붙여 놓으면 수분이 생길 수 있다.
③ 냉장고를 사용할 때는 안에서 문이 열리는지 확인한다.
④ 바닥면에서 띄지 않고 식힌다.

> TIP　바닥에 놓으면 바닥면에 수분이 응축되어 냉각되지 않으므로 반드시 바닥면에서 띄어 식힌다.

05 제과의 포장재료 특성으로 부적합한 것은?

① 위생성　② 보호성　③ 작업성　④ 단열성

> TIP　포장재료의 특성 : 위생성, 보호성, 작업성

정답　01 ④　02 ③　03 ①　04 ④　05 ④

06 다음 중에서 포장에 대한 설명 중에서 부적합한 것은?

① 포장은 제품의 노화를 지연시킨다.
② 뜨거울 때 포장하면 냉각손실을 줄인다.
③ 미생물에 오염되지 않은 환경에서 포장한다.
④ 온도, 충격 등에 대한 품질변화에 주의한다.

> **TIP** 포장의 목적 : ① 수분의 증발 방지, ② 미생물 오염 방지, ③ 노화 방지, ④ 상품 가치 향상

07 포장의 기능으로 알맞지 않은 것은?

① 내용물을 보호하고 제품 손상을 방지한다.
② 생산 취급과 섭취가 편하도록한다.
③ 상품의 가치를 높여 판매를 촉진한다.
④ 크고 화려하게 포장하여 가치를 높인다.

> **TIP** 적정 포장을 해서 지나친 낭비를 막고 위생 안전 및 환경과 조화롭고 친화적인 포장을 추구한다.

08 제과용 포장재로 적합하지 않은 것은?

① P.E(Polt Ethylene)
② O.P.P(Oriented Poly Propylene)
③ P.P(Polt Propylene)
④ 흰색의 형광종이

> **TIP** 형광 종이는 발암 물질이 있어 제과용 포장재로 적합하지 않다.

09 쿠키 포장지의 특성으로 적합하지 않은 것은?

① 내용물의 색, 향이 변하지 않아야 한다.
② 독성 물질이 생성되지 않아야 한다.
③ 통기성이 있어야 한다.
④ 방습성이 있어야 한다.

> **TIP** 포장지는 방수성이 있고 상품의 가치를 높일 수 있어야 한다.
> 통기성이 있다면 쿠키가 변질될 우려가 있다.

10 다음 중에서 쿠키의 포장 온도로 가장 적당한 것은?

① 2~5℃ ② 8~10℃ ③ 25~30℃ ④ 45~50℃

> **TIP** 쿠키는 수분이 5% 이하로 크기가 작은 과자를 의미한다.
> 쿠키의 반죽 온도 : 18~24℃
> 쿠키의 보관 온도 : 10℃

정답 06 ② 07 ④ 08 ④ 09 ③ 10 ③

Part 1. 제과 · 제빵기능사 공통 문제

11 포장 재료가 갖추어야 할 조건에서 가장 거리가 먼 것은?

① 흡수성이 있고 통기성이 없어야 한다. ② 가격이 저렴해야 한다.
③ 제품의 상품 가치를 높일 수 있어야 한다. ④ 위생적이어야 한다.

> **TIP** 포장 재료의 조건
> ① 방수성이 있고 통기성이 없어야 한다.
> ② 가격이 저렴하고 포장 시 제품의 변형되지 않아야 한다.
> ③ 포장 시 상품 가치를 높일 수 있어야 한다.
> ④ 위생적이고 작업성이 좋아야 한다.

12 다음 중에서 다른 플라스틱과 증착(laminate)이 용이하여 식품 포장재로 사용되는 것은?

① P.E (poly ethylene) ② O.P.P (oriented poly propylene)
③ P.P (poly propylene) ④ 일반 형광종이

> **TIP** 폴리에틸렌(poly ethylene) : 에틸렌의 중합으로 생기는 사슬 모양의 고분자 화합물이다. 각종 용기 및 포장용 필름 등에 사용된다.

13 요소수지 용기에서 이행될 수 있는 대표적인 유독물질은?

① 에탄올 ② 포름알데히드 ③ 알루미늄 ④ 주석

> **TIP** 요소수지 용기에서 발암성 물질 포름알데히드가 검출되었다.

14 다음에서 투명도는 높으나 투습성, 기체 투과성은 대단히 낮아 장기 저장용 포장 재료로 적합한 것은?

① P.E (폴리에틸렌, Poly Ethylene)
② P.V.C (폴리비닐 클로라이드, Poly Viny Chloride)
③ P.P (폴리프로필렌, Poly Propylene)
④ P.V.D.C (폴리염화비닐리덴, Poly Vinylidene Chloride)

> **TIP** P.V.D.C (폴리염화비닐리덴, Poly Vinylidene Chloride)
> 차단성이 매우 우수한 원료로 장기 보존성을 위한 포장 용기와 필름 제조에 사용

15 제품의 포장 용기에 의한 화학적 식중독에 대한 주의가 필요한 것과 거리가 가장 먼 것은?

① 형광 염료를 사용한 종이 제품 ② 착색된 셀로판 제품
③ 페놀수지 제품 ④ 알루미늄박 제품

> **TIP** 알루미늄 박제품은 일회용 접시나 도시락 용기에 많이 사용한다.

정답 11 ① 12 ① 13 ② 14 ④ 15 ④

16 다음 중에서 기구, 용기 또는 포장 제조에 함유할 수 있는 유해금속과 거리가 먼 것은?

① 납   ② 카드뮴   ③ 칼슘   ④ 비소

> TIP 유해 금속 물질 : 납, 카드뮴, 비소, 수은 등

17 포장을 완벽하게 해도 제과 제품에 노화가 일어나는 이유가 아닌 것은?

① 전분의 호화   ② 향의 변화
③ 단백질 변성   ④ 수분의 이동

> TIP 호화 : 생 전분에 물과 열을 가하면 익은 전분이 되어 전분 입자가 팽윤하고 점성이 증가해 반투명한 풀 상태가 되는데, 이를 호화라 한다.

18 제품의 유통기간 연장을 위해서 포장에 이용되는 불활성 가스는?

① 산소   ② 질소   ③ 수소   ④ 염소

> TIP 제품의 유통기간 연장을 위해 포장에 이용하는 불활성 가스는 질소이다.

19 빵의 포장과 냉각에 대한 설명 중 틀린 것은?

① 빵 내부의 적정 냉각 온도는 20℃이다.   ② 냉각 중 습도가 낮으면 껍질이 갈라지기 쉽다.
③ 포장 목적은 수분증발 억제, 노화방지이다.   ④ 포장지는 저렴하고 위생적이어야 한다.

> TIP 빵 내부의 적정 냉각온도는 35~40℃이다.

20 제빵 냉각법 중 적합하지 않은 것은?

① 급속냉각   ② 자연냉각   ③ 터널식 냉각   ④ 에어컨디션식 냉각

> TIP 제빵 냉각법
> – 자연냉각(보통 3시간 정도 시간이 소요됨)
> – 에어 컨디션식 냉각
> – 터널(계단)냉각(입구 외출구가 다르다.)

21 갓 구워낸 빵을 식혀 상온으로 낮추는 냉각에 관한 설명으로 틀린 것은?

① 빵 속의 온도를 35~40℃로 낮추는 것이다.
② 곰팡이 및 기타 균의 피해를 막는다.
③ 절단, 포장을 용이하게 한다.
④ 수분함량을 25%로 낮추는 것이다.

> TIP 빵의 수분 함량을 38%로 낮추는 것이다.

정답 16 ③ 17 ① 18 ② 19 ① 20 ① 21 ④

Part 1. 제과 · 제빵기능사 공통 문제

22 식빵의 냉각법에서 자연 냉각을 할 경우 적합한 소요되는 시간과 수분함량은?

① 30분/35%   ② 1시간/35%   ③ 3시간/38%   ④ 6시간/38%

> TIP 자연냉각: 3~4시간, 38%

23 오븐에서 구워 나온 빵을 냉각할 때 평균 몇 %의 수분 손실이 추가적으로 발생하는가?

① 2%   ② 4%   ③ 6%   ④ 8%

> TIP 냉각손실-식히는 동안 수분 증발로 인해 평균 2%의 무게 감소 현상이 일어난다.

24 빵 포장의 목적에 부적합한 것은?

① 빵의 저장성 증대
② 빵의 미생물오염 방지
③ 수분증발 촉진과 노화 방지
④ 상품의 가치 향상

> TIP 빵 포장의 목적은 수분증발을 막아 노화를 방지하는 것이다.

25 빵의 냉각손실에 영향을 미치는 직접적인 요인이 아닌 것은?

① 배합율   ② 굽기 온도   ③ 발효 온도   ④ 냉각 온도

> TIP 냉각 손실은 식히는 동안 수분 증발로 인해 평균 2%의 무게 감소 현상이 일어난다.

26 다음 중에서 제빵용 포장지의 구비조건이 아닌 것은?

① 위생성   ② 작업성   ③ 탄력성   ④ 보호성

> TIP 포장지의 구비조건 : 위생성, 보호성, 작업성

27 빵을 구워낸 직후의 수분함량과 냉각 후 포장 직전의 수분함량으로 가장 적합한 것은?

① 35%, 27%   ② 45%, 38%   ③ 60%, 52%   ④ 68%, 60%

> TIP 빵 속의 수분함량의 변화는 굽기의 완료점 파악과 포장의 적절한 시점을 정하는 중요한 자료이다.

28 빵을 포장하는 프로필렌 포장지의 기능이 아닌 것은?

① 수분증발의 억제로 노화지연
② 빵의 풍미 성분 손실 지연
③ 포장 후 미생물 오염 최소화
④ 빵의 로프균 오염방지

> TIP 프로필렌 포장지는 합성수지 재질로 노화를 지연시키고 빵의 맛, 향, 색이 변하지 않아야 하며 미생물 오염을 최소화하고, 독성물질 생성이 없어야 한다.

정답 22 ③ 23 ① 24 ③ 25 ③ 26 ③ 27 ② 28 ④

29 빵을 포장하려 할 때 가장 적합한 빵의 온도와 수분함량은?

① 30℃/30%   ② 35℃/38%   ③ 42℃/45%   ④ 48℃/55%

TIP 빵의 포장 온도 : 35~40℃, 수분함량 : 38%

30 포장 전 빵의 온도가 너무 낮을 때는 어떤 현상이 일어나는가?

① 노화가 빨라진다.
② 썰기(slice)가 나쁘다.
③ 포장지에 수분이 응축된다.
④ 곰팡이, 박테리아의 번식이 용이하다.

TIP 빵이 온도가 너무 낮을 때는 빵속에 수분 함량이 낮으므로 노화가 빨리 일어난다.

〈제품의 저장 및 유통〉

01 냉동저장방법에 대한 설명 중 잘못된 것은?

① 보통 일반 냉동고의 온도는 –40℃ 이하이어야 한다.
② 에어 블라스트 냉동법(급속 냉동, air blast)은 완제품을 –40℃의 냉풍으로 60분 정도 급속히 냉동시키는 방법이다.
③ 컨덕트 냉동법(급속 냉동, conduct)은 속이 비어 있는 두꺼운 알루미늄 판 속에 암모니아 가스를 넣어 –50℃에서 40분 정도로 냉각시키는 방법이다.
③ 니트로겐 냉동법(순간 냉동, nitrogen)은 –195℃에서 약 3~5분 정도 액체 질소(니트로겐)를 블르트 컨베이어에 올려놓고 순간적으로 냉동시키는 방법이다.

TIP 보통 일반 냉동고는 –18℃ 이하이다.

02 냉동고의 동결 속도가 미치는 영향과 가장 먼 것은?

① 식품의 조직변화 및 파괴를 일으킨다.
② 탄수화물 성분의 변성
③ 식품의 표면적이 클수록 동결 속도가 느리다.
④ 해동 시 품질변화에 영향을 준다.

TIP 냉동 보관 시 단백질 성분의 변성을 일으킨다.

03 저장 관리의 원칙이 아닌 것은?

① 분류저장 체계화의 원칙
② 저장 위치 표시의 원칙
③ 후입 선출의 원칙
④ 안전성 확보의 원칙

29 ②   30 ①   01 ①   02 ②   03 ③

Part 1. 제과·제빵기능사 공통 문제

04 유통기한에 대한 설명 중 잘못된 것은?

① 식품을 제조·판매하는 자는 식품위생법 시행 규칙에 의하여 식품의 유통 기간을 표시하도록 하고 있다.
② 식품의 제조일로부터 소비자에게 판매가 허용되는 기한을 말한다.
③ 각 가정에서 식품을 구입하여 먹을 수 있는 기간을 말한다.
④ 식품의 유통 기간을 연장하여 표시하고자 하는 제품은 보건복지부장관의 승인을 받아 연장 표시하도록 하고 있다.

05 유통 기간 설정에 영향을 주는 내부적인 요인들 중에서 거리가 먼 것은?

① 식품의 영양가
② 제품의 배합 및 조성
③ 원재료, 제조 공정
④ 수분 함량 및 수분 활성도

06 변질되기 쉬운 식품을 생산지로부터 소비자에게 전달하기 까지 저온으로 보존하는 시스템은?

① 냉장 유통체제
② 냉동 유통체제
③ 저온 유통체제
④ 상온 유통체제

> **TIP** 저온 유통체계(Coldchain)
> 냉동냉장에 의한 신선한 식료품의 유통방식, 수산물, 육류, 청과물 등의 신선한 식료품을 주산지로부터 가정의 부엌까지 저온으로 유지하여 신선도를 떨어뜨리지 않고 가정에 송달 하는 방법

07 과자류 제품의 저장·유통 중의 변질을 예방하기 위한 오염원 관리하는 방법으로 적합하지 않은 것은?

① 제품의 적재 상태가 양호 한지 확인한다.
② 벽과 바닥사이에 틈이 생기면 안되므로 붙여 놓는다.
③ 냉동식품은 검수 후 즉시 겉포장 상자를 제거 후 냉동고에 저장한다.
④ 재료, 반제품, 완제품을 분리하여 보관한다.

> **TIP** 벽과 바닥에서 10cm 이상 이격해서 보관한다.

08 유통시 유의 사항이 잘못된 것은?

① 냉동과자류는 −18℃ 에 보관하고 해동시 습기를 피하고 미풍 해동시킨다.
② 실온 유통 제품은 계절에 따라 차이가 있으나 1℃~30℃에서 유통 가능하다.
③ 상온 유통 제품은 15℃~ 25℃ 상태 에서 유통한다.
④ 냉장 유통 제품은 10℃~ 20℃상태를 유지 하며 유통한다.

> **TIP** 냉장유통 제품은 0℃~10℃ 상태를 유지하며 유통한다.

정답 04 ③   05 ①   06 ③   07 ②   08 ④

3. 위생 안전 관리

01 식품 등의 표시기준을 수록한 공전을 작성, 보급하여야 하는 자는?

① 식품의약품안전처장　　② 보건소장
③ 시, 도지사　　　　　　④ 식품위생감시원

> TIP 식품첨가물의 기준 및 규격을 기록해 놓은 것을 공전이라 하고, 이는 식품의약품안전처장이 정한다.

02 식품위생법상 수입식품검사의 종류가 아닌 것은?

① 서류검사　② 관능검사　③ 정밀검사　④ 종합검사

> TIP 식품위생법상 수입식품 검사의 종류에는 서류검사, 관능검사, 정밀검사가 있다.

03 식품위생법상 허위표시, 과대광고, 비방광고 및 과대포장의 범위에 해당하지 않는 것은?

① 허가 · 신고 또는 보고한 사항이나 수입신고한 사항과 다른 내용의 표시 · 광고
② 제조방법에 관하여 연구하거나 발견한 사실로서 식품학 · 영양학 등의 분야에서 공인된 사항의 표시
③ 제품의 원재료 또는 성분과 다른 내용의 표시 · 광고
④ 제조연월일 또는 유통기한을 표시함에 있어서 사실과 다른 내용의 표시 · 광고

> TIP 제조방법에 관하여 연구하거나 발견한 사실에 대한 식품학 · 영양학 등의 문헌을 인용하여 문헌의 내용을 정확히 표시하고, 연구자의 성명, 문헌명, 발표 연월일을 명시하는 표시 · 광고는 허위표시 및 과대광고에 해당되지 않는다.

04 식품위생법규상 무상수거 대상 식품은?

① 도 · 소매업소에서 판매하는 식품 등을 시험검사용으로 수거할 때
② 식품 등의 기준 및 규격 제정을 위한 참고용으로 수거할 때
③ 식품 등을 검사할 목저으로 수거할 때
④ 식품 등의 기준 및 규격 개정을 위한 참고용으로 수거할 때

정답 01 ①　02 ④　03 ②　04 ③

Part 1. 제과·제빵기능사 공통 문제

〈HACCP〉

01 HACCP 실시단계 7원칙에 해당되지 않는 것은?

① 위해 요소 분석　　　　② HACCP 팀 구성
③ 한계기준설정　　　　　④ 기록유지 및 문서 관리

> **TIP** HACCP 실시단계 7가지 원칙 : 위해분석, 중요관리 점 설정, 허용한계기준 설정, 모니터링 방법의 결정, 시정조치의 결정, 검증 방법의 설정, 기록 유지

02 다음 중 HACCP에 대한 설명 중 틀린 것은?

① 식품위생의 수준을 향상 시킬 수 있다.
② 원료로부터 유통의 전 과정에 대한 관리이다.
③ 종합적인 위생관리 체계이다.
④ 사후 처리의 완벽을 추구한다.

> **TIP** HACCP은 위해요소 중점 관리제도를 의미하며, 원료의 생산에서부터 최종제품의 생산과 저장 및 유통의 각 단계에 최종 제품의 위생 안전 확보에 반드시 필요한 관리점을 설정하고, 적절히 관리함으로써 식품위생, 안전성을 확보라는 예방적 차원의 식품위생관리 방식이다.

03 다음에서 HACCP의 제2절차 중 제품(원재료 포함)에 관한 기술 내용으로 부적합한 것은?

① 제품의 사용방법　　　　② 제품의 성분조성
③ 물리적/화학적 특성　　　④ 미생물학적 처리

> **TIP** 제품(원재료 포함)에 대한 기술 : 제품에 대한 명칭 및 종류, 원재료, 특성, 포장형 등을 분류한다.

04 위해요소의 예방, 제거 및 감소를 위해 엄정한 관리가 요구되는 단계를 무엇이라 하는가?

① GMP　　② HA　　③ CCP　　④ HACCP

> **TIP** CCP(Critical Control Point 중요관리지점)
> 위해 요소의 예방, 제거 및 감소를 위해 엄정한 관리가 요구되는 공정이나 단계를 말한다.

05 식품의 원료관리, 제조, 가공, 조리 및 유통의 모든 과정에서 위해한 물질이 식품에 혼입되거나 오염되는 것을 방지하기 위하여 각 공정을 중심적으로 관리하는 기준을 무엇이라 하는가?

① SSOP(위생표준 운영기준)　　② GMP(우수 제조기준)
③ SOP(표준 운영기준)　　　　　④ HACCP(해썹)

> **TIP** HACCP(식품위해요소중점관리기준)
> 식품의 원료 관리, 제조, 가공 조리 및 유통의 모든 과정에서 위해 한 물질이 식품에 혼합 되거나 오염되는 것을 방지하기 위하여 각 공정을 중점적으로 관리하는 기준

정답　01 ②　02 ④　03 ①　04 ③　05 ④

06 다음 중에서 위해분석(HA : hazard analysis)에 해당되지 않는 것은?

① 생물학적 요인   ② 화학적 요인   ③ 물리적 요인   ④ 과학적 요인

> **TIP** 위해분석(HA : hazard analysis)
> 원재료와 제조 공정에서 발생 가능한 생물학적, 화학적, 물리적 위해 요소를 분석하는 것.

07 다음 중 HACCP 적용의 7가지 원칙에 해당하지 않는 것은?

① 위해요소분석   ② 중요관리 지점 설정
③ HACCP 팀구성   ④ 개선조치 설정

> **TIP** HACCP 7원칙
> ① 위해요소 분석, ② CCP(중요관리지점) 설정, ③ CCP(중요관리지점) 한계 기준 설정,
> ④ CCP(중요관리지점) 모니터링 방법 설정, ⑤ 개선 조치 설정, ⑥ 검증 방법 설정, ⑦ 기록 및 문서 관리

08 다음 중에서 HACCP의 정의로 적합한 것은?

① HACCP = HA(Hazard Analysis) + GMP(Good Manufacturing Practice)
② HACCP = HA(Hazard Analysis) + CL(Critical Limit)
③ HACCP = HA(Hazard Analysis) + CCP(Critical Control Point)
④ HACCP = HA(Hazard Analysis) + QC(Quality Control)

> **TIP** HACCP = HA(Hazard Analysis) 위해요소분석 + CCP(Critical Control Point) 중요관리지점

09 다음 중에서 HACCP의 실천단계로 부적합한 것은?

① 개선 방법 관리   ② CCP의 설정   ③ 위해 분석   ④ 한계 기준 설정

> **TIP** HACCP의 실천단계(7원칙)
> ① 위해 요소 분석, ② CCP(중요관리지점) 설정, ③ CCP(중요관리지점) 한계 기준 설정
> ④ CCP(중요관리지점) 모니터링 방법 설정, ⑤ 개선 조치 설정, ⑥ 검증 방법 설정, ⑦ 기록 및 문서 관리

10 식품위해요소 중점관리기준(HACCP)은 누가 고시하는가?

① 보건복지부장관   ② 국립보건원장
③ 식품의약품안전처장   ④ 국립검역소장

> **TIP** 식품위해요소중점관리기준(HACCP)은 식품의약품안전처장이 고시한다.

정답 06 ④ 07 ③ 08 ③ 09 ① 10 ③

Part 1. 제과·제빵기능사 공통 문제

〈식품 첨가물〉

01 식품 첨가물에 대한 설명 중 가장 옳은 것은?

① 화학적 합성품만 있다.
② 천연품과 화학적 합성품이 있다.
③ 화학 합성품은 약국에서만 판매할 수 있다.
④ 허용된 것은 어느 식품에나 모두 쓸 수 있다.

> TIP 식품첨가물은 천연의 식품 첨가물(치자색소, 계피향)과 화학적 식품 첨가물이 있다.

02 식품첨가물에 의한 식중독 원인이 아닌 것은?

① 허용되지 않은 첨가물의 사용
② 불순한 첨가물의 사용
③ 허용된 첨가물의 과다사용
④ 독성물질을 식품에 고의로 첨가

> TIP 식품 첨가물은 허용되지 않은 첨가물, 불순한 첨가물, 허용된 첨가물이라 할지라도 기준량을 초과하여 사용하면 안된다.

03 살균제와 보존료의 설명으로 맞는 것은?

① 살균제는 세균에만 효과가 있고 곰팡이에는 효과가 없다.
② 보존료는 미생물에 의한 부패를 방지할 목적으로 사용된다.
③ 보존료는 사용기준과 허용량이 대부분 정해져 있지 않다.
④ 합성살균제로서 프로피온산 나트륨이 있다.

> TIP ① 보존료 : 미생물에 의한 식품의 부패나 변질을 막기 위하여 식품에 첨가하는 물질의 하나.
> ② 살균제 : 식품의 부패 원인균이나 병원균을 사멸시키기 위해 사용한다. 표백분, 차아염소산나트륨 등을 사용한다.

04 보존료의 이상적인 조건과 거리가 먼 것은?

① 독성이 없거나 매우 적을 것
② 저렴한 가격일 것
③ 사용방법이 간편할 것
④ 다량으로 효력이 있을 것

> TIP 보존료는 소량이라도 효력이 있어야 한다.

05 생과자에 사용할 수 있는 보존료는?

① 안식향산
② 파라옥시 안식향산 부틸
③ 파라옥시 안식향산 에틸
④ 프로피온산나트륨

> TIP 빵에 사용하는 보존료는 프로피온산 나트륨이다.

정답 01 ② 02 ④ 03 ② 04 ④ 05 ④

06 케이크류에 사용이 허가된 보존료는?

① 탄산수소나트륨　② 포름알데히드　③ 탄산암모늄　④ 프로피온산

> TIP ① **탄산수소나트륨, 탄산암모늄** : 화학팽창제　② **포름알데히드** : 유해보존료

07 액체재료(물, 우유)의 응고제로 부적당한 것은?

① 탄산수소나트륨　② 젤라틴　③ 한천　④ 전분

> TIP 탄산수소나트륨 팽창제이다.

08 다음 식품첨가물 중에서 보존제로 허용되지 않은 것은?

① 소르빈산칼륨　② 말라카이트 그린　③ 데히드로초산　④ 안식향산나트륨

> TIP 식품첨가물공전에서 허용되고 있는 보존제는 데히드로초산, 데히드로초산나트륨, 소르빈산, 소르빈산칼륨, 소르빈산칼슘, 안식향산, 안식향산나트륨, 프로피온산, 프로피온산나트륨, 프로피온산칼슘, 파라옥시안식향산부틸, 이토산나트륨이다. 말라카이트 그린은 섬유나 잡화의 염색등에 쓰인다.

09 과산화 수소의 사용 목적으로 알맞은 것은?

① 보존료　② 발색제　③ 살균제　④ 산화방지제

> TIP 과산화수소는 살균제이다.

10 산화방지제로 쓰이는 물질이 아닌 것은?

① 중조　② BHT　③ BHA　④ 세사몰

> TIP **산화방지제** : 어떤 식품이 산에 의해 변질되지 않도록 그 식품에 첨가하는 것으로 BHT(디부틸 히드록시 톨루엔), BHA(부틸 히드록시 아니솔), 세사몰 등이 있다.

11 식용유의 산화방지에 사용되는 것은?

① 비타민E　② 비타민A　③ 니코틴산　④ 비타민K

> TIP **비타민E (토코페롤)**
> ① 특성　– 무색, 기름상태이다.
> 　　　　– 열에 안정적이고, 자외선과 효소에도 비교적 안정적이다.
> ② 기능　– 생식기능을 정상적으로 유지 시킨다.
> 　　　　– 천연 항산화작용(산화방지)
> ③ 결핍증 – 쥐의 불임증

12 흰색의 결정성 분말이며 냄새는 없고, 일반적으로 단맛이 설탕의 200배 정도 되는 아미노산계 식품 감미료는?

① 에틸렌글리콜　② 아스파탐　③ 페릴라틴　④ 사이클라메이트

> TIP 아스파탐은 흰색의 결정성 분말이며, 냄새도 없다. 또 일반적으로 단맛이 설탕의 200배 정도이며 과자류의 감미제로 사용된다.

정답 06 ④　07 ①　08 ②　09 ③　10 ①　11 ①　12 ②

Part 1. 제과·제빵기능사 공통 문제

13 다음 중 허용되어 있지 않는 감미료는?

① 에틸렌글리콜   ② 사카린나트륨   ③ 아스파탐   ④ 스테비오시드

> **TIP** 유해성 감미료에는 에틸렌글리콜, 사이클라메이트, 둘신, 페릴라틴 등이 있다.

14 백색의 결정으로 감미도는 설탕의 250배이며 청량음료수, 과자류, 절임류 등에 사용되었으나 만성중독인 혈액 독을 일으켜 우리나라에서는 사용이 금지된 인공 감미료는?

① 둘신   ② 사이클라메이트
③ 에킬렌글리콜   ④ 파라–니트로–오르토–툴루이딘

> **TIP**
> ① 둘신 : 설탕의 250배
> ② 사이클라메이트 : 설탕의 40~50배
> ③ 에틸렌글리콜 : 글리세린과 유사하다(무색이며 점성이 크고 감미가 있는 액체)
> ④ 파라–니트로–오르토–툴루이딘 : 설탕의 200배

15 식물성 색소가 아닌 것은?

① 플라보노이드 색소   ② 식용색소 적색 제40호
③ 엽록소   ④ 안토시아닌 색소

> **TIP** **플로보노이드** : 백색(양파, 밀가루, 우엉, 연근)
> **엽록소** : 녹색채소
> **안토시아닌** : 포도, 딸기

16 식품의 관능을 만족시키기 위해 첨가하는 물질은?

① 강화제   ② 보존제   ③ 발색제   ④ 이형제

> **TIP** **발색제** : 식품 중의 색소와 작용. 이를 고정시켜 발색시키거나 발색을 촉진시키기 위해 첨가한다. 햄, 소시지의 발색제로 아질산염이 사용된다.

17 다음 식품첨가물 중 표백제가 아닌 것은?

① 소르빈산   ② 과산화수소   ③ 아황산나트륨   ④ 차아황산나트륨

> **TIP** 소르빈산은 식육에 사용되는 보존료(방부제)이다.

18 다음 중 유해 표백제는?

① 페릴라틴   ② 롱갈릿   ③ 아우라민   ④ 둘신

> **TIP** 페닐라틴, 둘신은 유해 감미료, 아우라민은 유해착색료로 분류된다.

정답   13 ①   14 ①   15 ②   16 ③   17 ①   18 ②

19 식품첨가물 중 유화제에 대한 설명으로 잘못된 것은?

① 물과 기름의 경계면에 작용하는 힘을 저하시켜 물 중에 기름을 분산시키는 작용을 한다.
② 기름 중에 물을 분산시키고, 또 분산된 입자가 다시 응집하지 않도록 안정화시키는 작용을 한다.
③ 식품에 사용할 수 있는 종류가 지정되어 있다.
④ 지정된 유화제들은 식품의 종류에 관계없이 모두 동일한 유화효과를 가진다.

> TIP 식품의 종류에 따라 유화 효과가 다르다.

20 점착제로서 식품의 점착성을 증가시켜 미각을 증진시키는 효과를 갖는 첨가물은?

① 팽창제　② 호료　③ 용제　④ 유화제

> TIP 호료(증점제) : 식품의 점착성을 증가시켜 미각을 증진시키는 첨가물.

21 다음 중 화학팽창제가 아닌 것은?

① 프로피온산칼슘　　② 탄산암모늄
③ 베이킹소다　　　　④ 베이킹파우더

22 과자, 비스킷, 카스테라 등을 부풀게 하기 위한 팽창제로 사용되는 식품첨가물이 아닌 것은?

① 탄산수소나트륨　　② 탄산암모늄
③ 산성 피로인산나트륨　④ 안식향산

> TIP 안식향산은 간장이나 청량음료에 사용하는 보존료(방부제)이다.

23 과자류를 제조하는 과정 중, 반죽 후 분할기로부터 분할할 때 구울 때 달라붙지 않게 할 목적으로 허용되어 있는 첨가물은?

① 글리세린 프로필렌　　② 글리콜
③ 초산 비닐수지 유동　　④ 파라핀

> TIP 이형제로 허용된 식품 첨가물에는 유동 파라핀이 사용된다.

19 ④　20 ②　21 ①　22 ④　23 ④

Part 1. 제과·제빵기능사 공통 문제

〈개인 위생 관리〉

01 개인 위생 점검 일지 항목에 적합하지 않는 내용은?

① 점검자, 점검 날짜　　② 점검 장소명, 평가 방법
③ 개선 조치 사항　　　④ 청소도구 관리 구입 날짜

02 개인 위생관리에 해당 하지 않는 것은?

① 조리 종사자의 건강 진단은 6개월에 한 번씩 실시하고 보건증을 반드시 보관한다.
② 개인 위생관리에는 건강 관리, 복장 관리, 행동 관리가 해당된다.
③ 건강에 대한 아무런 자각 증상과 질병이 없으면 건강 진단은 필요 없으며 보건증을 재확인 하지 않아도 된다.
④ 사람의 피부 온도는 미생물 생육에 적합하며 모든 분비물은 미생물에게 필요한 영양분을 제공하고 있다.

03 식품제조 업무를 함에 있어서 위생 관리 기준에 적합하지 않는 사항은?

① 위생복, 위생모, 안전화 착용, 두발, 손톱, 손등, 신체 청결 유지에 신경써야 한다.
② 작업 시 위생습관에 유의하며, 근무 중의 흡연, 음주, 취식 등에 대한 수칙을 반드시 지켜야 한다.
③ 위생 습관은 작업장에 따라 다르므로, 소규모 작업장에서는 건강 진단서나 보건증을 요구할 수 없다.
④ 위생관련 법규에 따라 질병, 건강검진 등 건강 상태 관리 및 보고는 필수 사항이다.

04 다음 중 식품위생 행정의 목적인 것은?

① 식품위생의 위해 방지　　② 식품의 판매 촉진
③ 식품포장의 간편화　　　④ 식품의 안전한 유통

> **TIP** 식품위생 행정의 목적 : 국민보건의 증진에 이바지함을 목적으로 상품으로 인한 위생상의 위해를 방지, 식품영양의 질적 향상을 도모한다.

정답　01 ④　02 ③　03 ③　04 ①

〈식중독〉

01 경구전염병과 비교할 때 세균성 식중독의 특징은?

① 2차 감염이 잘 일어난다. ② 경구전염병보다 잠복기가 길다.
③ 발병 후 면역이 매우 잘 생긴다. ④ 많은 양의 균으로 발병한다.

　TIP 세균성 식중독이 경구전염병보다 많은 양의 균으로도 감염된다.

02 세균이 분비한 독소에 의해 감염을 일으키는 것은?

① 감염형 세균성 식중독 ② 독소형 세균성 식중독
③ 화학적 식중독 ④ 진균독 식중독

　TIP 독소형 식중독 : 원인균의 증식 과정에서 생성된 독소를 먹고 발병하는 식중독이다.
　　　(웰치균, 리툴리누스, 포도상구균 식중독 등)

03 여름철에 세균성 식중독이 많이 발생하는데 이에 미치는 영향이 가장 큰 것은?

① 세균의 생육 Aw ② 세균의 생육 pH
③ 세균의 생육 영양원 ④ 세균의 생육 온도

　TIP 세균성 식중독
　　　식품과 함께 식품 중에 증식한 세균을 먹고 발병하는 식중독이다.
　　　살모넬라, 장염 비브리오, 병원성 대장균 식중독 등이 있다.
　　　특히 여름철에는 세균의 생육 온도가 식중독의 발병률에 크게 영향을 끼친다.

04 감염형 식중독에 해당되지 않는 것은?

① 살모넬라균 식중독 ② 포도상구균 식중독
③ 병원성대장균 식중독 ④ 장염비브리오균 식중독

　TIP 포도상구균은 독소형 식중독이다.

05 다음 세균성 식중독 중 잠복기가 가장 짧은 것은?

① 살모넬라 식중독 ② 포도상구균 식중독
③ 장염 비브리오 식중독 ④ 보툴리누스 식중독

　TIP 잠복기 : 포도상구균 (평균 : 3시간), 장염비브리오 (평균 : 12시간)
　　　　살모넬라 (평균 : 18시간), 보툴리누스 (12~36시간)

01 ④　02 ②　03 ④　04 ②　05 ②　**정답**

Part 1. 제과 · 제빵기능사 공통 문제

06 살모넬라균으로 인한 식중독의 잠복기와 증상으로 옳은 것은?

① 오염식품 섭취 10~24시간 후 발열(38~40℃)이 나타나며 1주일 이내 회복이 된다.
② 오염식품 섭취 10~20시간 후 오한과 혈액이 섞인 설사가 나타나며 이질로 의심되기도 한다.
③ 오염식품 섭취 10~30시간 후 점액성 대변을 배설하고 신경증상을 보여 곧 사망한다.
④ 오염식품 섭취 8~20시간 후 복통이 있고 훕씨A, F형의 독소에 의한 발병이 특징이다.

> **TIP** 살모넬라 식중독
> ① 원인균 : 살모넬라 식중독균
> ② 원인 식품 : 육류, 어패류, 우유, 유제품, 알류 및 그 가공품
> ③ 감염원 : 살모넬라에 오염된 식품을 섭취함으로 발생
> ④ 감염경로 : 쥐, 파리, 바퀴 등에 의한 식품의 오염
> ⑤ 잠복기 : 12~24시간
> ⑥ 증상 : 구토, 복통, 설사
> ⑦ 예방 : 방충 · 방서 시설 등

07 어패류의 생식과 관계 깊은 식중독 세균은?

① 프로테우스균   ② 장염 비브리오균   ③ 살모넬라균   ④ 바실러스균

> **TIP** ① 장염 비브리오 식중독 : 호염성
> ② 감염경로 : 1차 오염된 어패류의 생식, 2차 오염된 조리기구의 사용
> ③ 잠복기 : 10~18시간, 급성 위장염, 복통, 설사, 발열 여름철에 집중 발생
> ④ 예방 : 열에 약한 특징(60℃에서 사멸)을 이용해 식품을 가열 조리해 섭취하고, 도마, 행주, 등의 주방기구 소독

08 대장균 O-157이 내는 독성물질은?

① 베로톡신   ② 테트로도톡신   ③ 삭시톡신   ④ 베네루핀

> **TIP** 테트로도톡신 : 복어의 자연독
> 삭시톡신, 베네루핀 : 조개의 자연독

09 화농성 질병이 있는 사람이 만든 제품을 먹고 식중독을 일으켰다면 가장 관계 깊은 원인균은?

① 장염 비브리오균   ② 살모넬라균
③ 보툴리누스균   ④ 포도상구균

> **TIP** 포도상구균 식중독
> ① 원인균 : 황색 포도상구균, 최적증식온도는 35~37℃, 최적 pH는 7.0~7.5
> ② 독소 : 엔테로톡신으로 내열성이 있어 쉽게 파괴되지 않는다.
> ③ 원인식품 : 우유 및 유제품, 떡, 콩가루, 빵 등
> ④ 감염원 : 보균자의 식품업자
> ⑤ 감염경로 : 식품 취급자, 하수, 쥐 분변에 의한 식품의 오염
> ⑥ 잠복기 : 평균 3시간
> ⑦ 증상 : 구토, 복통, 설사
> ⑧ 예방 : 화농성 염증이 있는 사람의 취급자

정답 06 ① 07 ② 08 ① 09 ④

10 다음 중 포도상구균이 생산하는 독소는?

① 솔라닌　　② 테트로도톡신　　③ 엔테로톡신　　④ 뉴로톡신

> TIP 뉴로톡신-보툴리누스균　솔라닌-감자　엔테로톡신-포도상구균　테트로도톡신-복어

11 엔테로톡신의 독소에 의해 식중독을 일으키는 균은?

① 아리조나균　　② 프로테우스균　　③ 장염비브리오균　　④ 포도상구균

> TIP 엔테로톡신 : 포도상구균

12 다음 중 독소형 세균성식중독의 원인균은?

① 보툴리누스균　　② 살모넬라균　　③ 장염비브리오균　　④ 대장균

> TIP 독소형 식중독 : 포도상구균, 보툴리누스
> 감염형 식중독 : 살모넬라, 장염비브리오, 대장균

13 클로스트리디움 보툴리늄 식중독과 관련 있는 것은?

① 화농성 질환의 대표균　　② 저온살균 처리 및 신속한 섭취로 예방
③ 내열성 포자 형성　　④ 감염형 식중독

> TIP 보툴리늄(보툴리스균)식중독은 독소형 식중독으로 이 균은 내열성 포자를 형성시킨다.

14 노로바이러스 식중독의 특징으로 틀린 것은?

① 잠복기 : 24~28시간　　② 지속시간 : 7일 이상 지속
③ 주요증상 : 설사, 탈수, 복통, 구토 등　　④ 발병률 : 40~70% 발병

> TIP 노로 바이러스
> * 오심, 구토, 설사, 복통 등의 증상을 유발하는 바이러스이다.
> * 병원체 감시 대상 지정 전염병으로 바이러스성 장관 감염증으로 분류돼 보건 당국의 감시 대상에 포함됐다.
> 노로 바이러스는 항(抗)바이러스제나 백신이 없기 때문에 감기처럼 대증요법으로 치료를 해야 한다.
> 오심, 구토, 설사, 복통. 등의 증상을 보이지만 1~2일 지나면 자연 회복된다.
> 하지만 어린이, 노인 등 면역력이 약한 사람은 탈수증상을 보이기도 하는 등 특별한 의학적 주의를 요하는 경우도 있다.

15 화학적 식중독을 유발하지 않는 것은?

① 식품첨가물　　② 중금속의 섭취　　③ 불량한 포장용기　　④ 농약에 오염된 식품

> TIP 허가되지 않은 유해식품첨가물이 화학적 식중독을 일으킨다.

10 ③　11 ④　12 ①　13 ③　14 ②　15 ①　정답

Part 1. 제과·제빵기능사 공통 문제

16 다음 중 발병시 감염성이 가장 낮은 것은?

① 콜레라　　② 장티푸스　　③ 납 중독　　④ 폴리오

> TIP 납 중독은 중금속에 의한 화학적 식중독이며 전염성이 없다.

17 다음 물질 중 '이타이이타이병'을 발생시키는 것은?

① 카드뮴(Cd)　　② 구리(Cu)　　③ 수은(Hg)　　④ 납(Pb)

> TIP 카드뮴 : 이타이이타이병(골연화증)　수은 : 미나마타병

18 미나마타병은 중금속에 오염된 어패류를 먹고 발생 되는데 그 원인이 되는 금속은?

① 수은(Hg)　　② 카드뮴(Cd)　　③ 납(Pb)　　④ 아연(Zn)

> TIP 미나마타병 : 수은　　이타이이타이병 : 카드뮴

19 식중독 발생 시의 조치 사항 중 잘못된 것은?

① 환자의 상태를 메모한다.
② 보건소에 신고한다.
③ 식중독 의심이 있는 환자는 의사의 진단을 받게 한다.
④ 환자가 먹던 음식물은 발견 즉시 전부 버린다.

> TIP 의사는 진단 행정 기관에 신고한다.
> 행정기관에서는 역학조사와 함께 환자와 보균자를 격리하고, 접촉자에 대한 진단과 검변을 실시한다.

20 병원성 대장균 식중독의 가장 적당한 예방책은?

① 위생동물의 구제를 철저히 한다.
② 어류의 내장을 제거하고 충분히 세척한다.
③ 어패류는 민물로 깨끗이 씻는다.
④ 건강보균자나 환자의 분변오염을 방지한다.

> TIP 병원성 대장균 식중독은 감염원이 환자나 보균자의 분변이 주원인이고, 예방 방법으로는 보균자를 철저히 가려내어 보균자에 의한 식품 오염 등에 대책을 강구해야 한다.

21 다음 세균성 식중독 중 섭취 전에 가열하여도 예방하기가 가장 어려운 것은?

① 살모넬라 식중독　　② 포도상구균 식중독
③ 클로스트리디움 보툴리늄 식중독　　④ 장염 비브리오 식중독

> TIP 포도상구균 식중독은 독소형이기 때문에 가열 조리로는 예방하기가 어렵다.

정답　16 ③　17 ①　18 ①　19 ④　20 ④　21 ②

〈감염병〉

01 감염병의 병원소가 아닌 것은?

① 감염된 가축   ② 오염된 음식물   ③ 건강보균자   ④ 토양

> **TIP** 병원소
> * 병원체가 증식하고 생존을 계속하면서 인간에게 전파될 수 있는 상태로 저장되는 장소를 말한다. (사람, 동물, 토양 등)
> * 오염된 음식물은 병원소가 아니라 매개체이다.

02 식품 등을 통해 전염되는 경구감염병의 특징과 거리가 먼 것은?

① 원인 미생물은 세균, 바이러스 등이다.   ② 미량의 균량에서도 감염을 일으킨다.
③ 2차 감염이 빈번하게 일어난다.   ④ 화학물질이 원인이 된다.

> **TIP** 경구감염병이란 병원체가 입을 통해 소화기로 침입하여 일어나는 감염이다.

03 경구감염병과 거리가 먼 것은?

① 유행성 간염   ② 콜레라   ③ 세균성 이질   ④ 일본뇌염

> **TIP** 일본 뇌염은 바이러스에 의한 유행성 뇌염, 법정감염병(제2종)이다.

04 다음 감염병과 관계있는 내용으로 연결되지 않은 것은?

① 콜레라 – 외래 감염병   ② 파상열 – 바이러스성 인수공통감염병
③ 장티푸스 – 고열 수반   ④ 세균성 이질 – 점맥성 혈변

> **TIP** 파상열(브루셀라병)은 세균성 인축공통 감염병이다.

05 다음 경구감염병 중 원인균이 세균이 아닌 것은?

① 이질   ② 폴리오   ③ 장티푸스   ④ 콜레라

> **TIP** 경구 감염병(입을 통해서 감염되는 감염병)
> * 장티푸스 : 우리나라에서 가장 많이 발생하는 급성 감염병이다. 잠복기는 7~14일
> * 폴리오 : 소아마비의 병원체가 되는 바이러스

06 장티푸스를 가장 올바르게 설명한 것은?

① 급성 전신성 열성질환   ② 급성 이완성 마비질환
③ 급성 간염 질환   ④ 계절에 관계없이 발생

> **TIP** 장티푸스는 병원체의 살모넬라 타이피균의 감염에 의한 것이며 급성으로 전신에 열이나는 질환이다.

01 ②　02 ④　03 ④　04 ②　05 ②　06 ①　**정답**

Part 1. 제과·제빵기능사 공통 문제

07 콜레라에 관한 사항으로 잘못된 것은?

① 어패류 등의 식품, 물을 매개로 전염되며 사망의 원인은 대부분 탈수증이다.
② 증상은 쌀뜨물 같은 변을 하루에 10~30회 배설하고 구토한다.
③ 항구와 공항에서의 철저한 검역이 필요하다.
④ 완치할 수 있는 항생제는 없다.

> **TIP** 지금은 콜레라를 예방할 수 있는 백신이 개발되어 있는 상태이다.

08 인축공통감염병인 것은?

① 탄저병   ② 콜레라   ③ 이질   ④ 장티푸스

> **TIP** ① **인수공통감염병** : 탄저병(소), 브루셀라증(소), 결핵(소), 야토병(토끼), 돈단독(돼지)
> ② **소화기계 감염병** : 장티푸스, 콜레라, 이질

09 경구감염병의 예방대책 중 감염원에 대한 대책으로 바람직하지 않은 것은?

① 환자를 조기 발견하여 격리 치료한다.
② 환자가 발생하면 접촉자의 대변을 검사하고 보균자를 관리한다.
③ 일반 및 유흥음식점에서 일하는 사람들은 정기적인 건강검진이 필요하다.
④ 오염이 의심되는 물건은 어둡고 손이 닿지 않는 곳에 모아둔다.

> **TIP** ① **경구 감염병**
> – 병원체인 미생물이 음식물, 주방기구, 손, 곤충 등을 통하여 입으로 인체에 들어와 감염을 일으키는 것을 말한다.
> – 경구 감염병은 균이 미량이라도 쉽게 감염되고 여러 사람에게 전파된다. 경구 감염병은 균이 미량이라도 쉽게 감염되고 여러 사람에게 전파된다. 감염 후에는 면역 형성이 된다.
> ② **감염병 발생시 대책**
> – 식중독과 마찬가지로 의사는 진단 즉시 행정 기관에 신고하다.
> – 행정 기관에서는 역학 조사와 함께 환자와 보균자를 격리하고, 접촉자에 대한 진단과 검변을 실시한다.

10 식품 중의 대장균을 위생학적으로 중요하게 다루는 주된 이유는?

① 식중독균이기 때문에
② 분변세균의 오염지표이기 때문에
③ 부패균이기 때문에
④ 대장염을 일으키기 때문에

> **TIP** 대장균은 분변세균 오염의 지표이기에 위생학적으로 중요하게 다뤄진다.

정답 07 ④   08 ①   09 ④   10 ②

〈환경 위생 관리〉

01 작업장의 최적 습도는?

① 30–40%　　② 40–60%　　③ 50–60%　　④ 60–70%

02 소독제 중 손에 사용할 수 있는 것은?

① 석탄산(페놀)용액　　② 역성비누　　③ 승홍수　　④ 생석회

> TIP 생석회는 오물소독에 우선적으로 사용한다.

03 소독(disinfection)을 가장 올바르게 설명한 것은?

① 병원 미생물을 죽이거나 병원성을 약화시켜 감염력을 없애는 것
② 미생물의 사멸로 무균상태를 만드는 것
③ 오염된 물질을 깨끗이 닦아 내는 것
④ 모든 생물을 전부 사멸시키는 것

> TIP 소독 : 병원 미생물을 죽이거나 병원성을 약화시켜 감염력을 없애는 것.
> 　　　　병원균을 사멸해서 더 퍼지거나 감염되지 않도록 한다.
> 　　멸균 : 강한 살균력으로 병원균, 비병원균, 아포 등 미생물을 모두 사멸시키는 것.

04 살균력 검사 시 표준으로 사용되는 소독제는?

① 석탄산　　② 알콜　　③ 승홍수　　④ 요오드

> TIP 석탄산
> 강한 단백질 응고에 의하여 부식 작용을 나타내기 때문에 세균, 진균의 살균작용과 함께 조직의 고사를 일으킨다. 예로부터 소독약으로 사용하였다.

05 미생물의 일반적 성질에 대한 설명으로 옳은 것은?

① 세균은 주로 출아법으로 그 수를 늘리며 술 제조에 많이 사용된다.
② 효모는 주로 분열법으로 그 수를 늘리며 식품 부패에 가장 많이 관여하는 미생물이다.
③ 곰팡이는 주로 포자에 의하여 그 수를 늘리며 빵, 밥 등의 부패에 관여하는 미생물이다.
④ 바이러스는 주로 출아법으로 그 수를 늘리며 스스로 필요한 영양분을 합성한다.

> TIP 세균은 분열법, 효모는 출아법이며, 바이러스는 복제를 통하여 증식을 한다.

정답　01 ②　02 ②　03 ①　04 ①　05 ③

Part 1. 제과 · 제빵기능사 공통 문제

06 미생물이 살기 좋은 조건 중 영양소에 포함되지 않는 것은?

① 탄소　　② 수소　　③ 비타민　　④ 질소

> TIP 미생물 발육조건 영양소 : 질소, 탄소, 무기질, 비타민

07 미생물에 의해 주로 단백질이 변화되어 악취, 유해물질을 생성하는 현상은?

① 발효(Fermentation)　　② 부패(Puterifaction)
③ 변패(Deterioration)　　④ 산패(Rancidity)

> TIP 변질의 종류
> ① 부패 : 단백질을 주성분으로 하는 식품이 미생물, 특히 혐기성 세균의 번식에의해 분해를 일으키는 현상을 인체에 유해하게 되는 경우를 말한다.
> ② 발효 : 식품에 미생물이 번식하여 식품의 성질이 변화를 인체에 유익할 경우를 말한다. 빵, 술, 간장, 된장 등은 모두 발효를 이용한 식품들이다.
> ③ 변패 : 단백질 이외의 성분을 가진 식품이 변질되는 현상이다.
> ④ 산패 : 유지나 유지 식품이 보존, 조리, 가공 중에 변하여 불쾌한 냄새가 나고 맛, 점성 증가 등의 변화로 품질이 낮아지는 현상이다.

08 세균의 형태학적 분류 명칭과 관계가 먼 것은?

① 사상균　　② 나선균　　③ 간균　　④ 구균

> TIP * 세균의 형태에 따라 : 구균, 간균, 나선균
> * 사상균 : 곰팡이

09 바이러스(Virus)에 의해 일어나는 질병은?

① 유행성 간염　　② 브루셀라병　　③ 발진티푸스　　④ 탄저병

> TIP 바이러스에 의해 일어나는 질병에는 유행성 간염, 급성회백수염, 폴리오, 홍역 등이 있다.

10 식품의 변질에 관여하는 요인이 아닌 것은?

① pH　　② 압력　　③ 수분　　④ 산소

> TIP 미생물의 번식요인 : 영양소, 수분, 온도, pH(수소이온농도), 산소

11 식품과 부패에 관여하는 주요 미생물의 연결이 옳지 않은 것은?

① 육류 — 세균　　② 어패류 — 곰팡이
③ 통조림 — 포자형성세균　　④ 곡류 — 곰팡이

> TIP 어패류의 부패에 주요 관여하는 미생물은 세균이다.

정답 06 ②　07 ②　08 ①　09 ①　10 ②　11 ②

12 다음 중 부패로 볼 수 없는 것은?

① 육류의 변질
② 달걀의 변질
③ 열에 의한 식용유 변질
④ 어패류의 변질

> **TIP** 부패 : 단백질을 주성분으로 하는 식품이 미생물, 특히 혐기성 세균의 번식에 의해 분해를 일으키는 현상으로, 인체에 유해하게 되는 경우를 말한다. 유지의 변질은 산화, 산패라 한다.

13 과자류의 변질 및 부패와 관계가 가장 적은 것은?

① 곰팡이
② 세균
③ 과자의 모양
④ 수분함량

> **TIP** 빵의 변질 및 부패와 관련이 있는 것은 곰팡이, 세균, 수분함량이다.

14 산패와 관계가 가장 깊은 것은?

① 지방의 환원
② 단백질의 산화
③ 단백질의 환원
④ 지방질의 산화

> **TIP** 지방질의 산화는 산패라 한다.

15 작업장의 방충, 방서용 금속망의 그물로 적당한 크기는?

① 5 mesh
② 15 mesh
③ 20 mesh
④ 30 mesh

> **TIP** 작업장의 방충, 방서를 위해서는 30 mesh 정도의 금속망을 설치한다.
> 메쉬(mesh)란 1인치 안에 들어있는 구멍의 수를 말한다.

〈공정 점검 및 관리〉

01 제과 공정의 4대 중요 관리 항목에 속하지 않는 것은?

① 시간관리
② 온도관리
③ 공정관리
④ 영양관리

> **TIP** 4대 관리 항목 : 방법 관리, 시간 · 공정관리, 기계 · 시설관리, 시장 관리

02 조직의 원칙에 해당하지 않는 것은?

① 권한과 책임의 원칙
② 명령의 원칙
③ 직무할당의 원칙
④ 감독 범위의 원칙

> **TIP** 조직의 원칙 : 권한과 책임의 원칙, 직무 할당의 원칙, 감독 범위의 원칙

12 ③ 13 ③ 14 ④ 15 ④   01 ④ 02 ②

Part 1. 제과·제빵기능사 공통 문제

03 다음 중에서 일반적인 상품의 표준 생산시간을 설정하는 목적이 아닌 것은?

① 소비자의 구매 동기자료 ② 원가 결정의 기초자료
③ 제품을 만드는 시간과 능력 파악 ④ 기술자 배치와 조정의 기초자료

> **TIP** 표준 생산시간을 설정하는 목적 : * 원가 결정의 기초자료
> * 기술자 배치와 조정의 기초 자료
> * 제품을 만드는 시간과 능력 파악

04 생산관리의 기능이 아닌 것은?

① 품질보증 기능 ② 적시적량 기능 ③ 원가조절 기능 ④ 시장개척 기능

> **TIP** 생산 관리의 기능 : 품질보증, 적시적량, 원가조절기능 **영업 관리의 기능** : 시장 개척 기능

05 작업 계획서를 작성하는 데 있어서 꼭 고려해야 할 사항과 거리가 먼 것은?

① 생산 품종과 생산량 ② 제품공급 일시 및 도착지
③ 작업 인원 ④ 제품 완료 시간

> **TIP** 작업계획 : 생산 품종과 생산량, 작업 인원, 제품 완료 시간

06 다음 중 생산관리의 목표는?

① 재고, 출고, 판매의 관리 ② 재고, 납기, 출고의 관리
③ 납기, 재고, 품질의 관리 ④ 납기, 원가, 품질의 관리

> **TIP** 생산관리 목표 : 납기관리, 원가관리, 품질관리, 생산량 관리

07 제과 공장에서 생산관리를 하는데, 매일 점검할 사항이 아닌 것은?

① 제품당 평균단가 ② 설비 가동률 ③ 원자재 비율 ④ 출근율

> **TIP** 제품당 평균 단가는 제품 제조시 변동폭이 발생될 때 점검할 사항이다.

08 공장설비구성의 설명으로 적합하지 않은 것은?

① 공장시설설비는 인간을 대상으로 하는 공학이다.
② 공장시설은 식품조리과정의 다양한 작업을 여러 조건에 따라 합리적으로 수행하기 위한 시설이다.
③ 설계디자인은 공간의 할당, 물리적 시설, 구조의 생김새, 설비가 갖춰진 작업장을 나타내 준다.
④ 각 시설은 그 시설이 제공하는 서비스의 형태에 기본적인 어떤 기능을 지니고 있지않다.

> **TIP** 시설이 제공하는 서비스는 각각의 기본적인 기능을 지니고 있어야 한다.

정답 03 ① 04 ④ 05 ② 06 ④ 07 ① 08 ④

09 제과 공장을 설계할 경우 환경에 대한 조건으로 맞지 않는 것은?

① 바다 가까운 곳에 위치해야 한다.
② 환경 및 주위가 깨끗한 곳이어야 한다.
③ 양질의 물을 얻을 수 있어야 한다.
④ 폐수 및 폐기물 처리에 편리한 곳이여야 한다.

> TIP • 바다 가까운 곳에 위치하면 밤낮의 기온차가 심하여 빵 만들기에 적합하지 않다.
> • 제과 공정은 위치가 높고, 환기가 잘되는 곳에 위치해야 한다.

10 주방 설계에 있어 주의할 점이 아닌 것은?

① 가스를 사용하는 장소에는 환기시설을 갖춘다.
② 주방 내의 여유 공간을 확보한다.
③ 종업원의 출입구와 손님용 출입구는 별도로 하여 재료의 반입은 종업원 출입구로 한다.
④ 주방의 환기는 소형의 것을 여러 개 설치하는 것보다 대형의 환기장치 1개를 설치하는 것이 좋다.

> TIP 주방 설계 시 환기장치는 대형의 환기장치를 1개 설치하는 것보다 소형의 환기장치를 여러 개 설치하는 것이 효과적이다.

11 튀김기에 관한 설명이 잘못된 것은?

① 튀김용 유지는 발연점이 높아야 한다.
② 튀김기 속에 있는 탄 식품조각들은 연속 튀김 시 다른 제품에 달라붙기 쉽고, 튀김유지와 제품에 나쁜 영향을 준다.
③ 튀김기의 이물질은 제품에 쓴맛을 내게 하고 튀김유지의 발연점을 높이는 역할을 한다.
④ 튀김기는 가성소다액으로 먼저 세척하고 약산성 세제로 중화시켜 세척해야 한다.

12 공장 주방설비 중 작업의 효율성을 높이기 위한 작업테이블의 위치로 가장 적당한 것은?

① 오븐 옆에 설치한다.　　② 냉장고 옆에 설치한다.
③ 발효실 옆에 설치한다.　　④ 주방의 중앙부에 설치한다.

> TIP 작업테이블이 중앙에 있어야만 동선이 절약되며 작업을 효율적으로 할 수 있다.

13 제과 공장에서 원재료비를 줄이고자 하는 방법에 포함되지 않는 것은?

① 인원관리　　② 구매관리　　③ 손실관리　　④ 품질관리

> TIP 인원관리는 재료비(제품 제조에 소비되는 물품의 원가)에 속하지 않고, 노무비에 속한다.

정답 09 ①　10 ④　11 ③　12 ④　13 ①

Part 1. 제과 · 제빵기능사 공통 문제

14 공장 설비 시 배수관의 최소 내경으로 알맞은 것은?

① 5cm   ② 7cm   ③ 10cm   ④ 15cm

> TIP 배수관의 내경은 10cm가 알맞다.

15 튀김 유지의 품질관리 하는 방법이 아닌 것은?

① 유리지방산 분석   ② 유지의 색도 비교
③ 발연점의 결정   ④ 튀김 후 남아 있는 유지량

16 일반적인 제과 작업장의 기준으로 맞지 않는 것은?

① 조명은 50Lux 이하가 좋다.   ② 방충, 방서용 금속망은 30메쉬가 적당하다.
③ 벽면은 매끄럽고 청소하기 편리해야 한다.   ④ 창의 면적은 바닥면적을 기준하여 30%가 좋다.

> TIP 제과제빵 작업장의 조명은 50Lux 이상이 좋다.

17 다음 중에서 제과 공정상의 조도 기준에서 수작업 및 마무리 작업에 적합한 것은?

① 50Lux   ② 100Lux   ③ 200Lux   ④ 500Lux

> TIP 조도기준
> • 50Lux – 발효   • 100Lux – 굽기
> • 200Lux – 계량, 반죽, 성형   • 500Lux – 포장, 마무리 작업

18 대량 생산 공정에서 많이 사용하는 오븐으로 정형된 반죽이 들어가는 입구와 제품이 나오는 출구가 서로 다른 오븐은?

① 데크 오븐(deck oven)   ② 터널 오븐(tunnel oven)
③ 컨벡션 오븐(convection oven)   ④ 로터리 래크 오븐(rotary rack oven)

> TIP 터널 오븐 – 오븐의 입구과 출구가 틀리며 대량 생산에 적합하다.

19 팬의 관리에 대한 설명 중에 적합하지 않은 것은?

① 팬에 코팅이 많이 벗겨졌거나 물로 세척한 경우에는 충분히 말려 수분을 제거하고 쇼트닝이나 소포제를 내부에 바른다.
② 프랑스빵 팬은 반죽의 크기와 두께에 따라 4줄, 5줄, 6줄의 팬을 구분하여 선택한다.
③ 브리오슈 팬은 반죽 양에 맞는 팬을 준비한다.
④ 팬에 이물질이 없는지 확인한다.

정답   14 ③   15 ④   16 ①   17 ④   18 ②   19 ①

Part 2. 제과 이론 문제

1. 과자류 제품 재료 혼합

01 고율배합의 제품을 굽는 방법으로 알맞은 것은?

① 저온 단시간
② 고온 단시간
③ 저온 장시간
④ 고온 장시간

> 💡 고율배합은 밀가루량보다 설탕량이 많이 들어간 제품이라 낮은 온도에서 장시간 굽는다.

02 저율배합 케이크에 대한 고율배합 케이크의 특징이 아닌 것은?

① 믹싱 중 공기 혼합량이 많다.
② 비중이 낮다.
③ 화학팽창제의 사용량이 적다.
④ 같은 분할 무게일 때 굽기 온도를 높인다.

> 💡 고율배합과 저율배합의 비교
>
> | 비교항목 | 고율배합 | 저율배합 |
> | --- | --- | --- |
> | 반죽 속에 공기가 포함된 정도 | 많음 | 적음 |
> | 비중 | 낮음 | 높음 |
> | 화학팽창제 사용 | 줄임 | 높임 |
> | 굽는 정도 | 저온 장시간 | 고온 단시간 |

03 로-마지팬(raw mazipan)에서 '아몬드 : 설탕'의 적합한 혼합 비율은?

① 1 : 0.5　② 1 : 1.5　③ 1 : 2.5　④ 1 : 3.5

> 💡 • 마지팬 : 아몬드와 설탕을 혼합해 잘게 분쇄한 후 대리석 롤러를 이용하여 페이스트 상태로 만든 제품이다.
> • 로-마지팬 : 아몬드 1에 대해 설탕 0.5의 비율로 만든 반죽이다. 독일에서는 1 : 0.5로 만들도록 정해 놓았고, 프랑스식은 처음부터 아몬드와 설탕의 비율을 1 : 2로 하여 만든다.

04 옐로 레이어 케이크에서 쇼트닝과 달걀의 사용량 관계를 바르게 나타낸 것은?

① 쇼트닝 × 0.7 = 달걀
② 쇼트닝 × 0.9 = 달걀
③ 쇼트닝 × 1.1 = 달걀
④ 쇼트닝 × 1.3 = 달걀

> 💡 배합률 조정공식
> ① 설탕과 쇼트닝의 양을 먼저 결정한다.　② 달걀 = 쇼트닝 × 1.1
> ③ 우유 = 설탕 + 25 − 달걀　④ 우유 = 탈지분유 10% + 물 90%로 대체하여 사용할 수 있다.

정답 01 ③　02 ④　03 ①　04 ③

Part 2. 제과 이론 문제

05 완제품 600g짜리 파운드 케이크 1200개를 만들고자 한다. 이때 믹싱 손실이 1%, 굽기 손실이 19%라고 한다면 총 재료량은?

① 720kg ② 780kg ③ 840kg ④ 900kg

> **TIP** 반죽의 무게 = 완제품의 무게 ÷ (1 − 손실량)
> ㉮ 굽기 전 반죽 무게 = (600 × 1200) ÷ (1 − 0.01) = 720kg ÷ 0.99 = 727.272727
> ㉯ 믹싱 전 반죽의 무게 = 727.27 ÷ (1 − 0.19) = 727.272727 ÷ 0.81 = 897.86 ≒ 900kg

06 완제품 500g짜리 파운드 케이크 1000개를 주문받았다. 믹싱 손실이 1.5%, 굽기 손실이 19%, 총 배합율이 400%인 경우 20kg짜리 밀가루를 몇 포대를 준비해야 하는가?

① 7 ② 8 ③ 9 ④ 10

> **TIP** 완제품의 총 중량 = 완제품 중량 × 개수 = 500,000g
> 분할 총 중량 = 완제품의 총 중량 ÷ [1 − (굽기 손실 ÷ 100)] = 617,283.95g
> 반죽 총 중량 = 분할 총 중량 ÷ [1 − (믹싱 손실 ÷ 100)] = 626,684.21g
> 밀가루의 중량 = 반죽의 총 중량 × 밀가루의 중량 ÷ 총 배합률 = 156,671.05g
> 밀가루의 포대 수 = 밀가루의 중량 ÷ 20,000g ≒ 7.8
> 7.8을 올림 하여 8포대 준비한다.

07 스펀지 케이크에 사용되는 필수 재료가 아닌 것은?

① 달걀 ② 박력분 ③ 설탕 ④ 베이킹파우더

> **TIP** 스펀지 케이크의 필수 재료는 박력분, 달걀, 설탕, 소금이다.

08 저울의 사용방법으로 알맞지 않은 것은?

① 지정된 건전지를 사용하고 장시간 사용하지 않을 경우 건전지를 넣어 둔다.
② 이동 시 측정판을 잡고 끌지 않는다.
③ 분해, 수리, 개조는 절대 하지 않는다.
④ 정확히 계량하기 위해 수시로 오차를 점검한다.

> **TIP** 지정된 건전지를 사용하고 장시간 사용하지 않을 경우 건전지를 빼 둔다. 장기간 방치 시 전자 파열 누액으로 인해 감전의 위험이 높아진다.

09 제과용 밀가루의 주요 기능은?

① 구조형성 ② 유화작용 ③ 감미도 조절 ④ 껍질색

> **TIP** 제과용 밀가루는 구조형성 기능을 하며 단백질 함량 7~9%, 회분 0.4 이하, pH 5.2인 박력분을 사용한다.

정답 05 ④ 06 ② 07 ④ 08 ① 09 ①

10 다음 재료 계량 순서를 올바르게 나열한 것은?

> (1) 측정할 재료를 담을 용기를 측정판 위에 올린다.
> (2) 재료를 용기 안에 넣으면 순수한 재료만의 무게가 측정된다.
> (3) 저울의 'ON'을 눌러 전원을 켠다.
> (4) 용기의 무게가 입력된 경우 '용기' 키를 눌러 '0'으로 맞춘다.

① (1) - (3) - (4) - (2)
② (1) - (4) - (3) - (2)
③ (3) - (1) - (4) - (2)
④ (3) - (4) - (1) - (2)

11 파이용 밀가루에 대한 설명으로 틀린 것은?

① 파이 껍질의 구성 재료를 형성한다.
② 표백이 양호해야 한다.
③ 유지의 층을 만들어 결을 만든다.
④ 글루텐 함량이 너무 높거나 낮지 않아야 한다.

> TIP 파이용 밀가루에 대한 설명으로는 글루텐의 함량이 너무 높지 않아야 하며, 파이 껍질의 구성 재료를 형성한다.

12 식품향료에 대한 설명 중 틀린 것은?

① 천연향료는 자연에서 채취한 후 추출, 정제, 농축, 분리과정을 거쳐 얻는다.
② 합성향료는 석유 및 석탄류에 포함되어있는 방향성 유기물질로부터 합성하여 만든다.
③ 조합향료는 천연향료와 합성향료를 조합하여 양자 간의 문제점을 보완한 것이다.
④ 식품에 사용하는 향료는 첨가물이지만 품질, 규격 및 사용법을 준수하지 않아도 된다.

> TIP 식품에 사용하는 향료는 품질, 규격 및 사용법을 준수하여야 한다.
> • **수용성향료** : 내열성에 약하다.
> • **유성향료** : 내열성이 강하다.
> • **분말향료** : 향료의 휘발 및 변질을 방지하기 쉽다.

13 바닐라 에센스가 우유에 미치는 영향은?

① 생취를 감소시킨다.
② 마일드감을 감소시킨다.
③ 단백질의 영양가를 증가시키는 강화제 역할을 한다.
④ 색감을 좋게 하는 착색료 역할을 한다.

> TIP 우유 본래의 냄새를 생취라고 한다.

정답 10 ③ 11 ② 12 ④ 13 ①

Part 2. 제과 이론 문제

14 제과용 밀가루 제조에 사용되는 밀로 가장 좋은 것은?

① 경질동맥　　② 경질춘맥　　③ 연질동맥　　④ 연질춘맥

> **TIP** 밀의 기본 6품종
> ㉮ 경질 정동맥 : 제빵 적성이 양호한 편이며 식빵용, 롤빵, 과자용 빵, 다목적용 밀가루를 만든다.
> ㉯ 경질 적춘맥 : 단백질 함량이 가장 높고, 제분성과 제빵 적성이 우수한 강력분 제조용이다.
> ㉰ 연질 정동맥 : 평평한 빵, 케이크, 페이스트리, 크래커 등 박력분 계열의 밀가루 제조용이다.
> ㉱ 듀럼 : 경질 소맥으로 파스타 제조를 위한 세몰리나 밀가루를 만들며 경질 적춘맥과 같은 지역에서 재배한다.
> ㉲ 경질 백소맥 : 적소맥에 비하여 껍질이 백색으로 더 부드럽고 향이 강하며 이스트 사용 하드롤, 동양식 국수, 또띠아 제조용이다.
> ㉳ 연질 백소맥 : 케이크, 크래커, 쿠키, 머핀, 스낵용 밀가루를 만들며 연질 적동맥과 유사하게 박력분 제조에 사용한다.

15 케이크류의 제조와 관계가 먼 재료는?

① 달걀　　② 설탕　　③ 강력분　　④ 박력분

> **TIP** 케이크류에는 박력분을 사용한다. 단백질 함량이 높은 강력분을 사용하면 거품이 꺼진다. 강력분은 제빵 적성에 적합하다.

16 밀알 중에서 밀가루가 되는 부분은?

① 껍질　　② 배아　　③ 내배유　　④ 밀알 전부

> **TIP** 내배유는 밀가루가 되는 것이다.

17 박력분의 설명으로 옳은 것은?

① 경질소맥을 제분한다.　　② 연질소맥을 제분한다.
③ 글루텐 함량은 12~14%이다.　　④ 빵이나 국수를 만들 때 사용한다.

> **TIP** 강력분
> – 경질소맥을 제분
> – 글루텐 함량 12~14%
> – 빵이나 국수를 만들 때 사용

18 밀가루 수분함량이 1% 감소할 때마다 흡수율은 얼마나 증가하는가?

① 0.3~0.5%　　② 0.75~1%　　③ 1.3~1.6%　　④ 2.5~2.8%

> **TIP** 밀가루의 수분함량이 1% 감소할 때마다 흡수율은 1.3~1.6% 정도 증가한다.

19 제분 직후의 미숙성 밀가루는 노란색을 띠는데 그 원인 색소는?

① 플라본　　② 퀴논　　③ 클로로필　　④ 크산토필

> **TIP** 밀가루에 있는 황색 색소인 카로티노이드가 미숙성 상태인 크산토필을 만들어 밀가루에 노란색이 나타난다.

정답　14 ③　15 ③　16 ③　17 ②　18 ③　19 ④

20 수용성 향료(essence)의 특징으로 옳은 것은?

① 제조시 계면활성제가 반드시 필요하다.
② 기름(oil)에 쉽게 용해된다.
③ 내열성이 강하다.
④ 고농도의 제품을 만들기 어렵다.

TIP 수용성 향료의 단점은 내열성이 약하고, 고농도 제품을 만들기가 어렵다.

21 밀가루 품질 규정 시 껍질(皮)의 혼합률은 어느 성분으로 측정하는가?

① 지방　　② 섬유질　　③ 회분　　④ 비타민 B_1

TIP 밀가루 품질 규정 시 껍질의 혼합률은 회분으로 측정한다.

22 밀가루의 숙성에 대한 설명으로 틀린 것은?

① 반죽의 기계적 적성을 좋게 한다.
② 제빵 적성을 양호하게 한다.
③ 산화제 사용은 숙성기간을 증가시킨다.
④ 숙성기간은 온도와 습도 조건에 따라 다르다.

TIP 밀가루 숙성 시 산화제를 사용하게 되면 숙성기간을 촉진 시킨다.

23 밀가루 중 밀기울의 혼합률을 측정하는 기준 성분은?

① 섬유질　　② 회분　　③ 지방　　④ 비타민 B_1

TIP 밀기울에는 무기질로 회분을 많이 함유하고 있다.

24 제과용 밀가루의 단백질과 회분의 함량으로 가장 적합한 것은?

	단백질(%)	회분(%)		단백질(%)	회분(%)
①	4~5.5	0.2	②	6~6.5	0.3
③	7~9	0.4	④	10~11	0.5

TIP 단백질 함량에 따라 강력분 13% 이상, 중력분 10~12%, 박력분 7~9% 이다.

정답 20 ④　21 ③　22 ③　23 ②　24 ③

Part 2. 제과 이론 문제

25 밀가루에서 전분, 단백질, 펜토산, 손상된 전분이 동량이라면 어느 것이 흡수율이 가장 좋은가?

① 전분   ② 단백질   ③ 펜토산   ④ 손상된 전분

> TIP 밀가루에서 전분, 단백질, 팬토산, 손상된 전분이 동량이라면 펜토산 흡수율이 가장 좋다.

26 일반적으로 밀가루의 단백질이 1% 증가할 때 흡수율은 어떻게 변하는가?

① 1.5% 감소   ② 1.5% 증가   ③ 2.5% 감소   ④ 2.5% 증가

27 가루 반죽을 끊어질 때까지 늘려서 끊음으로써 그때의 힘과 반죽의 신장성을 알아보는 기계는?

① 아밀로그래프   ② 패리노그래프
③ 익스텐소그래프   ④ 믹소그래프

> TIP 반죽의 신장성에 대한 저항을 측정하는 것은 익스텐소그래프이다.

28 다음 제품 중 코코아를 사용하는 것은?

① 화이트 레이어 케이크   ② 옐로 레이어 케이크
③ 파운드 케이크   ④ 데블스 푸드 케이크

> TIP 데블스 푸드 케이크에는 코코아를 20% 정도 넣어준다.

29 옥수수가루를 이용하여 스펀지 케이크를 만들 때 가장 좋은 제품의 부피를 얻을 수 있는 것은?

① 메옥수수가루   ② 찰옥수수가루
③ 익힌 메옥수수가루   ④ 익힌 찰옥수수가루

> TIP 찰옥수수가루, 익힌 메옥수수가루, 익힌 찰옥수수가루는 끈적임을 지나치게 큰 상태의 물리적 성질을 갖고 있다.

30 스펀지 케이크 제조시 아몬드 분말을 사용할 경우의 장점인 것은?

① 노화가 지연되며 맛이 좋다.   ② 식감이 단단하다.
③ 원가가 절감된다.   ④ 반죽이 안정적이다.

> TIP 아몬드 분말은 지방을 함유하고 있어 노화가 지연되며 맛이 더욱 좋아진다.

정답 25 ③ 26 ② 27 ③ 28 ④ 29 ① 30 ①

31 제과에서 설탕의 기능이 아닌 것은?

① 감미제
② 밀가루 단백질의 연화
③ 알코올 발효의 탄수화물 근원
④ 수분 보유로 노화 지연

32 설탕공예용 당액 제조 시 고농도화된 당의 결정을 막아주는 재료는?

① 중조　② 물엿　③ 포도당　④ 베이킹파우더

> TIP 물엿은 설탕공예를 더 견고하고 오랫동안 유지시켜주는 역할을 한다. 설탕을 끓일 때 물엿은 반드시 설탕과 물이 완전히 끓고난 후 섞어 주어야 하는데 끓기 전에 물엿을 넣게 되면 설탕이 완전히 섞이는 것을 방해해 결정이 생길 수 있다. 물엿을 넣지 않고 설탕을 끓이면 편하게 작업할 수 있지만 설탕공예의 광택과 유지성은 줄어들게 된다. 물엿의 양은 작업할 때 온도나 설탕의 조직에 따라 조절해서 사용할 수 있다. 물엿의 양이 늘수록 작업할 때 설탕 반죽의 온도는 높고 작업이 까다롭지만 작품의 광택이 좋고 견고해져 작품의 수명이 길어진다.

33 다음의 재료 중 많이 사용할 때 반죽의 흡수량이 감소되는 것은?

① 활성 글루텐　② 손상 전분　③ 유화제　④ 설탕

34 설탕 300g 대신 전량을 고형질 75%인 물엿으로 대체하려면 물엿의 사용량은?

① 50g　② 150g　③ 400g　④ 600g

> TIP 물엿의 사용량 × 75% = 300, 300 ÷ 75% = 400

35 다음 중 허용되어 있지 않는 감미료는?

① 에틸렌글리콜　② 사카린나트륨　③ 아스파탐　④ 스테비오시드

> TIP 유해성 감미료에는 에틸렌글리콜, 사클라메이트, 둘신, 페릴라틴 등이 있다.

36 아스파탐은 새로운 감미료로 칼로리가 매우 낮고 감미도는 높다. 아스파탐의 구성성분은?

① 아미노산　② 전분　③ 지방　④ 포도당

> TIP 가열조리를 하지 않는 식사 대용, 곡류 가공품, 분말 청량음료, 탄산음료, 인스턴트 커피 및 차 이외의 식품에 사용 불가한 아스파탐의 구성성분은 아미노산이다.

37 분당의 저장 중 덩어리가 되는 것을 방지하기 위하여 옥수수 전분을 몇 % 정도 혼합하는가?

① 3%　② 7%　③ 12%　④ 15%

> TIP 분당은 설탕을 곱게 빻아 덩어리가 되는 것을 방지하기 위하여 전분 3%를 혼합한다.

정답 31 ③　32 ②　33 ④　34 ③　35 ①　36 ①　37 ①

Part 2. 제과 이론 문제

38 거친 설탕 입자를 마쇄하여 고운 눈금을 가진 체로 통과시킨 후 덩어리 방지제를 첨가한 제품은?

① 액당 ② 분당 ③ 전화당 ④ 포도당

> TIP 분당 : 설탕을 분쇄하여 뭉치는 것을 방지하기 위해 전분을 혼합한 것.

39 환원당과 아미노화합물의 축합이 이루어질 때 생기는 갈색 반응은?

① 마이야르(Maillard) 반응
② 캐러멜(Caramel)화 반응
③ 효소적 갈변
④ 아스코르빈산(Ascorbic acid)의 산화에 의한 갈변

> TIP 마이야르 반응은 잔당이 아미노산과 환원당으로 반응하여 껍질색을 내는 것이다.

40 아래의 갈색 반응의 반응식에서 ( )에 알맞은 것은?

> 환원당 + ( ) — (열) → 멜라노이드 색소(황갈색)

① 지방 ② 탄수화물 ③ 단백질 ④ 비타민

> TIP 단백질류에서 분해된 아미노산이 메일라드 반응과 캐러멜화를 통해 껍질색을 진하게 한다.

41 설탕 시럽 제조 시 주석산 크림을 사용하는 주된 이유는?

① 냉각 시 설탕의 재결정을 막아준다.
② 시럽을 빨리 끓이기 위함이다.
③ 시럽을 하얗게 만들기 위함이다.
④ 설탕을 빨리 용해 시키기 위함이다.

> TIP 설탕 시럽의 제조 중 설탕 냉각 시 재결정을 막기 위해 주석산 크림을 사용한다.

42 퐁당 아이싱의 끈적거림을 배제하는 방법으로 잘못된 것은?

① 아이싱에 최소의 액체를 사용한다.
② 안정제(한천)를 사용한다.
③ 흡수제(전분)를 사용한다.
④ 케이크 온도가 높을 때 사용한다.

> TIP 퐁당 아이싱의 끈적거림을 배제하기 위해서는 케이크의 온도가 낮을 때 사용하는 것이 좋다.

정답 38 ② 39 ① 40 ③ 41 ① 42 ④

43 케이크 제조에 사용되는 달걀의 역할이 아닌 것은?

① 결합제 역할
② 글루텐 형성 작용
③ 유화력 보유
④ 팽창 작용

> **TIP** 물과 밀가루가 외부의 물리적인 힘을 받아서 글리아딘, 글루테닌이 합성되어 글루텐이 빵에 형성되는 것이고, 케익(달걀)과는 상관없다.

44 과자 제품으로 커스터드 푸딩은 달걀의 가공적성 중 무엇을 이용한 것인가?

① 열응고성
② 기포성
③ 유화성
④ 변색성

> **TIP** 푸딩 : 달걀, 설탕, 우유 등을 혼합하여 중탕으로 구운 제품으로, 육류, 과일, 야채, 빵을 섞어 만들기도 했다. 달걀의 열변성에 의한 농후화 작용(열응고성)을 이용한 제품이다.

45 푸딩을 제조할 때 경도의 조절을 해주는 재료는 무엇인가?

① 달걀
② 우유
③ 소금
④ 설탕

> **TIP** 달걀의 투입량을 늘리면 구조력이 강해져 푸딩을 제조할 때 경도 조절이 가능하다.

46 케이크를 부풀게 하는 증기압의 주재료는?

① 달걀
② 쇼트닝
③ 밀가루
④ 베이킹파우더

> **TIP** 증기압은 수분이며 달걀의 수분함량은 75%이다.

47 달걀에 대한 설명 중 옳은 것은?

① 달걀 노른자에 가장 많은 것은 단백질이다.
② 달걀 흰자는 대부분이 물이고 그다음 많은 성분은 지방질이다.
③ 달걀 껍질은 대부분 탄산칼슘으로 이루어져 있다.
④ 달걀은 흰자보다 노른자 중량이 더 크다.

> **TIP** 노른자 – 지방 32%, 단백질 16%
> 흰자 – 수분 88%, 고형분 12% (고형분의 대부분은 단백질)

48 어떤 케이크를 생산하는 데 전란이 1000g 필요하다. 껍질 포함 60g짜리 달걀은 몇 개가 있어야 하는가?

① 17개
② 19개
③ 21개
④ 23개

> **TIP** * 껍질 = 10%, 노른자 = 30%, 흰자 = 60%
> * 껍질 포함 60g이면, 달걀은 54g이다.
> * 1000 ÷ 54 = 18.5185 ≒ 19개

정답 43 ② 44 ① 45 ① 46 ① 47 ③ 48 ②

Part 2. 제과 이론 문제

49 달걀 껍질을 제외한 전란의 고형질 함량은 일반적으로 약 몇 % 인가?

① 7%   ② 12%   ③ 25%   ④ 50%

> **TIP** ① **달걀의 구성** : 전란→고형분 25%, 수분 75%
> - 껍질, 노른자, 흰자로 구성되어 있으며, 그 비율은 1 : 3 : 6이다.
> - 달걀 1개의 무게가 60g 이상이 되면 노른자의 비율이 감소하고 흰자의 비율이 높아진다.
>
> ② **흰자**
> - 수분 88%, 고형분 12% 로 구성되어 있다.
> - 흰자에는 오브알부민, 콘알부민, 오브뮤코이드, 아비딘 등의 단백질이 함유되어 있다.
>
> ③ **노른자**
> - 수분 50%, 고형분 50%로 구성되어 있다. 노른자 고형질의 약 70%를 차지하는 지방은 트리글리세리드, 인지질, 콜레스테롤 등으로 되어 있다.
> - 인지질의 79% 정도를 차지하는 레시틴은 소화 흡수율이 좋고 유화제로 쓰이며, 마요네즈 제조에 이용된다.
>
> ④ **껍질**
> - 세균 침입을 막는 큐티클로 싸여 있다.

50 전란의 수분함량은 몇 % 정도인가?

① 30~35%   ② 50~53%   ③ 72~75%   ④ 92~95%

> **TIP** 전란의 고형분은 25%, 수분은 75%이다.

51 다음 중 달걀흰자의 조성에서 함유량이 가장 적은 것은?

① 오브알부민   ② 콘알부민   ③ 라이소자임   ④ 카로틴

> **TIP** **카로틴(carotin)** : 카로티노이드의 하나. 당근뿌리나 고추에 많이 들어있는 붉은 및 색소 물질로 동물의 몸 안에서 비타민A로 변하여 시각·광합성 등에서 중요한 기능을 한다.

52 다음 중 신선한 달걀은?

① 8% 식염수에 뜬다.   ② 흔들었을 때 소리가 난다.
③ 난황계수가 0.1 이하이다.   ④ 껍질에 광택이 없고 거칠다.

53 달걀의 난황계수를 측정한 결과가 다음과 같을 때 가장 신선하지 않은 것은?

① 0.1   ② 0.2   ③ 0.3   ④ 0.4

> **TIP** 난황계수 = 높이 ÷ 직경으로 구한 값이므로 난황계수의 값이 적을수록 노른자가 옆으로 퍼진다.(신선하지 않다)

54 달걀흰자의 기포성과 안정성에 도움이 되는 재료가 아닌 것은?

① 주석산 크림   ② 레몬즙   ③ 설탕   ④ 버터

> **TIP** – 흰자의 기포성 재료 : 주석산 크림, 레몬즙, 식초, 과일즙, 산성 재료, 소금
> – 흰자의 안정성 재료 : 설탕, 산성 재료

정답 49 ③   50 ③   51 ④   52 ④   53 ①   54 ④

55 다음 중 소화가 가장 잘 되는 달걀은?

① 생달걀　　② 반숙 달걀　　③ 완숙 달걀　　④ 구운 달걀

> TIP 반숙 달걀이 소화가 제일 잘 된다.

56 마요네즈를 만드는 데 노른자가 500g 필요하다. 껍질 포함 60g짜리 달걀을 몇 개 준비해야 하는가?

① 10개　　② 14개　　③ 28개　　④ 56개

> TIP * 마요네즈는 달걀 노른자로 만든다.　* 달걀은 껍질 : 노른자 : 흰자 = 10% : 30% : 60%
> * 500 ÷ (60×0.3) = 27.7　∴ 28개

57 달걀흰자가 360g 필요하다고 할 때 전란 60g짜리 달걀이 몇 개 정도 필요한가?
(단, 달걀 중 난백의 함량은 60%)

① 6　　② 8　　③ 10　　④ 13

> TIP * 달걀은 껍질 : 노른자 : 흰자 1 : 3 : 6의 비율이다.
> * 60g짜리 달걀의 껍질은 6g, 노른자 18g, 흰자는 36g이다.　* 360 ÷ 36 = 10

58 데블스 푸드 케이크 제조 시 중조를 8g 사용했을 경우 가스 발생량으로 비교했을 때 베이킹파우더 몇g과 효과가 같은가?

① 8g　　② 16g　　③ 24g　　④ 32g

> TIP 데블스 푸드 케이크는 코코아를 사용하여 검 붉은색을 띠므로 데블스라고 한다.
> 중조=베이킹 파우더 3배(8×3=24g)

59 베이킹파우더를 많이 사용한 제품의 결과로 부적당한 것은?

① 밀도가 크고 부피가 작다.
② 속결이 거칠다.
③ 오븐스프링이 커서 찌그러들기 쉽다.
④ 속색이 어둡다.

> TIP 베이킹파우더 과다 사용 시 밀도가 작고 부피는 상대적으로 크다.

60 베이킹파우더 성분 중 이산화탄소(CO_2)를 발생시키는 것은?

① 전분　　② 주석산　　③ 인산칼슘　　④ 탄산수소나트륨

> TIP 탄산수소나트륨은 중조, 베이킹소다이며 열을 가하면 탄산가스(이산화탄소)를 발생시켜 과자를 부풀린다.

55 ②　56 ③　57 ③　58 ③　59 ①　60 ④　**정답**

Part 2. 제과 이론 문제

61 베이킹파우더의 특징으로 올바르지 않은 것은?

① 베이킹파우더의 팽창력은 알코올에 의한 것이다.
② 과량의 산은 반죽의 pH을 낮게 만들고, 과량의 중조는 pH를 높게 한다.
③ 탄산수소나트륨(중조/소다)이 기본이 되고 여기에 산을 첨가하여 중화가를 맞춘 것이다.
④ 일반적으로 과자 제품인 케이크나 쿠키를 제조할 때 많이 쓴다.

62 베이킹파우더에 전분을 사용하는 목적으로 틀린 것은?

① 중조와 산재료의 격리 효과 ② 흡수제 역할
③ 취급제 계량 용이 ④ 산도 조절

> TIP 베이킹파우더에 전분을 사용하는데 산도와는 관련이 없다.

63 함께 사용한 재료들에 향미를 제공하고 껍질색 형성을 빠르게 하여 색상을 진하게 하는 것은?

① 지방 ② 소금 ③ 우유 ④ 유화제

> TIP 소금은 당류의 열 반응을 촉진시켜 빵 껍질의 색상을 진하게 한다.

64 다음 유지의 설명 중 크래커에서 가장 중요한 것은?

① 크림가 ② 쇼트닝가 ③ 가소성 ④ 발연점

> TIP 크래커에서 쇼트닝가를 높이기 위해서는 유지 중 라드를 쿠키, 크래커, 파이 등에 사용해준다.

65 버터크림을 만드는 공정 중 공기를 포집하는 유지의 기능은?

① 팽창기능 ② 윤활기능 ③ 호화기능 ④ 안정기능

> TIP 공기를 포집하는 기능을 팽창기능이라 한다.

66 시유의 일반적인 수분과 고형질 함량은?

① 물 68%, 고형질 38% ② 물 75%, 고형질 25%
③ 물 88%, 고형질 12% ④ 물 95%, 고형질 5%

> TIP 우유(=시유)의 성분 : 우유의 성분은 크게 수분과 고형물로 나눌 수 있는데 그 비율은 수분 88%, 고형물 12%이다.

67 시유의 탄수화물 중 함량이 가장 많은 것은?

① 포도당 ② 과당 ③ 맥아당 ④ 유당

> TIP 시유는 우유를 뜻하는 것으로 탄수화물 중 유당이 가장 많다.

정답 61 ① 62 ④ 63 ② 64 ② 65 ① 66 ③ 67 ④

68 신선한 우유의 평균 pH는?

① 12.8   ② 10.8   ③ 6.8   ④ 3.8

> TIP 박력분 pH 5.2 / 흰자 pH 8.8~9 / 우유 pH 6.6~6.8 / 증류수 pH 7

69 우유에서 산에 의해 응고되는 물질은?

① 단백질   ② 유당   ③ 유지방   ④ 회분

> TIP 우유에서 산에 의해 응고되는 물질은 우유의 단백질인 카제인이다.

70 우유 가공품과 가장 거리가 먼 것은?

① 치즈   ② 마요네즈   ③ 연유   ④ 생크림

> TIP 마요네즈는 달걀노른자와 식용유로 만드는 것이다.

71 분유의 종류에 대한 설명으로 틀린 것은?

① 혼합분유 : 연유에 유청을 가하여 분말화한 것
② 전지분유 : 원유에서 수분을 제거하여 분말화한 것
③ 탈지분유 : 탈지유에서 수분을 제거하여 분말화한 것
④ 가당분유 : 원유에 당류를 가하여 분말화한 것

> TIP 혼합분유는 전지분유나 탈지분유에 쌀가루, 밀가루, 유청 분말, 코코아 가공품 등의 식품이나 식품 첨가물을 섞어 가공, 분말화한 것이다.

72 우유 2kg을 사용하는 반죽에 분유로 대체할 때 분유와 물의 사용량으로 적정한 것은?

① 200 : 1,800   ② 300 : 1,700   ③ 400 : 1,600   ④ 500 : 1,500

> TIP 분유 = 2,000 × 10% = 200g, 물 = 2,000g × 90% = 1,800g

73 다음 유제품 중 일반적으로 100g당 열량을 가장 많이 내는 것은?

① 요구르트   ② 가공치즈   ③ 탈지분유   ④ 시유

> TIP 가공치즈는 지방 함량이 높아서 유제품 중에서 비교적 열량이 높다.

74 유당불내증이 있는 사람에게 적합한 식품은?

① 우유   ② 크림소스   ③ 요구르트   ④ 크림스프

> TIP 유당불내증 : 유당(lactose)을 분해시키는 효소인 락타아제가 없어서 소화를 못 시키는 경우를 말한다. 박테리아가 락토오스를 분해할 때 산과 가스를 발생하여 몸이 붓고, 경련을 일으키는데 이런 사람들에게 적합한 식품으로는 요구르트가 있다.

정답 68 ③ 69 ① 70 ② 71 ① 72 ① 73 ② 74 ③

Part 2. 제과 이론 문제

75 비중이 1.035인 우유에 비중이 1인 물을 1 : 1 부피로 혼합하였을 때 물을 섞은 우유의 비중은?

① 2.035 ② 1.0175 ③ 1.035 ④ 0.035

> TIP (우유의 비중 + 물의 비중) ÷ 2 = (1.035 + 1) ÷ 2 = 1.0175

76 과자와 빵에 우유가 미치는 영향이 아닌 것은?

① 영양을 강화시킨다.
② 보수력이 없어서 노화를 촉진시킨다.
③ 겉껍질 색깔을 강하게 한다.
④ 이스트에 의해 생성된 향을 착향시킨다.

> TIP 우유는 수분 보유력이 있다.

77 젤라틴(gellatin)에 대한 설명 중 틀린 것은?

① 동물성 단백질이다.
② 응고제로 주로 이용된다.
③ 물과 섞으면 용해된다.
④ 콜로이드 용액의 젤 형성과정을 비가역적인 과정이다.

> TIP 젤라틴(gellatin) : 동물의 껍질이나 연골 속의 콜라겐을 정제한 것으로 물과 섞으면 용해되며 응고제로 주로 이용된다.

78 검류에 대한 설명으로 틀린 것은?

① 유화제, 안정제, 점착제 등으로 사용된다.
② 낮은 온도에서 높은 점성을 나타낸다.
③ 무기질과 단백질로 구성되어 있다.
④ 친수성 물질이다.

> TIP 검류는 탄수화물과 단백질로 구성되어 있다.

79 친수성 — 친유성 균형(HLB)이 다음과 같은 경우 친수성인 계면 활성제는?

① 5 ② 7 ③ 9 ④ 11

> TIP HLB의 수치가 9 이하이면 친유성이고, 11 이상이면 친수성이다.

80 젤리를 제조하는 데 당분 60~65%, 펙틴 1.0~1.5%일 때 가장 적합한 pH는?

① pH 1.0 ② pH 3.2 ③ pH 7.8 ④ pH 10.0

> TIP 젤리의 pH는 산성이다.

정답 75 ② 76 ② 77 ④ 78 ③ 79 ④ 80 ②

81 젤리화의 요소가 아닌 것은?

① 유기산류   ② 염류   ③ 당분류   ④ 펙틴류

> **TIP** 유기산류, 당분류, 펙틴류는 젤리화의 요소이지만, 염류는 젤리화의 요소가 아니다.

82 과일 잼 형성의 3가지 필수요건이 아닌 것은?

① 설탕   ② 펙틴   ③ 산(酸)   ④ 젤라틴

> **TIP** 잼의 3요소 : pectin 1%, 산(pH 3), 당(60%)

83 화이트 초콜릿에는 코코아 고형분이 얼마나 들어있는가?

① 62.5%   ② 30%   ③ 14%   ④ 0%

> **TIP** 화이트 초콜릿 : 카카오 고형분과 카카오 버터 중 다갈색의 카카오 고형분을 빼고(0%), 카카오 버터에 설탕, 분유, 레시틴, 바닐라향을 넣어 만든 백색의 초콜릿이다.

84 비터 초콜릿(Bitter Chocolate) 원액 속에 포함된 코코아 함량은 얼마인가?

① 3/8   ② 4/8   ③ 5/8   ④ 7/8

> **TIP** 비터 초콜릿의 코코아 버터는 3/8 함유되어 있으며, 코코아는 5/8 함유되어 있다.

85 초콜릿의 브룸(Bloom) 현상에 대한 설명 중 틀린 것은?

① 초콜릿 표면이 나타난 흰 반점이나 무늬 같은 것을 브룸(Bloom) 현상이라고 한다.
② 설탕이 재결정화 된 것을 슈가 브룸(sugar Bloom)이라고 한다.
③ 지방이 유출된 것을 팻 브룸(fat Bloom)이라고 한다.
④ 템퍼링이 부족하면 설탕의 재결정화가 일어난다.

> **TIP** 브룸(Bloom)
> – 온도 변화에 따라 초콜릿 표면에 나타난 흰 반점이나 무늬 같은 것을 브룸(Bloom) 현상이라고 한다.
> – 설탕이 재결정화 된 것을 슈가 브룸(sugar Bloom)이라 하며, 지방이 유출된 것을 팻 브룸(fat Bloom)이라고 한다.
> ※ 템퍼링이 부족하면 초콜릿의 표면으로 지방이 유출된다.

정답 81 ② 82 ④ 83 ④ 84 ③ 85 ④

Part 2. 제과 이론 문제

86 다음 설명 중 코팅용 초콜릿의 특징으로 가장 중요한 것을 바르게 설명한 것은?

① 맛이 좋은 것
② 융점이 항상 높은 것
③ 초콜릿 냄새가 강한 것
④ 융점이 겨울에는 낮고 여름에는 높은 것

TIP 융점은 녹는점으로 코팅용 초콜릿은 겨울에 융점이 낮고 여름에 높은 것이 좋다.

87 코코아 20%에 해당하는 초콜릿을 사용하여 케이크를 만들려고 할 때 초콜릿 사용량은?

① 16% ② 20% ③ 28% ④ 32%

TIP 초콜릿 = 코코아 × 8/5 = 20 × 8/5 = 32%

88 천연 초콜릿 48%를 사용할 때 쇼트닝을 40% 사용한다면 쇼트닝은 몇 %를 사용하여야 하는가?

① 11% ② 21% ③ 31% ④ 41%

TIP 카카오 버터 = 48 × (3/8) = 18, 카카오 버터는 쇼트닝의 1/2 효과 (18/2 = 9), 40 − 9 = 31%

89 카카오 버터는 초콜릿에 함유된 유지이다. 카카오 버터는 그 안정성이 떨어져 초콜릿의 블룸현상의 원인이 되고 있다. 이를 방지하기 위한 공정을 무엇이라 하는가?

① 콘칭 ② 템퍼링 ③ 발효 ④ 선별

TIP 템퍼링 공정을 거치면서 초콜릿 속에 함유된 카카오 버터의 결정상태가 β형으로 되면 융점에 대한 안정성이 향상된다.

90 다음 중 일반적으로 초콜릿에 사용되는 원료가 아닌 것은?

① 카카오버터 ② 전지분유 ③ 이스트 ④ 레시틴

TIP 이스트는 빵을 발효시킬 때 사용되는 재료이다.
초콜릿은 매스, 카카오 버터, 레시틴, 분유 등을 넣고 만든다.

91 다음 향신료 중 대부분의 피자 소스에 필수적으로 들어가는 향신료는?

① 오레가노 ② 계피 ③ 정향 ④ 넛메그

TIP 오레가노는 마조람의 일종으로 톡 쏘는 향기가 특징이다.

92 제과가 많이 쓰이는 "럼주"는 무엇을 원료로 하여 만드는 술인가?

① 옥수수 전분 ② 포도당 ③ 당밀 ④ 타피오카

TIP 당밀은 럼주의 기본원료이다.

정답 86 ④ 87 ④ 88 ③ 89 ② 90 ③ 91 ① 92 ③

2. 반죽 및 반죽관리

01 반죽형 케이크가 아닌 것은?

① 옐로 레이어 케이크 ② 화이트 레이어 케이크
③ 소프트 롤 케이크   ④ 데블스 푸드 케이크

> TIP 소프트 롤 케이크는 거품형 케이크이다.

02 반죽형 케이크의 특징으로 틀린 것은?

① 반죽의 비중이 낮다.   ② 주로 화학 팽창제를 사용한다.
③ 유지의 사용량이 많다. ④ 식감이 부드럽다.

> TIP 반죽형 케이크는 거품형 케이크보다 비중이 높다.(무겁다)

03 과자 반죽 믹싱법 중에서 크림법은 어떤 재료를 먼저 믹싱하는 방법인가?

① 설탕과 쇼트닝 ② 밀가루와 설탕
③ 달걀과 설탕   ④ 달걀과 쇼트닝

> TIP 과자반죽 믹싱법 중에서 크림법은 설탕과 쇼트닝을 먼저 믹싱하는 방법이다.

04 반죽형 케이크에 사용하는 반죽법으로서 유지와 밀가루를 넣고 믹싱하여 밀가루가 피복되도록 사용하는 방법은?

① 크림법 ② 블렌딩법 ③ 별립법 ④ 공립법

> TIP 블렌딩법(플라워 배터법 : Flour Batter Method)
> ① 배합순서 – 밀가루와 유지를 섞어 밀가루가 유지에 피복되도록 한다.
>   – 건조재료를 넣는다. 물을 넣고 섞는다.
> ② 장점   – 밀가루 입자가 유지와 먼저 결합. 글루텐이 만들어지지 않으므로 유연감이 좋은 제품을 만들기에 적합하다.

05 반죽형 케이크의 평가이다. 다음 중 결점과 원인을 잘못 짝지은 것은?

① 고율배합 케이크의 부피가 작다. – 설탕과 액체재료의 사용량이 적었다.
② 굽는 동안 부풀어 올랐다가 가라앉는다. – 설탕과 팽창제 사용량이 많았다.
③ 케이크 껍질에 반점이 생겼다. – 입자가 굵고 크기가 서로 다른 설탕을 사용했다.
④ 케이크가 단단하고 질기다. – 고율배합 케이크에 맞지 않은 밀가루를 사용했다.

> TIP 케이크의 부피가 작은 원인은 설탕과 액체재료의 사용량이 많았기 때문이다.

01 ③ 02 ① 03 ① 04 ② 05 ① 정답

Part 2. 제과 이론 문제

06 거품형 케이크 반죽을 믹싱 할 때 가장 적당한 믹싱법은?

① 중속 → 저속 → 고속
② 저속 → 고속 → 중속
③ 저속 → 중속 → 고속 → 저속
④ 고속 → 중속 → 저속 → 고속

> TIP 거품형 케이크는 달걀을 저속으로 풀어주고 설탕, 소금을 넣고 중속 → 고속으로 거품을 올린 후 다시 저속으로 마무리한다.

07 반죽형 케이크 제조 시 분리 현상이 일어나는 원인이 아닌 것은?

① 반죽 온도가 낮다.
② 노른자 사용비율이 높다.
③ 반죽 중 수분량이 많다.
④ 일시에 투입하는 달걀의 양이 많다.

> TIP 반죽형 케이크 제조 시 분리되는 원인
> ① 반죽 온도가 너무 낮을 때(달걀이 너무 차갑다)
> ② 반죽 온도가 너무 높을 때
> ③ 노른자 사용비율이 너무 낮을 때
> ④ 반죽 중 수분량이 많을 때
> ⑤ 일시에 투입하는 달걀의 양이 많을 때

08 머랭의 최적 pH는?

① 5.5~6.0   ② 6.5~7.0   ③ 7.5~8.0   ④ 8.5~9.0

> TIP 머랭의 최적 pH는 5.5~6.0이다.

09 거품형 제품 제조 시 가온법의 장점이 아닌 것은?

① 껍질색이 균일하다.
② 기포 시간이 단축된다.
③ 기공이 조밀하다.
④ 달걀의 비린내가 감소된다.

> TIP 가온법 : 거품형 케이크의 더운 방법을 말하는 것으로 껍질색이 균일하고, 공정(기포)시간을 단축할 수 있으며, 달걀의 비린내가 감소하며, 기공은 크다.

10 거품형 케이크(foam-type cake)를 만들 때 녹인 버터는 언제 넣는 것이 가장 좋은가?

① 처음부터 다른 재료와 함께 넣는다.
② 밀가루와 섞어 넣는다.
③ 설탕과 섞어 넣는다.
④ 반죽이 거의 다 만들어졌을 때 넣는다.

> TIP 거품형 케이크는 제조 시 유지나 녹인 버터를 사용할 때는 믹싱 마지막 단계에서 부드럽게 혼합. 거품이 주저앉는 것을 막는다.

정답   06 ③   07 ②   08 ①   09 ③   10 ④

11 마지팬의 기본재료로 옳은 것은?

① 물, 전분, 아몬드
② 물, 아몬드, 설탕
③ 전분, 흰자, 물
④ 아몬드, 전분, 흰자

> TIP 마지팬의 기본재료는 아몬드, 물, 설탕, 흰자이다.

12 제과에서 머랭이라고 하는 것은 어떤 것을 의미하는가?

① 달걀흰자를 건조 시킨 것
② 달걀흰자를 중탕한 것
③ 달걀흰자에 설탕을 넣어 믹싱한 것
④ 달걀흰자에 식초를 넣어 믹싱한 것

> TIP 제과에서의 머랭은 달걀흰자에 설탕을 넣어 믹싱한 것을 뜻한다.

13 무스크림을 만들 때 가장 많이 이용되는 머랭의 종류는?

① 이탈리안 머랭
② 스위스 머랭
③ 온제 머랭
④ 냉제 머랭

> TIP 무스크림을 가장 많이 이용되는 머랭의 종류는 이탈리안 머랭이다.

14 머랭(meringgue) 중에서 설탕을 끓여서 시럽으로 만들어 제조하는 것은?

① 이탈리안 머랭
② 스위스 머랭
③ 냉제 머랭
④ 온제 머랭

> TIP 이탈리안 머랭 제조 시 설탕을 끓여서 만든 시럽을 넣는 이유는 달걀흰자에 있을 수도 있는 미생물을 사멸시켜 무스나 냉과를 만들 때 오염을 방지하기 위함이다.

15 이탈리안 머랭에 대한 설명 중 틀린 것은?

① 흰자를 거품으로 치대어 30% 정도의 거품을 만들고 설탕을 넣으면서 50% 정도의 머랭을 만든다.
② 흰자가 신선해야 거품이 튼튼하게 나온다.
③ 뜨거운 시럽에 머랭을 한꺼번에 넣고 거품을 올린다.
④ 강한 불에 구워 착색하는 제품을 만드는 데 알맞다.

> TIP 머랭에 뜨거운 시럽을 조금씩 넣으면서 거품을 올려야한다.

11 ② 12 ③ 13 ① 14 ① 15 ③ **정답**

Part 2. 제과 이론 문제

16 케이크 반죽의 pH가 적정 범위를 벗어나 알칼리일 경우 제품에서 나타나는 현상은?

① 부피가 작다. ② 향이 약하다.
③ 껍질색이 여리다. ④ 기공이 거칠다.

> TIP 케이크 반죽이 알칼리일 경우 제품은 부피가 크고, 향이 강하며, 껍질색이 진하며, 기공이 거칠다.

17 다음 제품 중 반죽의 pH가 가장 낮을 때 좋은 제품이 나오는 것은?

① 엔젤 푸드 케이크 ② 데블스 푸드 케이크
③ 초콜릿 케이크 ④ 옐로우 레이어 케이크

18 반죽에 레몬즙이나 식초를 첨가하여 굽기를 하였을 때 나타나는 현상은?

① 조직이 치밀하다. ② 껍질색이 진하다.
③ 향이 짙어진다. ④ 부피가 증가한다.

> TIP 레몬즙이나 식초에 의하여 반죽이 산성화되면, 글루텐이 응고되어 부피는 작고 조직은 치밀해진다.

19 제과 반죽이 너무 산성에 치우쳐 발생하는 현상과 거리가 먼 것은?

① 연한 향 ② 여린 껍질색
③ 빈약한 부피 ④ 거친 기공

> TIP 제과 반죽이 너무 산성에 치우치게 되면 연한 향, 여린 껍질색, 빈약한 부피가 되어 버린다. 거친 기공과는 거리가 멀다.

20 다음 중 화학적 팽창 제품이 아닌 것은?

① 과일 케이크 ② 팬 케이크
③ 파운드 케이크 ④ 시퐁 케이크

> TIP 시퐁 케이크는 기본적으로 달걀흰자를 팽창에 이용한 방법이다.

21 다음 중 크림법을 사용하여 만들 수 있는 제품은?

① 슈 ② 마블 파운드 케이크
③ 버터 스펀지 케이크 ④ 엔젤푸드 케이크

> TIP ① 유지를 거품을 최대한으로 포집하여 소금과 설탕을 넣고 크림화 시킨다.
> ② 달걀을 천천히 넣으면서 부드러운 크림 상태를 만든다.
> ③ 밀가루를 넣고 나머지 액체재료를 넣는다.
>   (밀가루 혼합 시엔 가볍게 혼합하여 글루텐 발전을 최소화하여야 한다.)
> ④ 크림법 반죽 – 파운드 케이크, 레이어 케이크류 등이 있다.

정답 16 ④ 17 ① 18 ① 19 ④ 20 ④ 21 ②

22 파운드 케이크 제조에 대한 설명으로 맞는 것은?

① 오븐 온도가 너무 높으면 케이크의 표피가 갈라진다.
② 너무 뜨거운 오븐에서는 표피에 비늘 모양이나 점이 형성된다.
③ 여름철에는 유지온도가 30℃ 이상이 되어야 크림성이 좋다.
④ 윗면이 터지게 하려면 굽기 전후에 스팀을 분무한다.

> **TIP** 너무 낮은 오븐에서 굽게 되면 표피에 비늘 모양이나 점이 형성되며, 여름철 유지의 온도는 24℃가 적당하다. 윗면을 안터지게 하려면 처음부터 뚜껑을 덮고 굽거나 굽기 전에 윗면에 스팀을 분무한다.

23 파운드 케이크 제조에 있어 배합률에 달걀 사용량을 증가시킬 때 다른 재료의 변화에 대한 설명으로 맞는 것은?

① 소금은 감소한다.
② 베이킹파우더는 증가한다.
③ 우유는 증가한다.
④ 쇼트닝은 증가한다.

> **TIP** 달걀의 양이 증가하면 쇼트닝 양도 증가시켜 구조형성의 재료와 연화 작용의 재료 간의 평형과 균형을 맞추어야 한다.

24 파운드 케이크를 구운 직후 달걀노른자에 설탕을 넣어 칠할 때 설탕의 역할이 아닌 것은?

① 광택제 효과
② 보존기간 개선
③ 탈색 효과
④ 맛의 개선

> **TIP** 노른자에 설탕을 넣는 이유는 광택과 보존 기간의 개선과 맛을 개선하기 위해서 이다.

25 과일 파운드 케이크에 대한 설명 중 잘못된 것은?

① 첨가하는 과일량은 일반적으로 전체 반죽의 25~50% 정도이다.
② 시럽에 담긴 과일은 사용 시 시럽도 충분히 넣는다.
③ 과일을 반죽에 투입하기 전에 밀가루에 묻혀 밑바닥으로 가라앉는 것을 방지한다.
④ 견과류와 과실류는 믹싱 최종단계에 투입하여 가볍게 섞어 준다.

> **TIP** 과일 파운드 케이크 : 파운드 케이크 반죽에 첨가하는 과일량은 전체 반죽의 25~50%이다. 반죽과 과일을 섞기 전에 과일이 밑바닥에 가라앉는 것을 방지하기 위해서는 과일을 밀가루에 묻혀 사용한다.

22 ① 23 ④ 24 ③ 25 ②

Part 2. 제과 이론 문제

26 화이트 레이어 케이크를 만들 때 밀가루를 기준으로 가정 적합한 설탕의 양은?

① 60~80%   ② 80~100%   ③ 110~160%   ④ 180~230%

> **TIP** 배합률 조정 공식
> ① 설탕과 쇼트닝의 양을 먼저 결정한다. 화이트 레이어 케이크는 옐로우 레이어 케이크와 재료 사용범위가 동일하나 설탕 사용범위가 110~160%로 넓다.
> ② 흰자 = 달걀 × 1.3 = 쇼트닝 × 1.43 = (쇼트닝 × 1.1) × 1.3
> ③ 우유 = 설탕 +30 − 흰자 = 탈지분유(우유의 10%) + 물(우유의 90%)
> ④ 주석산 크림 = 0.5%
> ⑤ 베이킹파우더 = 원래 양 × 1.1

27 다음 케이크 중 달걀노른자를 사용하지 않는 것은?

① 파운드 케이크   ② 화이트 레이어 케이크
③ 데블스 푸드 케이크   ④ 소프트 롤 케이크

> **TIP** 화이트 레이어 케이크, 엔젤푸드 케이크는 달걀흰자만 쓴다.

28 다음 중 산 전처리법에 의한 엔젤푸드 케이크 제조공정에 대한 설명으로 틀린 것은?

① 흰자에 산을 넣어 머랭을 만든다.
② 설탕 일부를 머랭에 투입하여 튼튼한 머랭을 만든다.
③ 밀가루와 분당을 넣어 믹싱을 완료한다.
④ 기름칠이 균일하게 된 팬에 넣어 굽는다.

> **TIP** 이형제 : 빵을 구울 때 빵을 분리하기 위해 사용한다. 식빵 종류는 면실유(식용유)이며 엔젤푸드 케이크의 이형제는 물이다.

29 엔젤푸드 케이크의 반죽 온도가 높았을 때 일어나는 현상은?

① 증기압을 형성하는 데 걸리는 시간이 길다.
② 기공이 열리고 거칠다.
③ 케이크의 부피가 작다.
④ 케이크의 표면이 터진다.

> **TIP** 반죽의 온도가 높다는 것은 공기의 혼입량이 많다는 것으로 완제품의 기공이 열리며 거칠어진다.

30 다음 제품 중 달걀흰자만을 사용하는 것은?

① 스펀지 케이크   ② 엔젤푸드 케이크
③ 파운드 케이크   ④ 초콜릿 케이크

> **TIP** 달걀흰자만을 사용하는 케이크에는 엔젤푸드 케이크가 있다.

정답 26 ③   27 ②   28 ④   29 ②   30 ②

31 기본적인 스펀지 케이크의 필수재료가 아닌 것은?

① 밀가루   ② 설탕   ③ 분유   ④ 소금

> **TIP** 스펀지 케이크의 필수재료는 밀가루, 설탕, 소금, 달걀이다.

32 스펀지 케이크에서 달걀과 설탕을 어떤 비율로 혼합 반죽할 때 가장 좋은 결과를 얻을 수 있는가?

① 달걀 100%, 설탕 50%   ② 달걀 100%, 설탕 75%
③ 달걀 166%, 설탕 166%   ④ 달걀 100%, 설탕 125%

> **TIP** 스펀지 케이크 재료의 기본사용 범위는
> 밀가루 : 100 / 설탕 : 166 / 달걀 : 166 / 소금 : 2

33 스펀지 케이크 제조 시 강력분이나 중력분을 사용할 경우 전분으로 몇 %까지 대체 가능한가?

① 12%   ② 19%   ③ 29%   ④ 30%

> **TIP** 스펀지 케이크 제조 시 강력분이나 중력분을 사용할 경우 전분을 12% 이하까지 대체 가능하다.

34 스펀지 케이크에서 달걀 사용량을 15% 감소시킬 때 고형분과 수분량을 고려한 밀가루와 물의 사용량은?

① 밀가루 3.75% 증가, 물 11.25% 감소
② 밀가루 3.75% 감소, 물 11.25% 증가
③ 밀가루 3.75% 감소, 물 11.25% 감소
④ 밀가루 3.75% 증가, 물 11.25% 증가

> **TIP** 달걀(전란)은 수분 75%, 고형분 25%이다. 흰자는 수분 88%, 고형분 12%이며, 노른자 수분 50%, 고형분 50%이다. 달걀 사용량을 15% 감소하면, 15%만큼 고형분과 수분이 증가해야 한다. 그러므로 고형분인 밀가루는 3.75% 증가하며, 물은 11.25% 증가한다.

35 스펀지 케이크 제조 시 달걀의 사용량을 줄이려고 한다. 옳지 않은 것은?

① 물을 조금 더 사용한다.   ② 유화제를 더 사용한다.
③ 밀가루 사용량을 줄인다.   ④ 베이킹파우더 사용량을 늘린다.

> **TIP** 달걀 사용량을 감소해야 할 경우
> ① 물을 추가 투입
> ② 노른자(레시틴)량이 감소하므로 유화제 증가
> ③ 팽창 효과가 감소하므로 베이킹파우더 사용량 증가

정답 31 ③ 32 ③ 33 ① 34 ④ 35 ③

Part 2. 제과 이론 문제

36 스펀지 케이크를 부풀리는 방법은?

① 달걀의 기포성에 의한 법
② 이스트에 의한 법
③ 화학 팽창제에 의한 법
④ 수증기 팽창에 의한 법

> TIP 스펀지 케이크는 달걀의 기포성을 이용한 대표적인 케이크이다.

37 스펀지 케이크의 부피가 작아진 경우 그 원인에 해당하지 않는 것은?

① 낮은 온도의 오븐에 넣고 구운 경우
② 달걀을 기포할 때 기구에 기름기가 많은 경우
③ 급속한 냉각으로 수축이 일어난 경우
④ 최종 믹싱 속도가 너무 빠른 경우

> TIP 기구에 기름기가 많은 경우 스펀지 케이크의 기포성이 안 좋아져 부피가 작아진다. 급속한 냉각으로 수축이 일어난 경우 부피가 작아진다. 초기 단계에서는 고속 믹싱을 하지만 최종단계에서 고속으로 할 경우 부피가 작아진다.

38 비중이 가장 낮은 제품은?

① 파운드 케이크
② 엔젤 푸드 케이크
③ 옐로 레이어 케이크
④ 화이트 레이어 케이크

> TIP * 거품형 케이크는 비중이 가장 낮다. (스펀지 케이크, 롤 케이크, 카스텔라, 다쿠아즈)
> 엔젤 푸드 케이크 : 0.35~0.4
> * 반죽형케이크는 비중이 높다. (파운드 케이크, 레이어 케이크, 과일 케이크)
> 화이트 레이어 케이크, 옐로우 레이어 케이크 : 0.85~0.9 파운드 케이크 : 0.75~0.85

39 케이크 제품 평가 시 외부적 특성이 아닌 것은?

① 부피   ② 껍질   ③ 균형   ④ 방향

> TIP 부피, 껍질, 균형은 외부적 평가지만, 방향(향기, 냄새)은 내부적 평가이다.

40 롤 케이크를 말 때 표면이 터지는 결점에 대한 조치사항으로 틀린 것은?

① 설탕의 일부를 물엿으로 대체하여 사용한다.
② 배합에 덱스트린을 사용하여 점착성을 증가시킨다.
③ 팽창제나 믹싱을 줄여 과도한 팽창을 방지한다.
④ 낮은 온도의 오븐에서 서서히 굽는다.

> TIP 낮은 온도로 서서히 굽게 되면 껍질이 두꺼워져 말 때 터진다.

정답 36 ① 37 ① 38 ② 39 ④ 40 ④

41 퍼프 페이스트리 반죽에 혼합하는 유지와 물의 적당한 비율은?

① 유지 100 : 물 50
② 유지 100 : 물 100
③ 유지 100 : 물 150
④ 유지 100 : 물 200

> **TIP** 퍼프 페이스트리 반죽에서 사용하는 유지와 밀가루의 양은 같다.
> 밀가루 : 100 / 유지 : 100 / 냉수 : 50 / 소금 : 1

42 퍼프 페이스트리를 제조할 때 주의할 점으로 틀린 것은?

① 성형한 반죽을 장기간 보관하려면 냉장하는 것이 좋다.
② 파치(scrap pieces)가 최소로 되도록 정형한다.
③ 충전물을 넣고 굽는 반죽은 구멍을 뚫고 굽는다.
④ 굽기 전에 적정한 최종 휴지를 시킨다.

> **TIP** 성형한 반죽을 장시간 보관하려면 냉동해야만 한다.

43 파이 반죽을 냉장고에서 휴지시키는 효과가 아닌 것은?

① 밀가루의 수분 흡수를 돕는다.
② 유지의 결 형성을 돕는다.
③ 반점 형성을 방지한다.
④ 유지가 흘러나오는 것을 촉진시킨다.

> **TIP** 파이 반죽을 냉장고에 휴지시키면 유지가 흘러나오는 것을 방지한다.

44 퍼프 페이스트리 제품 모양이 균일하지 않을 때의 원인이 아닌 것은?

① 밀가루가 너무 많이 사용되었다.
② 화학 팽창제가 너무 많이 사용되었다.
③ 충전용 유지가 너무 적게 사용되었다.
④ 첨가된 물의 양이 너무 적었다.

> **TIP** 퍼프 페이스트리는 화학 팽창제인 베이킹파우더를 사용하지 않는다.

45 사과파이 껍질의 결의 크기는 어떻게 조절하는가?

① 쇼트닝의 입자크기로 조절한다.
② 쇼트닝의 양으로 조절한다.
③ 접기 수로 조절한다.
④ 밀가루 양으로 조절한다.

> **TIP** 파이의 껍질의 결은 유지의 입자크기에 따라 큰 결(호두 크기), 중간 결(콩알 크기), 작은 결(깨 크기)로 조절한다.

정답 41 ① 42 ① 43 ④ 44 ② 45 ①

Part 2. 제과 이론 문제

46 거품형 쿠키로서 전란을 사용하여 만드는 쿠키는?

① 드롭 쿠키　　② 스냅 쿠키　　③ 스펀지 쿠키　　④ 머랭 쿠키

> **TIP** 반죽형 쿠키 : 드롭 쿠키, 스냅 쿠키 / 스펀지쿠키(전란 사용) / 머랭쿠키(흰자만 사용)

47 반죽형 쿠키 중 수분을 가장 많이 함유하는 쿠키는?

① 쇼트 브레드 쿠키　　② 드롭 쿠키　　③ 스냅 쿠키　　④ 스펀지 쿠키

48 쇼트 브레드 쿠키가 딱딱한 이유가 아닌 것은?

① 유지 사용량이 많을 때
② 글루텐 발달을 많이 시킬 때
③ 높은 온도에서 구울 때
④ 너무 약한 밀가루를 사용할 때

> **TIP** 쿠키가 딱딱하고 부스러지는 이유
> ① 설탕과 유지의 사용량이 많았다.
> ② 짤주머니에 오래 넣어 둔 반죽을 썼다.
> ③ 밀가루의 질이 나쁘다.
> ④ 오븐의 온도가 높았다.
> ⑤ 짧은 시간에 구우면 설익어 부드럽지 않고 부스러진다.
> ⑥ 글루텐 발달을 많이 시키면 딱딱해진다.

49 케이크 도넛의 제조방법으로 올바르지 않은 것은?

① 정형기로 찍을 때 반죽 손실이 적도록 찍는다.
② 정형 후 곧바로 튀긴다.
③ 덧가루를 얇게 사용한다.
④ 튀긴 후 그물망에 올려놓고 여분의 기름을 배출시킨다.

> **TIP** 정형 후 덧가루가 많이 묻어 있으면 털어내고 10~15분간 중간 휴지시킨 후 튀긴다.

50 비중이 0.75인 과자 반죽 1ℓ의 무게는?

① 75g　　② 750g　　③ 375g　　④ 1750g

> **TIP** * 비중 = 반죽 무게 ÷ 물 무게
> * 0.75 = x ÷ 1000 = 750g

51 어떤 과자 반죽의 비중을 측정하기 위하여 다음과 같이 무게를 알았다면 이 반죽의 비중은?
(단, 비중컵 = 50g, 비중컵 + 물 = 250g, 비중컵 + 반죽 = 170g)

① 0.40　　② 0.60　　③ 0.68　　④ 1.47

> **TIP** 비중 = (반죽 무게 − 컵 무게) ÷ (물 무게 − 컵 무게)
> (170 − 50) ÷ (250 − 50) = 0.60

정답　46 ③　47 ②　48 ④　49 ②　50 ②　51 ②

52 도넛 반죽의 휴지 효과가 아닌 것은?

① 밀어펴기 작업이 쉬워진다.
② 표피가 빠르게 마르지 않는다.
③ 각 재료에서 수분이 발산된다.
④ 이산화탄소가 발생하여 반죽이 부푼다.

> TIP 휴지 효과로는 밀어펴기 작업을 쉽게 하고, 표피가 빨리 마르지 않게 하고 이산화탄소를 발생시켜 반죽을 부풀게 하는 것 등이 있다.

53 케이크 도넛에 대두분을 사용하는 목적이 아닌 것은?

① 흡유율 증가   ② 껍질 구조 강화
③ 껍질색 개선   ④ 식감의 개선

> TIP 대두분은 콩을 갈아서 만든 가루이다. 껍질 구조를 강화시킨다.

54 케이크 도넛의 부피가 빈약한 원인이 아닌 것은?

① 너무 낮은 반죽 온도
② 반죽 후 튀김 시간 전까지의 과도한 시간 경과
③ 성형 중량의 미달
④ 높은 반죽 온도

> TIP 도넛의 부피가 작다. (결점의 원인)
> ① 배합률, 반죽 만들기, 정형 공정에 잘못이 있었다.
> ② 강력분을 썼다. (반죽의 온도가 낮다.)
> ③ 화학팽창제의 사용량이 적었다.
> ④ 반죽이 부드럽지 않다.
> ⑤ 튀김 시간이 짧았다.
> ⑥ 지친 반죽을 많이 썼다.
> ⑦ 이스트를 쓴 도넛의 2차 발효 정도가 작았다.

55 다음 중 튀김용 반죽으로 적합한 것은?

① 퍼프 페이스트리 반죽   ② 스펀지 케이크 반죽
③ 슈 반죽   ④ 쇼트브레드 쿠키 반죽

> TIP 츄러스는 슈 반죽을 튀겨 만든 제품이다.

정답 52 ③   53 ①   54 ④   55 ③

Part 2. 제과 이론 문제

56 슈 제조 시 팽창제의 투입 시기로 알맞은 것은?

① 밀가루와 함께 투입한다. ② 호화 직전에 투입한다.
③ 호화 후 투입한다. ④ 마지막 달걀 투입 시 투입한다.

> TIP 슈 반죽이 호화되어 뜨거운 반죽에 달걀을 투입하면 반죽 온도가 낮아진다. 그때 팽창제를 투입하여야 팽창제가 미리 반응하지 않는다.

57 아이스크림 제조에서 오버런(over-run)이란?

① 교반에 의해 크림의 체적이 몇 % 증가하는가를 나타낸 수치
② 생크림 안에 들어있는 유지방이 응집해서 완전히 액체로부터 분리된 것
③ 살균 등의 가열조작에 의해 불안정하게 된 유지의 결정을 적용으로 해서 안정화시킨 숙성 조작
④ 생유 안에 들어있는 큰 지방구를 미세하게 해서 안정화하는 공정

> TIP over-run이란 휘핑 후 크림의 부푼 정도를 나타내는 것이다.

58 젤리를 만드는 데 사용되는 재료가 아닌 것은?

① 젤라틴   ② 한천   ③ 레시틴   ④ 알긴산

> TIP 안정제 : 젤라틴, 한천, 알긴산, 펙틴, C.M.C
> 레시틴 : 인지질의 하나로 노른자에 들어있다. (마요네즈의 유화제)

59 젤리(jelly)에 대한 설명 중 틀린 것은?

① 한천 젤리는 한천, 설탕, 물엿, 과즙을 동시에 가열한다.
② 펙틴 젤리 제조에 가장 중요한 것은 산의 함량과 당도이다.
③ 구연산과 향료는 불을 끈 후 첨가한다.
④ 한천과 젤라틴을 섞어 쓰는 젤리도 있다.

> TIP 한천 젤리는 찬물에 한천을 오랫동안 불린 다음 뜨거운 물에 녹인 후 설탕, 물엿, 과즙을 넣는다.

60 푸딩 제조공정에 관한 설명으로 틀린 것은?

① 모든 재료를 섞어서 체에 거른다.
② 푸딩컵에 반죽을 부어 중탕으로 굽는다.
③ 우유와 설탕을 섞어 설탕이 캐러멜화될 때까지 끓인다.
④ 다른 그릇에 달걀, 소금 및 나머지 설탕을 넣고 혼합한 후 우유를 섞는다.

> TIP 우유와 설탕을 섞어 80~90℃가 될 때까지 데운 후 사용한다.

정답 56 ④   57 ①   58 ③   59 ①   60 ③

61 푸딩을 제조할 때 경도의 조절은 어떤 재료를 증감하면 되는가?

① 베이킹파우더　　② 설탕　　③ 달걀　　④ 소금

> TIP 달걀은 푸딩의 경도 조절을 한다.

62 커스타드 푸딩(Custard Pudding)을 제조할 때 설탕 : 달걀의 사용비율로 적합한 것은?

① 1 : 1　　② 1 : 2　　③ 2 : 1　　④ 3 : 2

> TIP 푸딩 : 달걀의 열변성에 의한 농후화 작용을 이용한 제품이다.
> 커스타드 푸딩 : 우유 100%, 설탕 25%, 달걀 50% = 1 : 2

63 푸딩 표면에 기포 자국이 많이 생기는 경우는?

① 가열이 지나친 경우　　② 달걀의 양이 많은 경우
③ 달걀이 오래된 경우　　④ 오븐 온도가 낮은 경우

64 무스(mousse)의 원뜻으로 알맞은 것은?

① 생크림　　② 젤리　　③ 거품　　④ 광택제

> TIP 무스 : 프랑스어로 거품이란 뜻으로, 커스타드 또는 초콜릿, 과일 퓌레에 생크림, 머랭, 젤라틴 등을 넣고 굳혀 만든 제품이며, 보통 무스에 쓰이는 머랭은 이탈리안 머랭이다.

65 데블스 푸드 케이크를 만들려고 할 때 반죽의 비중을 측정하기 위하여 필요한 무게가 아닌 것은?

① 비중컵의 무게　　② 코코아를 담은 비중컵의 무게
③ 물을 담은 비중컵의 무게　　④ 반죽을 담은 비중컵의 무게

> TIP 비중 = 반죽 무게 / 물 무게로 비중을 위해서는 순수한 반죽 무게와 순수한 물 무게 반죽을 담은 비중컵의 무게를 알아야 비중을 알 수 있다.

66 어떠한 종류의 케이크를 만들기 위하여 믹싱을 끝내고 비중을 측정한 결과가 다음과 같을 때 구운 후 기공이 조밀하고 부피가 가장 작아지는 것은?

| 0.45 | 0.55 | 0.66 | 0.75 |

① 0.45　　② 0.55　　③ 0.66　　④ 0.75

> TIP 비중이 높으면 구운 후 기공이 조밀하고 부피가 가장 작다.

정답 61 ③　62 ②　63 ①　64 ③　65 ②　66 ④

Part 2. 제과 이론 문제

67 케이크 반죽을 혼합할 때 반죽의 온도가 최적 범위 이상이나 이하로 설정될 경우에 나타나는 현상이 아닌 것은?

① 쇼트닝의 크림성이 감소한다.
② 공기의 혼합능력이 떨어진다.
③ 팽창속도가 변화한다.
④ 케이크의 체적이 증가한다.

> **TIP** 반죽의 온도가 지나치게 높거나 낮으면 체적(부피)이 작아진다.

68 반죽 온도 조절에 대한 설명 중 틀린 것은?

① 파운드 케이크의 반죽 온도는 23℃가 적당하다.
② 버터 스펀지 케이크(공립법)의 반죽 온도는 25℃가 적당하다.
③ 사과파이 반죽의 물 온도는 38℃가 적당하다.
④ 퍼프 페이스트리의 반죽 온도는 20℃가 적당하다.

> **TIP** 사과파이 반죽의 물 온도 18~20℃가 적당하다.
> 물의 온도가 높으면 유지가 녹아버리므로 20℃ 이하가 적당하다.
> 사과파이 제조 시 물은 냉수를 사용한다.

69 다음 중 반죽 온도가 가장 낮은 것은?

① 퍼프 페이스트리   ② 레이어 케이크   ③ 파운드 케이크   ④ 스펀지 케이크

> **TIP** 반죽 온도 요점
> ① 20℃ : 퍼프 페이스트리, 데니시 페이스트리, 냉동 반죽법의 반죽(-40℃에서 급속 냉동 -18℃~-25℃에 보관)
> ② 24℃ : 스펀지법 반죽의 스펀지 반죽
> ③ 27℃ : 표준 스트레이트법 반죽, 일반 단과자빵
> ④ 30℃ : 비상 스트레이트법 반죽

70 반죽 온도가 정상보다 낮을 때 나타나는 제품의 결과로 틀린 것은?

① 부피가 작다.
② 큰 기포가 형성된다.
③ 기공이 조밀하다.
④ 오븐에 굽는 시간이 약간 길다.

> **TIP** 반죽의 온도가 정상보다 낮을 경우 작고 조밀한 기포가 형성되며, 반죽의 온도가 정상보다 높을 경우 큰 기포가 형성된다.

71 일반적으로 옐로우 레이어 케이크의 반죽 온도는 어느 정도가 가장 적당한가?

① 10℃   ② 16℃   ③ 24℃   ④ 34℃

> **TIP** 레이어 케이크의 반죽 온도 : 22~24℃

정답   67 ④   68 ③   69 ①   70 ②   71 ③

72 다음 중 반죽의 얼음 사용량 계산공식으로 옳은 것은?

① 얼음 = {물 사용량 × (수돗물 온도 − 사용수 온도)} / 80 + 수돗물 온도
② 얼음 = {물 사용량 × (수돗물 온도 + 사용수 온도)} / 80 + 수돗물 온도
③ 얼음 = {물 사용량 × (수돗물 온도 × 사용수 온도)} / 80 + 수돗물 온도
④ 얼음 = {물 사용량 × (계산된 물 온도 − 사용수 온도)} / 80 + 수돗물 온도

> **TIP** 얼음 사용량 = [물 사용량 × (수돗물 온도 − 사용할 물 온도)] ÷ 80 + 수돗물 온도

73 실내 온도 30℃, 실외온도 35℃, 밀가루 온도 24℃, 설탕 온도 20℃, 쇼트닝 온도 20℃, 달걀 온도 24℃, 마찰계수가 22이다. 반죽 온도가 25℃가 되기 위해서 필요한 물의 온도는?

① 8℃   ② 9℃   ③ 10℃   ④ 12℃

> **TIP** 계산방법
> 물온도 = (희망온도 × 6) − (실내 온도 + 밀가루 온도 + 설탕 온도 + 쇼트닝 온도 + 달걀 온도 + 마찰계수)
> (25 × 6) − (30 + 24 + 20 + 20 + 24 + 22) = 10℃

74 17℃의 물 2kg을 15℃로 낮추면 실제 사용한 물의 양은?

① 1,756g   ② 1,841g   ③ 1,900g   ④ 1,959g

> **TIP** 실제 물 사용량 = 사용할 물의 양 − 얼음량 = 2,000 − (2,000 × (17−15) / 80 + 17) = 1,959

75 1,000g의 물을 사용할 때 수돗물 20℃, 사용할 물의 온도가 −10℃일 때 얼음사용량은?

① 100g   ② 200g   ③ 300g   ④ 400g

> **TIP** 얼음 사용량 = 물 사용량 × (수돗물 온도 − 사용할 물의 온도) / 80 + 수돗물 온도
> = 1,000 × { 20 − (−10) } / 80 + 20 = 300g

76 반죽의 비중에 대한 설명이 틀린 것은?

① 비중이 낮을수록 공기 함유량이 많아서 제품이 가볍고 조직이 거칠다.
② 비중이 높을수록 공기 함유량이 적어서 제품의 기공이 조밀하다.
③ 비중이 같아도 제품의 식감은 다를 수 있다.
④ 비중은 같은 부피의 반죽 무게를 같은 부피의 달걀 무게로 나눈 것이다.

> **TIP** 비중
> ① 부피가 같은 물의 무게를 숫자로 나타낸 값이다. 그 값이 작을수록 비중이 낮음을 뜻한다.
> ② 비중이 낮으면 반죽에 공기가 많이 포함되어 있음을 의미한다.

정답 72 ①   73 ③   74 ④   75 ③   76 ④

Part 2. 제과 이론 문제

77 다음 설명 중 기공이 열리고 조직이 거칠어지는 원인이 아닌 것은?

① 크림화가 지나쳐 많은 공기가 혼입되고 큰 공기 방울이 반죽에 남아있다.
② 기공이 열리면 탄력성이 증가되어 거칠고 부스러지는 조직이 된다.
③ 과도한 팽창제는 필요량 이상의 가스를 발생하여 기공에 압력을 가해 기공이 열리고 조직이 거칠어진다.
④ 낮은 온도의 오븐에서 구우면 가스가 천천히 발생하여 크고 열린 기공을 만든다.

> TIP 제품의 기공이 열린다는 것은 제품에 탄력성이 감소된다는 것을 뜻한다.

78 반죽의 비중과 관련이 없는 것은?

① 완제품의 조직 ② 기공의 크기
③ 완제품의 부피 ④ 팬 용적

> TIP 반죽의 비중은 조직, 기공, 부피와 관계가 깊다.

3. 팬닝, 성형

01 케이크 반죽의 팬닝에 대한 설명으로 틀린 것은?

① 케이크의 종류에 따라 반죽량을 다르게 팬닝한다.
② 새로운 팬은 비용적을 구하여 팬닝한다.
③ 팬용적을 구하기 어려운 것은 유채씨로 부피를 측정한다.
④ 비중이 무거운 반죽은 분할량을 작게 한다.

> TIP 비중이 무거운 반죽은 부피 자체가 작게 나오기 때문에 비교적 분할량을 크게 한다.

02 다음 제품 중 정형하여 팬닝할 경우 제품의 간격을 가장 충분히 유지하여야 하는 제품은?

① 슈   ② 오믈렛   ③ 애플파이   ④ 쇼트브레드쿠키

> TIP 팬닝할 때 제품의 간격을 충분히 유지하여야 하는 제품은 슈이다.

03 스펀지 케이크 반죽을 팬에 담을 때 팬 용적의 어느 정도가 가장 적당한가?

① 10~20%   ② 20~30%   ③ 40~50%   ④ 50~60%

> TIP 스펀지 케이크의 팬닝 양 : 50~60%

정답 77 ② 78 ④   01 ④ 02 ① 03 ④

04 같은 용적의 팬에 같은 무게의 반죽을 팬닝하였을 경우 부피가 가장 작은 제품은?

① 시퐁 케이크　② 레이어 케이크　③ 파운드 케이크　④ 스펀지 케이크

> **TIP** 각 제품의 비용적(반죽 1g당 차지하는 부피를 의미한다.)
> ① 파운드 케이크 – 2.40㎤/g
> ② 레이어 케이크 – 2.96㎤/g
> ③ 엔젤푸드 케이크 – 4.70㎤/g
> ④ 스펀지 케이크 – 5.08㎤/g

05 캐러멜 커스타드 푸딩에서 캐러멜 소스는 푸딩컵의 어느 정도 깊이로 붓는 것이 적합한가?

① 0.2cm　② 0.4cm　③ 0.6cm　④ 0.8cm

> **TIP** 푸딩의 팬닝은 푸딩컵에 95%가량 넣는다.

06 스펀지 케이크의 반죽 1g당 팬용적(㎤)은 얼마인가?

① 2.40　② 2.96　③ 4.71　④ 5.08

> **TIP** 스펀지 케이크의 반죽 1g당 5.08㎤의 부피가 필요하다.

07 일반적으로 반죽 1g당 팬용적을 기준으로 할 때 팽창이 가장 큰 케이크는?

① 파운드 케이크　　　　② 스펀지 케이크
③ 레이어 케이크　　　　④ 엔젤푸드 케이크

> **TIP** 팬의 크기와 반죽 투입량
> ① 파운드 케이크 – 2.40㎤/g
> ② 레이어 케이크 – 2.96㎤/g
> ③ 엔젤푸드 케이크 – 4.70㎤/g
> ④ 스펀지 케이크 – 5.08㎤/g

08 스펀지 케이크 400g짜리 완제품을 만들 때 굽기 손실이 20%라면 분할 반죽의 무게는?

① 600g　② 500g　③ 400g　④ 300g

> **TIP** 분할량 = x일 때, 완제품 = 400g
> $100 : x = (100 - 20) : 400g$
> $80x = 40,000g$
> $\therefore x = 500g$

09 용적이 2050㎤인 파운드틀에 반죽 분할무게 g는?

① 554g　② 654g　③ 754g　④ 854g

> **TIP** 파운드 케이크 1g당 용적 ㎤는 2.400이다. (2050㎤ / 2.4 = 854)

04 ③　05 ①　06 ④　07 ②　08 ②　09 ④　**정답**

Part 2. 제과 이론 문제

10 용적 2050㎤인 팬에 스펀지 케이크 반죽을 400g으로 분할할 때 좋은 제품이 되었다면 용적 2870㎤인 팬에 적당한 분할무게는?

① 440g   ② 480g   ③ 560g   ④ 600g

> **TIP** 계산방법
> *비용적(반죽 1g이 차지하는 부피) = 2050 ÷ 400 = 5.125㎤/g
> *반죽 무게 = 팬의 부피 ÷ 비용적 = 2870 ÷ 5.125 = 560g

11 지름이 22cm, 높이가 4.6cm의 원기둥 팬이 있다. 팬의 용적은?

① 1747㎤   ② 1757㎤   ③ 1847㎤   ④ 1857㎤

> **TIP** 원기둥 모양팬의 용적 : 반지름×반지름×3.14×높이(11×11×3.14×4.6 = 1747.724㎤)

12 전체중량 80kg인 반죽으로 파운드 케이크를 만들 때 분할무게가 800g, 분할 반죽의 손실이 800g, 굽기 중 망가진 제품이 3개라면 제조손실은?

① 2%   ② 3%   ③ 4%   ④ 5%

> **TIP** 제조손실 = (손실 제품 수 / 전체 제품 수) × 100 = (4 / 100) × 100 = 4%

13 다음 쿠키 중에서 상대적으로 수분이 적어서 밀어펴는 형태로 만드는 제품은?

① 드롭 쿠키   ② 스냅 쿠키   ③ 스펀지 쿠키   ④ 머랭 쿠키

> **TIP** 밀어 펴는 쿠키 : 스냅 쿠키, 쇼트 브레드 쿠키
> 짜는 쿠키 : 머랭 쿠키, 스펀지 쿠키, 드롭 쿠키

14 쇼트 브레드 쿠키 제조 시 휴지를 시킬 때 성형을 용이하게 하기 위한 조치는?

① 반죽을 뜨겁게 한다.
② 반죽을 차게 한다.
③ 휴지 전 단계에서 오랫동안 믹싱 한다.
④ 휴지 전 단계에서 짧게 믹싱 한다.

> **TIP** 쇼트 브레드 쿠키는 밀어서 찍는 쿠키로 반죽과 틀이 잘 떨어지기 위해서는 반죽을 냉장고에 휴지시키는 것이 좋다.

정답   10 ③   11 ①   12 ③   13 ②   14 ②

15 퍼프 페이스트리 정형 중 수축하는 이유로 알맞은 것은?

① 반죽이 질었을 경우
② 휴지 시간이 길었을 경우
③ 반죽 중 유지 사용량이 많았을 경우
④ 밀어 펴기 중 무리한 힘을 가했을 경우

> **TIP** 페이스트리 반죽
> 빵 반죽보다 된 상태의 반죽으로 페이스트리류와 파이, 슈 등의 제품이 포함된다.
> 페이스트리류 중 이스트의 도움을 받아 반죽을 부풀리는 데니쉬 페이스트리는 빵류에 속하고, 유지의 힘만으로 반죽을 부풀리는 퍼프 페이스트리와 파이류는 과자로 분류한다. 퍼프 페이스트리와 같이 이스트가 들어가지 않는 제품에서는 피복을 한 후에 계속해서 휴지 시간을 주지 않고 두 번 반복해서 밀어 펴는 과정을 행하는 것이 보통이다. 제품이 수축하는 경우는 반죽이 너무 단단하거나, 세게 많이 밀어 펴거나, 굽기 전 휴지 시간이 짧았다거나, 부적절한 오븐 온도에서 구우면 수축한다.

16 파이를 냉장고 등에서 휴지시키는 이유와 가장 거리가 먼 것은?

① 전 재료의 수화 기회를 준다.
② 유지와 반죽의 굳은 정도를 같게 한다.
③ 반죽을 경화 및 긴장시킨다.
④ 끈적거림을 방지하여 작업성을 좋게 한다.

> **TIP** 휴지는 밀가루를 비롯한 건조 재료가 수화되고, 이산화탄소 가스가 발생되어 반죽을 조절하고 표피가 마르는 현상을 느리게 한다.

17 퍼프 페이스트리 제조 시 팽창이 부족하여 부피가 빈약해지는 결점의 원인에 해당하지 않는 것은?

① 반죽의 휴지가 길었다.
② 밀어 펴기가 부적절하였다.
③ 부적합한 유지를 사용하였다.
④ 오븐의 온도가 너무 높았다.

> **TIP** 반죽의 휴지가 길면 퍼프 페이스트리는 팽창이 잘 일어난다.

18 퍼프 페이스트리 제조 시 과도한 덧가루를 사용할 때의 영향이 아닌 것은?

① 산패취가 난다.
② 결을 단단하게 한다.
③ 제품이 부서지기 쉽다.
④ 생 밀가루 냄새가 나기 쉽다.

> **TIP** 산패취란 지방이 상하여 이상한 냄새가 나는 것을 의미한다.

19 파이 정형 시 유의점 설명으로 틀린 것은?

① 반죽은 품온이 낮아야 좋다.
② 반죽 후 냉장고에 넣어 휴지시킨 후 사용한다.
③ 충전물 충전 시 적온은 38℃이며 충전물 온도가 낮으면 굽기 중 끓어 넘친다.
④ 성형 시 윗 껍질에 구멍을 뚫어 주는 것은 수증기가 빠져나오게 하기 위함이다.

> **TIP** 충전물의 충전 시 적당한 온도는 20℃이며, 충전물 온도가 높으면 굽기 중 끓어 넘친다.

정답 15 ④ 16 ③ 17 ① 18 ① 19 ③

Part 2. 제과 이론 문제

20 퍼프 페이스트리 제조 시 휴지의 목적이 아닌 것은?

① 밀가루가 수화를 완전히 하여 글루텐을 안정시킨다.
② 밀어 펴기를 쉽게 한다.
③ 저온처리를 함으로 향이 좋아진다.
④ 반죽과 유지의 '되기'를 같게 한다.

> **TIP** 휴지의 목적 : 0~4℃에서 휴지
> 퍼프 페이스트리에는 이스트가 들어가지 않으므로 저온처리로 발효향이 증진되지 않는다.

21 퍼프 페이스트리에서 불규칙한 팽창이 발생하는 원인이 아닌 것은?

① 덧가루를 과량으로 사용하였다.
② 밀어 펴기 사이에 휴지 시간이 불충분하였다.
③ 예리하지 못한 칼을 사용하였다.
④ 쇼트닝이 너무 부드러웠다.

> **TIP** 정형
> ① 유지를 배합한 반죽을 30분 이상 냉장고(0~4℃)에서 휴지시킨다.
> ② 전체적으로 똑같은 두께로 밀어 편다.
> ③ 예리한 도구를 이용해 원하는 모양을 자른다.
> ④ 굽기 전에 30~60분간 휴지시킨다.
> ⑤ 달걀 물을 칠한다.
> ⑥ 자투리는 최소가 되도록 정형하고 그래도 생기는 자투리 반죽은 새 반죽에 소량씩 넣어 사용하거나 밑바닥용 반죽으로 이용한다.

22 퍼프 페이스트리를 제조할 때 주의할 점으로 틀린 것은?

① 성형한 반죽을 장기간 보관하려면 냉장하는 것이 좋다.
② 파치(scrap pieces)가 최소로 되도록 정형한다.
③ 충전물을 넣고 굽는 반죽은 구멍을 뚫고 굽는다.
④ 굽기 전에 적정한 최종 휴지를 시킨다.

> **TIP** 성형한 반죽을 장시간 보관하려면 냉동 반죽해야만 한다.

정답 20 ③ 21 ④ 22 ①

4. 반죽 익히기

01 다음 중 윗 불이 아랫 불에 비해 높아야 할 제품은?

① 오렌지 쿠키　　② 파운드 케이크　　③ 쉬폰 케이크　　④ 머핀 케이크

> TIP 쿠키는 고온에서 단시간 굽는 제품으로 윗불이 더 높아야 한다.

02 커스타드 푸딩을 컵에 채워 몇 도의 오븐에서 중탕으로 굽는 것이 가장 적당한가?

① 160~170℃　　② 190~200℃　　③ 210~220℃　　④ 230~240℃

> TIP 푸딩은 160~170℃의 오븐에서 낮은 온도로 중탕하여 굽도록 하며 중탕물이 끓으면 안된다.

03 과일 케이크(fruit cake)을 구울 때 오븐에 증기를 넣고 굽기를 했다. 다음 설명 중 틀린 것은?

① 껍질을 두껍게 만든다.
② 향의 손실을 방지한다.
③ 수분 손실을 방지한다.
④ 제품 표면의 번짐을 방지한다.

> TIP 과일케이크 구울 때 오븐에 증기를 넣고 굽게 되면 껍질을 얇게 만든다.

04 케이크 제조 시 이중팬을 사용하는 목적이 아닌 것은?

① 제품 바닥의 두꺼운 껍질형성을 방지하기 위하여
② 제품 옆면의 두꺼운 껍질형성을 방지하기 위하여
③ 제품의 조직과 맛을 좋게 하기 위하여
④ 오븐에서의 열효율을 높이기 위하여

> TIP 제품 바닥, 옆면의 두꺼운 껍질형성을 방지하기 위하여, 제품의 조직과 맛을 좋게 하기 위하여 이중팬을 사용한다.

05 나가사끼 카스테라 제조 시 굽기 과정에서 휘젓기를 하는 이유가 아닌 것은?

① 반죽 온도를 균일하게 한다.
② 껍질표면을 매끄럽게 한다.
③ 내상을 균일하게 한다.
④ 팽창을 원활하게 한다.

> TIP 휘젓기를 하면 가열에 의해 팽창한 기포가 소포되므로 반죽의 팽창에 방해된다.

06 케이크 도넛을 튀긴 후 과도한 흡유 현상이 일어나는 이유가 아닌 것은?

① 긴 반죽 시간
② 과다한 팽창제 사용
③ 낮은 튀김 온도
④ 반죽의 수분이 과다

> TIP 반죽 시간이 길어진다는 것은 글루텐이 발전된다는 뜻으로 반죽의 구조가 단단해져 튀김 시 흡유 현상이 줄어든다.

정답 01 ①　02 ①　03 ①　04 ④　05 ④　06 ①

Part 2. 제과 이론 문제

07 다음 제품 중 굽기 전 충분히 휴지 한 후 굽는 제품은?

① 오믈렛　　　　　　　　② 버터 스펀지 케이크
③ 오렌지 쿠키　　　　　　④ 퍼프 페이스트리

> **TIP** 굽기 전 충분한 휴지가 필요한 제품은 퍼프 페이스트리이다.

08 당분이 있는 슈 껍질을 구울 때의 영향으로 가장 적합하지 않은 것은?

① 껍질의 팽창이 좋아진다.　　　　② 상부가 둥글게 된다.
③ 내부에 구멍형성이 좋지 않다.　　④ 표면에 균열이 생기지 않는다.

> **TIP** 슈 껍질(반죽)에 당분이 있으면 단백질 구조가 약해져서 껍질의 팽창이 나빠진다.

09 다음 제품 중 굽기 전 침지 또는 분무하여 굽는 제품은?

① 슈　　② 오믈렛　　③ 핑거 쿠키　　④ 다쿠와즈

> **TIP** 굽기 전에 침지 또는 분무하여 수분을 주어서 증기에 의한 팽창이 일어나게 하는 것으로 슈는 윗면의 색이 빨리 나면 속의 수분이 남아서 팽창이 정지되어, 양배추 모양이 안되므로 윗면의 색이 빨리 나지 않게 유의한다.

10 슈 제조 시 굽기 중간에 오븐 문을 자주 열어주면 완제품은 어떻게 되는가?

① 껍질색이 유백색이 된다.　　　② 부피 팽창이 적게 된다.
③ 제품 내부에 공간이 크게 된다.　④ 울퉁불퉁하고 벌어진다.

> **TIP** 슈, 퍼프 페이스트리 → 굽는 중에 오븐 문을 자주 열면 부피 팽창이 적게 된다.
> 오븐 문을 자주 열어주면 찬 공기가 들어가서 수증기 형성을 방해하여 굽는 도중 주저앉아 부피가 작게 된다.

11 스펀지 케이크의 굽기 공정 중에 나타나는 현상이 아닌 것은?

① 공기의 팽창　　② 전분의 호화　　③ 밀가루의 혼합　　④ 단백질의 응고

> **TIP** 밀가루의 혼합은 굽기 공정이 아니고 케익 반죽의 제조공정에 해당 된다.

12 반죽형 케이크의 반죽을 구울 때 가운데가 부풀어 오르는 이유는?

① 재료가 섞이지 않았다.　　② 중력분을 사용하였다.
③ 설탕의 사용량이 많았다.　④ 높은 온도로 구웠다.

> **TIP** 반죽형 케이크의 반죽은 너무 높은 온도로 굽게 되면 가운데가 부풀어 오르고 갈라지는 현상이 나타난다.

정답　07 ④　08 ①　09 ①　10 ②　11 ③　12 ④

13 굽기는 제품을 결정하는 중요한 공정이다. 굽기 원칙의 설명으로 틀린 것은?

① 설탕, 유지, 분유량이 적을 경우 높은 온도에서 굽는다.
② 분할량이 적은 반죽은 높은 온도에서 짧게, 분할량이 많은 반죽은 낮은 온도에서 길게 굽는다.
③ 과자빵은 식빵보다 낮은 온도로 길게 굽는다.
④ 일반적인 오븐의 사용온도는 180℃~220℃이다.

> TIP 과자는 식빵보다 높은 온도에서 짧게 굽는다.

14 오버 베이킹(over baking)에 대한 설명으로 옳은 것은?

① 낮은 온도의 오븐에서 굽는다.
② 윗면 가운데가 올라오기 쉽다.
③ 제품에 남는 수분이 많아진다.
④ 중심 부분이 익지 않을 경우 주저앉기 쉽다.

> TIP 오버 베이킹은 낮은 온도로 오랜 시간 구운 상태로 제품에 수분이 적고 노화가 빠르게 진행된다.

15 냉동 페이스트리를 구운 후 옆면이 주저앉은 원인으로 틀린 것은?

① 토핑물이 많은 경우
② 잘 구워지지 않은 경우
③ 2차 발효가 과다한 경우
④ 해동 온도가 2~5℃로 낮은 경우

> TIP 냉동 페이스트리는 냉장 온도 0~10℃에서 해동시켜 사용한다.

16 언더 베이킹(Under Baking)에 대한 설명 중 틀린 것은?

① 너무 낮은 온도에서 굽는 것이다.
② 중앙 부분이 익지 않는 경우가 많다.
③ 윗면이 갈라지기 쉽다.
④ 속이 거칠어지기 쉽다.

> TIP ① 오버 베이킹 : 낮은 온도에서 장시간 구운 것이다. 지나치게 구운 것을 말함. 윗면이 평평하고 제품의 수분이 적으며 제품이 오그라든다.
> ② 언더 베이킹 : 높은 온도에서 단시간 구운 것으로 덜 구운 것을 말함. 윗면이 볼록 튀어나오고 갈라진다. 껍질색이 진하며 제품이 많고 주저앉기 쉽다.

17 도넛의 튀김기름이 갖추어야 할 조건은?

① 산패취가 없다.
② 저장 중 안정성이 낮다.
③ 발연점이 낮다.
④ 산화와 가수분해가 쉽게 일어난다.

> TIP 산패취란 지방이 산화하여 나는 냄새를 말한다.

정답 13 ③ 14 ① 15 ④ 16 ① 17 ①

Part 2. 제과 이론 문제

18 고온으로 튀긴 제품의 특징이 아닌 것은?

① 설탕을 묻혔을 때 쉽게 발한 하지 않는다.
② 껍질색이 짙다.
③ 흡유량이 줄어든다.
④ 속이 익지 않는다.

> TIP 고온으로 튀긴 제품이더라도 충분히 식힌 후에 설탕을 묻히게 되면 발한(온도가 높아졌을 때 일어나는 온도조절 현상)을 막을 수 있으며, 너무 많이 식히면 오히려 설탕이 잘 붙지 않는다.

19 도넛 튀김기에 붓는 기름의 평균 깊이로 가장 적당한 것은?

① 5~8cm   ② 9~12cm   ③ 12~15cm   ④ 16~19cm

> TIP 튀김용 기름의 평균 깊이 : 12~15cm

20 도넛의 적당한 튀김 온도로 가장 적당한 범위는?

① 105℃ 내외   ② 145℃ 내외   ③ 185℃ 내외   ④ 225℃ 내외

> TIP 도넛의 적당한 튀김 온도 = 185℃ 내외

21 도넛의 흡유량이 높았을 때 그 원인은?

① 고율배합 제품이다.   ② 튀김 시간이 짧다.
③ 튀김 온도가 높다.   ④ 휴지 시간이 짧다.

> TIP 튀김 시간이 길거나, 튀김기름의 온도가 낮거나, 고율배합 제품일 경우 흡유량이 높다.

22 찜(수증기)을 이용하여 만들어진 제품이 아닌 것은?

① 소프트 롤   ② 찜 케이크   ③ 중화 만두   ④ 호빵

> TIP 소프트 롤은 고배합으로 만든 롤 케이크로 오븐을 이용하여 만든다.

23 가압하지 않은 찜기의 내부 온도로 가장 적합한 것은?

① 65℃   ② 99℃   ③ 150℃   ④ 200℃

> TIP 가압하지 않은 찜기의 내부 온도는 물이 끓는 정도가 알맞다.

24 가수분해나 산화에 의하여 튀김기름을 나쁘게 만드는 요인이 아닌 것은?

① 온도   ② 물   ③ 산소   ④ 비타민 E(토코페롤)

> TIP 비타민 E : 항산화성 비타민으로 산패를 억제하는 성분이다.

정답 18 ①   19 ③   20 ③   21 ①   22 ①   23 ②   24 ④

25 철판유에 대한 설명으로 알맞지 않은 것은?

① 모양이 작은 틀이나 철판에 이형 철판유를 사용한다.
② 틀에 고일 정도로 천이나 붓으로 골고루 바른다.
③ 사용한 철판유는 반드시 밀폐하여 산화되는 것을 방지한다.
④ 철판유는 발연점이 높은 것을 사용한다.

TIP 틀에 고이지 않을 정도로 천이나 붓으로 골고루 바른다.

26 굽기 공정에서 일어나는 변화가 아닌 것은?

① 전분의 호화
② 오븐팽창(oven spring)
③ 전분의 노화
④ 캐러멜 반응

TIP 냉장 온도에서 노화가 촉진된다.

27 굽기 중에 일어나는 변화로 가장 높은 온도에서 발생하는 것은?

① 이스트의 사멸
② 전분의 호화
③ 탄산가스 용해도 감소
④ 단백질 형성

TIP 이스트의 사멸 : 63℃, 전분의 호화 : 60℃, 탄산가스 용해도 감소 : 49℃, 단백질 변성 : 74℃

28 굽기 과정 중 당류의 캐러멜화가 개시되는 온도로 가장 적합한 것은?

① 100℃   ② 120℃   ③ 150℃   ④ 185℃

TIP 캐러멜 반응은 무색, 감미의 당이 열(150℃)에 의하여 향이 곁들린 옅은 노란색으로부터 진한 갈색으로 변화하게 한다.

29 오븐스프링(oven spring)이 일어나는 원인이 아닌 것은?

① 가스압   ② 용해 탄산가스   ③ 전분 호화   ④ 알코올 기화

TIP 오븐스프링은 굽기 초기 단계에서 처음 크기의 1/3이 급격히 팽창되는 것인데, 가스 압력이 증가하고 용해도가 낮아진 탄산가스가 외부로 방출되며 알코올 등이 증발하면서 일어난다.

30 굽기 손실에 영향을 미치는 요인이 아닌 것은?

① 배합율   ② 굽기 온도   ③ 믹서의 종류   ④ 제품의 크기와 모양

TIP 믹서의 종류는 반죽 형성에 영향을 미친다.

---

25 ② 26 ③ 27 ④ 28 ③ 29 ③ 30 ③   **정답**

Part 2. 제과 이론 문제

31 튀김 냄비의 조건으로 알맞은 것은?

① 얇은 금속 용기　　　② 직경이 넓은 팬
③ 두꺼운 금속 용기　　④ 깊이가 낮은 팬

> **TIP** 튀김 할 때 두꺼운 금속 용기로 직경이 작은 팬을 사용하여야 한다.

32 새로운 팬의 처리방법 중 틀린 것은?

① 깨끗한 물에 2시간 정도 담근 후 꺼내어 그늘에서 말린다.
② 강판은 250~300℃의 고온으로 50분 정도 굽는다.
③ 굽기 후 기름칠을 하여 보관한다.
④ 실리콘이 코팅된 팬은 가볍게 가열한다.

> **TIP** 물에 담가두면 코팅된 철판은 벗겨지고 녹이 슬게 된다.

33 열원으로 찜(수증기)을 이용했을 때의 주 열전달 방식은?

① 대류　　② 전도　　③ 초음파　　④ 복사

> **TIP** 열의 전달
> * 전도 : 물체가 열원에 직접 접촉 되었을때 열이 물체를 따라 이동
> * 대류 : 공기나 액체를 통해서 열을 전달
> * 복사 : 열의 급원에서 목적물까지 아무런 장애물 없이 직접 전달

34 팬으로 열을 강제로 순환시키며 반죽을 균일하게 착색시켜 제품을 굽는 오븐은?

① 데코 오븐　　② 릴 오븐　　③ 터널 오븐　　④ 컨벡션 오븐

> **TIP**
> * 데코 오븐 : 소규모의 제과점이나 학원에서 사용
> * 릴 오븐 : 오븐 속에 선반이 회전하여 구워지는 오븐
> * 터널 오븐 : 들어가는 입구와 나오는 출구가 다른 오븐으로 대량 생산 공장에서 사용

35 다음 제품 중 건조방지를 목적으로 나무 틀을 사용하여 굽기를 하는 제품은?

① 슈　　② 밀푀유　　③ 카스테라　　④ 퍼프 페이스트리

> **TIP** 카스테라 반죽을 구울 때는 제품의 건조를 방지하기 위해 나무틀을 사용한다.

정답　31 ③　32 ①　33 ①　34 ④　35 ③

Part 3. 제빵 이론 문제

1. 빵류 제품 재료 혼합

01 배합의 합계 %는 170%, 쇼트닝 4%, 소맥분의 중량 5kg이다. 이때 쇼트닝의 중량은?

① 850g ② 200g ③ 680g ④ 800g

> TIP 100 : 5000 = 4 : X
> $X = \dfrac{5000 \times 4}{100} = 200g$

02 미국식 데니시 페이스트리 제조시 반죽무게에 대한 충전용 유지(롤인유지)의 사용 범위로 가장 적합한 것은?

① 10~15% ② 20~40% ③ 45~60% ④ 60~80%

> TIP 미국식 데니쉬 페이스트리 제조 시 반죽무게에 대한 충전용 유지(롤인유지)의 사용 범위는 20~40%이며, 전통 덴마크식 방법은 40~55% 정도이다.

03 표준 식빵의 재료 사용 범위로 부적합한 것은?

① 설탕 0~8% ② 생이스트 1.5~5% ③ 소금 5~10% ④ 유지 0~5%

> TIP 식빵의 소금 사용량은 2% 정도이다.

04 식빵 제조시 최고 부피를 얻을 수 있는 유지의 양은? (단, 다른 재료의 양은 모두 동일하다고 본다.)

① 2% ② 4% ③ 8% ④ 12%

> TIP 4% 정도의 유지 양이 최고의 부피를 얻을 수 있다.

05 완제품 식빵 500g씩 200개를 제조하려 할 때, 발효 손실이 1%, 굽기 냉각 손실이 12%, 총 배합률이 180%라면 밀가루의 무게는 약 얼마인가?

① 47kg ② 55kg ③ 64kg ④ 71kg

> TIP 계산방법
> * 완제품 중량 = 500g × 200개 = 100,000g
> * 총반죽 중량 = 완제품 중량 ÷ (1−발효손실률) ÷ (1−굽기 냉각손실률)
>   = 100,000 ÷ (1−0.12) ÷ (1−0.01)
>   = 114,784g
> * 총배합율 = 180%, 밀가루 비율 = 100%
> * 밀가루 중량(g) = (밀가루 비율 × 총반죽중량) / 총배합율
>   = (100% × 114,784g) / 180% = 63,768g

정답 01 ② 02 ② 03 ③ 04 ② 05 ③

Part 3. 제빵 이론 문제

06 완제품 식빵 500g짜리 500개를 주문 받았다. 총 배합률은 190%이고, 발효 손실은 2%, 굽기 손실은 10%일 때 20kg 짜리 밀가루는 몇 포대 필요한가?

① 6포대　　② 7포대　　③ 8포대　　④ 9포대

> **TIP** 계산방법
> *(500g×500개)÷{1−(10÷100)}÷{1−(2÷100)}×100%÷190%÷1000÷20kg = 7.5포대
> ∴ 8포대

07 고율배합에 대한 설명으로 틀린 것은?

① 믹싱 중 공기 혼입이 많다.
② 설탕 사용량이 밀가루 사용량보다 많다.
③ 화학 팽창제를 많이 쓴다.
④ 촉촉한 상태를 오랫동안 유지시켜 신선도를 높이고 부드러움이 지속되는 특징이 있다.

> **TIP** 고율배합 의미는 설탕 사용량이 밀가루 사용량보다 많은 배합을 말한다.
> 제품의 신선도를 높이고 부드러움을 지속시키는 특징이 있다.

08 식빵배합률 합계가 180%, 밀가루 총 사용량이 3000g일 때 총반죽의 무게는?
(단, 기타손실은 없음)

① 1620g　　② 3780g　　③ 5400g　　④ 5800g

> **TIP** *총 반죽무게 = (총 배합률×밀가루 무게)÷밀가루 비율
> *(180%×3,000g)÷100% = 5,400g

09 다음 중 함께 계량 할 때 가장 문제가 되는 재료는?

① 소금, 설탕　　　　　　　② 밀가루, 반죽 개량제
③ 이스트, 소금　　　　　　④ 밀가루, 호밀가루

> **TIP** 설탕과 소금은 삼투압 작용으로 이스트의 체내 수분을 빼앗아 활력을 저하시킨다.

10 빵 제조시 밀가루를 체로 치는 이유가 아닌 것은?

① 이물질 제거　　② 고른 분산　　③ 제품의 색 유지　　④ 공기의 혼입

> **TIP** 빵 제조시 밀가루를 체로 치는 이유와 제품의 색 유지와는 무관하다.

11 프랑스빵의 필수재료와 거리가 먼 것은?

① 밀가루　　② 분유　　③ 소금　　④ 이스트

> **TIP** 프랑스빵의 필수 재료는 밀가루, 소금, 물, 이스트 정도이다.

정답　06 ③　07 ③　08 ③　09 ③　10 ③　11 ②

12 식품을 계량하는 방법으로 틀린 것은?

① 밀가루 계량은 부피보다 무게가 더 정확하다.
② 흑설탕은 계량 전 체로 친 다음 계량한다.
③ 고체지방은 계량 후 고무주걱으로 잘 긁어 옮긴다.
④ 꿀같이 점성이 있는 것은 계량컵을 이용한다.

13 식빵 제조용 밀가루의 적당한 단백질 함량은?

① 5% 이상   ② 8% 이상   ③ 9% 이상   ④ 11% 이상

> **TIP** 밀가루의 분류
> * 강력분 : 단백질의 함량 11~13% – 식빵(제빵)
> * 중력분 : 단백질의 함량 9~11% – 국수
> * 박력분 : 단백질의 함량 7~9% – 과자(제과)

14 같은 밀가루로 식빵 프랑스빵을 만들 경우, 식빵의 가수율이 63%였다면 프랑스빵의 가수율은 얼마나 하는 것이 가장 좋은가?

① 61%   ② 63%   ③ 65%   ④ 67%

> **TIP** 가수율은 수분의 비율을 말하는 것으로 프랑스빵은 식빵보다 가수율이 작아야 한다.

15 빵의 부피와 가장 관련이 깊은 것은?

① 소맥분의 단백질 함량   ② 소맥분의 전분함량
③ 소맥분의 수분함량   ④ 소맥분의 회분함량

> **TIP** 소맥분의 단백질 함량은 반죽에서 글루텐 형성과 관련되며 형성된 글루텐은 발효에서 가스의 포집과 굽기에서 가스 팽창을 유지할 수 있는 원인이다.

16 밀가루 200g에서 젖은 글루텐 16g을 얻었다면 이 밀가루의 젖은 글루텐은 몇 %인가?

① 4%   ② 6%   ③ 10%   ④ 8%

> **TIP** 젖은 글루텐 % = (젖은 글루텐 중량g/ 밀가루 중량g)×100 = (16/200)×100 = 8%

17 밀가루 200g에서 젖은 글루텐 16g을 얻었다면 이 밀가루의 단백질 함량은?

① 2.1%   ② 2.7%   ③ 3.0%   ④ 4.2%

> **TIP** *젖은 글루텐% = (젖은 글루텐 중량g÷밀가루 중량g)×100 = (16/200)×100 = 8%
> *건조 글루텐% = 젖은 글루텐%÷3 = 8÷3 = 2.7

정답 12 ② 13 ④ 14 ① 15 ① 16 ④ 17 ②

Part 3. 제빵 이론 문제

18 밀가루 200g에 손상된 전분은 몇 g이 적합한가?

① 9~16   ② 12~18   ③ 14~22   ④ 20~30

> **TIP** 제빵적성에 적합한 손상전분 함량은 4.5~8%이다.
> 200×0.045 = 9 / 200×0.08 = 16

19 글루텐의 구성 물질 중 반죽을 질기고 탄력성 있게 하는 물질은?

① 글리아딘   ② 글루테닌   ③ 메소닌   ④ 알부민

> **TIP** 글루텐 형성 단백질
> ① 글리아딘 : 물에는 녹지 않으나, 70% 알코올에는 녹는다. (약 36%를 차지한다.) - 신장성
> ② 글루테닌 : 중성 용매에 불용성이며, 약 20%를 차지한다. (탄력성)
> ③ 메소닌 : 약 17%
> ④ 알부민과 글로불린 : 약 7%로 수용성이다.

20 글루텐을 형성하는 단백질은?

① 알부민, 글리아딘

② 알부민, 글로불린

③ 글루테닌, 글리아딘

④ 글루테닌, 글로불린

> **TIP** 글루텐 형성 단백질
> ① 글리아딘 : 반죽의 신장성과 점착성에 영향을 주며, 중성 용매에서도 용해되지 않는다.
> ② 글루테닌 : 반죽의 탄력성에 영향을 주며, 물에는 녹지 않으나 70% 알코올에는 용해된다.
>   중성용매에 녹지 않고 묽은 산, 묽은 염기에 녹는 단백질로 밀에 존재하는 단순 단백질이다.
> ③ 알부민과 글로불린 : 약 7%로 수용성이다. 세척되지 않고 전분, 지방, 회분, 섬유질과 함께 글루텐에 남아 있다.

21 젖은 글루텐의 일반적인 수분함량은?

① 33%   ② 50%   ③ 67%   ④ 80%

22 효모가 포도당으로부터 에틸알콜을 생산할 때 발생되는 가스는?

① 탄산가스   ② 황화가스   ③ 수소가스   ④ 질소가스

> **TIP** 발효중에 일어나는 생화학적 변화
> * 단백질(프로테아제)→아미노산
> * 설탕(인베르타아제)→포도당+과당(치마아제)→이산화탄소(=탄산가스)+알콜
> * 전분(아밀라아제)→맥아당(말타아제)→포도당+포도당→이산화탄소+알콜
> * 분유(락타아제)→유당(잔당)→캐러멜화

정답   18 ①   19 ②   20 ③   21 ①   22 ①

23 빵 반죽이 발효되는 동안 이스트는 무엇을 생성하는가?

① 물, 초산   ② 산소, 알데히드   ③ 수소, 젖산   ④ 탄산가스, 알코올

> TIP 빵 반죽이 발효되면 이스트는 탄산가스와 알코올이 나온다.

24 활성 건조이스트를 수화시킬 때 발효력을 증가시키기 위하여 밀가루에 기준하여 1~3%를 물에 풀어 넣을 수 있는 재료는?

① 설탕   ② 소금   ③ 분유   ④ 밀가루

> TIP 활성 건조 이스트
> - 활성건조이스트는 70% 이상인 생이스트의 수분을 7.5~9% 정도로 건조시킨 것으로, 균일성, 편리성, 정확성, 경제성 등의 장점이 있다.
> - 이스트의 발효력을 증가시키기 위해 1~3%의 설탕을 물에 풀어 사용한다.

25 효모에 함유된 성분으로 특히 오래된 효모에 많고 환원제로 작용하여 반죽을 약화시키고 빵의 맛과 품질을 떨어뜨리는 것은?

① 글루타치온   ② 글리세린   ③ 글리아딘   ④ 글리코겐

> TIP 글루타치온은 반죽을 약화시켜 퍼지게 만드는 환원성 물질로 환원제로 쓰이기도 한다.

26 압착효모(생이스트)의 고형분 함량은 보통 몇 %인가?

① 10%   ② 30%   ③ 5%   ④ 60%

> TIP 생이스트는 고형분이 30%, 수분이 70%로 이루어져 있다.

27 효모에 대한 설명으로 틀린 것은?

① 당을 분해하여 산과 가스를 생성한다.
② 출아법(budding)으로 증식한다.
③ 제빵용 효모의 학명은 saccharomyces cerevisiae이다.
④ 산소의 유무에 따라 증식과 발효가 달라진다.

> TIP 효모는 당을 산화시켜 산과 가스를 생성한다.

28 건조 이스트는 같은 중량을 사용할 생이스트 보다 활성이 약 몇 배 더 강한가?

① 2배   ② 5배   ③ 7배   ④ 10배

> TIP 건조이스트 = 생이스트×2

정답   23 ④   24 ①   25 ①   26 ②   27 ①   28 ①

Part 3. 제빵 이론 문제

29 이스트 2%를 사용하여 4시간 발효시킨 경우 양질의 빵을 만들었다면 발효시간을 3시간으로 단축하자면 얼마 정도의 이스트를 사용해야 하는가?

① 약 1.5%   ② 약 2.0%   ③ 약 2.7%   ④ 약 3.0%

> **TIP** 변경할 이스트의 양
> 기존 이스트의 양×기존 발효시간/ 변경할 발효시간 = 2×4/3 ≒ 2.7(%)

30 이스트 2%를 사용했을 때 150분 발효시켜 좋은 결과를 얻었다면 100분 발효시켜 같은 결과를 얻기 위해 얼마의 이스트를 사용하면 좋을까?

① 1%   ② 2%   ③ 3%   ④ 4%

> **TIP** 변경할 이스트의 양
> 기존 이스트의 양×기존 발효시간/ 변경할 발효시간 = 2×150/100 = 3(%)

31 제빵에 있어서 설탕류의 기능에 대한 설명이 아닌 것은?

① 발효성 탄수화물은 이스트의 영양이 되어 이산화탄소 가스와 알콜을 만든다.
② 이스트에 의하여 소비되고 남은 설탕은 갈변반응으로 껍질색을 진하게 한다.
③ 제품의 속결과 기공을 부드럽게 하며, 보습제 기능은 노화를 지연시켜 저장 수명을 증가시킨다.
④ 우유(분유) 중의 유당은 제빵용 이스트의 락타아제에 의하여 포도당과 갈락토오스로 분해된다.

> **TIP** 이스트에는 락타아제가 존재하지 않는다.

32 식빵에 있어 적당한 CO_2 생산을 하는데 필요한 설탕의 적정 사용량은?

① 약 4%   ② 약 10%   ③ 약 15%   ④ 약 23%

> **TIP** 식빵에 있어 적당한 CO_2 생산을 하는데 필요한 설탕의 적정 사용량은 약 4%이다.

33 식빵 배합에서 소맥분 대비 6%의 탈지분유를 사용할 때의 현상이 아닌 것은?

① 발효를 촉진 시킨다.   ② 믹싱 내구성을 높인다.
③ 표피색을 진하게 한다.   ④ 흡수율을 증가시킨다.

> **TIP** 탈지분유를 많이 사용하면 발효를 지연시킨다.

정답 29 ③   30 ③   31 ④   32 ①   33 ①

34 칼슘염의 설명으로 부적당한 것은?

① 글루텐을 강하게 하여 반죽을 되고 건조하게 한다.
② 인산칼슘염은 반응 후 산성이 된다.
③ 곰팡이와 로프(rope)박테리아의 억제효과가 있다.
④ 이스트 성장을 위한 질소공급을 한다.

> TIP 소금은 글루텐 성분을 위촉시켜 반죽의 탄력성을 키워 반죽 시간이 길어지게 된다.

35 제빵에서 소금의 역할 중 틀린 것은?

① 글루텐을 강화시킨다. ② 방부효과가 있다.
③ 빵의 내상을 희게 한다. ④ 맛을 조절한다.

> TIP 제빵에서 소금의 역할로는 반죽의 발효속도를 늦추고, 글루텐의 힘을 좋게 하며, 이스트 발효시 잡균의 번식을 억제하고 향을 좋게 한다. 또 빵 중의 설탕의 감미와 작용하여 풍미를 높여준다.

36 식빵 제조 시 과도한 부피의 제품이 되는 원인은?

① 소금량의 부족 ② 오븐 온도가 높음
③ 배합수의 부족 ④ 미숙성 소맥분

> TIP 소금양이 부족하면 삼투압이 떨어져서 이스트의 활성이 지나쳐 부피가 크다.

37 제빵시 소금 첨가량이 적정량 보다 증가하였을 때 빵의 껍질색은?

① 정상보다 검은 편이다. ② 정상보다 여린 편이다.
③ 정상과 차이가 없다. ④ 어떠한 영향도 미치지 않는다.

> TIP 제빵 시 소금첨가량이 기준량보다 증가하게 되면 빵의 껍질색이 검어진다.

38 다음 중 제품의 부피가 작아지는 결점을 일으키는 원인이 아닌 것은?

① 반죽 정도의 초과 ② 소금 사용량 부족
③ 설탕 사용량 과다 ④ 이스트푸드 사용량 부족

> TIP 소금 사용량이 많으면 많을수록 제품의 부피가 작아진다.

39 제빵에 있어 일반적으로 껍질을 부드럽게 하는 재료는?

① 소금 ② 밀가루 ③ 마가린 ④ 이스트푸드

34 ④ 35 ③ 36 ① 37 ① 38 ② 39 ③

Part 3. 제빵 이론 문제

40 데니시 페이스트리에 사용하는 유지에서 가장 중요한 성질은?

① 유화성   ② 가소성   ③ 안정성   ④ 크림성

> TIP 데니시의 유지는 반죽과 같이 밀어야하는 점 때문에 가소성 범위가 넓어야 작업하기가 좋다.

41 버터와 마가린의 차이는?

① 지방함량   ② 소금함량   ③ 지방의 조성   ④ 수분함량

> TIP 지방의 조성
> * 버터 – 동물성   * 마가린 – 식물성

42 천연버터와 마가린의 가장 큰 차이는?

① 수분   ② 지방산   ③ 산가   ④ 과산화물가

> TIP 버터는 우유에서 지방 성분들만 빼서 만든 것이고, 마가린은 팜유나 야자유 등 식물성 기름으로 만든다.

43 버터의 구성성분으로 올바른 것은?

① 소금 5~8%, 수분 40~50%, 우유지방 50~70%
② 소금 1~3%, 수분 14~17%, 우유지방 80~85%
③ 소금 8~10%, 수분 60~65%, 우유지방 90~92%
④ 소금 8~10%, 수분 10~12%, 우유지방 80~82%

44 버터크림을 만들 때 흡수율이 가장 높은 유지는?

① 라아드   ② 경화 라아드
③ 경화 식물성 쇼트닝   ④ 유화 쇼트닝

> TIP 버터크림 제조 시 흡수율이 가장 높은 유화 쇼트닝을 사용한다.

45 다음 유지 중 가소성이 가장 좋은 것은?

① 버터   ② 식용유   ③ 쇼트닝   ④ 마가린

> TIP 가소성 : 외력에 의해 변한 물체가 외력이 없어져도 원래의 형태로 돌아오지 않는 물질의 성질을 말하며 탄성한계를 넘는 힘이 작용할 때 나타난다. (쇼트닝이 가소성이 가장 좋다)

정답 40 ② 41 ③ 42 ② 43 ② 44 ④ 45 ③

46 다음 중 쇼트닝을 몇 %정도 사용했을 때 빵 제품의 최대 부피를 얻을 수 있는가?

① 2% ② 4% ③ 8% ④ 12%

> **TIP** 쇼트닝
> * 라드 대용품으로 식빵 등에 가장 일반적으로 사용되는 유지이다.
> * 쇼트닝을 4% 정도 사용했을 때 최대 부피의 빵 제품을 얻을 수 있다.
> 쇼트닝이란 이름은 반죽형 고형유지의 중요한 특성인 쇼트닝성을 나타내기 때문에 붙여진 이름이며, 제빵에서 가장 중요한 기능은 윤활 역할이다.

47 다음 중 경화유와 상관없는 내용은?

① 수소첨가 ② 식용유 ③ 버터 ④ 마가린

> **TIP** 장시간 저장성을 지녀야 하기 때문에 안정성이 중요하다.

48 다음 유지 중 발연점이 가장 낮은 것은?

① 면실유 ② 버터 ③ 올리브유 ④ 라드

> **TIP** 발연점이란 가열했을 때 연기가 나기 시작하는 온도이다.
> 면실유(233) 〉 버터(208) 〉 라드(194) 〉 올리브유(175)

49 제빵용 물에 대한 설명으로 틀린 것은?

① 제빵에는 아경수가 가장 적합하다.
② 알칼리 물은 이스트 발효에 의해 생성되는 정상적인 산도를 중화시킨다.
③ 경수를 사용할 때는 이스트 사용량을 증가시킨다.
④ 경수를 사용할 때는 이스트푸드를 증가시킨다.

50 제빵용 물로 가장 적당한 것은?

① 연수(1~60ppm)
② 아연수(61~120ppm)
③ 아경수(121~180ppm)
④ 경수(180ppm 이상)

> **TIP** 아경수(경도 : 121~180ppm) : 제빵에서 가장 알맞은 물이다.

51 정상적인 빵 발효를 위하여 맥아와 유산을 첨가하는 물은?

① 산성인 연수
② 중성인 아경수
③ 중성인 경수
④ 알칼리성인 경수

> **TIP** 물이 일반적인 중성인 경우 맥아를 첨가하고 알칼리성 일 때 유산(산 염제)를 첨가한다.

정답 46 ② 47 ② 48 ③ 49 ④ 50 ③ 51 ④

Part 3. 제빵 이론 문제

52 다음 중 발효시간을 단축시키는 물은?

① 연수   ② 경수   ③ 염수   ④ 알칼리수

> TIP 똑같은 조건이면 연수(단물)일 경우 발효시간을 단축시킬 수 있다.

53 자유수를 올바르게 설명한 것은?

① 당류와 같은 용질에 작용하지 않는다.
② 0℃ 이하에서도 얼지 않는다.
③ 정상적인 물보다 그 밀도가 크다.
④ 염류, 당류 등을 녹이고 용매로서 작용한다.

> TIP 자유수 : 빵 반죽에 넣는 물의 일부는 밀가루에 흡착하지 않고 유리된 상태로 남아있어 용제로서의 역할을 할 수 있는데 이것을 자유수라 한다.

54 일시적 경수에 대한 설명으로 맞는 것은?

① 가열시 탄산염으로 되어 침전된다.   ② 끓여도 경도가 제거되지 않는다.
③ 황산염에 기인한다.   ④ 제빵에 사용하기에 가장 좋다.

> TIP 일시적 경수
> * 탄산칼슘을 함유한 물을 끓이면 물이 불용성인 $CaCO_3$로 침전되기에 물이 부드러워진다.
> * 끓이면 불용성 탄산염으로 분해되고 가라앉아 연수가 된다.

55 연수를 사용했을 때 나타나는 현상이 아닌 것은?

① 반죽의 점착성이 증가한다.   ② 가수량이 감소한다.
③ 오븐 스프링이 나쁘다.   ④ 반죽의 탄력성이 강하다.

> TIP 연수를 사용했을 때 나타나는 현상이 아닌 것은 반죽의 탄력성이 약해진다.

56 물에 칼슘염과 마그네슘염이 일반적인 양보다 많이 녹아 있을 때의 물의 상태는?

① 영구적 연수   ② 일시적 연수
③ 일시적 경수   ④ 영구적 경수

> TIP 영구적 경수 – 칼슘염, 마그네슘염이 황산이온과 결합되어 있다.

57 다음 중 pH가 중성인 것은?

① 식초   ② 수산화나트륨 용액   ③ 중조   ④ 증류수

> TIP 증류수는 pH가 중성이다.

정답 52 ①   53 ④   54 ①   55 ④   56 ④   57 ④

58 pH가 5인 물을 증류수로 100배 희석했을 때 pH는?

① 3   ② 5   ③ 7   ④ 9

> **TIP** pH1의 차이는 10배 차이가 된다는 것을 알아야 풀 수 있는 문제이다.
> 즉, pH5인 물에 pH7인 증류수를 100배(10x10) 넣어 희석했으므로 pH5인 물은 pH가 2단계 상승하여 pH7이 된다.

59 물의 경도를 높여주는 작용을 하는 재료는?

① 이스트푸드   ② 이스트   ③ 설탕   ④ 밀가루

> **TIP** 물의 경도를 높여주는 작용을 하는 재료에는 이스트푸드가 있다.

60 이스트푸드의 구성 물질 중 생지의 pH를 효모의 발육에 가장 알맞은 미산성의 상태로 조절하는 것은?

① 황산암모늄   ② 브롬산칼륨   ③ 요오드화칼륨   ④ 인산칼슘

> **TIP** 미산성이란 약산성을 말하며 산성 인산칼슘에 의해 반죽의 pH를 낮춰 이스트의 발효를 촉진시킨다.

61 이스트푸드에 대한 설명 중 틀린 것은?

① 반죽의 물리적 성질을 조절한다.   ② 물의 경도를 조절한다.
③ 산화제의 작용을 한다.   ④ 반죽의 pH를 높인다.

> **TIP** 이스트푸드 기능으로는 산화제, 물, 경도와 반죽조절 등을 해준다.
> 반죽의 pH를 낮춰 이스트의 발효를 촉진한다.

62 제빵에 이스트푸드를 사용하는 목적으로 가장 옳은 것은?

① 밀가루의 단백질 품질조정 및 이스트의 영양원이 된다.
② 설탕이 분해속도를 조절하여 이스트가 이용하기 쉽게 한다.
③ 물의 경도조절이나 이스트의 영양원이 된다.
④ 물의 경도조절 역할은 없으며 단지 이스트의 영양원만으로 사용된다.

> **TIP** 이스트푸드의 사용목적은 물의 경도조절이나 이스트의 영양원이 된다.

63 달걀 전란의 고형질은 일반적으로 몇 g인가?

① 11.5g   ② 12g   ③ 13.5g   ④ 14.5g

> **TIP** 전란의 고형질은 25%이다. 가식부분인 54g에 고형질 함량은 54 x 0.25=13.5g

정답 58 ③   59 ①   60 ④   61 ④   62 ③   63 ③

Part 3. 제빵 이론 문제

64 생달걀을 분말계란으로 대체하고자 할 때, 생달걀(수분 72%) 25kg을 분말달걀(수분 4%)으로 대체하려면 분말달걀이 얼마나 필요한가?

① 6.7kg ② 6.9kg ③ 7.1kg ④ 7.3kg

> **TIP** 생달걀이 고형분 28%, 분말달걀의 고형분 96%
> 대체식품의 양 = 원래식품의 양 × 원래식품의 성분 / 대체식품의 성분
> = 25kg × 28% / 96%
> = 7.29 ≒ 7.3kg

65 달걀 40%를 사용하여 만든 커스터드 크림과 비슷한 되기로 만들기 위하여 달걀 전량을 옥수수 전분으로 대체한다면 얼마 정도가 가장 적합한가?

① 10% ② 20% ③ 30% ④ 40%

> **TIP** 달걀의 성분 중 고형분만큼 옥수수 전분으로 대체하면 고형분은 25%, 40% × 0.25 = 10%

66 팽창제에 대한 설명 중 틀린 것은?

① 가스를 발생시키는 물질이다.
② 반죽을 부풀게 한다.
③ 제품에 부드러운 조직을 부여해 준다.
④ 제품에 질긴 성분을 준다.

> **TIP** 팽창제는 가스를 발생시키고, 반죽을 부풀게 하며, 제품의 부드러운 조직을 부여해준다.

2. 반죽 및 반죽 관리

01 일반 스트레이트법으로 만들던 빵을 비상 스트레이트법으로 만들 때 필수적으로 조치할 사항이 잘못된 것은?

① 이스트를 2배로 증가시킨다.
② 반죽온도를 30℃로 올린다.
③ 설탕량을 1% 감소시킨다.
④ 반죽시간을 20~25% 감소시킨다.

> **TIP** 필수조치-6가지
> * 이스트 1.5배 증가
> * 설탕 1% 감소
> * 물 1% 증가
> * 반죽시간 20~25% 증가
> * 반죽온도 30℃
> * 발효시간 15~30분

정답 64 ④　65 ①　66 ④　01 ④

02 스펀지 도우법에 비하여 스트레이트법의 장점이 아닌 것은?

① 기계내성과 발효 내구성이 좋고, 볼륨이 크다.
② 맛과 향이 신선하다.
③ 제조 공정이 단순하고, 장비가 간단하다.
④ 발효 손실이 적다.

> **TIP** 스트레이트법의 장점(스펀지법과 비교)
> * 제조 공정이 간단하며 시간, 설비, 노동력을 줄일 수 있다.
> * 발효시간이 짧아 발효 손실이 적다.
> * 맛과 향이 신선하다.

03 중종반죽법에 있어 중종에 수분 배합량을 늘이면 반죽의 숙성 속도가 빨라진다. 물은 중종 밀가루량의 몇 %가 바람직한가?

① 25%   ② 35%   ③ 45%   ④ 55%

> **TIP** 물은 스펀지 밀가루의 55~56%가 바람직하다.

04 다음 중 스트레이트법과 비교한 스펀지 도우법에 대한 설명이 옳은 것은?

① 노화가 빠르다.
② 발효 내구성이 좋다.
③ 속결이 거칠고 부피가 적다.
④ 발효향과 맛이 나쁘다.

> **TIP** 스펀지 도우법으로 반죽을 하면 반죽의 신장성과 기계성이 좋아지며 오븐스프링과 제품이 질이 좋아진다.

05 스펀지의 밀가루 사용량을 증가시킬 때 나타나는 현상이 아닌 것은?

① 2차 믹싱의 반죽시간 단축
② 반죽의 신장성 저하
③ 도우 발효시간 단축
④ 스펀지 발효시간 증가

> **TIP** 스펀지에 밀가루 양을 증가하면
> * 스펀지의 발효시간은 길어지고, 본 반죽의 발효시간인 플로어타임은 짧아진다.
> * 본 반죽의 반죽시간은 짧아지고, 반죽의 신장성이 좋아진다.
> * 부피가 크고 기공막이 얇으며 조직이 부드러워 품질이 좋아진다.
> * 풍미가 강해진다.

06 스펀지에서 드롭 또는 브레이크 현상이 일어나는 가장 적당한 시기는?

① 반죽의 약 1.5배 정도 부푼 후
② 반죽의 약 2~3배 정도 부푼 후
③ 반죽의 약 4~5배 정도 부푼 후
④ 반죽의 약 6~7배 정도 부푼 후

정답 02 ① 03 ④ 04 ② 05 ② 06 ③

Part 3. 제빵 이론 문제

07 액체발효법에서 액종 발효시 완충제의 역할을 하는 것은?

① 탈지분유　　② 설탕　　③ 이스트　　④ 밀가루

> **TIP** 탈지분유는 액종법의 완충제 역할을 한다.
> 액체발효법 중 ADMI법은 완충제로 탈지분유를 사용하는 액종법이다.
> ADMI(미국분유협회)가 개발한 방법이다.

08 액체발효법에서 발효가 종료된 것을 알기 위한 방법으로 가장 적합한 것은?

① 시간의 경과 측정　　　　② pH 측정
③ 거품의 상태 관찰　　　　④ 색, 냄새 등 관능검사

> **TIP** 액체 발효법의 발효의 완료점은 pH로 확인한다.

09 연속식 제빵법에 관한 설명으로 틀린 것은?

① 액체 발효법을 이용하여 연속적으로 제품을 생산한다.
② 발효 손실 감소, 인력 감소 등의 이점이 있다.
③ 3~4기압의 디벨로퍼로 반죽을 제조하기 때문에 많은 양의 산화제가 필요하다.
④ 자동화 시설을 갖추기 위해 설비공간의 면적이 많이 소요된다.

> **TIP** 1차발효실, 분할기, 라운더, 중간 발효기, 정형기 등을 따로 둘 필요가 없어 설비와 설비 공간을 줄일 수 있다.

10 연속식 제빵 시스템의 장점이 아닌 것은?

① 일반 성형 기구가 필요 없다.　　② 고품질의 제품을 수동 연속식으로 생산한다.
③ 적은 인력을 필요로 한다.　　　 ④ 필요한 공장 면적이 작다.

> **TIP** 일정한 품질의 제품을 자동연속식으로 생산한다.

11 제조공정상 비상반죽법에서 가장 많은 시간을 단축할 수 있는 공정은?

① 재료계량　　② 믹싱　　③ 1차 발효　　④ 굽기

> **TIP** 믹싱시간을 20~25%정도 증가시켜야 1차발효시간이 단축된다.

12 비상 스트레이트법의 장점 중 잘못 기술된 것은?

① 임금절약　　　　　　　② 짧은 공정시간
③ 주문에 신속 대처　　　④ 저장성의 증가

> **TIP** 비상스트레이트법은 표준 반죽법을 따르면서, 표준보다 반죽시간을 늘리고
> 발효속도를 촉진시켜 전체 공정 시간을 줄임으로써 짧은 시간에 제품을 만들어 내는 방법이다.
> 기계 고장이나, 갑작스러운 주문에 빠르게 대처해야 할 때 요긴하게 쓸 수 있다.

정답　07 ①　08 ②　09 ④　10 ②　11 ③　12 ④

13 냉동반죽의 해동방법에 해당되지 않는 것은?

① 실온해동 ② 온수해동
③ 리타드(retard) 해동 ④ 도우 컨디셔너(dough conditioner)

> TIP 냉동 반죽의 해동은 냉장 해동 한다.

14 냉동반죽(frozen dough)을 만들 때 정상반죽에서의 양보다 증가시키는 것은?

① 물 ② 소금 ③ 이스트 ④ 환원제

> TIP 이스트의 사용량을 2배 정도 늘린다.

15 냉동반죽법에서 1차 발효시간이 길어질 경우 일어나는 현상은?

① 냉동 저장성이 짧아진다. ② 제품의 부피가 커진다.
③ 이스트의 손상이 작아진다. ④ 반죽온도가 낮아진다.

> TIP 1차 발효시간이 길어질수록 냉동 중 이스트가 죽어 가스 발생력이 떨어진다.

16 냉동반죽의 제조공정에 관한 설명 중 옳은 것은?

① 반죽의 유연성 및 기계성을 향상시키기 위하여 반죽 흡수율을 증가시킨다.
② 반죽 혼합 후 반죽 온도는 18~24℃가 되도록 한다.
③ 혼합 후 반죽의 발효시간은 1시간 30분이 표준발효 시간이다.
④ 반죽을 -40℃까지 급속 냉동시키면 이스트의 냉동에 대한 적응력이 커지나 글루텐의 조직이 약화된다.

> TIP **냉동반죽법**
> * 1차발효를 끝낸반죽을 -18~-25℃에 냉동저장하여 필요할 때마다 꺼내어 쓸 수 있도록 반죽하는 방법이다.
> * 냉동용 반죽에는 보통 반죽보다 이스트를 2배가량 더 넣는다.
> * 반죽온도 : 20℃
> * 냉동 저장 : -40℃로 급속 냉동하여 -18~25℃에서 보관한다.
> * 해동 : 냉장고(5~10℃)에서 15~16시간 해동시킨다.
>
> 장점 - 발효시간이 줄어 전체 시간이 짧아진다.
> - 빵의 부피가 커지고 결이 고와지며 향기가 좋아진다.
> - 운송, 배달이 용이하다.
> - 소비자에게 신선한 빵을 제공할 수 있다.
> - 야간, 휴일 작업에 미리 대처할 수 있다.
> - 다품종 소량 생산이 가능해진다.
>
> 단점 - 이스트가 죽어 가스 발생력이 떨어진다.

13 ② 14 ③ 15 ① 16 ②

Part 3. 제빵 이론 문제

17 산화제와 환원제를 함께 사용하여 믹싱시간과 발효시간을 감소하는 제빵법은?

① 스트레이트법　② 노타임법　③ 비상 스펀지법　④ 비상 스트레이법

> TIP 산화제와 환원제를 함께 사용하여 믹싱 시간과 발효시간을 감소하는 제빵법은 노타임법이다.

18 냉동반죽법에서 동결방식으로 적합한 것은?

① 완만동결법　② 자연동결법　③ 오버나이트법　④ 급속동결법

> TIP 냉동반죽법의 반죽 : −40℃에서 급속 냉동 −18℃∼−25℃에 보관

19 냉동반죽의 가스 보유력 저하요인이 아닌 것은?

① 냉동반죽의 빙결정
② 해동시 탄산가스 확산에 기포수의 감소
③ 냉동시 탄산가스 용해도증가에 의한 기포수의 감소
④ 냉동과 해동 및 냉동저장에 따른 냉동반죽 물성의 강화

> TIP 냉동과 해동 및 냉동 저장에 따른 냉동반죽 물성은 약화된다.

20 이스트의 사멸로 가스 발생력, 보유력이 떨어지며 환원성 물질이 나와 반죽이 끈적 거리고 퍼지기 쉬운 단점을 지닌 제빵법은?

① 냉동반죽법　　　　　　② 호프종법
③ 연속식제빵법　　　　　④ 액체발효법

> TIP 냉동반죽법은 반죽을 급속 냉동을 시키는 과정에서 이스트의 사멸로 가스 발생력과 보유력이 떨어진다.

21 냉동반죽의 특성에 대한 설명 중 틀린 것은?

① 냉동반죽에는 이스트 사용량을 늘린다.
② 냉동반죽에는 당, 유지 등을 첨가하는 것이 좋다.
③ 냉동 중 수분의 손실을 고려하여 될 수 있는 대로 진반죽이 좋다.
④ 냉동반죽은 분할량을 적게 하는 것이 좋다.

> TIP 냉동반죽은 시간이 지남에 따라 이스트가 죽으므로 이스트량을 늘려주며, 당이나 유지를 첨가하는게 좋으며, 분할량을 적게하면 빠른 시간에 얼 수 있다.

정답　17 ②　18 ④　19 ④　20 ①　21 ③

22 냉동반죽 제품의 장점이 아닌 것은?

① 계획생산이 가능하다.
② 인당 생산량이 증가한다.
③ 이스트의 사용량이 감소된다.
④ 반죽의 저장성이 향상된다.

> TIP 냉동 반죽 제품은 이스트가 죽어 가스 발생력이 떨어지므로 이스트를 3.5~5%(2배)정도 사용한다.

23 냉동반죽의 사용 재료에 대한 설명 중 틀린 것은?

① 유화제는 냉동반죽의 가스 보유력을 높이는 역할을 한다.
② 물은 일반 제품보다 3~5% 줄인다.
③ 일반 제품보다 산화제 사용량을 증가시킨다.
④ 밀가루는 중력분을 10% 정도 혼합한다.

> TIP 냉동반죽을 할 때는 반죽의 가스보유력을 증가시키기 위해 단백질 함량이 11.75~13.5%로 비교적 높은 밀가루를 사용한다.

24 오버나이트 스펀지법(overnight sponge method)에 대한 설명 중 틀린 것은?

① 2개 이상의 반죽을 위한 대량의 스펀지 반죽을 제조한다.
② 시간과 노동력을 줄일 수 있다.
③ 소량의 이스트로 12~24시간 발효시킨다.
④ 식빵류에 종종 사용한다.

> TIP ① 발효시간이 12~24시간 동안 발효시킨 스펀지를 이용하는 방법이다.
> ② 강한 발효향을 지니므로 저배합 빵에 적합하다.
> ③ 적은 양의 이스트로 매우 천천히 발효시킨다.
> ④ 강한 신장성과 풍부한 발효향을 지니고 있다.
> ⑤ 오랫동안 발효하므로 발효 손실이 크다.

25 다음 중 후염법의 장점은?

① 반죽 시간이 단축된다.
② 발효가 빨리 된다.
③ 발효가 지연된다.
④ 빵이 더욱 부드럽게 된다.

> TIP 클린업 단계 : 건조재료는 수화되어 어느 정도 축축하고 단단한 덩어리가 형성된다. 이 때 반죽기 안쪽이 깨끗해 진다. 이 단계에서 유지와 소금을 넣는 방법을 후염법이라 한다.
> → 데니쉬페이스트리, 독일빵 등이 있으며, 반죽 시간을 단축하는 장점이 있다.

26 반죽시 후염법에서 소금의 투입단계는?

① 각 재료와 함께 섞는다.
② 픽업단계 직전에 투입한다.
③ 클린업 단계 직후에 넣는다.
④ 믹싱이 끝날 때 넣어 혼합한다.

> TIP 후염법 반죽시 소금의 투입단계는 클린업단계에 소금을 투입해 준다.

22 ③ **23** ④ **24** ② **25** ① **26** ③ 정답

Part 3. 제빵 이론 문제

27 반죽 믹싱의 목적에 적합하지 않는 것은?

① 반죽의 신장성과 탄력성 부여 ② 물의 흡수력 증감 조절
③ 재료의 혼합 ④ 글루텐 형성으로 빵의 내상 개선

> **TIP** 반죽믹싱의 목적은 반죽의 신장성과 탄력성을 부여하며, 재료를 혼합하며, 글루텐 형성에 관여한다.

28 클린업 단계에서 넣음으로써 반죽시간을 단축시킬 수 있는 것은?

① 분유 ② 소금 ③ 이스트 ④ 설탕

> **TIP** 클린업 단계에서 건조재료는 수화되어 어느 정도 축축하고 단단한 덩어리가 형성된다. 이 때 반죽기 안쪽이 깨끗해 진다. 이 단계에서 유지와 소금(후염법)을 넣는다. 소금을 이때 첨가하는 이유는 반죽의 발전을 빠르게 하기 위해서이다.

29 제빵 시 유지를 투입하는 반죽의 단계는?

① 픽업단계 ② 클린업 단계 ③ 발전단계 ④ 최종단계

> **TIP** 유지를 클린업 단계에 넣으므로써 반죽의 시간을 단축시키는 효과가 있다.

30 반죽을 믹싱(mixing)할 때 원료가 균일하게 혼합되고 글루텐의 구조가 형성되기 시작하는 단계는?

① 픽업단계(pick up stage) ② 발전단계(development stage)
③ 클린업단계(clean up stage) ④ 렛다운단계(let down stage)

> **TIP** 원료가 균일하게 혼합되고 글루텐의 구조가 형성되기 시작하는 단계는 픽업단계이다.

31 다음 중 반죽이 매끈해지고 글루텐이 가장 많이 형성되어 탄력성이 강한 것이 특징이며, 프랑스빵 반죽의 믹싱 완료시기인 단계는?

① 클린업단계 ② 발전단계 ③ 최종단계 ④ 렛다운단계

> **TIP** 믹싱단계 중 3단계인 발전단계에서 반죽의 탄력성이 최대로 증가하며, 반죽이 강하고 단단해진다. 프랑스빵 같이 공정이 많은 빵의 반죽은 발전단계에서 믹싱을 완료한다.

32 건포도 식빵, 옥수수식빵, 야채식빵을 만들 때 건포도, 옥수수, 야채는 믹싱의 어느 단계에 넣는 것이 좋은가?

① 최종 단계 후 ② 클린업 단계 후 ③ 발전 단계 후 ④ 렛다운 단계 후

> **TIP** 식빵의 반죽은 최종단계 후에 건포도, 야채, 옥수수를 넣어야만 으깨지지 않는다.

정답 27 ② 28 ② 29 ② 30 ① 31 ② 32 ①

33 반죽의 믹싱 단계 중 탄력성과 신장성이 상실되고 반죽에 생기가 없어지면서 글루텐 조직이 흩어지는 것은?

① 픽업 단계 ② 브레이크 다운 단계 ③ 렛다운 단계 ④ 클린업 단계

34 반죽의 흡수율에 영향을 미치는 요소에 대한 설명으로 틀린 것은?

① 단백질 1% 증가시 흡수율은 5% 증가한다.
② 소금을 믹싱 초기에 넣으면 수분 흡수가 적다.
③ 설탕 증가시 흡수율은 감소한다.
④ 손상전분 증가시 흡수율이 증가한다.

> TIP 단백질 1% 증가 시 흡수율은 1.5~2% 증가한다.

35 다음 중 소프트 롤에 속하지 않는 것은?

① 디너 롤 ② 프렌치 롤 ③ 브리오슈 ④ 치즈 롤

> TIP 프렌치 롤은 직접 구워 딱딱한 껍질의 빵이다. 딱딱하고 매끈한 겉모양과 섬세하고 윤이 나는 껍질, 기공이 많은 내부조직이 특징이다.

36 다음의 빵 제품 중 일반적으로 반죽의 되기가 가장 된 것은?

① 피자도우 ② 잉글리쉬 머핀 ③ 단과자빵 ④ 팥앙금빵

> TIP 피자도우는 반죽이 되게 한다.

37 다음의 제품 중에서 믹싱을 가장 적게 해도 되는 것은?

① 프랑스빵 ② 식빵 ③ 단과자빵 ④ 데니시 페이스트리

> TIP 전통적인 데니쉬 페이스트리는 클린업 단계까지 믹싱한다.

38 다음 제품의 반죽 중에서 가장 오래 믹싱을 하는 것은?

① 데니시 페이스트리 ② 프랑스빵 ③ 과자빵 ④ 햄버거번

> TIP 렛다운 단계
> * 지나친 반죽단계로 반죽이 축축하고 끈적한 얇은 실모양이 된다.
> * 오버믹싱 반죽은 탄력성을 잃고 신장성이 커서 고무줄처럼 늘어지며 점성이 많아진다.→ 햄버거번즈, 잉글리쉬 머핀이 있다.

39 식빵 제조시 반죽 온도에 가장 큰 영향을 주는 재료는?

① 설탕 ② 밀가루 ③ 소금 ④ 유지

정답 33 ② 34 ① 35 ② 36 ① 37 ④ 38 ④ 39 ②

Part 3. 제빵 이론 문제

40 반죽 온도에 미치는 영향이 가장 적은 것은?

① 훅(Hook)온도　　② 실내 온도　　③ 밀가루 온도　　④ 물 온도

> TIP 실내온도, 재료온도는 반죽온도에 많은 영향을 끼친다.

41 표준 스트레이트법으로 식빵을 만들 때 반죽 온도로 가장 적합한 것은?

① 12~14℃　　② 16~18℃　　③ 26~27℃　　④ 33~34℃

> TIP 반죽온도 요점
> * 20℃ : 퍼프페이스트리, 데니시페이스트리, 냉동반죽법의 반죽 : (-40℃에서 급속냉동-18℃~-25℃에 보관)
> * 24℃ : 스펀지 법 반죽의 스펀지 반죽
> * 27℃ : 표준 스트레이트법 반죽, 스폰지법 반죽의 본 반죽
> * 30℃ : 비상 스트레이트법 반죽

42 비상스트레이법 반죽의 가장 적합한 온도는?

① 15℃　　② 20℃　　③ 30℃　　④ 40℃

> TIP 필수적 조치 사항
> * 이스트량 1.5배　　* 믹싱시간 20% 증가　　* 반죽 온도 30℃　　* 1차발효 15~30분
> * 설탕 사용량 1%　　* 물 사용량 1% 감소

43 일반적인 스펀지도우법에서 가장 적당한 스펀지 온도는?

① 12~15℃　　② 18~20℃　　③ 23~25℃　　④ 29~32℃

> TIP 스펀지법의 스펀지는 24℃이고 본 반죽은 27℃이다.

44 일반적인 스펀지도우법으로 식빵을 만들 때 도우(dough)의 가장 적당한 온도는?

① 17℃ 정도　　② 27℃ 정도　　③ 37℃ 정도　　④ 47℃ 정도

> TIP 스펀지법의 스펀지는 24℃이고 본 반죽은 27℃이다.

45 데니시 페이스트리 반죽의 적정온도는?

① 18~22℃　　② 26~31℃　　③ 35~39℃　　④ 45~49℃

> TIP 데니시 페이스트리 반죽의 적정 온도는 18~22℃이다.

46 반죽온도 28℃, 실내온도 26℃, 밀가루 온도 25℃, 설탕 온도 24℃, 계란 온도 22℃, 마찰계수 15일 때 사용할 물의 온도는?

① 25℃　　② 26℃　　③ 27℃　　④ 28℃

> TIP 사용할 물의 온도 = 희망온도×5-(실내온도+밀가루온도+설탕온도+계란온도+마찰계수)
> = 28×5-(26+25+24+22+15) = 28

정답　40 ①　41 ③　42 ③　43 ③　44 ②　45 ①　46 ④

47 희망 반죽 온도 26℃, 마찰계수 20, 실내온도 26℃, 스펀지 반죽온도 28℃, 밀가루 온도 21℃ 일 때 스펀지법에서 사용할 물의 온도는?

① 11℃ ② 8℃ ③ 7℃ ④ 9℃

48 식빵을 만드는데 실내온도 15℃, 수돗물 온도 10℃, 밀가루 온도 13℃일 때 믹싱 후의 반죽온도가 21℃가 되었다면 이 때 마찰계수는?

① 5 ② 10 ③ 20 ④ 25

> TIP * 마찰계수 = (반죽의 결과온도×3)−(밀가루 온도+실내온도+수돗물온도)
> = (21×3)−(15+10+13)
> = 63−38 = 25

49 실내 온도 20℃, 밀가루 온도 20℃, 설탕 온도 20℃, 쇼트닝 온도 22℃, 달걀온도 20℃, 물 온도 18℃의 조건에서 반죽의 결과온도가 24℃가 나왔다면 마찰계수는?

① 18 ② 20 ③ 22 ④ 24

> TIP * 마찰계수 = (실제 반죽온도×6) − (실내온도+밀가루+설탕+쇼트닝+계란+수돗물)
> * 마찰계수 = (24×6) − (20+20+20+22+20+18)
> = 144 − 120
> = 24

50 실내온도 30℃, 실외온도 35℃, 밀가루온도 24℃, 설탕온도 20℃, 쇼트닝온도 20℃, 달걀온도 24℃, 마찰계수가 22이다. 반죽온도가 25℃가 되기 위해서 필요한 물의 온도는?

① 8℃ ② 9℃ ③ 10℃ ④ 12℃

> TIP * 계산방법 (25×6) − (30+24+20+20+24+22) = 10
> * 물온도 = (희망온도×6) − (실내온도+밀가루 온도+설탕 온도+쇼트닝 온도+달걀 온도+마찰계수)
> * (25×6) − (30+24+20+20+24+22) = 10℃

51 1,000g의 물을 사용할 때 수돗물 20℃, 사용할 물의 온도가 −10℃일 때 얼음 사용량은?

① 100g ② 200g ③ 300g ④ 400g

> TIP 얼음 사용량 = 물 사용량 × (수돗물 온도 − 사용할 물의 온도) /80 + 수돗물 온도
> = 1,000 × {20 −(−10)} / 80 + 20 = 300g

52 17℃의 물 2kg을 15℃ 낮추면 실제 사용한 물의 양은?

① 1,756g ② 1,841g ③ 1,900g ④ 1,959g

> TIP 실제 물 사용량 = 사용할 물의 양 − 얼음량 = 2,000 − (2,000 × (17−15) / 80 + 17) = 1,959

정답 47 ④ 48 ④ 49 ④ 50 ③ 51 ③ 52 ④

3. 발효, 분할, 둥글리기, 성형, 팬닝

01 발효의 설명으로 잘못된 것은?

① 발효 속도는 발효의 온도가 38℃일 때 최대이다.
② 이스트의 최적 PH는 4.7이다.
③ 알코올 농도가 최고에 달했을 때, 즉 발효의 마지막 단계에서 발효 속도는 증가한다.
④ 소금은 약 1% 이상에서 발효를 지연시킨다.

　TIP　발효속도가 감소한다.

02 반죽을 발효시키는 목적이 아닌 것은?

① 향 생성　　　　　　　　② 반죽의 숙성 작용
③ 반죽의 팽창작용　　　　④ 글루텐 응고

　TIP　글루텐의 응고는 제품을 구울 때 나탄나는 현상이다.

03 발효에 영향을 주는 요소로 볼 수 없는 것은?

① 이스트의 양　② 쇼트닝의 양　③ 온도　④ pH

　TIP　이스트, 온도, pH는 발효에 영향을 주며, 쇼트닝은 가스 보유력에 영향을 미친다.

04 다음 재료 중 발효에 미치는 영향이 가장 적은 것은?

① 이스트양　② 온도　③ 소금　④ 유지

　TIP　이스트의 양과 발효시간은 반비례하며, 소금과 설탕의 양이 많으면 효소작용을 억제하기 때문에 가스 발생을 저하시킨다.
반죽온도가 0.5℃ 상승함에 따라 15분의 발효시간이 단축된다.

05 발효 중 가스 생성이 증가하지 않는 경우는?

① 이스트를 많이 사용할 때
② 소금을 많이 사용할 때
③ 반죽에 약산을 소량 첨가할 때
④ 발효실 온도를 약간 높일 때

　TIP　소금을 많이 사용하면 가스 생성이 잘 증가하지 않아 발효력이 떨어진다.

정답　01 ③　02 ④　03 ②　04 ④　05 ②

06 제빵시 발효점을 확인하는 방법을 설명한 것 중 적당하지 못한 것은?

① 부피가 증가한 상태 확인
② 반죽 내부에 생긴 망상조직 상태 확인
③ 반죽의 현재 온도 확인
④ 손가락으로 눌렀을 때의 탄력성 정도 확인

> **TIP** 제빵시 발효점을 확인하는 방법은 부피가 3.5배 증가하며 글루텐으로 인하여 망상조직이 되고 반죽이 탄력성이 있어야 한다.

07 정상적인 스펀지 반죽을 발효시키는 동안 스펀지 내부의 온도 상승은 어느 정도가 가장 바람직한가?

① 1~2℃ ② 4~6℃ ③ 8~10℃ ④ 12~14℃

> **TIP** 스펀지 내부의 온도 상승은 4~6℃가 적당하다.

08 발효 중 펀치의 효과와 거리가 먼 것은?

① 반죽의 온도를 균일하게 한다.
② 이스트의 활성을 돕는다.
③ 산소공급으로 반죽의 산화 숙성을 진전시킨다.
④ 성형을 용이하게 한다.

> **TIP** 성형을 용이하게 하는 것은 둥글리기 작업이다.

09 발효 전 무게는 1600g, 발효 후 무게가 1578g 일 때 발효 손실은?

① 0.98% ② 1.375% ③ 1.98% ④ 2.375%

> **TIP** 1,600g : 100% = 1,578g : x
> 1,578 × 100 ÷ 1600 = 98.25
> x = 98.625
> 100 − 98.625 = 1.375%

10 어린반죽(발효부족)으로 만든 빵 제품의 특징과 거리가 먼 것은?

① 기공이 고르지 않고 내상의 색상이 검다.
② 세포벽이 두껍고 결이 서지 않는다.
③ 신 냄새가 난다.
④ 껍질의 색상이 진하다.

> **TIP** 언더 믹싱(반죽 부족) : 어린반죽이라고 한다. 작업성이 떨어지고, 제품의 부피가 작으며, 속결이 맑지 않고, 껍질의 색감이 진하다.

정답 06 ③ 07 ② 08 ④ 09 ② 10 ③

Part 3. 제빵 이론 문제

11 과발효된(over proof) 반죽으로 만들어진 제품의 결함이 아닌 것은?

① 조직이 거칠다.
② 식감이 건조하고 단단하다.
③ 내부에 구멍이나 터널현상이 나타난다.
④ 제품의 발효향이 약하다.

> TIP 과발효된 반죽의 제품은 발효향이 강하다.

12 다음 중 스펀지 발효를 마친 반죽의 적정 pH는?

① pH2.8　② pH4.8　③ pH6.8　④ pH8.8

> TIP 스펀지 발효의 pH 완료점의 기준은 이스트가 가장 활력있는 pH4.8과 같게 설정한다.

13 발효 손실의 원인이 아닌 것은?

① 수분이 증발하여
② 탄수화물이 탄산가스로 전환되어
③ 탄수화물이 알코올로 전환되어
④ 재료 계량의 오차로 인해

> TIP 발효 손실을 장시간 발효 중에 수분이 증발하고, 탄수화물이 발효에 의해 탄산가스와 알콜로 전환되어 발생한다.
> 일반 발효 중에는 1~2%정도 손실된다.

14 진한 껍질색의 빵에 대한 대책으로 적합하지 못한 것은?

① 설탕, 우유 사용량 감소　② 1차 발효 감소
③ 오븐 온도 감소　④ 2차 발효 습도 조절

> TIP 1차 발효를 감소시키면, 이스트에 의해 사용되지 않고 반죽에 남아있는 당류의 양이 많아져 진한 껍질색의 빵이 된다.

15 성형과정을 거치는 동안에 반죽이 거친 취급을 받아 상처를 받은 상태이므로 이를 회복시키기 위해 글루텐 숙성과 팽창을 도모하는 과정은?

① 1차발효　② 중간발효
③ 펀치　④ 2차발효

> TIP 2차 발효는 정형한 반죽을 40℃ 전후의 고온다습한 발효실에 넣어 최종 숙성시켜 반죽의 신장성을 높임으로써 제품 부피의 70~80%까지 부풀리는 일을 말한다.
> 2차 발효는 발효의 최종단계이다. 2차 발효에서 3가지 주요 요인은 온도, 습도, 시간이다.

정답　11 ④　12 ②　13 ④　14 ②　15 ④

16 제빵과정에서 스펀지법으로 반죽하여 스펀지를 4시간 발효시키려한다. 발효과정에서 반죽의 중량 변화는?

① 증가한다.   ② 감소한다.   ③ 감소하다 증가한다.   ④ 변화없다.

> **TIP** 반죽의 중량이 감소했다면 그것은 발효과정이 길었을 것이다.

17 스트레이트법에서 1차 발효 시 발효 상태를 파악하기 위해 손가락으로 눌렀을 때 가장 발효 상태가 좋은 것은?

① 누른 자국이 점점 커진다.
② 반죽 부분이 퍼진다.
③ 누른 부분이 살짝 오므라든다.
④ 누른 부분이 옆으로 퍼져 함몰한다.

> **TIP** 1차 발효가 완료 점을 판단하는 방법
> * 처음 반죽 부피에 3.5배 정도로 부푼 상태
> * 발효된 반죽의 닿는 면을 들추면 실 같은 모양의 직물구조(섬유질 상태)를 보이는 상태
> * 손가락에 밀가루를 묻혀 반죽을 눌렀을 때 약간 오그라드는 상태

18 1차 발효과정 중 생성되는 주요 물질은?

① 산소   ② 탄산가스   ③ 글루텐   ④ 단백질

> **TIP** 탄산가스는 1차 발효 중에 생성되는 주요 물질이다.

19 성형 후 공정으로 가스팽창을 최대로 만드는 단계로 가장 적합한 것은?

① 1차 발효   ② 중간 발효   ③ 펀치   ④ 2차 발효

> **TIP** 2차발효는 제빵사가 원하는 크기로 빵을 만들기 위하여 가스팽창을 최대로 만드는 단계이다.
> (완제품의 크기를 결정하는 공정)

20 다음 제빵 공정 중 시간보다 상태로 판단하는 것이 좋은 공정은?

① 포장   ② 분할   ③ 2차 발효   ④ 성형

> **TIP** 2차 발효의 경우 완제품의 70~80%의 부피로 부풀었을 때이지만 시간보다 상태로 판단하는 것이 가장 좋다.

21 일반적으로 표준식빵 제조시 가장 적당한 2차 발효실 습도는?

① 95%   ② 85%   ③ 65%   ④ 55%

> **TIP** 2차 발효 : 35~43℃, 상대습도 85~90%, 발효실에서 30분~1시간

16 ②   17 ③   18 ②   19 ④   20 ③   21 ②   **정답**

Part 3. 제빵 이론 문제

22 프랑스빵의 2차 발효실 습도로 가장 적합한 것은?

① 65~70%   ② 75~80%   ③ 80~85%   ④ 85~90%

> TIP 75~80%가 적합하다.

23 적당한 2차 발효점은 여러 여건에 따라 차이가 있다. 일반적으로 완제품의 몇 %까지 팽창시키는가?

① 30~40%   ② 50~60%   ③ 70~80%   ④ 90~100%

> TIP 적당한 2차 발효점은 완제품의 70~80%까지 부풀리는 것이다.

24 다음 제품 제조시 2차 발효실의 습도를 가장 낮게 유지하는 것은?

① 풀먼 식빵   ② 햄버거 빵   ③ 과자 빵   ④ 빵 도넛

> TIP 빵 도넛은 기름에 튀거야 하므로(물과 기름은 상극)2차 발효실의 습도가 70%가 적당하다.
>
> **제품에 따른 2차 발효조건**
> * 식빵류, 과자 빵류 : 온도38~40℃, 상대습도 85%
> * 하스브레드 : 온도 32℃, 상대습도 75%
> * 도넛 : 온도 32℃, 상대습도 65~70%
> * 데니쉬 페이스트리 : 온도 27~32℃, 상대습도 75~80%
> * 크루아상, 브리오슈 : 온도 27℃, 상대습도 70~75%

25 2차 발효의 상대습도를 가장 낮게 하는 제품은?

① 옥수수 식빵   ② 데니시 페이스트리   ③ 우유 식빵   ④ 팥앙금빵

> TIP 데니시 페이스트리는 2차 발효 온도 32~35℃, 습도 70~75%의 조건으로 일반적인 빵에 비해 상대습도를 낮게 해야 한다.

26 제빵과정에서 2차 발효가 덜 된 경우는?

① 발효 손실이 크다.   ② 부피가 작아진다.
③ 기공이 거칠며 저장성이 낮다.   ④ 산이 많이 생겨서 향이 좋지 않다.

> TIP **2차 발효**
> * 정형한 반죽을 40℃ 전후의 고온다습한 발효실에 넣어 최종 숙성시켜 반죽의 신장성을 높임으로써 제품 부피의 70~80%까지 부풀리는 일을 말한다.
> * 2차 발효 부족시 부피가 작다.

27 2차 발효시 상대습도가 부족할 때 일어나는 현상은?

① 질긴 껍질   ② 흰 반점   ③ 터짐   ④ 단단한 표피

> TIP 오븐에 넣었을 때 팽창이 잘 일어나지 않으며 제품의 표면이 갈라지거나 터지는 경우가 생긴다.

정답 22 ②   23 ③   24 ④   25 ②   26 ②   27 ③

28 2차 발효가 과다할 때 일어나는 현상이 아닌 것은?

① 옆면이 터진다. ② 색상이 여리다.
③ 신 냄새가 난다. ④ 오븐에서 주저 앉기 쉽다.

> TIP 2차 발효를 너무 과다하게 되면 색상이 여리고, 오븐에서 가라앉고, 신 냄새가 나게 된다.

〈빵류 제품 반죽 정형〉

01 식빵 반죽을 분할할 때 처음에 분할한 반죽과 나중에 분할한 반죽은 숙성도의 차이가 크므로, 단시간 내에 분할해야 한다. 몇 분 이내로 완료하는 것이 가장 좋은가?

① 2~7분 ② 8~13분 ③ 15~20분 ④ 25~30

> TIP 평균 분할 시간 : 15~20분 → 분할 속도가 너무 빠르면 과다한 펀칭이 되어 반죽이 찢어질 염려가 있으며 반대로 너무 느리면 과다하게 압착되어 글루텐이 파괴된다.

02 분할기에 의한 기계식 분할시 분할의 기준이 되는 것은?

① 무게 ② 모양 ③ 배합용 ④ 부피

> TIP 기계식 분할 – 부피, 수동시 분할 – 무게

03 1회에 60g짜리 반죽을 2개씩 분할하는 분할기가 있다. 1분에 4회 분할한다면 24kg의 반죽을 분할하는 데 소요되는 시간은?

① 10분 ② 25분 ③ 50분 ④ 75분

> TIP 1회에 60g×2(120g)분할
> 1분 : 480 = x분 : 24,000
> 480×x = 24,000
> x = 24,000/480
> x = 50

04 굽기 및 냉각손실이 12%이고 완제품이 500g일 때 분할량은 약 얼마인가?

① 568g ② 575g ③ 580g ④ 585g

> TIP 분할량 = x일 때, 완제품 = 500g
> 100 : x = (100−12):500
> 88x = 50000
> x = 568

28 ① 01 ③ 02 ④ 03 ③ 04 ①

Part 3. 제빵 이론 문제

05 제빵 공정 중 정형공정에 속하지 않는 것은?

① 둥글리기　② 가스빼기　③ 말기　④ 봉하기

> **TIP** 정형
> * 중간발효를 끝낸 반죽을 틀에 넣기 전에 일정한 모양으로 만드는 과정
> * 정형과정은 밀기(가스빼기)와 말기 그리고 봉하기의 3단계로 나눌 수 있다.

06 둥글리기의 목적이 아닌 것은?

① 글루텐의 구조와 방향 정돈　② 수분 흡수력 증가
③ 반죽의 기공을 고르게 유지　④ 반죽 표면에 얇은 막 형성

> **TIP** 수분 흡수력 증가는 믹싱의 목적이다.

07 분할된 반죽을 둥그렇게 말아 하나의 피막을 형성토록 하는 기계는?

① 믹서(mixer)　② 오버헤드 프루퍼(overhead proofer)
③ 정형기(moulder)　④ 라운더(rounder)

> **TIP** 라운더-복합된 반죽의 상한 부위를 봉함과 동시에 표면을 매끄럽게 한다.

08 다음은 어떤 공정의 목적인가?

> 자른 면의 점착성을 감소시키고 표피를 형성하여 탄력을 유지시킨다.

① 분할　② 둥글리기　③ 중간발효　④ 정형

> **TIP** 둥글리기에 대한 설명이다.

09 중간 발효의 목적이 아닌 것은?

① 반죽의 휴지　② 기공의 제거
③ 탄력성 제공　④ 반죽에 유연성 부여

10 중간 발효의 목적이 아닌 것은?

① 글루텐의 배열을 제대로 조절하고 가스를 발생시켜 정형하기 쉽도록 하기 위해
② 분할, 둥글리기를 거치면서 굳은 반죽을 유연하게 만들기 위해
③ 탄력성과 신장성 회복으로 밀어 펴기 중 반죽의 찢어짐을 방지하기 위해
④ 빵의 향에 관계하는 발효산물인 알코올, 유기산, 방향성 물질을 얻기 위해

> **TIP** 빵의 향에 관계하는 발효 산물인 알코올, 유기산, 방향성 물질을 얻기 위한 과정은 1차 발효나 2차 발효이다.

정답　05 ①　06 ②　07 ④　08 ②　09 ②　10 ④

11 플로어 타임을 길게 주어야 할 경우는?

① 반죽 온도가 높을 때　　　② 반죽 배합이 덜 되었을 때
③ 반죽 온도가 낮을 때　　　④ 중력분을 사용했을 때

　TIP　반죽 온도가 높으면 플로어 타임이 짧아지고 온도가 낮으면 플로어 타임이 길어진다.

12 빵제품의 제조공정에 대한 설명으로 올바르지 않은 것은?

① 반죽은 무게 또는 부피에 의하여 분할한다.
② 둥글리기에서 과다한 덧가루를 사용하면 제품에 줄무늬가 생성된다.
③ 중간발효시간은 보통 10~20분이며 27~29℃에서 실시한다.
④ 성형은 반죽을 일정한 형태로 만드는 1단계 공정으로 이루어져 있다.

　TIP　성형 과정은 밀기, 접기, 말기, 봉하기의 4단계로 나눌 수 있다.

13 성형에서 반죽의 중간발효 후 밀어 펴기 하는 과정의 주된 효과는?

① 글루텐 구조의 재정돈　　　② 가스를 고르게 분산
③ 부피의 증가　　　　　　　④ 단백질의 변성

　TIP　밀어 펴기 하는 주된 이유는 가스를 빼내고 기포를 균일하게 하기 위해서 한다.

14 정형기(Moulder)의 작동 공정이 아닌 것은?

① 둥글리기　② 밀어펴기　③ 말기　④ 봉하기

　TIP　정형과정은 밀기(가스 빼기)와 접기, 말기 그리고 봉하기의 4단계로 나눌 수 있다.

15 다음 중 파이롤러를 사용하기에 부적합한 제품은?

① 스위트롤　② 데니시 페이스트리　③ 크로와상　④ 브리오슈

　TIP　브리오슈 : 버터와 계란을 듬뿍 배합해 만든 반죽을 여러 가지 모양으로 성형해 구운 것으로 손으로 나누었을 때 결이 더 곱다.

16 건포도 식빵에 관한 설명으로 틀린 것은?

① 반죽이 충분하게 형성된 후 건포도를 투입한다.
② 밀어펴기(가스빼기)를 완전히 한다.
③ 2차 발효 시간이 길다.
④ 팬닝량은 일반 식빵에 비해 1~20% 정도 증가시킨다.

　TIP　건포도를 넣은 반죽을 밀어 펼 때는 약간 느슨하게 하여 건포도의 손상을 줄인다.

정답　11 ③　12 ④　13 ②　14 ①　15 ④　16 ②

Part 3. 제빵 이론 문제

17 데니시 페이스트리 제조 과정의 설명으로 틀린 것은?

① 소량의 덧가루를 사용한다.
② 발효실 온도는 유지의 융점보다 낮게 한다.
③ 고배합 제품은 저온에서 구우면 유지가 흘러나온다.
④ 2차 발효시간은 길게 하고, 습도는 비교적 높게 한다.

> TIP 데니쉬 페이스트리는 2차 발효시간을 짧게 하고 습도는 낮게 한다.

18 빵의 내부에 줄무늬가 생기는 원인이 아닌 것은?

① 과량의 분할유(divider oil) 사용 ② 과량의 덧가루 사용
③ 건조한 중간 발효 ④ 건조한 2차 발효

> TIP 빵의 내부에 줄무늬가 생기는 원인으로 2차발효와는 상관이 없다.

19 팬닝 시 주의사항에 적절하지 않은 것은?

① 팬닝전의 팬의 온도가 적정하고 고르게 할 필요가 있다.
② 틀이나 철판의 온도를 25℃로 맞춘다.
③ 반죽의 이음매가 틀의 바닥에 놓이도록 팬닝한다.
④ 반죽의 무게와 상태를 정하여 비용적에 맞추어 적당한 반죽량을 넣는다.

> TIP 팬닝시 팬의 온도 : 32℃

20 정형한 식빵 반죽을 팬에 넣을 때 이음매의 위치는?

① 위   ② 아래   ③ 좌측   ④ 우측

> TIP 식빵을 팬닝시 이음매는 무조건 아래로 향하게 하여 팬닝하여야 한다.

21 빵의 팬닝(팬넣기)에 있어 팬의 온도로 가장 적합한 것은?

① 냉장온도(0~5℃) ② 20~24℃
③ 30~35℃ ④ 60℃ 이상

정답 17 ④ 18 ④ 19 ② 20 ② 21 ③

22 팬닝방법 중 풀먼 브레드와 같이 뚜껑을 덮어 굽는 제품에 반죽을 길게 늘려 U자, N자, M자형으로 넣는 방법은?

① 직접 팬닝
② 트위스트 팬닝
③ 스파이럴 팬닝
④ 교차 팬닝

> TIP 교차 팬닝에 관한 설명이다.

23 식빵의 일반적인 비용적은?

① 0.36cm³/g
② 1.36cm³/g
③ 3.36cm³/g
④ 5.36cm³/g

> TIP 식빵의 일반적인 비용적은 3.2~3.4cm³/g 이다.

24 빵의 밑바닥이 움푹 들어가는 이유가 아닌 것은?

① 뜨거운 팬의 사용
② 반죽이 질음
③ 팬의 기름칠 과다
④ 2차 발효실의 습도가 높음

> TIP 팬의 기름칠을 많이 하면
>   * 바닥 껍질에 두껍다.
>   * 색이 어두워 진다.
>   * 부피가 크다.
>   * 옆면이 약해져서 자를 때 찌그러지기 쉽다.

22 ④ 23 ③ 24 ③

Part 3. 제빵 이론 문제

4. 반죽 익히기

01 빵 굽기의 일반적인 설명으로 틀린 것은?

① 높은 온도에서 구울 때 오버 베이킹이 된다.
② 고율배합의 빵은 비교적 낮은 온도에서 굽는다.
③ 오븐이 너무 뜨거우면 빵의 부피가 작고 껍질이 진하다.
④ 잔당 함유량이 높은 어린반죽은 낮은 온도에서 굽는다.

> **TIP** 오버베이킹
> * 낮은 온도에서 장시간 구운 것으로 지나치게 구운 것을 말함.
> * 윗부분이 평평하고 제품의 수분이 적으며 제품이 오그라든다.
>
> 언더베이킹
> * 높은 온도에서 단시간 구운 것으로 덜 구운 것을 말함.
> * 윗면이 블록 튀어나오고 갈라진다.
> * 껍질색이 진하며 제품이 수분이 많고 주저앉기 쉽다.

02 빵의 굽기에 대한 설명 중 옳은 것은?

① 고율배합의 경우 낮은 온도에서 짧은 시간으로 굽기
② 고율배합의 경우 높은 온도에서 긴 시간으로 굽기
③ 저율배합의 경우 낮은 온도에서 긴 시간으로 굽기
④ 저율배합의 경우 높은 온도에서 짧은 시간으로 굽기

> **TIP** 저율배합은 고온 단시간으로 굽는다.
> 고율배합은 저온 장시간으로 굽는다.

03 다음 제품 중 가장 고온에서 굽는 제품은?

① 카스테라 ② 이스트 도넛 ③ 식빵 ④ 프랑스빵

> **TIP** 프랑스빵은 가장 고온에서 굽는다.

04 프랑스빵 제조 시 스팀 주입이 많을 경우 생기는 현상은?

① 껍질이 바삭바삭하다. ② 껍질이 벌어진다.
③ 질긴 껍질이 된다. ④ 균열이 생긴다.

> **TIP** 스팀을 많이 분사하면 밀가루의 단백질에 물이 충분히 공급되므로 완제품의 질감을 질기게 한다.

정답 01 ① 02 ④ 03 ④ 04 ③

05 식빵의 껍질이 연한 색이 되는 원인이 아닌 것은?

① 설탕 사용 부족
② 높은 오븐 온도
③ 불충분한 굽기
④ 2차 발효실의 습도 부족

> TIP 식빵을 높은 온도에서 구우면 껍질색은 진하게 나타난다.

06 빵 도넛 튀김온도의 범위로 가장 적합한 것은?

① 150~160℃
② 180~190℃
③ 200~210℃
④ 220~230℃

> TIP 도넛의 튀김 온도는 180~190℃가 적당하다.
> 기름 온도가 낮으면 과다하게 흡유 현상이 일어나며 튀김 온도가 너무 높으면 반죽이 익지 않는다.

07 굽기 과정 중 글루텐이 응고하기 시작하는 온도는?

① 74℃
② 90℃
③ 13℃
④ 180℃

> TIP 굽기 과정 중 오븐 열에 의해 반죽 온도가 54℃를 넘으면 이스트가 죽기 시작하면서 전분이 호화하기 시작하고 그 외에 잔당에 의한 캐러멜화, 단백질 변성(74℃) 등을 거쳐 빵 속의 구조를 형성하게 된다.

08 다음 중 빵 굽기의 반응이 아닌 것은?

① 이산화탄소의 방출과 노화를 촉진시킨다.
② 빵의 풍미 및 색깔을 좋게 한다.
③ 제빵 제조 공정의 최종 단계로 빵의 형태를 만든다.
④ 전분의 호화로 식품의 가치를 향상시킨다.

> TIP 빵 굽기 중에 오븐 열에 의해서 이산화탄소의 방출과 수분 증발이 일어나며, 호화가 된다.

09 굽기 과정에서 일어나는 변화로 틀린 것은?

① 캐러멜화와 갈변반응으로 껍질색이 진해지며 특유의 향을 발생시킨다.
② 굽기가 완료되면 모든 미생물이 사멸하고 대부분의 효소도 불활성화가 된다.
③ 전분 입자는 팽윤과 호화의 변화를 일으켜 구조형성을 한다.
④ 빵의 외부 층에 있는 전분이 내부 층의 전분보다 호화가 덜 진행된다.

> TIP 빵의 외부 층은 더 오랜 시간 높은 온도에 노출되기 때문에 내부의 전분보다 많이 호화된다.

정답 05 ② 06 ② 07 ① 08 ① 09 ④

Part 3. 제빵 이론 문제

10 식빵 굽기 시의 빵 내부의 최고 온도에 대한 설명으로 맞는 것은?

① 100℃를 넘지 않는다.   ② 150℃를 약간 넘는다.
③ 200℃ 정도가 된다.   ④ 210℃가 넘는다.

> **TIP** 식빵 굽기 시 빵 내부의 온도는 물의 끓는점과 같다.

11 빵을 오븐에 넣으면 빵 속의 온도가 높아지면서 부피가 증가한다. 이때 일어나는 현상이 아닌 것은?

① 가스압이 증가한다.
② 이산화탄소 가스의 용해도가 증가한다.
③ 이스트의 효소활성이 60℃까지 계속된다.
④ 79℃부터 알콜이 증발하여 특유의 향이 발생한다.

> **TIP** 빵을 오븐에 넣으면 빵 속의 온도가 높아지면서 이산화탄소 가스의 용해도가 감소한다. 이때 가스압은 증가된다.

12 굽기 손실이 가장 큰 제품은?

① 식빵   ② 바게트   ③ 단팥빵   ④ 버터롤

> **TIP** 굽기 손실은 성형을 끝낸 반죽을 오븐에 넣고 구울 때 일어나는 중량 손실을 가리킨다. 굽기 손실의 정도는 반죽의 성질과 오븐의 상태에 따라 다르다.

13 일반적으로 풀먼 식빵의 굽기 손실은 얼마나 되는가?

① 2~3%   ② 4~6%   ③ 7~9%   ④ 11~13%

> **TIP** 산형 식빵은 굽기 손실률이 11~13% 정도 되지만, 풀먼 식빵은 반죽을 팬에 넣고 뚜껑을 덮고 굽기 때문에 손실률이 7~9%이다.

14 오븐에서의 부피 팽창 시 나타나는 현상이 아닌 것은?

① 탄산가스가 발생한다.
② 발효에서 생긴 가스가 팽창한다.
③ 약 80℃에서 알코올이 증발한다.
④ 약 90℃까지 이스트의 활동이 활발하다.

> **TIP** 이스트는 48℃에서 세포가 파괴되기 시작하고, 이스트 세포는 63℃ 전후에서, 포자는 69℃에서 죽는다.

정답   10 ①   11 ②   12 ②   13 ③   14 ④

15 주로 소매점에서 자주 사용하는 믹서로써 모든 빵 반죽이 가능한 믹서는?

① 수직 믹서(vertical mixer) ② 스파이럴 믹서(spiral mixer)
③ 수평 믹서(horizontal mixer) ④ 핀 믹서(pin mixer)

> **TIP** 수직믹서 : 제과 제빵용 혼합교반기이며, 반죽 날개가 세로로 곧게 부착되어 있고 이것이 좌우로 회전한다. 반죽 날개에는 휘퍼, 비터, 훅의 3종류가 있으며 이들은 용도에 맞추어 서로 바꿔 끼울 수 있다. 주로 소규모 제과점에서 많이 사용된다.

16 주로 독일빵, 프랑스빵 등 유럽빵이나 토스트 브레드(toast bread) 등 된반죽을 치는 데 사용하는 믹서는?

① 수평형 믹서 ② 수직형 믹서 ③ 나선형 믹서 ④ 혼합형 믹서

> **TIP** 나선형 믹서(스파이럴 믹서)는 빵 반죽만 가능하다.

17 주로 빵 반죽용으로 사용되는 믹서의 부대 기구는?

① 휘퍼 ② 비터 ③ 훅 ④ 스크래퍼

> **TIP** 빵 반죽을 할 시에는 훅을 사용하며, 제과반죽을 할 시에는 휘퍼를 사용한다.

18 파이롤러는 주방 어디에 놓는 것이 가장 적당한가?

① 중앙 ② 오븐 옆 ③ 냉장고 옆 ④ 믹싱기 옆

> **TIP** 파이 반죽은 제품에 휴지를 줘야 하기 때문에 파이롤러는 냉장고 옆에 두는 것이 좋다.

19 공장 설비 중 제품의 생산 능력은 어떤 설비가 가장 기준이 되는가?

① 오븐 ② 발효기 ③ 믹서 ④ 작업 테이블

> **TIP** 제품의 생산능력은 오븐의 설비가 기준이 되어야 한다.
> 오븐은 제품 생산 능력의 기준이 된다. 이를 고려하지 않으면 믹서와 발효실에서 많은 양을 만들면 반죽이 지치게 된다.

20 오븐의 생산 능력은 무엇으로 계산하는가?

① 소모되는 전력량 ② 오븐의 높이
③ 오븐의 단열 정도 ④ 오븐 내 매입 철판 수

> **TIP** 오븐 내 철판수가 많이 들어갈수록 생산되는 제품량이 많아진다.

15 ① 16 ③ 17 ③ 18 ③ 19 ① 20 ④ **정답**

제과기능사 모의고사 (1회)

01 일반적인 제과작업장의 시설 설명으로 잘못된 것은?
① 조명은 50룩스(lux) 이하가 좋다.
② 방충, 방서용 금속은 30메시(mesh)가 적당하다.
③ 벽면은 매끄럽고 청소하기 편리하여야 한다.
④ 창의 면적은 바닥 면적을 기준하여 30% 정도가 좋다.

02 슈제조시 반죽 표면을 분무또는 침지 시키는 이유가 아닌 것은?
① 껍질을 얇게 한다.
② 팽창을 크게 한다.
③ 기형을 방지한다.
④ 제품의 구조를 강하게 한다.

03 다음 중 케이크에서 설탕의 역할과 거리가 먼 것은 어느 것인가?
① 감미를 준다.
② 껍질 색을 진하게 한다.
③ 수분 보유력이 있어 노화가 지연된다.
④ 제품의 형태를 유지시킨다.

04 밀가루 : 계란 : 설탕 : 소금 = 100 : 166 : 166 : 2를 기본 배합으로 하여 적정 범위 내에서 각 재료를 가감하여 만드는 제품은?
① 파운드케이크
② 엔젤 푸드 케이크
③ 스펀지케이크
④ 머랭 쿠키

05 비중컵의 무게 40g, 물을 담은 비중컵의 무게 240g, 반죽을 담은 비중컵의 무게 180g일 때 반죽의 비중은?
① 0.2   ② 0.4
③ 0.6   ④ 0.7

06 엔젤 푸드 케이크 제조 시 팬에 사용하는 이형제로 가장 적합한 것은?
① 쇼트닝   ② 밀가루
③ 라드   ④ 물

07 카스테라의 굽기 온도로 가장 적합한 것은?
① 140-150℃   ② 180-190℃
③ 220-240℃   ④ 250~270℃

08 케이크 도넛 제품에서 반죽 온도의 영향으로 나타나는 현상이 아닌 것은?
① 팽창 과잉이 일어난다.
② 모양이 일정하지 않다.
③ 흡유량이 많다.
④ 표면이 꺼칠하다.

09 커스터드푸딩을 컵에 채워 몇 ℃의 오븐에서 중탕으로 굽는것이 가장 적당한가?

① 160~170℃ ② 190~200℃
③ 210~220℃ ④ 230~240℃

10 설탕 공예용 당액 제조 시 설탕의 재 결정을 막기 위해 첨가하는 재료는?

① 중조 ② 주석산
③ 포도당 ④ 베이킹 파우더

11 다음 제품 중 일반적으로 유지를 사용하지 않는 제품은?

① 마블케이크 ② 파운드케이크
③ 코코아케이크 ④ 엔젤 푸드케이크

12 흰자 100에 대하여 설탕 180의 비율로 만든 머랭으로서 구웠을 때 표면에 광택이 나고 하루쯤 두었다가 사용해도 무방한 머랭은?

① 냉제 머랭(Cold meringue)
② 온제 머랭(Hot meringue)
③ 이탈리안 머랭(Italian meringue)
④ 스위스 머랭(Swiss meringue)

13 튀김 기름의 품질을 저하시키는 요인으로만 나열된 것은?

① 수분, 탄소, 질소
② 수분, 공기, 반복 가열
③ 공기, 금속, 토코페롤
④ 공기, 탄소, 세사몰

14 머랭(Meringue)을 만드는 주요 재료는?

① 달걀흰자 ② 전란
③ 달걀 노른자 ④ 박력분

15 다음 중 빵의 노화가 가장 빨리 발생하는 온도는?

① −18℃ ② 0℃
③ 20℃ ④ 35℃

16 공장 설비 중 제품의 생산능력은 어떤 설비가 가장 중요한 기준이 되는가?

① 오븐 ② 발효기
③ 믹서 ④ 작업 테이블

17 스펀지케이크 제조 시 더운 믹싱 방법(Hot method)을 사용할 때 계란과 설탕의 중탕 온도로 가장 적합한 것은?

① 23℃ ② 43℃
③ 63℃ ④ 83℃

18 퍼프 페이스트리 제조 시 휴지의 목적이 아닌 것은?

① 밀가루가 수화를 완전히 하여 글루텐을 안정시킨다.
② 밀어 펴기를 쉽게 한다.
③ 저온 처리를 하여 향이 좋아진다.
④ 반죽과 유지의 되기를 같게 한다.

19 굳어진 설탕 아이싱 크림을 여리게 하는 방법으로 부적합한 것은?

① 설탕 시럽을 더 넣는다.
② 중탕으로 가열한다.
③ 전분이나 밀가루를 넣는다.
④ 소량의 물을 넣고 중탕으로 가온한다.

20 다음 중 반죽의 pH가 가장 낮아야 좋은 제품은?

① 화이트 레이어 케이크
② 스펀지케이크
③ 엔젤 푸드 케이크
④ 파운드케이크

21 생크림 원료를 가열하거나 냉동시키지 않고 직접 사용할 수 있게 보존하는 적합한 온도는?

① −18℃ 이하   ② 3~5℃
③ 15~18℃   ④ 21℃ 이상

22 무스(Mousse)의 원 뜻은?

① 생크림   ② 젤리
③ 거품   ④ 광택제

23 스펀지케이크 400g짜리 완제품을 만들 때 굽기 손실이 20%라면 분할 반죽의 무게는?

① 600g   ② 500g
③ 400g   ④ 300g

24 도넛 제조 시 수분이 적을 때 나타나는 결점이 아닌 것은?

① 팽창이 부족하다.
② 혹이 튀어 나온다.
③ 형태가 일정하지 않다.
④ 표면이 갈라진다.

25 화이트 레이어 케이크의 반죽 비중으로가장 적합한 것은?

① 0.90~1.0   ② 0.45~0.55
③ 0.60~0.70   ④ 0.75~0.85

26 당분이 있는 슈 껍질을 구울 때의 현상이 아닌 것은?

① 껍질의 팽창이 좋아진다.
② 상부가 둥글게 된다.
③ 내부에 구멍 형성이 좋지 않다.
④ 표면에 균열이 생기지 않는다.

27 고율 배합에 대한 설명으로 틀린 것은?

① 화학팽창제를 적게 쓴다.
② 굽는 온도를 낮춘다.
③ 반죽 시 공기 혼입이 많다.
④ 비중이 높다.

28 시폰 케이크 제조 시 냉각 전에 팬에서 분리되는 결점이 나타났을 때의 원인과 거리가 먼 것은?

① 굽기 시간이 짧다.
② 밀가루 양이 많다.
③ 반죽에 수분이 많다.
④ 오븐 온도가 낮다.

29 푸딩에 대한 설명 중 맞는 것은?

① 우유와 설탕은 120℃로 데운 후 계란과 소금을 넣어 혼합한다.
② 우유와 소금의 혼합 비율은 100 : 10이다.
③ 계란의 열변성에 의한 농후화작용을 이용한 제품이다.
④ 육류, 과일, 야채, 빵을 섞어 만들지는 않는다.

30 도넛을 글레이즈 할 때 글레이즈의 적정한 품온은?

① 24~27℃   ② 28~32℃
③ 33~36℃   ④ 43~49℃

31 밀가루 반죽에 관여하는 단백질은?

① 라이소자임   ② 글루텐
③ 알부민   ④ 글로불린

32 다음 중 단당류는?

① 포도당   ② 자당
③ 맥아당   ④ 유당

33 베이킹파우더 성분 중 이산화탄소를 발생시키는 것은?

① 전분   ② 탄산수소나트륨
③ 주석산   ④ 인산칼슘

34 다음 중 일반적인 제빵 조합으로 틀린 것은?

① 소맥분 + 중조 → 밤 만두피
② 소맥분 + 유지 → 파운드케이크
③ 소맥분 + 분유 → 건포도 식빵
④ 소맥분 + 계란 → 카스테라

35 밀가루의 아밀라아제 활성 정도를 측정하는 그래프는?

① 아밀로그래프   ② 패리노그래프
③ 익스텐소그래프   ④ 믹소그래프

36 글루텐의 구성 물질 중 반죽을 질기고 탄력 있게 하는 물질은?

① 글리아딘   ② 글루테닌
③ 메소닌   ④ 알부민

37 연수의 광물질 함량 범위는?

① 280~340ppm
② 200~260ppm
③ 120~180ppm
④ 0~60ppm

38 다음 중 캐러멜화가 가장 높은 온도에서 일어나는 것은?

① 과당   ② 벌꿀
③ 설탕   ④ 전화당

39 패리노그래프에 관한 설명 중 틀린 것은?

① 흡수율 측정
② 믹싱 시간 측정
③ 믹싱 내구성 측정
④ 전분의 점도 측정

40 알파 아밀라아제(a-amylase)에 대한 설명으로 틀린 것은?

① 베타 아밀라아제(B-amylase)에 비하여 열 안정성이 크다.
② 당화효소라고도 한다.
③ 전분의 내부 결합을 가수분해할 수 있어 내부 아밀라아제라고도 한다.
④ 액화효소라고도 한다.

41 우유의 성분 중 치즈를 만드는 원료는?

① 유지방   ② 카제인
③ 유당   ④ 비타민

42 소금이 함량이 1.3%인 반죽 20kg과 1.5%인 반죽 40kg을 혼합할 때 혼합한 반죽의 소금 함량은?
① 1.30% ② 1.38%
③ 1.43% ④ 1.56%

43 계란의 특징적 성분으로 지방의 유화력이 강한 성분은?
① 레시틴(Lecithin)
② 스테롤(Sterol)
③ 세팔린(Cephalin)
④ 아비딘(Avidin)

44 다음 중 4대 기본 맛이 아닌 것은?
① 단맛   ② 떫은맛
③ 짠맛   ④ 신맛

45 유지의 기능이 아닌 것은?
① 감미제 ② 안정화
③ 가소성 ④ 유화성

46 탄수화물은 체내에서 주로 어떤 작용을 하는가?
① 골격을 형성한다.
② 혈액을 구성한다.
③ 신체작용을 조절한다.
④ 열량을 공급한다.

47 다음 중 비타민 B의 특징으로 옳은 것은 어느 것인가?
① 단백질의 연소에 필요하다.
② 탄수화물 대사에서 조효소로 작용한다.
③ 결핍증은 펠라그라(Pellagra)이다.
④ 인체의 성장인자이며 항빈혈 작용을 한다.

48 단순 단백질이 아닌 것은?
① 프롤라민   ② 헤모글로빈
③ 글로불린   ④ 알부민

49 유당불내증의 원인은?
① 대사 과정 중 비타민 B군의 부족
② 변질된 유당의 섭취
③ 우유 섭취량의 절대적인 부족
④ 소화액 중 락타아제의 결여

50 생체 내에서의 지방의 기능으로 틀린 것은?
① 생체 기관을 보호한다.
② 체온을 유지한다.
③ 효소의 주요 구성 성분이다.
④ 주요한 에너지원이다.

51 다음 중 소화기계 감염병은?
① 세균성이질
② 디프테리아
③ 홍역
④ 인플루엔자

52 대장균군이 식품 위생학적으로 중요한 이유는?
① 식중독균을 일으키는 원인균이기 때문
② 분변 오염의 지표 세균이기 때문
③ 부패균이기 때문
④ 대장염을 일으키기 때문

53 감자 조리 시 아크릴아마이드를 줄일 수 있는 방법이 아닌 것은?

① 냉장고에 보관하지 않는다.
② 튀기거나 굽기 직전에 감자의 껍질을 벗긴다.
③ 물에 침지시켰을 경우에는 건조 후 조리한다.
④ 튀길 때 180℃ 이상의 고온에서 조리한다.

54 다음 중 허가된 천연 유화제는?

① 구연산　　② 고시폴
③ 레시틴　　④ 세사몰

55 보존료의 조건으로 적합하지 않은 것은?

① 독성이 없거나 장기적으로 사용해도 인체에 해를 주지 않아야 한다.
② 무미, 무취로 식품에 변화를 주지 않아야 한다.
③ 사용 방법이 용이하고 값이 싸야 한다.
④ 단기간 동안만 강력한 효력을 나타내야 한다.

56 다음 중 경구 감염병이 아닌 것은?

① 콜레라　　② 이질
③ 발진티푸스　　④ 유행성간염

57 중독 시 두통, 현기증, 구토, 설사 등과 시신경 염증을 유발시켜 실명의 원인이 되는 화학물질은?

① 카드뮴(Cd)　　② P.C.B
③ 메탄올　　④ 유기수은제

58 다음 감염병 중 바이러스가 원인인 것은?

① 간염　　② 장티푸스
③ 파라티푸스　　④ 콜레라

59 일반 세균이 잘 자라는 pH 범위는?

① 2.0 이하　　② 2.5~3.5
③ 4.5~5.5　　④ 6.5~7.5

60 해수 세균 일종으로 식염 농도 3%에서 잘 생육하며 어패류를 생식할 경우 중독될 수 있는 균은?

① 보툴리누스균 웰치균
② 장염비브리오균
③ 웰치균
④ 살모넬라균

제과기능사 필기 모의고사 1 정답									
1	2	3	4	5	6	7	8	9	10
①	④	④	③	④	④	②	②	①	②
11	12	13	14	15	16	17	18	19	20
④	④	②	①	②	①	②	③	③	③
21	22	23	24	25	26	27	28	29	30
②	③	②	②	④	①	④	②	③	④
31	32	33	34	35	36	37	38	39	40
②	①	②	③	①	②	④	④	④	②
41	42	43	44	45	46	47	48	49	50
②	③	①	②	①	④	②	②	④	③
51	52	53	54	55	56	57	58	59	60
①	②	④	③	④	③	③	①	④	②

제과기능사 모의고사 (2회)

01 머랭 제조에 대한 설명으로 옳은 것은?
① 기름기나 노른자가 없어야 튼튼한 거품이 나온다.
② 일반적으로 흰자 100에 대하여 설탕 50의 비율로 만든다.
③ 저속으로 거품을 올린다.
④ 설탕을 믹싱 초기에 첨가하여야 부피가 커진다.

02 다음 중 쿠키의 과도한 퍼짐 원인이 아닌 것은?
① 반죽의 되기가 너무 묽을 때
② 유지 함량이 적을 때
③ 설탕 사용량이 많을 때
④ 굽는 온도가 너무 낮을 때

03 반죽형 케이크의 반죽 제조법에 대한 설명으로 틀린 것은?
① 크림법 : 유지와 설탕을 넣어 가벼운 크림 상태로 만든 후 계란을 넣는다.
② 블렌딩법 : 밀가루와 유지를 넣고 유지에 의해 밀가루가 가볍게 피복되도록 한 후 건조, 액체 재료를 넣는다.
③ 설탕물법 : 건조 재료를 혼합한 후 설탕 전체를 넣어 포화용액을 만드는 방법이다.
④ 1단계법 : 모든 재료를 한꺼번에 넣고 믹싱하는 방법이다.

04 일반적으로 초콜릿은 코코아와 카카오 버터로 나누어져 있다. 초콜릿 56%를 사용할 때 코코아의 양은 얼마인가?
① 35%   ② 37%
③ 38%   ④ 41%

05 유화제를 사용하는 목적이 아닌 것은?
① 물과 기름이 잘 혼합되게 한다.
② 빵이나 케이크를 부드럽게 한다.
③ 빵이나 케이크가 노화되는 것을 지연시킬 수 있다.
④ 달콤한 맛이 나게 하는 데 사용한다.

06 반죽 온도 조절을 위한 고려 사항으로 적절하지 않은 것은?
① 마찰계수를 구하기 위한 필수적인 요소는 반죽 결과 온도, 원재료 온도, 작업장 온도, 사용되는 물 온도, 작업장 상대습도이다.
② 기준되는 반죽 온도보다 결과 온도가 높다면 사용하는 물(배합수) 일부를 얼음으로 사용하여 희망하는 반죽 온도를 맞춘다.
③ 마찰계수란 일정량의 반죽을 일정한 방법으로 믹싱할 때 반죽 온도에 영양을 미치는 마찰열을 실질적인 수치로 환산한 것이다.
④ 계산된 사용수 온도가 56℃ 이상일 때

는 뜨거운 물을 사용할 수 없으며, 영하로 나오더라도 절대치의 차이라는 개념에서 얼음 계산법을 적용한다.

07 파운드 케이크를 팬닝할 때 밑면의 껍질 형성을 방지하기 위한 팬으로 가장 적합한 것은?

① 일반팬　② 이중팬
③ 은박팬　④ 종이팬

08 케이크 제품의 굽기 후 제품부피가 기준보다 작은 경우의 원인이 아닌 것은?

① 틀의 바닥에 공기나 물이 들어갔다.
② 반죽의 비중이 높았다.
③ 오븐의 굽기 온도가 높았다.
④ 반죽을 팬닝한 후 오래 방치했다.

09 도넛 글레이즈가 끈적이는 원인과 대응 방안으로 틀린 것은?

① 유지 성분과 수분의 유화 평형 불안정 – 원재료 중 유화제 함량을 높임
② 온도, 습도가 높은 환경 – 냉장 진열장 사용 또는 통풍이 잘되는 장소 선택
③ 안정제, 농후화제 부족 – 글레이즈 제조 시 첨가된 검류의 함량을 높임
④ 도넛 제조 시 지친 반죽, 2차 발효가 지나친 반죽 사용 – 표준제조공정 준수

10 도넛 튀김용 유지로 가장 적당한 것은?

① 라드　② 유화쇼트닝
③ 면실유　④ 버터

11 초콜릿 제품을 생산하는 데 필요한 도구는?

① 디핑 포크(Dipping forks)
② 오븐(Oven)
③ 파이 롤러(Pie roller)
④ 워터 스프레이(Water spray)

12 화이트 레이어 케이크의 반죽 비중으로 가장 적합한 것은?

① 0.90~1.0　② 0.45~0.55
③ 0.60~0.70　④ 0.75~0.85

13 케이크 반죽이 30L 용량의 그릇 10개에 가득 차있다. 이것으로 분할 반죽 300g짜리 600개를 만들었다. 이 반죽의 비중은?

① 0.8　② 0.7
③ 0.6　④ 0.5

14 퍼프 페이스트리의 휴지가 종료되었을 때 손으로 살짝 누르게 되면 다음 중 어떤 현상이 나타나는가?

① 누른 자국이 남아 있다.
② 누른 자국이 원상태로 올라온다.
③ 누른 자국이 유동성 있게 움직인다.
④ 내부의 유지가 흘러 나온다.

15 다음 중 제과·제빵 재료로 사용되는 쇼트닝(Shortening)에 대한 설명으로 틀린 것은?

① 쇼트닝을 경화유라고 말한다.
② 쇼트닝은 불포화지방산의 이중결합에 촉매 존재하에 수소를 첨가하여 제조한다.
③ 쇼트닝성과 공기 포집 능력을 갖는다.
④ 쇼트닝은 융점(Melting point)이 매우 낮다.

16 로–마지팬(Raw marzipan)에서 '아몬드 : 설탕'의 적합한 혼합 비율은?

① 1 : 0.5 ② 1 : 1.5
③ 1 : 2.5 ④ 1 : 3.5

17 다음 중 달걀에 대한 설명이 틀린 것은 어느 것인가?

① 노른자의 수분 함량은 약 50% 정도이다.
② 전란(흰자와 노른자)의 수분 함량은 75% 정도이다.
③ 노른자에는 유화기능을 갖는 레시틴이 함유되어 있다.
④ 달걀은 −5~−10℃로 냉동 저장하여야 품질을 보장할 수 있다.

18 같은 용적의 팬에 같은 무게의 반죽을 팬닝하였을 경우 부피가 가장 작은 제품은?

① 시폰 케이크 ② 레이어 케이크
③ 파운드케이크 ④ 스펀지케이크

19 다크 초콜릿을 템퍼링(Tempering) 할 때 맨 처음 녹이는 공정의 온도 범위로 가장 적합한 것은?

① 10~20℃ ② 20−30℃
③ 30~40℃ ④ 40−50℃

20 도넛에서 발한을 제거하는 방법은?

① 도넛에 묻히는 설탕의 양을 감소시킨다.
② 기름을 충분히 예열시킨다.
③ 결착력이 없는 기름을 사용한다.
④ 튀김 시간을 증가시킨다.

21 다음 중 케이크의 아이싱에 주로 사용되는 것은?

① 마지팬 ② 프랄린
③ 글레이즈 ④ 휘핑크림

22 충전물 또는 젤리가 롤 케이크에 축축하게 스며드는 것을 막기 위해 조치해야 할 사항으로 틀린 것은?

① 굽기 조정
② 물 사용량 감소
③ 반죽 시간증가
④ 밀가루 사용량 감소

23 비중컵의 무게 40g, 물을 담은 비중컵의 무게 240g, 반죽을 담은 비중컵의 무게 180g일 때 반죽의 비중은?

① 0.2 ② 0.4
③ 0.6 ④ 0.7

24 다음 믹싱 방법 중 먼저 유지와 설탕을 섞는 방법으로 부피를 우선으로 할 때 사용하는 방법은?

① 크림법 ② 1단계법
③ 블렌딩법 ④ 설탕물법

25 쿠키 포장지의 특성으로 적합하지 않은 것은?

① 내용물의 색, 향이 변하지 않아야 한다.
② 독성 물질이 생성되지 않아야 한다.
③ 통기성이 있어야 한다.
④ 방습성이 있어야 한다.

26 열원으로 찜(수증기)을 이용했을 때의 주열 전달 방식은?

① 대류 ② 전도
③ 초음파 ④ 복사

27 쇼트 브레드 쿠키 제조 시 휴지를 시킬 때 성형을 용이하게 하기 위한 조치는?

① 반죽을 뜨겁게 한다.
② 반죽을 차게 한다.
③ 휴지 전 단계에서 오랫동안 믹싱한다.
④ 휴지 전 단계에서 짧게 믹싱 한다.

28 찜(수증기)을 이용하여 만들어진 제품이 아닌 것은?

① 소프트롤 ② 찜 케이크
③ 중화만두 ④ 호빵

29 둥글리기가 끝난 반죽을 성형하기 전에 짧은 시간동안 발효시키는 목적으로 적합하지 않은 것은?

① 가스 발생으로 반죽의 유연성을 회복시키기 위해
② 가스 발생력을 키워 반죽을 부풀리기 위해
③ 반죽 표면에 얇은 막을 만들어 성형할 때 끈적거리지 않도록하기 위해
④ 분할, 둥글리기 하는 과정에서 손상된 글루텐 구조를 재정돈하기 위해

30 다음 굽기 중 과일 충전물이 끓어 넘치는 원인으로 점검할 사항이 아닌 것은?

① 배합의 부정확 여부를 확인한다.
② 충전물 온도가 높은지 점검한다.
③ 바닥 껍질이 너무 얇지는 않은지를 점검한다.
④ 껍데기에 구멍이 없어야 하고, 껍질 사이가 잘 봉해져 있는지의 여부를 확인한다.

31 밀가루 중에 손상 전분이 제빵 시에 미치는 영향으로 옳은 것은?

① 반죽 시 흡수가 늦고 흡수량이 많다.
② 반죽 시 흡수가 빠르고 흡수량이 적다.
③ 발효가 빠르게 진행된다.
④ 제빵과 아무 관계가 없다.

32 다음 중 밀가루에 함유되어 있지 않은 색소는?

① 카로틴 ② 멜라닌
③ 크산토필 ④ 플라본

33 일반적으로 신선한 우유의 pH는?

① 4.0~4.5 ② 3.0~4.0
③ 5.5~6.0 ④ 6.5~6.7

34 글리세린(Glycerin, Glycerol)에 대한 설명으로 틀린 것은?

① 무색, 무취한 액체이다.
② 3개의 수산기(-OH)를 가지고 있다.
③ 색과 향의 보존을 도와준다.
④ 탄수화물의 가수분해로 얻는다.

35 제빵에 있어 일반적으로 껍질을 부드럽게 하는 재료는?

① 소금 ② 밀가루
③ 마가린 ④ 이스트 푸드

36 전분을 효소나 산에 의해 가수분해시켜 얻은 포도당액을 효소나 알칼리 처리로 포도당과 과당으로 만들어 놓은 당의 명칭은?

① 전화당   ② 맥아당
③ 이성화당 ④ 전분당

37 빵 반죽의 이스트 발효 시 주로 생성되는 물질은?

① 물 + 이산화탄소
② 알코올 + 이산화탄소
③ 알코올 + 물
④ 알코올 + 글루텐

38 직접 반죽법에 의한 발효 시 가장 먼저 발효되는 당은?

① 맥아당(Maltose)
② 포도당(Glucose)
③ 과당(Fructose)
④ 갈락토오스(Galactose)

39 제빵시 경수를 사용할 때 조치사항이 아닌 것은?

① 이스트 사용량 증가
② 맥아첨가
③ 이스트 푸드량 감소
④ 급수량 감소

40 달걀의 특징적 성분으로 지방의 유화력이 강한 성분은?

① 레시틴(Lecithin)
② 스테롤(Sterol)
③ 세팔린(Cephalin)
④ 아비딘(Avidin)

41 다음 당류 중 감미도가 가장 낮은 것은?

① 유당   ② 전화당
③ 맥아당 ④ 포도당

42 비터 초콜릿(Bitter chocolate) 32% 중에서 코코아는 약 얼마 정도 함유되어 있는가?

① 8%   ② 16%
③ 20%   ④ 24%

43 다음 중 밀가루 제품의 품질에 가장 크게 영향을 주는 것은?

① 글루텐의 함유량
② 빛깔, 맛, 향기
③ 비타민 함유량
④ 원산지

44 유화제에 대한 설명으로 틀린 것은?

① 계면활성제라고도 한다.
② 친유성기와 친수성기를 각 50%씩 갖고 있어 물과 기름의 분리를 막아준다.
③ 레시틴, 모노글리세라이드, 난황 등이 유화제로 쓰인다.
④ 빵에서는 글루텐과 전분 사이로 이동하는 자유수의 분포를 조절하여 노화를 방지한다.

45 검류에 대한 설명으로 틀린 것은?

① 유화제, 안정제, 점착제 등으로 사용된다.
② 낮은 온도에서도 높은 점성을 나타낸다.
③ 무기질과 단백질로 구성되어 있다.
④ 친수성 물질이다.

46 다음 중 아미노산의 성질에 대한 설명 중 옳은 것은 어느 것인가?

① 모든 아미노산은 선광성을 갖는다.
② 아미노산은 융점이 낮아서 액상이 많다.
③ 아미노산은 종류에 따라 등전점이 다르다.
④ 천연 단백질을 구성하는 아미노산은 주로 D형이다.

47 다음 중 무기질에 대한 설명으로 틀린 것은 어느 것인가?

① 나트륨은 결핍증이 없으며 소금, 육류 등에 많다.
② 마그네슘 결핍증은 근육 약화, 경련 등이며 생선, 견과류 등에 많다.
③ 철은 결핍 시 빈혈 증상이 있으며 시금치, 두류 등에 많다.
④ 요오드 결핍 시에는 갑상선종이 생기며 유제품, 해조류 등에 많다.

48 우유 1컵(200mL)에 지방이 6g이라면 지방으로부터 얻을 수 있는 열량은?

① 6kcal   ② 24kcal
③ 54kcal ④ 120kcal

49 단백질의 소화, 흡수에 대한 설명으로 틀린 것은?

① 단백질은 위에서 소화되기 시작한다.
② 펩신은 육류 속 단백질 일부를 폴리펩티드로 만든다.
③ 십이지장과 췌장에서 분비된 트립신에 의해 더 작게 분해된다.
④ 소장에서 단백질이 완전히 분해되지는 않는다.

50 혈당의 저하와 가장 관계가 깊은 것은?

① 인슐린   ② 리파아제
③ 프로테아제 ④ 펩신

51 식자재의 교차 오염을 예방하기 위한 보관 방법으로 잘못된 것은?

① 원재료와 완성품을 구분하여 보관
② 바닥과 벽으로부터 일정거리를 띄워 보관
③ 뚜껑이 있는 청결한 용기에 덮개를 덮어서 보관
④ 식자재와 비식자재를 함께 식품 창고에 보관

52 경구 감염병과 거리가 먼 것은?

① 유행성간염 ② 콜레라
③ 세균성이질 ④ 일본뇌염

53 마시는 물 또는 식품을 매개로 발생하고 집단 발생의 우려가 커서 발생 또는 유행 즉시 방역 대책을 수립하여야 하는 감염병은?

① 제1군감염병 ② 제2군감염병
③ 제3군감염병 ④ 제4군감염병

54 세균이 분비한 독소에 의해 감염을 일으키는 것은?

① 감염형 세균성식중독
② 독소형 세균성식중독

③ 화학성 식중독
④ 진균독식중독

55 식품첨가물의 사용에 대한 설명 중 틀린 것은?
① 식품첨가물 공전에서 식품첨가물의 규격 및 사용 기준을 제한하고 있다.
② 식품첨가물은 안전성이 입증된 것으로 최대 사용량의 원칙을 적용한다.
③ GRAS란 역사적으로 인체에 해가 없는 것이 인정된 화합물을 의미한다.
④ ADI란 일일 섭취 허용량을 의미한다.

56 식품 안전관리 인증기준(HACCP)을 식품별로 정하여 고시하는 자는?
① 보건복지부 장관
② 식품의약품안전처장
③ 시장, 군수, 또는 구청장
④ 환경부 장관

57 경구 감염병에 관한설명 중 틀린 것은?
① 미량의 균으로 감염이 가능하다.
② 식품은 중식 매체이다.
③ 감염환이 성립된다.
④ 잠복기가 길다.

58 주기적으로 열이 반복되어 나타나므로 파상열이라고 불리는 인수공통감염병은?
① Q열　　　　② 결핵
③ 브루셀라병　④ 돈단독

59 메틸알코올의 중독 증상과거리가 먼 것은?
① 두통　　② 구토
③ 실명　　④ 환각

60 보툴리누스 식중독에서 나타날 수 있는 주요 증상 및 증후가 아닌 것은?
① 구토 및 설사　② 호흡곤란
③ 출혈　　　　　④ 사망

제과기능사 필기 모의고사 2 정답

1	2	3	4	5	6	7	8	9	10
①	②	③	①	④	①	②	①	①	③
11	12	13	14	15	16	17	18	19	20
①	④	③	①	④	①	④	③	④	④
21	22	23	24	25	26	27	28	29	30
④	④	④	①	③	①	②	①	②	④
31	32	33	34	35	36	37	38	39	40
③	②	④	②	③	③	②	②	④	①
41	42	43	44	45	46	47	48	49	50
①	③	①	②	③	③	①	③	④	①
51	52	53	54	55	56	57	58	59	60
④	④	①	②	②	②	②	③	④	③

제과기능사 모의고사 (3회)

01 성형한 파이 반죽에 포크 등을 이용하여 구멍을 내주는 가장 주된 이유는?

가. 제품을 부드럽게 하기 위해
나. 제품의 수축을 막기 위해
다. 제품의 원활한 팽창을 위해
라. 제품에 기포나 수포가 생기는 것을 막기 위해

02 다음 중 반죽형 케이크의 반죽 제조법에 해당하는 것은?

가. 공립법   나. 별립법
다. 머랭법   라. 블렌딩법

03 다음의 조건에서 물 온도를 계산하면?

> 반죽희망 온도 23℃, 밀가루 온도 25℃, 실내 온도 25℃, 설탕 온도 25℃, 쇼트닝 온도 20℃, 달걀 온도 20℃, 수돗물 온도 23℃, 마찰계수 20

가. 0℃   나. 3℃
다. 8℃   라. 12℃

04 제분에 대한 설명 중 틀린 것은?

가. 넓은 의미의 개념으로 제분이란 곡류를 가루로 만드는 것이지만 일반적으로 밀을 사용하여 밀가루를 제조하는 것을 제분이라고 한다.
나. 밀은 배유부가 치밀하거나 단단하지 못하여 도정할 경우 싸라기가 많이 나오기 때문에 처음부터 분말화하여 활용하는 것을 제분이라고 한다.
다. 제분 시 밀기울이 많이 들어가면 밀가루의 회분함량이 낮아진다.
라. 제분율이란 밀을 제분하여 밀가루를 만들 때 밀에 대한 밀가루의 백분율을 말한다.

05 스펀지케이크를 만들 때 설탕이 적게 들어감으로 해서 생길 수 있는 현상은?

가. 오븐에서 제품이 주저앉는다.
나. 제품의 껍질이 두껍다.
다. 제품의 껍질이 갈라진다.
라. 제품의 부피가 증가한다.

06 튀김 기름의 조건으로 틀린 것은?

가. 발연점(smoking point)이 높아야 한다.
나. 산패에 대한 안정성이 있어야 한다.
다. 여름철에 융점이 낮은 기름을 사용한다.
라. 산가(acid value)가 낮아야 한다.

07 슈(Choux)에 대한 설명이 틀린 것은?

가. 팬닝 후 반죽표면에 물을 분사하여 오븐에서 껍질이 형성되는 것을 지연시킨다.
나. 껍질반죽은 액체재료를 많이 사용하기 때문에 굽기 중 증기 발생으로 팽창한다.
다. 오븐의 열 분배가 고르지 않으면 껍질이 약하여 주저앉는다.

라. 기름칠이 적으면 껍질 밑부분이 접시
   모양으로 올라오거나 위와 아래가 바
   뀐 모양이 된다.

08 케이크 반죽의 pH가 적정 범위를 벗어나 알칼리일 경우 제품에서 나타나는 현상은?

가. 부피가 작다.
나. 향이 약하다.
다. 껍질색이 여리다.
라. 기공이 거칠다.

09 소규모 주방설비 중 작업의 효율성을 높이기 위한 작업 테이블의 위치로 가장 적당한 것은?

가. 오븐 옆에 설치한다.
나. 냉장고 옆에 설치한다.
다. 발효실 옆에 설치한다.
라. 주방의 중앙부에 설치한다.

10 고율배합의 제품을 굽는 방법으로 알맞은 것은?

가. 저온 단시간   나. 고온 단시간
다. 저온 장시간   라. 고온 장시간

11 다음 중 비용적이 가장 큰 케이크는?

가. 스펀지케이크
나. 파운드 케이크
다. 화이트레이어케이크
라. 초콜릿케이크

12 어떤 과자반죽의 비중을 측정하기 위하여 다음과 같이 무게를 달았다면 이반죽의 비중은? (단, 비중컵=50g, 비중컵+물=250g, 비중컵+반죽=170g)

가. 0.40   나. 0.60
다. 0.68   라. 1.47

13 같은 크기의 팬에 각 제품의 비용적에 맞는 반죽을 팬닝 하였을 경우 반죽량이 가장 무거운 반죽은?

가. 파운드 케이크   나. 레이어 케이크
다. 스펀지 케이크   라. 소프트 롤 케이크

14 흰자를 거품내면서 뜨겁게 끓인 시럽을 부어 만든 머랭은?

가. 냉제 머랭   나. 온제 머랭
다. 스위스 머랭   라. 이탈리안 머랭

15 도넛과 케이크의 글레이즈(glaze) 사용 온도로 가장 적합한 것은?

가. 23℃   나. 34℃
다. 49℃   라. 68℃

16 다음 중 1mg과 같은 것은?

가. 0.0001g   나. 0.001g
다. 0.1g   라. 1000g

17 밀가루 중에 가장 많이 함유된 물질은?

가. 단백질   나. 지방
다. 전분   라. 회분

18 우유를 살균할 때 고온단시간살균법(HTST)으로서 가장 적합한 조건은?

가. 72℃에서 15초 처리
나. 75℃ 이상에서 15분 처리
다. 130℃에서 2~3초 이내 처리
라. 62~65℃에서 30분 처리

19 다음의 초콜릿 성분이 설명하는 것은?

- 글리세린 1개에 지방산 3개가 결합한 구조이다.
- 실온에서는 단단한 상태이지만, 입안에 넣는 순간 녹게 만든다.
- 고체로부터 액체로 변하는 온도 범위(가소성)가 겨우 2~3℃로 매우 좁다.

가. 카카오매스 나. 카카오기름
다. 카카오버터 라. 코코아파우더

20 유지의 경화란?

가. 포화 지방산의 수증기 증류를 말한다.
나. 불포화 지방산에 수소를 첨가하는 것이다.
다. 규조토를 경화제로 하는 것이다.
라. 알칼리 정제를 말한다.

21 쇼트닝에 대한 설명으로 틀린 것은?

가. 라드(돼지기름) 대용품으로 개발되었다.
나. 정제한 동·식물성 유지로 만든다.
다. 온도 범위가 넓어 취급이 용이하다.
라. 수분을 16% 함유하고 있다.

22 다음 중 당 알코올(sugar alcohol)이 아닌 것은?

가. 자일리톨 나. 솔비톨
다. 갈락티톨 라. 글리세롤

23 케이크 제품에서 달걀의 기능이 아닌 것은?

가. 영양가 증대
나. 결합제 역할
다. 유화작용 저해
라. 수분 증발 감소

24 맥아당은 이스트의 발효과정 중 효소에 의해 어떻게 분해되는가?

가. 포도당 + 포도당
나. 포도당 + 과당
다. 포도당 + 유당
라. 과당 + 과당

25 육두구과의 상록활엽교목에 맺히는 종자를 말리면 넛메그가 된다. 이 넛메그의 종자를 싸고 있는 빨간 껍질을 말린 향신료는?

가. 생강   나. 클로브
다. 메이스   라. 시너먼

26 밀 제분 공정 중 정선기에 온 밀가루를 다시 마쇄하여 작은 입자로 만드는 공정은?

가. 조쇄공정(break roll)
나. 분쇄공정(reduct roll)
다. 정선공정(milling separator)
라. 조질공정(tempering)

27 수크라아제(sucrase)는 무엇을 가수분해 시키는가?

가. 맥아당 나. 설탕
다. 전분   라. 과당

28 리놀렌산(linolenic acid)의 급원식품으로 가장 적합한 것은?

가. 라드   나. 들기름
다. 면실유 라. 해바라기씨유

29 새우, 게 등의 겉껍질을 구성하는 chitin의 주된 단위성분은?

가. 갈락토사민(galactosamine)
나. 글루코사민(glucosamine)
다. 글루쿠로닉산(glucuronic acid)
라. 갈락투로닉산(galacturonic acid)

30 단백질에 대한 설명으로 틀린 것은?

가. 조직의 삼투압과 수분평형을 조절한다.
나. 약 20여 종의 아미노산으로 되어있다.
다. 부족하면 2차적 빈혈을 유발하기 쉽다.
라. 동물성 식품에만 포함되어 있다.

31 건강한 성인이 식사 시 섭취한 철분이 200mg 인 경우 체내 흡수된 철분의 양은?

가. 1~5mg   나. 10~30mg
다. 100~15mg 라. 200mg

32 착색료에 대한 설명으로 틀린 것은?

가. 천연색소는 인공색소에 비해 값이 비싸다.
나. 타르색소는 카스텔라에 사용이 허용되어 있다.
다. 인공색소는 색깔이 다양하고 선명하다.
라. 레토르트 식품에서 타르색소가 검출되면 안 된다.

33 다음 중 작업공간의 살균에 가장 적당한 것은?

가. 자외선 살균   나. 적외선 살균
다. 가시광선 살균   라. 자비살균

34 다음 중 허가된 천연유화제는?

가. 구연산   나. 고시폴
다. 레시틴   라. 세사몰

35 다음 중 살모넬라균의 주요 전염원은?

가. 채소류   나. 육류
다. 곡류   라. 과일류

36 경구감염병의 예방대책 중 감염원에 대한 대책으로 바람직하지 않은 것은?

가. 환자를 조기 발견하여 격리치료한다.
나. 환자가 발생하면 접촉자의 대변을 검사하고 보균자를 관리한 다.
다. 일반 및 유흥음식점에서 일하는 사람들은 정기적인 건강진단이 필요하다.
라. 오염이 의심되는 물건은 어둡고 손이 닿지 않는 곳에 모아둔다.

37 산양, 양, 돼지, 소에게 감염되면 유산을 일으키고, 인체 감염 시 고열이 주기적으로 일어나는 인수공통감염병은?

가. 광우병   나. 공수병
다. 파상열   라. 신증후군출혈열

38 다음 중 식중독 관련 세균의 생육에 최적인 식품의 수분 활성도는?

가. 0.30~0.39   나. 0.50~0.59
다. 0.70~0.79   라. 0.90~1.00

39 주로 냉동된 육류 등 저온에서도 생존력이 강하고 수막염이나 임신부의 자궁 내 패혈증 등을 일으키는 식중독균은?

가. 대장균
나. 살모넬라균
다. 리스테리아균
라. 포도상구균

40 다음 중 전염형 식중독을 일으키는 것은?
   가. 보툴리누스균   나. 살모넬라균
   다. 포도상구균   라. 고초균

41 반죽 1g 당 차지하는 용적인 비용적의 값이 가장 작은 제품은 굽기 시 완제품의 부피가 가장 작다. 아래의 제품을 같은 용적의 팬에 동량의 반죽을 담아 구울 경우 완제품의 부피가 가장 작은 제품은?
   가. 레이어 케이크   나. 파운드 케이크
   다. 스펀지 케이크   라. 엔젤 푸드 케이크

42 냉제 머랭, 온제 머랭, 스위스 머랭, 이탈리언 머랭 등처럼 머랭에 대하여 맞는 설명은?
   가. 달걀 흰자에 식초를 넣어 믹싱한 것
   나. 달걀 흰자에 주석산을 넣어 믹싱한 것
   다. 달걀 흰자에 소금을 넣어 거품을 낸 것
   라. 달걀 흰자에 설탕을 넣어 믹싱한 것

43 크림성과 유화성의 물리적 성질을 갖고 있는 고형 지방의 함량이 많은 유지를 중심으로 만드는 반죽형 케이크의 반죽을 구울 때 중심부가 부풀어 오르는 원인은?
   가. 재료들이 골고루 섞이지 않았다.
   나. 언더 베이킹을 했다.
   다. 베이킹 파우더의 사용량이 너무 많았다.
   라. 설탕과 액체 재료의 사용량이 너무 많았다.

44 다음 중 반죽속에 혼입된 공기의 양을 나타내는 비중이 가장 낮은 제품은?
   가. 화이트 레이어 케이크
   나. 엘로우 레이어 케이크
   다. 엔젤 푸드 케이크
   라. 파운드 케이크

45 도넛 제조 시 수분이 적을 때 나타나는 결점이 아닌 것은?
   가. 표면이 갈라진다.
   나. 형태가 일정하지 않다.
   다. 혹이 튀어 나온다.
   라. 팽창이 부족하다.

46 다음 중 일반적으로 잠복기가 긴 것은?
   가. 페스트   나. 디프테리아
   다. 유행성 간염   라. 식중독

47 빵 과자류에 사용이 허용된 보존료는?
   가. 포름 알데히드   나. 소르빈산
   다. 탄산 암모늄   라. 프로피온산

48 시폰 케이크 제조 시 냉각전에 팬에서 분리되는 결점이 나타났을 때의 원인과 거리가 먼 것은?
   가. 밀가루 양이 많다.
   나. 굽기 시간이 짧다.
   다. 반죽에 수분이 많다.
   라. 오븐 온도가 낮다.

49 어떤 일정한 공간에 설정한 온도에서 최대 포화 수증기압에 대한 수증기 압의 비율을 백분율로 나타낸 상대습도가 제품 보관 시 미치는 영향은?
   가. 완제품의 향에 영향을 미친다.
   나. 완제품의 껍질색에 영향을 미친다.
   다. 완제품의 노화와 부패에 영향을 미친다.
   라. 완제품의 부피에 영향을 미친다.

50 기생충과 숙주와의 연결이 잘못된 것은?

가. 유구조충 – 돼지
나. 아니사키스 – 해산어류
다. 페디스토마 – 다슬기
라. 간흡충 – 소

51 미생물의 일반적인 성질에 대한 설명 중에서 맞는 것은?

가. 곰팡이는 주로 포자에 의해 수를 늘리며, 빵, 밥 등의 부패에 관여하는 미생물이다.
나. 바이러스는 주로 출아법으로 수를 늘리며, 스스로 필요한 영양분을 합성한다.
다. 효모는 주로 분열법으로 수를 늘리며, 식품 부패에 가장 많이 관여하는 미생물이다.
라. 세균은 주로 출아법으로 수를 늘리며, 술 제조에 많이 사용된다.

52 식품에 유화 안정성, 선도 유지, 형체 유지, 점착성 증가시켜 촉감을 좋게 하기 위해 사용하는 식품 첨가물은?

가. 산미료
나. 유화제
다. 이형제
라. 호료(증점제)

53 경구 감염병과 거리가 먼 것은?

가. 콜레라
나. 일본 뇌염
라. 세균성 이질
라. 유행성 간염

54 공기와의 접촉이 차단된 상태에서만 생존할 수 있어 산소가 없는 상태에서만 증식하는 균은?

가. 편성 호기성 균
나. 편성 혐기성균
다. 호기성 균
라. 통성 혐기성균

55 다음 중에서 곰팡이 독소가 아닌 것은?

가. 시트리닌
나. 아플라 톡신
다. 파툴린
라. 삭시 톡신

56 지방의 산패를 촉진하는 인자와 거리가 먼 것은?

가. 산소
나. 철
다. 질소
라. 자외선

57 20℃의 실온에서 액체인 지방을 유(油)라고 하고 고체인 지방을 지(脂)라 하여 통털어 유지(油脂)라 한다. 유지는 지방산과 (　)의 에스테르(Ester) 결합이다. 다음 중 (　)안에 맞는 말은?

가. 글루텐(Gluten)
나. 아미노산
다. 글리세린(Glycerine)
라. 에틸 알코올(Ethyl Alcohol)

58 칼슘은 구성영양소로, 뼈와 치아를 구성하고 체액을 중성으로 유지하는 조절 영양소이다. 칼슘의 흡수에 관여하는 비타민은?

가. 비타민 C
나. 비타민 D
다. 비타민 A
라. 비타민 E

59 단백질은 에너지원으로 사용되며 신체의 구성요소이다. 단백질의 구성원소가 아닌 것은?

가. 탄소 (C)   나. 질소(N)
다. 규소 (Si) 라. 수소 (H)

60 경구 감염병에 관한 설명 중 잘못된 것은?

가. 감염환이 성립된다.
나. 잠복기가 길다.
다. 식품은 경구 감염병의 증식 매체이다.
라. 미량의 균으로 감염이 가능하다.

제과기능사 필기 모의고사 3 정답

1	2	3	4	5	6	7	8	9	10
라	라	나	다	다	다	라	라	라	다
11	12	13	14	15	16	17	18	19	20
가	나	가	라	다	나	다	가	다	나
21	22	23	24	25	26	27	28	29	30
라	라	다	가	다	나	나	나	나	라
31	32	33	34	35	36	37	38	39	40
나	나	가	다	나	라	다	라	나	나
41	42	43	44	45	46	47	48	49	50
나	라	다	다	나	다	라	가	다	라
51	52	53	54	55	56	57	58	59	60
가	라	나	나	라	다	다	나	다	다

제과기능사 모의고사 (4회)

01 머랭 제조에 대한 설명으로 옳은 것은?

가. 기름기나 노른자가 없어야 튼튼한 거품이 나온다.
나. 일반적으로 흰자 100에 대하여 설탕 50의 비율로 만든다.
다. 저속으로 거품을 올린다.
라. 설탕을 믹싱 초기에 첨가하여야 부피가 커진다.

02 다음 중 쿠키의 과도한 퍼짐 원인이 아닌 것은?

가. 반죽의 되기가 너무 묽을 때
나. 유지함량이 적을 때
다. 설탕 사용량이 많을 때
라. 굽는 온도가 너무 낮을 때

03 반죽형 케이크의 반죽 제조법에 대한 설명이 틀린 것은?

가. 크림법 : 유지와 설탕을 넣어 가벼운 크림상태로 만든 후 달걀을 넣는다.
나. 블렌딩법 : 밀가루와 유지를 넣고 유지에 의해 밀가루가 가볍게 피복되도록 한 후 건조, 액체 재료를 넣는다.
다. 설탕물법 : 건조 재료를 혼합한 후 설탕 전체를 넣어 포화용액을 만드는 방법이다.
라. 1단계법 : 모든 재료를 한꺼번에 넣고 믹싱하는 방법이다.

04 일반적으로 초콜릿은 코코아와 카카오 버터로 나누어져있다. 초콜릿 56%를 사용할 때 코코아의 양은 얼마인가?

가. 35% 나. 37%
다. 38% 라. 41%

05 반죽온도 조절을 위한 고려사항으로 적절하지 않은 것은?

가. 마찰계수를 구하기 위한 필수적인 요소는 반죽결과 온도, 원재료온도, 작업장 온도, 사용되는 물온도, 작업장 상대습도이다.
나. 기준되는 반죽온도보다 결과온도가 높다면 사용하는 물(배합수) 일부를 얼음으로 사용하여 희망하는 반죽온도를 맞춘다.
다. 마찰계수란 일정량의 반죽을 일정한 방법으로 믹싱할 때 반죽온도에 영양을 미치는 마찰열을 실질적인 수치로 환산한 것이다.
라. 계산된 사용수 온도가 56℃ 이상일 때는 뜨거운 물을 사용할 수 없으며, 영하로 나오더라도 절대치의 차이라는 개념에서 얼음계산법을 적용한다.

06 파운드 케이크를 팬닝할 때 밑면의 껍질 형성을 방지하기 위한 팬으로 가장 적합한 것은?

가. 일반팬   나. 이중팬
다. 은박팬   라. 종이팬

07 유화제를 사용하는 목적이 아닌 것은?

가. 물과 기름이 잘 혼합되게 한다.
나. 빵이나 케익을 부드럽게 한다.
다. 빵이나 케익이 노화되는 것을 지연시킬 수 있다.
라. 달콤한 맛이 나게 하는 데 사용한다.

08 케이크 제품의 굽기 후 제품 부피가 기준보다 작은 경우의 원인이 아닌 것은?

가. 틀의 바닥에 공기나 물이 들어갔다.
나. 반죽의 비중이 높았다.
다. 오븐의 굽기 온도가 높았다.
라. 반죽을 팬닝한 후 오래 방치했다.

09 도넛 글레이즈가 끈적이는 원인과 대응방안으로 틀린 것은?

가. 유지 성분과 수분의 유화 평형 불안정 – 원재료 중 유화제 함량을 높임
나. 온도, 습도가 높은 환경 – 냉장 진열장 사용 또는 통풍이 잘되는 장소 선택
다. 안정제, 농후화제 부족 – 글레이즈 제조 시 첨가된 검류의 함량을 높임
라. 도넛 제조 시 지친 반죽, 2차 발효가 지나친 반죽 사용 – 표준 제조 공정 준수

10 도넛 튀김용 유지로 가장 적당한 것은?

가. 라드   나. 유화쇼트닝
다. 면실유 라. 버터

11 초콜릿 제품을 생산하는 데 필요한 도구는?

가. 디핑 포크 (dipping forks)
나. 오븐 (oven)
다. 파이 롤러 (pie roller)
라. 워터 스프레이 (water spray)

12 화이트 레이어 케이크의 반죽 비중으로 가장 적합한 것은?

가. 0.90~1.0   나. 0.45~0.55
다. 0.60~0.70 라. 0.75~0.85

13 케이크 반죽이 30ℓ 용량의 그릇 10개에 가득 차 있다. 이것으로 분할 반죽 300g짜리 600개를 만들었다. 이 반죽의 비중은?

가. 0.8   나. 0.7
다. 0.6   라. 0.5

14 퍼프 페이스트리의 휴지가 종료되었을 때 손으로 살짝 누르게 되면 다음 중 어떤 현상이 나타나는가?

가. 누른 자국이 남아 있다.
나. 누른 자국이 원상태로 올라온다.
다. 누른 자국이 유동성 있게 움직인다.
라. 내부의 유지가 흘러나온다.

15 다음 중 제과제빵 재료로 사용되는 쇼트닝(shortening)에 대한 설명으로 틀린 것은?

가. 쇼트닝을 경화유라고 말한다.
나. 쇼트닝은 불포화 지방산의 이중결합에 촉매 존재하에 수소를 첨가하여 제조한다.
다. 쇼트닝성과 공기포집 능력을 갖는다.
라. 쇼트닝은 융점(melting point)이 매우 낮다.

16 어느 제과점의 이번 달 생산예상 총액이 1,000만 원인 경우, 목표 노동 생산성은 5,000원/시/인, 생산 가동 일수가 20일, 1일 작업시간 10시간인 경우 소요인원은?

가. 4명 나. 6명
다. 8명 라. 10명

17 다음 중 밀가루에 함유되어 있지 않은 색소는?

가. 카로틴 나. 멜라닌
다. 크산토필 라. 플라본

18 일반적으로 신선한 우유의 pH는?

가. 4.0~4.5
나. 3.0~4.0
다. 5.5~6.0
라. 6.5~6.7

19 글리세린(glycerin, glycerol)에 대한 설명으로 틀린 것은?

가. 무색, 무취한 액체이다.
나. 3개의 수산기(-OH)를 가지고 있다.
다. 색과 향의 보존을 도와준다.
라. 탄수화물의 가수분해로 얻는다.

20 전분을 효소나 산에 의해 가수분해시켜 얻은 포도당액을 효소나 알칼리 처리로 포도당과 과당으로 만들어 놓은 당의 명칭은?

가. 전화당 나. 맥아당
다. 이성화당 라. 전분당

21 달걀의 특징적 성분으로 지방의 유화력이 강한 성분은?

가. 레시틴(lecithin)
나. 스테롤(sterol)
다. 세팔린(cephalin)
라. 아비딘(avidin)

22 다음 당류 중 감미도가 가장 낮은 것은?

가. 유당 나. 전화당
다. 맥아당 라. 포도당

23 다음 중 밀가루 제품의 품질에 가장 크게 영향을 주는 것은?

가. 글루텐의 함유량
나. 빛깔, 맛, 향기
다. 비타민 함유량
라. 원산지

24 유화제에 대한 설명으로 틀린 것은?

가. 계면활성제라고도 한다.
나. 친유성기와 친수성기를 각 50%씩 갖고 있어 물과 기름의 분리를 막아준다.
다. 레시틴, 모노글리세라이드, 난황 등이 유화제로 쓰인다.
라. 빵에서는 글루텐과 전분사이로 이동하는 자유수의 분포를 조절하여 노화를 방지한다.

25 비터 초콜릿(Bitter Chocolate) 32% 중에서 코코아가 약 얼마 정도 함유되어 있는가?

가. 8% 나. 16%
다. 20% 라. 24%

26 검류에 대한 설명으로 틀린 것은?

　가. 유화제, 안정제, 점착제 등으로 사용된다.
　나. 낮은 온도에서도 높은 점성을 나타낸다.
　다. 무기질과 단백질로 구성되어 있다.
　라. 친수성 물질이다.

27 아미노산의 성질에 대한 설명 중 옳은 것은?

　가. 모든 아미노산은 선광성을 갖는다.
　나. 아미노산은 융점이 낮아서 액상이 많다.
　다. 아미노산은 종류에 따라 등전점이 다르다.
　라. 천연단백질을 구성하는 아미노산은 주로 D형이다.

28 무기질에 대한 설명으로 틀린 것은?

　가. 나트륨은 결핍증이 없으며 소금, 육류 등에 많다.
　나. 마그네슘 결핍증은 근육약화, 경련 등이며 생선, 견과류 등에 많다.
　다. 철은 결핍 시 빈혈증상이 있으며 시금치, 두류 등에 많다.
　라. 요오드 결핍 시에는 갑상선종이 생기며 유제품, 해조류 등에 많다.

29 단백질의 소화, 흡수에 대한 설명으로 틀린 것은?

　가. 단백질은 위에서 소화되기 시작한다.
　나. 펩신은 육류 속 단백질일부를 폴리펩티드로 만든다.
　다. 십이지장에서 췌장에서 분비된 트립신에 의해 더 작게 분해된다.
　라. 소장에서 단백질이 완전히 분해되지는 않는다.

30 우유 1컵(200㎖)에 지방이 6g이라면 지방으로 부터 얻을 수 있는 열량은?

　가. 6kcal　　　나. 24kcal
　다. 54kcal　　라. 120kcal

31 혈당의 저하와 가장 관계가 깊은 것은?

　가. 인슐린　　　나. 리파아제
　다. 프로테아제　라. 펩신

32 식자재의 교차오염을 예방하기 위한 보관방법으로 잘못된 것은?

　가. 원재료와 완성품을 구분하여 보관
　나. 바닥과 벽으로부터 일정거리를 띄워 보관
　다. 뚜껑이 있는 청결한 용기에 덮개를 덮어서 보관
　라. 식자재와 비식자재를 함께 식품 창고에 보관

33 경구감염병과 거리가 먼 것은?

　가. 유행성 간염　나. 콜레라
　다. 세균성이질　라. 일본뇌염

34 세균이 분비한 독소에 의해 감염을 일으키는 것은?

　가. 감염형 세균성 식중독
　나. 독소형 세균성 식중독
　다. 화학성 식중독
　라. 진균독 식중독

35 식품첨가물의 사용에 대한 설명 중 틀린 것은?
  가. 식품첨가물 공전에서 식품첨가물의 규격 및 사용기준을 제한하고 있다.
  나. 식품첨가물은 안전성이 입증된 것으로 최대사용량의 원칙을 적용한다.
  다. GRAS란 역사적으로 인체에 해가 없는 것이 인정된 화합물을 의미한다.
  라. ADI란 일일섭취허용량을 의미한다.

36 위해요소중점관리기준(HACCP)을 식품별로 정하여 고시하는 자는?
  가. 보건복지부장관
  나. 식품의약품안전청장
  다. 시장, 군수, 또는 구청장
  라. 환경부장관

37 경구감염병에 관한 설명 중 틀린 것은?
  가. 미량의 균으로 감염이 가능하다.
  나. 식품은 증식매체이다.
  다. 감염환이 성립된다.
  라. 잠복기가 길다.

38 주기적으로 열이 반복되어 나타나므로 파상열이라고 불리는 인수공통감염병은?
  가. Q열   나. 결핵
  다. 브루셀라병   라. 돈단독

39 메틸알코올의 중독 증상과 거리가 먼 것은?
  가. 두통   나. 구토
  다. 실명   라. 환각

40 보툴리누스 식중독에서 나타날 수 있는 주요 증상 및 증후가 아닌 것은?
  가. 구토 및 설사   나. 호흡곤란
  다. 출혈   라. 사망

41 굽기할 때 대류에 의해 열이 충분히 공급 되어야 팽창이 원활하게 이루어 지게 된다. 다음 중 팬닝 시 제품의 간격을 충분히 유지 해야 하는 제품은?
  가. 오믈렛   나. 버터 쿠키
  다. 슈   라. 애플 파이

42 밀가루의 여러 성분 중에서 회분 함량은 쿠키의 품질에 어떤 영향을 미치는가?
  가. 회분 함량은 쿠키의 품질에 큰 영향을 미치지 않는다.
  나. 좀더 부드럽고 바삭한 쿠키를 만들 수 있다.
  다. 쿠키의 퍼짐성을 좋게 한다.
  라. 쿠키의 모양과 형태를 좋게 만들어 준다.

43 다음 재료중 제과 할 때 pH를 낮추어 완제품의 색을 하얗게 하고자 할 때 사용하는 산성 재료는?
  가. 중조   나. 달걀흰자
  다. 주석산 크림   라. 설탕

44 우유에 있는 유당을 소화하지 못 하기 때문에 오는 증상인 유당 불내증의 원인으로 옳은 것은?
  가. 선천적 대사 장애
  나. 우유 섭취량의 과다
  다. 대사 과정 중 비타민 B군의 부족
  라. 락타아제의 부족

45 다음 중 이당류로만 묶인 것은?

가. 포도당, 과당, 맥아당
나. 맥아당, 유당, 설탕
다. 설탕, 갈락토오스, 유당
라. 유당, 포도당, 설탕

46 우리나라 제조물 책임법(PL)에서 정하고 있는 결함의 종류가 아닌 것은?

가. 설계상의 결함   나. 유통상의 결함
다. 제조상의 결함   라. 표시상의 결함

47 환경 오염 물질이 일으키는 화학성 식중독의 원인이 될 수 있는 것과 거리가 먼 것은?

가. 수은(Hg)   나. 카드뮴(Cd)
다. 납(Pb)   라. 칼슘(Ca)

48 병원체가 음식물, 손, 식기, 완구, 곤충 등을 통하여 입으로 침입하여 감염을 일으키는 것 중에서 바이러스가 아닌 것은?

가. 홍역   나. 콜레라
다. 유행성 간염   라. 폴리오

49 유통 기한에 대한 설명 중 잘못된 것은?

가. 식품의 제조일로부터 소비자에게 판매가 허용된 기한을 말한다.
나. 식품을 제조 및 판매하는 자는 식품 위생법 시행 규칙에 의하여 유통 기한을 표시해야 한다.
다. 유통 기한을 연장하고자 하는 식품의 유통 기한 표시는 보건복지부 장관의 승인을 받아 연장 표시해야 한다.
라. 식품을 구입한 후 각 가정에서 먹을 수 있는 기간을 말한다.

50 다음 HACCP에 대한 설명 중 틀린 것은?

가. 사후 관리의 완벽을 추구한다.
나. 식품 위생의 수준을 향상시킬 수 있다.
다. 종합적인 위생관리 체계이다.
라. 원료로부터 유통의 전 과정에 대한 관리이다.

51 다음 중에서 인체내에서는 합성할 수 없으므로 식품으로 반드시 섭취해야 하는 필수 지방산이 아닌 것은?

가. 리놀레산(Linoleic acid)
나. 올레산(Oleic acid)
다. 리놀렌산(Linolenic acid)
라. 아라키돈산(rachidonic acid)

52 달걀 흰자는 88%의 수분과 11.2%의 단백질로 이루어져 있는데 흰자의 기포성을 좋게 하는 재료는?

가. 레몬즙, 유지
나. 유지, 설탕
다. 주석산 크림, 설탕
라. 주석산 크림, 소금

53 장염 비브리오에 의한 식중독이 가장 일어나기 쉬운 식품은?

가. 어패류   나. 식육류
다. 우유 제품   라. 야채류

54 보툴리누스 식중독에서 나타날 수 있는 주요 증상 및 증세가 아닌 것은?

가. 출혈   나. 구토 및 설사
다. 호흡 곤란   라. 사망

55 단순 단백질인 알부민에 대한 설명으로 맞는 것은?

가. 물에는 불용성이나 묽은 염류 용액에 가용성이고 열에 의해 응고 된다.
나. 중성 용매에는 불용성이나 묽은 산이나 염기에는 가용성이다.
다. 곡식에 많이 존재 하며 밀의 글루텐이 대표적이다.
라. 물이나 묽은 염류용액에 녹고, 열에 의해 응고 된다.

56 과일의 껍질에 존재하고, 당(60~65%) 과 산(pH 3.2)에 의해서 젤, 잼을 형성하며 증점제, 안정제, 유화제 등으로 사용되는 것은?

가. 한천
나. 펙틴
다. C.M.C
라. 젤라틴

57 로-마지팬(Raw Mazipan)에서 아몬드 : 설탕의 적합한 혼합 비율은?

가. 1 : 2.5
나. 1 : 0.5
다. 1 : 1.5
라. 1 : 1

58 다음 중 유지를 구성하는 분자가 아닌 것은?

가. 수소
나. 탄소
다. 산소
라. 질소

59 더운 여름에 얼음을 사용하여 반죽온도 조절할 때 계산의 순서로 적합 한 것은?

가. 물온도 계산-마찰계수-얼음 사용량
나. 얼음 사용량-물온도 계산-마찰계수
다. 마찰계수-물온도 계산-얼음 사용량
라. 물온도 계산-얼음 사용량-마찰계수

60 비중컵의 무게 40g, 물을 담은 비중컵의 무게 240g, 반죽을 담은 비중컵의 무게 180g일 때 반죽의 비중은?

가. 0.4
나. 0.6
다. 0.7
라. 0.8

제과기능사 필기 모의고사 4 정답

1	2	3	4	5	6	7	8	9	10
가	나	다	가	가	나	라	가	가	다
11	12	13	14	15	16	17	18	19	20
가	라	다	가	가	나	다	라	라	다
21	22	23	24	25	26	27	28	29	30
가	가	가	나	다	다	가	나	라	다
31	32	33	34	35	36	37	38	39	40
가	라	나	나	나	나	다	나	나	다
41	42	43	44	45	46	47	48	49	50
다	가	다	라	나	라	나	나	나	가
51	52	53	54	55	56	57	58	59	60
나	라	가	라	나	나	라	다	가	다

제빵기능사 모의고사 (1회)

01 튀김기름의 품질을 저하시키는 요인으로만 나열된 것은?

　가. 수분, 탄소, 질소
　나. 공기, 금속, 토코페롤
　다. 수분, 공기, 철
　라. 공기, 탄소, 세사몰

02 다음 중 제빵 생산관리에서 제1차 관리 3대 요소가 아닌 것은?

　가. 사람(Man)　　나. 재료(material)
　다. 방법(metaod)　라. 자금(Money)

03 제빵시 2차 발효의 목적이 아닌 것은?

　가. 성형공정을 거치면서 가스가 빠진 반죽을 다시 부풀리기 위해
　나. 발효산물 중 유기산과 알코올이 글루텐의 신장성과 탄력성을 높여 오븐 팽창이 잘 일어나도록 하기 위해
　다. 온도와 습도를 조절하여 이스트의 활성을 촉진시키기 위해
　라. 빵의 향에 관계하는 발효산물인 알코올유기산 및 그 밖의 방향성 물질을 날려 보내기 위해

04 분할기에 의한 식빵 분할은 최대 몇 분 이내에 완료하는 것이 가장 적합한가?

　가. 20분　　나. 40분
　다. 30분　　라. 60분

05 어떤 과자점에서 여름에 반죽 온도를 24℃로 하여 빵을 만들려고 한다. 사용수 온도는 10℃, 수돗물의 온도는 18℃, 사용수 양은 3kg, 얼음 사용량은 900g일 때 조치사항으로 옳은 것은?

　가. 믹서에 얼음만 900g을 넣는다.
　나. 믹서에 수돗물만 3kg을 넣는다.
　다. 믹서에 수돗물 3kg과 얼음 900g을 넣는다.
　라. 믹서에 수돗물 2.1kg과 얼음 900g을 넣는다.

06 어느 제과점의 지난 달 생산실적이 다음과 같은 경우 노동분배율은? (외부가치 600만원, 생산가치 3000만원, 인건비 1500만원, 총인원 10명)

　가. 60%　　나. 45%
　다. 55%　　라. 50%

07 빵 발효에 영향을 주는 요소에 대한 설명으로 틀린 것은?

　가. 사용하는 이스트의 양이 많으면 발효 시간은 감소된다.
　나. 삼투압이 높으면 발효가 지연된다.
　다. 제빵용 이스트는 약알칼리성에서 가장 잘 발효된다.
　라. 적정량의 손상된 전분은 발효성 탄수화물을 공급한다.

08 다음 중 제품의 특성을 고려하여 혼합 시 반죽을 가장 많이 발전시키는 것은?

가. 프랑스빵   나. 햄버거 빵
다. 과자빵   라. 식빵

09 수평형 믹서를 청소하는 방법으로 올바르지 않은 것은?

가. 청소하기 전에 전원을 차단한다.
나. 생산 직후 청소를 실시한다.
다. 물을 가득 채워 회전시킨다.
라. 금속으로 된 스크레이퍼를 이용하여 반죽을 긁어낸다.

10 성형한 식빵 반죽을 팬에 넣을 때 이음매의 위치는 어느 쪽이 가장 좋은가?

가. 위   나. 우측
다. 좌측   라. 아래

11 빵 포장의 목적으로 부적합한 것은?

가. 빵의 저장성 증대
나. 빵의 미생물오염 방지
다. 수분증발 촉진
라. 상품의 가치 향상

12 냉동 반죽법에 적합한 반죽의 온도는?

가. 18 ~ 22℃   나. 26 ~ 30℃
다. 32 ~ 36℃   라. 38 ~ 42℃

13 완제품 중량이 400g인 빵 200개를 만들고자 한다. 발효 손실이 2%이고 굽기 및 냉각 손실이 12%라고 할 때 밀가루 중량은? (단, 총 배합율은 180%이며, 소수점 이하는 반올림한다.)

가. 51536g   나. 54725g
다. 61320g   라. 61940g

14 빵의 제품평가에서 브레이크와 슈레드 부족 현상의 이유가 아닌 것은?

가. 발효시간이 짧거나 길었다.
나. 오븐의 온도가 높았다.
다. 2차 발효실의 습도가 낮았다.
라. 오븐의 증기가 너무 많았다.

15 스펀지법에 비교해서 스트레이트법의 장점은?

가. 노화가 느리다.
나. 발효에 대한 내구성이 좋다.
다. 노동력이 감소된다.
라. 기계에 대한 내구성이 증가한다.

16 다음 중 빵 굽기의 반응이 아닌 것은?

가. 이산화탄소의 방출과 노화를 촉진시킨다.
나. 빵의 풍미 및 색깔을 좋게 한다.
다. 제빵 제조 공정의 최종 단계로 빵의 형태를 만든다.
라. 전분의 호화로 식품의 가치를 향상시킨다.

17 진한 껍질색의 빵에 대한 대책으로 적합하지 못한 것은?

가. 설탕, 우유 사용량 감소
나. 1차 발효 감소
다. 오븐 온도 감소
라. 2차 발효 습도 조절

18 반추위 동물의 위액에 존재하는 우유 응유 효소는?

가. 펩신 나. 레닌
다. 트립신 라. 펩티다아제

19 다음 혼성주 중 오렌지 성분을 원료로 하여 만들지 않는 것은?

가. 그랑 마르니에(Grand Marnier)
나. 마라스키노(Maraschino)
다. 쿠앵트로(Cointreau)
라. 큐라소(Curacao)

20 전분의 노화에 대한 설명 중 틀린 것은?

가. −18℃ 이하의 온도에서는 잘 일어나지 않는다.
나. 노화된 전분은 소화가 잘된다.
다. 노화란 α−전분이 β−전분으로 되는 것을 말한다.
라. 노화된 전분은 향이 손실된다.

21 다음 중 중화가를 구하는 식은?

가. $\dfrac{\text{중조의 양}}{\text{산성제의 양}} \times 100$

나. $\dfrac{\text{중조의 양}}{\text{산성제의 양}}$

다. $\dfrac{\text{중조의 양} \times \text{산성제의 양}}{100}$

라. 중조의 양 × 산성제의 양

22 일시적 경수에 대한 설명으로 맞는 것은?

가. 가열시 탄산염으로 되어 침전된다.
나. 끓여도 경도가 제거되지 않는다.
다. 황산염에 기인한다.
라. 제빵에 사용하기에 가장 좋다.

23 생크림 보존온도로 가장 적합한 것은?

가. −18℃이하 나. −5 ~ −1℃
다. 0 ~ 10℃ 라. 15 ~ 18℃

24 제과제빵에서 유지의 기능이 아닌 것은?

가. 연화작용
나. 공기포집 기능
다. 보존성 개선 기능
라. 노화촉진 기능

25 제과·제빵용 건조 재료와 팽창제 및 유지 재료를 알맞은 배합율로 균일하게 혼합한 원료는?

가. 프리믹스 나. 팽창제
다. 향신료 라. 밀가루 개량제

26 반죽의 신장성과 신장에 대한 저항성을 측정하는 기기는?

가. 패리노그래프 나. 레오퍼멘토에터
다. 믹서트론 라. 익스텐소그래프

27 전화당을 설명한 것 중 틀린 것은?

가. 설탕의 1.3배의 감미를 갖는다.
나. 설탕을 가수분해시켜 생긴 포도당과 과당의 혼합물이다.
다. 흡습성이 강해서 제품의 보존기간을 지속시킬 수 있다.
라. 상대적인 감미도는 맥아당보다 낮으나 쿠키의 광택과 촉감을 위해 사용한다.

28 커스타드 크림에서 달걀의 주요 역할은?

가. 결합제의 역할
나. 팽창제의 역할
다. 영양가를 높이는 역할
라. 저장성을 높이는 역할

29 우유에 대한 설명으로 옳은 것은?

가. 시유의 비중은 1.3 정도이다.
나. 우유 단백질 중 가장 많은 것은 카제인이다.
다. 우유의 유당은 이스트에 의해 쉽게 분해된다.
라. 시유의 현탁액은 비타민 B_2에 의한 것이다.

30 안정제의 사용 목적이 아닌 것은?

가. 흡수제로 노화 지연 효과
나. 크림 토핑의 거품 안정
다. 아이싱이 부서지는 것 방지
라. 머랭의 수분 배출 유도

31 과실이 익어감에 따라 어떤 효소의 작용에 의해 수용성 펙틴이 생성되는가?

가. 펙틴리가아제
나. 아밀라아제
다. 브로멜린
라. 프로토펙틴 가수분해효소

32 소화기관에 대한 설명으로 틀린 것은?

가. 위는 강알칼리의 위액을 분비한다.
나. 이자(췌장)는 당대사호르몬의 내분비선이다.
다. 소장은 영양분을 소화, 흡수한다.
라. 대장은 수분을 흡수하는 역할을 한다.

33 비타민과 관련된 결핍증의 연결이 틀린 것은?

가. 비타민 A – 야맹증
나. 비타민 B_1 – 구내염
다. 비타민 C – 괴혈병
라. 비타민 D – 구루병

34 적혈구, 뇌세포, 신경세포의 주요 에너지원으로 혈당을 형성하는 당은?

가. 과당
나. 설탕
다. 포도당
라. 유당

35 다음 중 수소를 첨가하여 얻는 유지류는?

가. 쇼트닝
나. 버터
다. 라드
라. 양기름

36 장염비브리오 식중독을 일으키는 주요 원인 식품은?

가. 달걀
나. 육류
다. 채소류
라. 어패류

37 빵을 제조하는 과정에서 반죽 후 분할기로부터 분할할 때나 구울 때 달라붙지 않게 할 목적으로 허용되어 있는 첨가물은?

가. 글리세린
나. 프로필렌 글리콜
다. 초산 비닐수지
라. 유동 파라핀

38 밀가루의 표백과 숙성을 위하여 사용하는 첨가물은?

가. 개량제　　나. 유화제
다. 정착제　　라. 팽창제

39 부패를 판정하는 방법으로 사람에 의한 관능검사를 실시할 때 검사하는 항목이 아닌 것은?

가. 색　　　　나. 맛
다. 냄새　　　라. 균수

40 위생동물의 일반적인 특성이 아닌 것은?

가. 식성 범위가 넓다.
나. 음식물과 농작물에 피해를 준다.
다. 병원 미생물을 식품에 감염시키는 것도 있다.
라. 발육기간이 길다.

41 물수건의 소독방법으로 가장 적합한 것은?

가. 비누로 세척한 후 건조한다.
나. 삶거나 차아염소산 소독 후 일광 건조한다.
다. 3% 과산화수소로 살균 후 일광 건조한다.
라. 크레졸(cresol) 비누액으로 소독하고 일광 건조한다.

42 결핵의 주요한 감염원이 될 수 있는 것은?

가. 토끼고기
나. 불완전 살균우유
다. 돼지고기
라. 양고기

43 살모넬라균에 의한 식중독 증상과 가장 거리가 먼 것은?

가. 심한 설사　　나. 급격한 발열
다. 심한 복통　　라. 신경마비

44 급성감염병을 일으키는 병원체로 포자는 내열성이 강하며 생물학전이나 생물테러에 사용될 수 있는 위험성이 높은 병원체는?

가. 브루셀라균　　나. 리스테리아균
다. 결핵균　　　　라. 탄저균

45 세균성 식중독에 관한 사항 중 옳은 내용으로만 짝지은 것은?

1. 황색포도상구균(Staphylococcus aureus) 식중독은 치사율이 아주 높다.
2. 보툴리누스균(Clostridium botulinum)이 생산하는 독소는 열에 아주 강하다.
3. 장염 비브리오균(Vibrio parahaemolyticus)은 감염형 식중독이다.
4. 여시니아균(Yersinia enterocolitica)은 냉장온도와 진공포장에서도 증식한다.

가. 1, 2　　　나. 3, 4
다. 2, 4　　　라. 2, 3

46 요소수지 용기에서 이행될 수 있는 대표적인 유독 물질은?

가. 알루미늄
나. 주석
다. 포름 알데히드
라. 에탄올

47 표준 스트레이트 법을 변형시킨 비상스트레이트 법에서 믹싱 후 반죽온도로 가장 적합한 것은?

가. 27℃ 나. 21℃
다. 34℃ 라. 30℃

48 빵의 반죽시 작용하는 성질에는 점탄성, 탄력성, 신장성, 흐름성, 가소성 등이 작용한다. 이중에서 반죽의 성형과정에서 성형한 모양을 그대로 유지시키려는 성질을 무엇이라 하는가

가. 신장성 나. 점탄성
다. 가소성 라. 흐름성

49 제품 회전률은 제품의 시장성을 파악하는 지표 이다. 다음 중 제품 회전률 계산하는 공식이 맞는 것은?

가. 제품 회전률=(매출액÷평균 재고액)×100
나. 제품 회전률=(생산액÷평균 재고액)×100
다. 제품 회전률=(인건비÷평균 재고액)×100
라. 제품 회전률=(재료비÷평균 재고액)×100

50 식빵 제조시 설탕 100g을 이스트의 먹이로 활용될 수 있는 발효성 탄수화물 91%에 물 9%로 이루어진 함수 포도당으로 대체 하고자 한다. 이때 함수 포도당은 몇 g 인가?

가. 105.26g 나. 100g
다. 200g 라. 115.67g

> **TIP** 설탕 100g을 가수분해 하려면 물 5.26에 인버타아제를 설탕에 첨가하여 105.26g의 무수 포도당을 얻는다. 105.26g의 9%를 차지하는 물 10.41g를 첨가해야 한다.

51 제빵에 적합한 물의 경도는 아경수 이고 산도는 약산성이다. 다음 중 제빵에 가장 적합한 물의 경도를 나타낸 수치는?

가. 360ppm
나. 180~360ppm
다. 120~180ppm
라. 1~60ppm

52 굽기 손실이 가장 큰 제품은?

가. 식빵 나. 바게트
다. 단팥빵 라. 버터롤

53 이스트 푸드에 대한 설명으로 틀린 것은?

가. 발효를 조절 한다.
나. 이스트의 영양을 보급 한다.
다. 밀가루 중량 대비 1~5%를 사용한다.
라. 반죽 조절제로 사용한다.

54 밀가루의 표백과 숙성기간을 단축시키고, 제빵 효과의 저해 물질을 파괴시켜 밀가루의 품질을 개량하는 것을 밀가루 개량제라 하는데 다음 중 밀가루 개량제가 아닌 것은?

가. 염화 칼슘
나. 염소
다. 과산화 벤조일
라. 이산화염소

55 다음 중 이당류로만 묶인 것은?

가. 포도당, 과당, 맥아당
나. 맥아당, 유당, 설탕
다. 설탕, 갈락토오스, 유당
라. 유당, 포도당, 설탕

56 우리나라 제조물 책임법(PL)에서 정하고 있는 결함의 종류가 아닌 것은?

가. 설계상의 결함
나. 유통상의 결함
다. 제조상의 결함
라. 표시상의 결함

57 환경 오염 물질이 일으키는 화학성 식중독의 원인이 될 수 있는 것과 거리가 먼 것은?

가. 수은(Hg) 나. 카드늄(Cd)
다. 납(Pb)   라. 칼슘(Ca)

58 병원체가 음식물, 손, 식기, 완구, 곤충 등을 통하여 입으로 칩입하여 감염을 일으키는 것 중에서 바이러스가 아닌 것은?

가. 홍역   나. 콜레라
다. 유행성 간염 라. 폴리오

59 유통 기한에 대한 설명 중 잘못된 것은?

가. 식품의 제조일로부터 소비자에게 판매가 허용된 기한을 말한다.
나. 식품을 제조 및 판매하는 자는 식품 위생법 시행 규칙에 의하여 유통 기한을 표시해야 한다.
다. 유통기한을 연장 하고자 하는 식품은 유통 기한 표시는 보건복지부 장관의 승인을 받아 연장 표시해야 한다.
라. 식품을 구입한 후 각 가정에서 먹을 수 있는 기간을 말한다.

60 다음 HACCP에 대한 설명 중 틀린 것은?

가. 사후 관리의 완벽을 추구한다.
나. 식품 위생의 수준을 향상시킬 수 있다.
다. 종합적인 위생관리 체계이다.
라. 원료로부터 유통의 전 과정에 대한 관리이다.

제빵기능사 필기 모의고사 1 정답

1	2	3	4	5	6	7	8	9	10
다	다	라	가	라	라	다	나	라	라
11	12	13	14	15	16	17	18	19	20
다	가	가	다	가	나	나	나	나	나
21	22	23	24	25	26	27	28	29	30
가	가	다	라	가	라	라	가	나	라
31	32	33	34	35	36	37	38	39	40
라	가	나	나	가	라	나	가	가	라
41	42	43	44	45	46	47	48	49	50
나	나	라	라	나	다	라	다	가	라
51	52	53	54	55	56	57	58	59	60
다	나	다	가	나	나	라	다	라	가

제빵기능사 모의고사 (2회)

01 팬 오일의 구비조건이 아닌 것은?

가. 높은 발연점
나. 무색, 무미, 무취
다. 가소성
라. 항산화성

02 둥글리기의 목적이 아닌 것은?

가. 글루텐의 구조와 방향정돈
나. 수분 흡수력 증가
다. 반죽의 기공을 고르게 유지
라. 반죽 표면에 얇은 막 형성

03 굽기 과정 중 당류의 캐러멜화가 개시되는 온도로 가장 적합한 것은?

가. 100℃ 나. 120℃
다. 150℃ 라. 185℃

04 냉동 반죽법에 대한 설명 중 틀린 것은?

가. 저율배합 제품은 냉동시 노화의 진행이 비교적 빠르다.
나. 고율배합 제품은 비교적 완만한 냉동에 견딘다.
다. 저율배합 제품일수록 냉동 처리에 더욱 주의해야 한다.
라. 프랑스빵 반죽은 비교적 노화의 진행이 느리다.

05 식빵 제조시 최고 부피를 얻을 수 있는 유지의 양은? (단, 다른 재료의 양은 모두 동일하다고 본다.)

가. 3%   나. 4%
다. 7%   라. 11%

06 빵을 포장하는 프로필렌 포장지의 기능이 아닌 것은?

가. 수분증발의 억제로 노화지연
나. 빵의 로프균 오염방지
다. 포장 후 미생물 오염 최소화
라. 빵의 풍미 성분 손실 지연

07 프랑스빵의 2차 발효실 습도로 가장 적합한 것은?

가. 65~70%   나. 85~90%
다. 80~85%   라. 75~80%

08 희망 반죽온도 26℃, 마찰계수 20, 실내 온도 26℃, 스펀지 반죽온도 28℃, 밀가루 온도 21℃일 때 스펀지법에서 사용할 물의 온도는?

가. 17℃   나. 8℃
다. 4℃   라. 9℃

09 빵 제품의 노화 지연 방법으로 옳은 것은?

가. -18℃ 냉동보관
나. 냉장보관
다. 저배합, 고속 믹싱 빵제조
라. 수분 30~60% 유지

10 대량생산 공장에서 많이 사용되는 오븐으로 반죽이 들어가는 입구와 제품이 나오는 출구가 서로 다른 오븐은?

가. 데크오븐
나. 터널오븐
다. 로터리 래크 오븐
라. 컨벡션오븐

11 스펀지 도법에 있어서 스펀지 반죽에 사용하는 일반적인 밀가루의 사용 범위는?

가. 0~20%
나. 20~40%
다. 40~60%
라. 60~100%

12 다음 중 스트레이트법과 비교한 스펀지 도법에 대한 설명이 옳은 것은?

가. 노화가 빠르다.
나. 발효 내구성이 좋다.
다. 속결이 거칠고 부피가 작다.
라. 발효향과 맛이 나쁘다.

13 발효 중 펀치의 효과와 거리가 먼 것은?

가. 반죽의 온도를 균일하게 한다.
나. 이스트의 활성을 돕는다.
다. 산소공급으로 반죽의 산화숙성을 진전시킨다.
라. 성형을 용이하게 한다.

14 제조공정상 비상반죽법에서 가장 많은 시간을 단축할 수 있는 공정은?

가. 재료계량
나. 1차 발효
다. 믹싱
라. 굽기

15 모닝빵을 1000개 만드는 데 한 사람이 3시간 걸렸다. 1500개 만드는 데 30분 내에 끝내려면 몇 사람이 작업해야 하는가?

가. 2명
나. 3명
다. 9명
라. 5명

16 시유의 수분함량은 약 얼마인가?

가. 14%
나. 80%
다. 87%
라. 92%

17 다음 중 발효시간을 단축시키는 물은?

가. 경수
나. 연수
다. 염수
라. 알칼리수

18 비중이 1.04인 우유에 비중이 1.00인 물을 1 : 1 부피로 혼합하였을 때 물을 섞은 우유의 비중은?

가. 2.02
나. 1.02
다. 1.01
라. 0.08

19 카제인이 산이나 효소에 의하여 응고되는 성질은 어떤 식품의 제조에 이용되는가?

가. 아이스크림
나. 생크림
다. 버터
라. 치즈

20 이스트의 가스 생산과 보유를 고려할 때 제빵에 가장 좋은 물의 경도는?

가. 0~60 ppm
나. 120~180ppm
다. 180ppm 이상(일시)
라. 180ppm 이상(영구)

21 전분은 밀가루 중량의 약 몇 % 정도인가?

가. 90%　　　　나. 40%
다. 70%　　　　라. 20%

22 일반적인 버터의 수분 함량은?
가. 18% 이하　　나. 25% 이하
다. 30% 이하　　라. 45% 이하

23 밀가루의 물성을 전문적으로 시험하는 기기로 이루어진 것은?
가. 패리노그래프, 가스크로마토그래피, 익스텐소그래프
나. 패리노그래프, 아밀로그래프, 파이브로미터
다. 패리노그래프, 아밀로그래프, 익스텐소그래프
라. 아밀로그래프, 익스텐소그래프, 펑츄어테스터

24 빵 제조시 밀가루를 체로 치는 이유가 아닌 것은?
가. 제품의 착색
나. 입자의 균질
다. 공기의 혼입
라. 불순물의 제거

25 이스트푸드 성분 중 물 조절제로 사용되는 것은?
가. 황산암모늄　　나. 전분
다. 이스트　　　　라. 칼슘염

26 열대성 다년초의 다육질 뿌리로, 매운맛과 특유의 방향을 가지고 있는 향신료는?

가. 넛메그　　　나. 계피
다. 올스파이스　라. 생강

27 빵, 과자 속에 함유되어 있는 지방이 리파아제에 의해 소화되면 무엇으로 분해되는가?
가. 동물성지방 + 식물성지방
나. 포도당 + 과당
다. 글리세롤 + 지방산
라. 트립토판 + 리신

28 다음 중 감미가 가장 강한 것은?
가. 맥아당　　　나. 설탕
다. 과당　　　　라. 포도당

29 유아에게 필요한 필수 아미노산이 아닌 것은?
가. 발린　　　　나. 글루타민
다. 히스티딘　　라. 트립토판

30 시금치에 들어 있으며 칼슘의 흡수를 방해하는 유기산은?
가. 초산　　　　나. 호박산
다. 수산　　　　라. 구연산

31 순수한 지방 20g이 내는 열량은?
가. 90kcal　　　나. 120kcal
다. 180kcal　　 라. 190kcal

32 정제가 불충분한 면실유에 들어 있을 수 있는 독성분은?
가. 듀린　　　　나. 테무린
다. 고시폴　　　라. 브렉큰 펀 톡신

33 다음 중 소화기계 감염병인 것은?

　가. 결핵　　　　나. 화농성 피부염
　다. 장티푸스　　라. 독감

34 다음 중 바이러스에 의한 경구감염병이 아닌 것은?

　가. 폴리오　　　나. 유행성 간염
　다. 성홍열　　　라. 전염성 설사

35 빵이나 카스테라 등을 부풀게 하기 위하여 첨가하는 합성 팽창제(baking powder)의 주성분은?

　가. 염화나트륨
　나. 탄산나트륨
　다. 탄산수소나트륨
　라. 탄산칼슘

36 세균성 식중독의 예방원칙에 해당되지 않는 것은?

　가. 세균 오염 방지
　나. 세균 가열 방지
　다. 세균 증식 방지
　라. 세균의 사멸

37 식품첨가물 중 보존료의 조건이 아닌 것은?

　가. 변패를 일으키는 각종 미생물의 증식을 억제할 것
　나. 무미, 무취하고 자극성이 없을 것
　다. 장기간 효력을 나타낼 것
　라. 식품의 성분과 반응을 잘하여 성분을 변화시킬 것

38 식품 또는 식품첨가물을 채취, 제조, 가공, 조리, 저장, 운반 또는 판매하는 직접 종사자들이 정기건강진단을 받아야 하는 주기는?

　가. 1회/년　　　나. 1회/3개월
　다. 1회/6개월　라. 1회/월

39 곰팡이의 일반적인 특성으로 틀린 것은?

　가. 광합성능이 있다.
　나. 주로 무성포자에 의해 번식한다.
　다. 진핵세포를 가진 다세포 미생물이다.
　라. 분류학상 진균류에 속한다.

40 부패의 물리학적 판정에 이용되지 않는 것은?

　가. 점도　　　　나. 냄새
　다. 색 및 전기저항　라. 탄성

41 다음 중 감염형 세균성 식중독에 속하는 것은?

　가. 파라티푸스균　나. 보툴리누스균
　다. 장염비브리오균　라. 포도상구균

42 포장 재료가 갖추어야 할 조건 중에서 가장 거리가 먼 것은?

　가. 제품의 상품 가치를 높일 수 있어야 한다.
　나. 가격이 저렴해야 한다.
　다. 위생적이어야 한다.
　라. 흡수성이 있고 통기성은 없어야 한다.

43 다음 제과 제빵 생산기계 장비의 종류 중에서 제빵에서 주로 사용되는 기계는?

　가. 에어믹서　　나. 데포지터
　다. 라운더　　　라. 정형기

44 세균, 곰팡이의 번식을 막고 빵의 절단 및 포장을 용이하게 하는 빵의 냉각방법으로 가장 적합한 것은?

가. 냉동실에서 냉각
나. 바람이 없는 실내에서 냉각
다. 수분 분사 방식
라. 강한 송풍을 이용한 급냉

45 에틸 알코올과 이산화탄소를 발생시켜 발효를 일으킬 때 발효에 영향을 미치는 주요 요소가 아닌 것은?

가. pH
나. 이스트의 양
다. 쇼트닝의 양
라. 발효 온도

46 버터를 구성하는 성분에는 소금, 수분, 우유지방, 무기질 등이 있다. 이 중에서 수분 함량은 얼마인가?

가. 14~17%
나. 1~5%
다. 20~30%
라. 2%

> TIP 버터 : 무기질 2%, 소금 1~3%, 우유 지방 80%

47 다음 중 포도당, 과당, 갈락토오스 등을 산화시켜 이산화탄소와 에틸알코올을 만드는 산화효소는?

가. 말타아제(Maltase)
나. 치마아제(Zymase)
다. 아밀라아제(Amylase)
라. 리파아제(Lipase)

48 어떤 음식 100g 중에서 켈달(Kjeldahl) 법으로 질소를 정량 하니 질소 함량이 4g이라면 그 음식에는 몇 g의 단백질이 함유 된 것인가? (단, 단백질 1g에는 16%의 질소가 함유되어 있다.)

가. 35g
나. 50g
다. 25g
라. 64g

> TIP 단백질의 양 = 질소의 양 × 질소계수
> 4 × (100÷16) = 25g

49 식품 위생의 대상 범위는 식품, 식품 첨가물, 기구, 용기, 포장 등에서 발생하는 오염을 대상범위로 한다. 다음 중 식품 위생의 대상과 가장 거리가 먼 것은?

가. 세균성 식중독
나. 영양결핍증 환자
다. 농약에 의한 식품 오염
라. 방사능에 의한 식품 오염

50 감염병 및 질병 발생의 3대 요소가 아닌 것은?

가. 환경
나. 병원체
다. 항생제
라. 숙주(인간)

51 주기적으로 열이 반복적으로 나타나고 파상열이라고 부르는 인수공통 감염병은?

가. 결핵
나. Q열
다. 돈단독
라. 브루셀라병

52 1인당 생산가치는 생산가치를 무엇으로 나누어 계산하는가?

가. 시간
나. 원 재료비
다. 인원수
라. 총 매출

53 전화당(Trimolin)에 관한 설명한 것 중에 잘못된 것은?

가. 설탕을 가수분해 시켜 생긴 포도당과 과당의 혼합물이다.
나. 설탕의 1.3배의 감미를 갖는다.

다. 상대적 감미도는 포도당 보다 낮으나 광택과 촉감을 위해 사용한다.
라. 흡습성이 강해서 제품의 보존 기간을 지속시킬 수 있다.

54 여러 단계의 상업적 유통을 거쳐 불특정 다수 소비자에게 공급되는 것뿐만 아니라 특정 소비자와의 공급 계약에 따라 그 소비자에게 직접 납품되어 사용되는 것도 포함하여 무엇이라 하는가?

가. 제조물　　나. 개발품
다. 생산품　　라. 발명품

55 췌장에서 생성되는 지방 분해효소는?

가. 아밀라아제　나. 리파아제
다. 트립신　　　라. 펩신

56 유통기간 설정에 영향을 주는 내부적인 요인들 중에서 가장 거리가 먼 것은?

가. 제조 공정
나. 포장 재질 및 포장 방법
다. 제품의 맛
라. 위생 수준

57 위해요소의 예방, 제거 및 감소를 위해 엄정한 관리가 요구되는 단계를 무엇이라 하는가?

가. HA　　　나. CCP
다. HACCP　라. GMP

58 경구 감염병에 대한 설명중 잘못된 것은?

가. 2차 감염이 일어난다.
나. 미량의 균량으로도 감염을 일으킨다.
다. 이질, 콜레라는 바이러스에 의해 발생한다.
라. 장티푸스는 세균에 의해 발생한다.

59 식재료나 기구, 용수 등에 오염되어 있던 미생물이 오염되지 않은 식재료나 기구, 용수 등에 접촉 하거나 혼입 되면서 전이되는 현상을 무엇이라 하는가?

가. 환경 오염　　나. 변질
다. 유통 오염　　라. 교차오염

60 식빵 밑 바닥이 움푹 들어간 경우의 원인이 아닌 것은?

가. 바닥 양면에 구멍이 없는 팬을 사용한 경우
나. 굽는 처음 단계에서 오븐 열이 너무 낮았을 경우
다. 2차 발효를 너무 초과했을 경우
라. 반죽기의 회전속도가 느려 반죽이 언더 믹스된 경우

제빵기능사 필기 모의고사 2 정답

1	2	3	4	5	6	7	8	9	10
다	나	다	라	나	나	라	라	가	나
11	12	13	14	15	16	17	18	19	20
라	나	라	나	다	나	나	나	나	다
21	22	23	24	25	26	27	28	29	30
다	가	다	가	라	라	다	다	나	다
31	32	33	34	35	36	37	38	39	40
다	다	다	다	다	나	라	가	가	나
41	42	43	44	45	46	47	48	49	50
나	라	다	나	가	나	다	나	다	다
51	52	53	54	55	56	57	58	59	60
라	다	다	가	나	다	나	다	라	나

제빵기능사 모의고사 (3회)

01 다음 재료들을 동일한 크기의 그릇에 측정하여 중량이 가장 높은 것은?

가. 우유 나. 분유
다. 쇼트닝 라. 분당

02 생산공장시설의 효율적 배치에 대한 설명 중 적합하지 않은 것은?

가. 작업용 바닥면적은 그 장소를 이용하는 사람들의 수에 따라 달라진다.
나. 판매장소와 공장의 면적배분(판매 3 : 공장 1)의 비율로 구성되는 것이 바람직하다.
다. 공장의 소요면적은 주방설비의 설치면적과 기술자의 작업을 위한 공간면적으로 이루어진다.
라. 공장의 모든 업무가 효과적으로 진행되기 위한 기본은 주방의 위치와 규모에 대한 설계이다.

03 열원으로 찜(수증기)을 이용했을 때의 주 열전달 방식은?

가. 대류 나. 전도
다. 초음파 라. 복사

04 반죽의 온도가 정상보다 높을 때, 예상되는 결과는?

가. 기공이 밀착된다.
나. 노화가 촉진된다.
다. 표면이 터진다.
라. 부피가 작다.

05 다음 무게에 관한 것 중 옳은 것은?

가. 1kg은 10g이다.
나. 1kg은 100g이다.
다. 1kg은 1000g이다.
라. 1kg은 10000g이다.

06 빵과자 배합표의 자료 활용법으로 적당하지 않은 것은?

가. 빵의 생산기준 자료
나. 재료 사용량 파악 자료
다. 원가 산출
라. 국가별 빵의 종류 파악 자료

07 빵을 구웠을 때 갈변이 되는 것은 어떤 반응에 의한 것인가?

가. 비타민 C의 산화에 의하여
나. 효모에 의한 갈색반응에 의하여
다. 마이야르(maillard) 반응과 캐러멜화 반응이 동시에 일어나서
라. 클로로필(chlorophyll)이 열에 의해 변성되어서

08 제빵 시 적절한 2차 발효점은 완제품 용적의 몇 %가 가장 적당한가?

가. 40~45% 나. 50~55%
다. 70~80% 라. 90~95%

09 냉동 반죽법에서 혼합 후 반죽의 결과온도로 가장 적합한 것은?

　가. 0℃　　　나. 10℃
　다. 20℃　　나. 30℃

10 다음 발효 중 일어나는 생화학적 생성 물질이 아닌 것은?

　가. 덱스트린　　나. 맥아당
　다. 포도당　　　라. 이성화당

11 오븐에서 구운 빵을 냉각할 때 평균 몇 %의 수분 손실이 추가적으로 발생하는가?

　가. 2%　　나. 4%
　다. 6%　　라. 8%

12 스펀지/도법에서 스펀지 밀가루 사용량을 증가시킬 때 나타나는 결과가 아닌 것은?

　가. 도 제조시 반죽시간이 길어짐
　나. 완제품의 부피가 커짐
　다. 도 발효시간이 짧아짐
　라. 반죽의 신장성이 좋아짐

13 단과자빵의 껍질에 흰 반점이 생긴 경우 그 원인에 해당되지 않는 것은?

　가. 반죽온도가 높았다.
　나. 발효하는 동안 반죽이 식었다.
　다. 숙성이 덜 된 반죽을 그대로 정형하였다.
　라. 2차 발효 후 찬 공기를 오래 쐬었다.

14 다음 중 중간발효에 대한 설명으로 옳은 것은?

　가. 상대습도 85% 전후로 시행한다.
　나. 중간발효 중 습도가 높으면 껍질이 형성되어 빵 속에 단단한 소용돌이가 생성된다.
　다. 중간발효 온도는 27~29℃가 적당하다.
　라. 중간발효가 잘되면 글루텐이 잘 발달된다.

15 2% 이스트로 4시간 발효했을 때 가장 좋은 결과를 얻는다고 가정할 때, 발효시간을 3시간으로 감소시키려면 이스트의 양은 얼마로 해야 하는가? (단, 소수 첫째 자리에서 반올림하시오.)

　가. 2.16%　　나. 2.67%
　다. 3.16%　　라. 3.67%

16 안 치수가 그림과 같은 식빵 철판의 용적은?

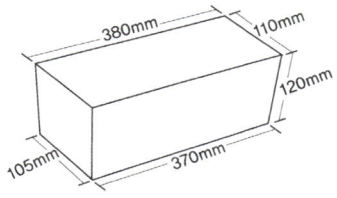

　가. 4,662cm³　　나. 4,837.5cm³
　다. 5,018.5cm³　라. 5,218.5cm³

17 반죽제조 단계 중 렛다운(Let Down) 상태까지 믹싱하는 제품으로 적당한 것은?

　가. 옥수수식빵, 밤식빵
　나. 크림빵, 앙금빵
　다. 바게트, 프랑스빵
　라. 잉글리시 머핀, 햄버거빵

18 다음 중 분할에 대한 설명으로 옳은 것은?

가. 1배합당 식빵류는 30분 내에 하도록 한다.
나. 기계분할은 발효과정의 진행과는 무관하여 분할 시간에 제한을 받지 않는다.
다. 기계분할은 손 분할에 비해 약한 밀가루로 만든 반죽분할에 유리하다.
라. 손 분할은 오븐스프링이 좋아 부피가 양호한 제품을 만들 수 있다.

19 실내온도 23℃, 밀가루 온도 23℃, 수돗물 온도 20℃, 마찰계수 20일 때 희망하는 반죽온도를 28℃로 만들려면 사용해야 될 물의 온도는?

가. 16℃ 나. 18℃
다. 20℃ 라. 23℃

20 유지의 기능 중 크림성의 기능은?

가. 제품을 부드럽게 한다.
나. 산패를 방지한다.
다. 밀어 펴지는 성질을 부여한다.
라. 공기를 포집하여 부피를 좋게 한다.

21 일반적으로 시유의 수분 함량은?

가. 58% 정도 나. 65% 정도
다. 88% 정도 라. 98% 정도

22 우유를 pH 4.6으로 유지하였을 때, 응고되는 단백질은?

가. 카세인(casein)
나. α-락트알부민(lactalbumin)
다. β-락토글로불린(lactoglobulin)
라. 혈청알부민(serum albumin)

23 유지에 유리 지방산이 많을수록 어떠한 변화가 나타나는가?

가. 발연점이 높아진다.
나. 발연점이 낮아진다.
다. 융점이 높아진다.
라. 산가가 낮아진다.

24 바게트 배합률에서 비타민 C를 30ppm 사용하려고 할 때 이 용량을 %로 올바르게 나타낸 것은?

가. 0.3% 나. 0.03%
다. 0.003% 라. 0.0003%

25 물의 경도를 높여주는 작용을 하는 재료는?

가. 이스트푸드 나. 이스트
다. 설탕 라. 밀가루

26 밀가루의 호화가 시작되는 온도를 측정하기에 가장 적합한 것은?

가. 레오그래프 나. 아밀로그래프
다. 믹사트론 라. 패리노그래프

27 달걀껍질을 제외한 전란의 고형질 함량은 일반적으로 약 몇%인가?

가. 7% 나. 12%
다. 25% 라. 50%

28 이스트에 존재하는 효소로 포도당을 분해하여 알코올과 이산화탄소를 발생시키는 것은?

가. 말타아제(maltase)
나. 리파아제(lipase)
다. 치마아제(zymase)
라. 인버타아제(invertase)

29 다음 중 글리세린(glycerin)에 대한 설명으로 틀린 것은?

가. 무색, 무취로 시럽과 같은 액체이다.
나. 지방의 가수분해 과정을 통해 얻어진다.
다. 식품의 보습제로 이용된다.
라. 물보다 비중이 가벼우며, 물에 녹지 않는다.

30 다음 중 설탕을 포도당과 과당으로 분해하여 만든 당으로 감미도와 수분 보유력이 높은 당은?

가. 정백당   나. 빙당
다. 전화당   라. 황설탕

31 유지 산패와 관계없는 것은?

가. 금속 이온(철, 구리 등)
나. 산소
다. 빛
라. 항산화제

32 다음 중 숙성한 밀가루에 대한 설명으로 틀린 것은?

가. 밀가루의 황색색소가 공기 중의 산소에 의해 더욱 진해진다.
나. 환원성 물질이 산화되어 반죽의 글루텐 파괴가 줄어든다.
다. 밀가루의 pH가 낮아져 발효가 촉진된다.
라. 글루텐의 질이 개선되고 흡수성을 좋게 한다.

33 빵, 과자 중에 많이 함유된 탄수화물이 소화, 흡수되어 수행하는 기능이 아닌 것은?

가. 에너지를 공급한다.
나. 단백질 절약 작용을 한다.
다. 뼈를 자라게 한다.
라. 분해되면 포도당이 생성된다.

34 단당류의 성질에 대한 설명 중 틀린 것은?

가. 선광성이 있다.
나. 물에 용해되어 단맛을 가진다.
다. 산화되어 다양한 알코올을 생성한다.
라. 분자내의 카르보닐기에 의하여 환원성을 가진다.

35 생체 내에서 지방의 기능으로 틀린 것은?

가. 생체기관을 보호한다.
나. 체온을 유지한다.
다. 효소의 주요 구성 성분이다.
라. 주요한 에너지원이다.

36 트립토판 360mg은 체내에서 니아신 몇 mg으로 전환 되는가?

가. 0.6mg   나. 6mg
다. 36mg   라. 60mg

37 다음 중 체중 1kg당 단백질 권장량이 가장 많은 대상으로 옳은 것은?

가. 1~2세 유아   나. 9~11세 여자
다. 15~19세 남자   라. 65세 이상 노인

38 원인균이 내열성포자를 형성하기 때문에 병든 가축의 사체를 처리할 경우 반드시 소각처리하여야 하는 인수공통감염병은?

가. 돈단독　　나. 결핵
다. 파상열　　라. 탄저병

39 해수세균의 일종으로 식염농도 3%에서 잘 생육하며 어패류를 생식할 경우 중독될 수 있는 균은?

　가. 보툴리누스균　　나. 장염 비브리오균
　다. 웰치균　　　　　라. 살모넬라균

40 다음 중 유지의 산화방지를 목적으로 사용되는 산화 방지제는?

　가. Vitamin B　　나. Vitamin D
　다. Vitamin E　　라. Vitamin K

41 다음 중 사용이 허가되지 않은 유해감미료는?

　가. 사카린(Saccharin)
　나. 아스파탐(Aspartame)
　다. 소프비톨(Sorbitol)
　라. 둘신(Dulcin)

42 화농성 질병이 있는 사람이 만든 제품을 먹고 식중독을 일으켰다면 가장 관계가 깊은 원인균은?

　가. 장염비브리오균
　나. 살모넬라균
　다. 보툴리누스균
　라. 황색포도상구균

43 미나마타병은 어떤 중금속에 오염된 어패류의 섭취 시 발생되는가?

　가. 수은　　나. 카드뮴
　다. 납　　　라. 아연

44 세균의 대표적인 3가지 형태분류에 포함되지 않는 것은?

　가. 구균(coccus)
　나. 나선균(spirillum)
　다. 간균(bacillus)
　라. 페니실린균(penicillium)

45 경구전염병의 예방법으로 부적합한 것은?

　가. 모든 식품을 일광 소독한다.
　나. 감염원이나 오염물을 소독한다.
　다. 보균자의 식품취급을 금한다.
　라. 주위환경을 청결히 한다.

46 질병 발생의 3대 요소가 아닌 것은?

　가. 병인　　나. 환경
　다. 숙주　　라. 항생제

47 다음 중 조리사의 직무가 아닌 것은?

　가. 집단급식소에서의 식단에 따른 조리 업무
　나. 구매식품의 검수 지원
　다. 집단급식소의 운영일지 작성
　라. 급식설비 및 기구의 위생, 안전 실무

48 다음 중 포장에 대한 설명 중에서 부적합 한 것은?

　가. 미생물에 오염되지 않은 환경에서 포장 한다.
　나. 뜨거울 때 포장 하면 냉각손실을 줄일 수 있다.
　다. 온도, 충격 등에 대한 품질 변화에 주의 하도록 한다.

라. 포장은 제품의 노화를 지연시킬 수 있다.

49 모든 재료를 믹서기에 한꺼번에 넣고 배합 하는 직접반죽법 중에서 표준스트레이트법을 비상스트레이트 법으로 전환할 때 필수적인 조치 방법은?

가. 설탕 사용량을 1% 감소시킨다.
나. 물 사용량을 1% 감소시킨다.
다. 1차 발효시간을 30분 이상 유지한다.
라. 반죽 시간을 20∼30% 줄여서 공정 시간을 단축한다.

50 반죽을 만들어 아주 짧은 1차 발효를 시킨 다음 분할 이나 정형을 한 후 냉동 시키는 냉동 반죽법에서 냉동 온도와 저장 온도로 적당한 것은?

가. −30℃로 완만냉동 후
 −25℃∼−18℃에서 냉동저장 한다.
나. −40℃로 급속냉동 후
 −25℃∼−18℃에서 냉동저장 한다.
다. −40℃로 완만냉동 후
 −25℃∼−18℃에서 냉동저장 한다.
라. −30℃로 급속냉동 후
 −25℃∼−18℃에서 냉동저장 한다.

51 반죽온도는 반죽시간, 반죽의 흡수율, 발효 시간등에 영향을 미치게 된다. 다음 중 반죽 온도에 미치는 영향이 가장 적은 것은?

가. 실내 온도
나. 물의 온도
다. 밀가루의 온도
라. 훅(Hook) 온도

52 어떤 일정한 공간에 설정한 온도에서 최대 포화 수증기압에 대한 수증기 압의 비율을 백분율로 나타낸 상대습도가 제품 보관 시 미치는 영향은?

가. 완제품의 향에 영향을 미친다.
나. 완제품의 껍질색에 영향을 미친다.
다. 완제품의 노화와 부패에 영향을 미친다.
라. 완제품의 부피에 영향을 미친다.

53 제빵에 있어서 우유가 미치는 영향 중에서 잘못된 것은?

가. 우유에 함유되어 있는 단백질은 보수력이 없어서 쉽게 노화 된다.
나. 우유에 함유되어 있는 단백질, 유지방, 무기질, 비타민으로 영양을 강화시킨다.
다. 우유에 함유되어 있는 유당은 겉껍질 색깔을 강하게 한다.
라. 우유에 함유되어 있는 단백질은 이스트에 의해 생성된 향을 착향시킨다.

54 밀가루의 성분 중에서 물을 흡수하는 성분에는 전분, 손상전분, 단백질, 펜토산 등이 있으며, 이 성분 중 단백질 함량이 11%일 때 물을 63% 넣는다면, 밀가루 단백질 함량이 1% 증가한다면 물의 함량은 어떻게 되는가?

가. 67%   나. 63%
다. 60%   라. 65%

> TIP 밀가루 단백질 함량이 1% 증가 시 반죽에 넣는 물의 함량은 1.5∼2% 증가한다.

55 2차 발효실의 상대습도가 높았거나 오븐 속에 증기를 많이 주입 했을 경우 식빵 제조에 미치는 영향은?

가. 질긴 껍질이 된다.
나. 식감이 눅눅해진다.
다. 언더 베이킹이 되기 쉽다.
라. 부피가 작아진다.

56 성형 공정에 대한 설명중 잘못된 것은?

가. 성형은 반죽을 일정한 모양으로 만드는 공정으로 밀기-말기-봉하기의 3단계로 한다.
나. 반죽은 부피와는 상관없이 무게에 의해 분할한다.
다. 둥글리기할 때 과다한 덧가루를 사용하면 제품에 줄무늬가 생기게 된다.
라. 중간 발효는 보통 27~29℃에서 10~20분 정도 실시한다.

57 기생충과 숙주와의 연결이 잘못된 것은?

가. 유구조충 – 돼지
나. 아니사키스– 해산어류
다. 페디스토마 – 다슬기
라. 간흡충 – 소

58 미생물의 일반적인 성질에 대한 설명 중에서 맞는 것은?

가. 곰팡이는 주로 포자에 의해 수를 늘리며, 빵, 밥 등의 부패에 관여하는 미생물이다.
나. 바이러스는 주로 출아법으로 수를 늘리며, 스스로 필요한 영양분을 합성한다.
다. 효모는 주로 분열법으로 수를 늘리며, 식품 부패에 가장 많이 관여 하는 미생물이다.
라. 세균은 주로 출아법으로 수를 늘리며, 술 제조에 많이 사용된다.

59 식품에 유화 안정성, 선도 유지, 형체 유지, 점착성 증가시켜 촉감을 좋게 하기 위해 사용하는 식품 첨가물은?

가. 산미료
나. 유화제
다. 이형제
라. 호료(증점제)

60 경구 감염병과 거리가 먼 것은?

가. 콜레라
나. 일본 뇌염
다. 세균성 이질
라. 유행성 간염

제빵기능사 필기 모의고사 3 정답									
1	2	3	4	5	6	7	8	9	10
가	나	가	나	다	라	다	다	다	라
11	12	13	14	15	16	17	18	19	20
가	가	가	다	나	라	라	라	나	라
21	22	23	24	25	26	27	28	29	30
다	가	나	다	가	나	다	라	라	다
31	32	33	34	35	36	37	38	39	40
라	가	다	다	다	가	라	라	나	가
41	42	43	44	45	46	47	48	49	50
라	라	가	라	가	다	나	가	가	나
51	52	53	54	55	56	57	58	59	60
라	다	가	라	가	나	라	가	라	나

제빵기능사 모의고사 (4회)

01 제빵 시 완성된 빵의 부피가 비정상적으로 크다면 그 원인으로 가장 적합한 것은?

　가. 소금을 많이 사용하였다.
　나. 알칼리성 물을 사용하였다.
　다. 오븐온도가 낮았다.
　라. 믹싱이 고율배합이다.

02 향신료(spice & herb)에 대한 설명으로 틀린 것은?

　가. 향신료는 주로 전분질 식품의 맛을 내는 데 사용된다.
　나. 향신료는 고대 이집트, 중동 등에서 방부제, 의약품의 목적으로 사용되던 것이 식품으로 이용된 것이다.
　다. 스파이스는 주로 열대지방에서 생산되는 향신료로 뿌리, 열매, 꽃, 나무껍질 등 다양한 부위가 이용된다.
　라. 허브는 주로 온대지방의 향신료로 식물의 잎이나 줄기가 주로 이용된다.

03 제과 · 제빵공장에서 생산관리 시 매일 점검할 사항이 아닌 것은?

　가. 제품 당 평균 단가
　나. 설비 가동률
　다. 원재료율
　라. 출근율

04 튀김용 기름의 온도로 가장 적합한 것은?

　가. 140~150℃　　나. 160~170℃
　다. 180~ 90℃　　라. 200~210℃

05 다음 중 빵 포장재의 특성으로 적합하지 않은 성질은?

　가. 위생성　　나. 보호성
　다. 작업성　　라. 단열성

06 빵의 부피가 너무 작은 경우 어떻게 조치하면 좋은가?

　가. 발효시간을 증가시킨다.
　나. 1차 발효를 감소시킨다.
　다. 분할무게를 감소시킨다.
　라. 팬 기름칠을 넉넉하게 증가시킨다.

07 굽기 손실에 영향을 주는 요인으로 관계가 가장 적은 것은?

　가. 믹싱시간
　나. 배합율
　다. 제품의 크기와 모양
　라. 굽기온도

08 산형식빵의 비용적으로 가장 적합한 것은?

　가. 1.5~1.8　　나. 1.7~2.6
　다. 3.2~3.5　　라. 4.0~4.5

09 굽기의 실패 원인 중 빵의 부피가 작고 껍질 색이 짙으며, 껍질이 부스러지고 옆면이 약해지기 쉬운 결과가 생기는 원인은?

가. 높은 오븐열
나. 불충분한 오븐열
다. 너무 많은 증기
라. 불충분한 열의 분배

10 냉동과 해동에 대한 설명 중 틀린 것은?

가. 전분은 −7~10℃ 범위에서 노화가 빠르게 진행된다.
나. 노화대(stale zone)를 빠르게 통과하면 노화속도가 지연된다.
다. 식품을 완만히 냉동하면 작은 얼음결정이 형성된다.
라. 전분이 해동될 때는 동결 때보다 노화의 영향이 적다.

11 식빵에서 설탕을 정량보다 많이 사용하였을 때 나타나는 현상은?

가. 껍질이 엷고 부드러워진다.
나. 발효가 느리고 팬의 흐름성이 많다.
다. 껍질색이 연하며 둥근 모서리를 보인다.
라. 향미가 적으며 속 색이 회색 또는 황갈색을 보인다.

12 단위당 판매가격이 70원, 단위당 변동비가 50원, 고정비가 5000원이라고 하면 손익분기점은 얼마인가?

가. 150원　　나. 200원
다. 250원　　라. 300원

13 밀가루 반죽의 물성측정 실험기기가 아닌 것은?

가. 믹소그래프
나. 아밀로그래프
다. 패리노그래프
라. 가스크로마토그래프

14 다음 중 연속식 제빵법의 특징이 아닌 것은?

가. 발효손실 감소
나. 설비감소, 설비공간, 설비면적 감소
다. 노동력 감소
라. 일시적 기계구입 비용의 경감

15 밀가루 50g에서 젖은 글루텐을 15g 얻었다. 이 밀가루의 조단백질 함량은?

가. 6%　　나. 12%
다 18%　　라. 24%

16 중간 발효에 대한 설명으로 틀린 것은?

가. 글루텐 구조를 재정돈한다.
나. 가스발생으로 반죽의 유연성을 회복한다.
다. 오버 헤드 프루프(over head proof)라고 한다.
라. 탄력성과 신장성에는 나쁜 영향을 미친다.

17 다음 중 빵 반죽의 발효에 속하는 것은?

가. 낙산발효　　나. 부패발효
다. 알코올발효　　라. 초산발효

18 다음 중 빵 반죽의 발효에 속하는 것은?

    가. 온도 27 ~ 29℃, 습도 90 ~ 100%
    나. 온도 38 ~ 40℃, 습도 90 ~ 100%
    다. 온도 38 ~ 40℃, 습도 80 ~ 90%
    라. 온도 27 ~ 29℃, 습도 80 ~ 90%

19 우유 중 제품의 껍질색을 개선시켜 주는 성분은?

    가. 유당   나. 칼슘
    다. 유지방   라. 광물질

20 전분에 글루코 아밀라아제(glucoamylase)가 작용하면 어떻게 변화하는가?

    가. 포도당으로 가수분해 된다.
    나. 맥아당으로 가수분해 된다.
    다. 과당으로 가수분해 된다.
    라. 덱스트린으로 가수분해 된다.

21 물의 기능이 아닌 것은?

    가. 유화 작용을 한다.
    나. 반죽 농도를 조절한다.
    다. 소금 등의 재료를 분산시킨다.
    라. 효소의 활성을 제공한다.

22 잎을 건조시켜 만든 향신료는?

    가. 계피   나. 넛메그
    다. 메이스   라. 오레가노

23 마가린의 산화방지제로 주로 많이 이용되는 것은?

    가. BHA   나. PG
    다. EP   라. EDGA

24 밀 단백질 1% 증가에 대한 흡수율 증가는?

    가. 0~1%   나. 1~2%
    다. 3~4%   라. 5~6%

25 껍질을 포함하여 60g인 달걀 1개의 가식부분은 몇 g 정도인가?

    가. 35g   나. 42g
    다. 49g   라. 54g

26 아밀로오스는 요오드용액에 의해 무슨 색으로 변하는가?

    가. 적자색   나. 청색
    다. 황색   라. 갈색

27 다음의 크림 중 단백질 함량이 가장 많은 것은?

    가. 식용크림
    나. 저지방 포말크림
    다. 고지방 포말크림
    라. 포말크림

28 젤리화의 요소가 아닌 것은?

    가. 유기산류   나. 염류
    다. 당분류   라. 펙틴류

29 빵 발효에 관련되는 효소로서 포도당을 분해하는 효소는?

    가. 아밀라아제   나. 말타아제
    다. 치마아제   라. 리파아제

30 1일 2000kcal를 섭취하는 성인의 경우 탄수화물의 적절한 섭취량은?

가. 1100~1400g 나. 850~1050g
다. 500~125g   라. 275~350g

31 지질대사에 관계하는 비타민이 아닌 것은?

가. Pantothenic acid
나. Niacin
다. Vitamin B_2
라. Folic acid

32 글리세롤 1분자에 지방산, 인산, 콜린이 결합한 지질은?

가. 레시틴   나. 에르고스테롤
다. 콜레스테롤   라. 세파린

33 나이아신(niacin)의 결핍증은?

가. 야맹증   나. 신장병
다. 펠라그라 라. 괴혈병

34 티아민(Thiamin)의 생리작용과 관계가 없는 것은?

가. 각기병   나. 구순구각염
다. 에너지 대사 라. TPP로 전환

35 식품조리 및 취급과정 중 교차오염이 발생하는 경우와 거리가 먼 것은?

가. 씻지 않은 손으로 샌드위치 만들기
나. 생고기를 자른 가위로 냉면 면발 자르기
다. 생선 다듬던 도마로 샐러드용 채소 썰기
라. 반죽에 생고구마 조각을 얹어 쿠키 굽기

36 식품첨가물의 안전성 시험과 가장 거리가 먼 것은?

가. 아급성 독성 시험법
나. 만성 독성 시험법
다. 맹독성 시험법
라. 급성 독성 시험법

37 사람에게 영향을 미치는 결핵균의 병원체를 보유하고 있는 동물은?

가. 쥐   나. 소
다. 말   라. 돼지

38 병원성 대장균 식중독의 가장 적합한 예방책은?

가. 곡류의 수분을 10% 이하로 조정한다.
나. 어류의 내장을 제거하고 충분히 세척한다.
다. 어패류는 민물로 깨끗이 씻는다.
라. 건강보균자나 환자의 분변 오염을 방지한다.

39 장염 비브리오균에 감염되었을 때 나타나는 주요 증상은?

가. 급성위장염 질환
나. 피부농포
다. 신경마비 증상
라. 간경변 증상

40 환경 중의 가스를 조절함으로써 채소와 과일의 변질을 억제하는 방법은?

가. 변형공기포장   나. 무균포장
다. 상업적 살균   라. 통조림

41 식품첨가물의 종류와 그 용도의 연결이 틀린 것은?

가. 발색제 – 인공적 착색으로 관능성 향상
나. 산화방지제 – 유지식품의 변질 방지
다. 표백제 – 색소물질 및 발색성 물질 분해
라. 소포제 – 거품 소멸 및 억제

42 쥐나 곤충류에 의해서 발생될 수 있는 식중독은?

가. 살모넬라 식중독
나. 클로스트리디움 보툴리눔 식중독
다. 포도상구균 식중독
라. 장염 비브리오 식중독

43 살모넬라(salmonella)균 식중독에 대한 설명으로 옳은 것은?

가. 극소량의 균량(菌量) 섭취로 발병한다.
나. 살모넬라균 독소의 섭취로 인해 발병한다.
다. 10만 이상의 살모넬라균을 다량으로 섭취시 발병한다.
라. 해수세균에 해당한다.

44 미생물이 생육할 수 있는 적절한 환경에서 유해한 미생물이 발생하여 빵의 맛이나 향기가 변질 및 부패 되도록 영향을 미치는 요인과 관계가 가장 적은 것은?

가. 수분 함량   나. 보관온도
다. 빵의 모양   라. 세균

45 일반 빵 제조에 있어서 제품에 부여하고자 하는 특성을 나타내게 할 수 있는 2차 발효실의 온도 범위는?

가. 32~ 40℃   나. 25~ 29℃
다. 24~ 28℃   라. 42~ 46℃

46 밀을 제분하여 밀가루를 만들 때 밀에 대한 밀가루의 양을 %로 나타낸 것을 제분 수율(%)이라 한다. 다음 중 제분 수율에 대한 설명이 잘못된 것은?

가. 제분 수율이 증가하면 일반적으로 무기질 함량이 증가한다.
나. 제분 수율이 증가하면 일반적으로 비타민 B_1, B_2 함량이 증가한다.
다. 사용 용도나 목적에 따라 제분 수율을 조정하기도 한다.
라. 제분 수율이 증가하면 일반적으로 소화율(%)은 감소한다.

47 연속식 제빵법을 사용하는 장점과 가장 거리가 먼 것은?

가. 발효향의 증가
나. 인력의 감소
다. 발효손실의 감소
라. 공장 면적과 믹서등 설비의 감소

48 조리빵류의 부재료로 활용되는 육가공품의 부패로 인해 암모니아와 염기성 물질이 형성될 때 pH의 변화는?

가. 산성이 된다.
나. 알카리성이 된다.
다. 변화가 없다.
라. 중성이 된다.

49 냉동빵 혼합 시 흔히 사용하는 방법으로, 환원제로 시스테인(Cysteine) 등을 사용하는 제법을 무엇이라 하는가?

가. 스트레이트 법
나. 액체 발효법
다. 노타임법
라. 스펀지법

50 호밀에 대한 설명으로 틀린 것은?

가. 호밀의 제분율에 따라 백색, 중간색, 흑색, 등으로 분류한다.
나. 호밀 단백질은 밀가루 단백질에 비해 글루텐을 형성하는 능력이 떨어진다.
다. 호밀분에 지방 함량이 높으면 저장성이 나빠진다.
라. 밀가루에 비해 펜토산 함량이 낮아서 반죽이 끈적거린다.

51 공기와의 접촉이 차단된 상태에서만 생존할 수 있어 산소가 없는 상태에서만 증식하는 균은?

가. 편성 호기성균
나. 편성 혐기성균
다. 호기성균
라. 통성 혐기성균

52 지방의 산패를 촉진하는 인자와 거리가 먼 것은?

가. 산소
나. 철
다. 질소
라. 자외선

53 20℃의 실온에서 액체인 지방을 유(油)라고 하고 고체인 지방을 지(脂)라 하여 통틀어 유지(油脂)라 한다. 유지는 지방산과 (   )의 에스테르(Ester) 결합이다. 다음 중 (   ) 안에 맞는 말은?

가. 글루텐(Gluten)
나. 아미노산
다. 글리세린(Glycerine)
라. 에틸 알코올(Ethyl Alcohol)

54 표준 식빵의 재료 사용 범위로 부적합한 것은?

가. 설탕 0~8%
나. 유지 0~5%
다. 생이스트 1.5~5%
라. 소금 5~7%

55 제과제빵의 굽기 작업 중 99℃의 제품 내부 온도에서 생존할 수 있고, 치사율도 매우 높으나 다행히 산에 약하여 pH 5.5의 약산성에도 모두 사멸하는 균은?

가. 로프균
나. 대장균
다. 살모넬라균
라. 리스테리아 균

56 단백질은 에너지원으로 사용되며 신체의 구성요소이다. 단백질의 구성원소가 아닌 것은?

가. 탄소 (C)
나. 질소(N)
다. 규소 (Si)
라. 수소 (H)

57 경구 감염병에 관한 설명 중 잘못된 것은?

가. 감염환이 성립된다.
나. 잠복기가 길다.

다. 식품은 경구 감염병의 증식 매체이다.
라. 미량의 균으로 감염이 가능하다.

58 다음 중 호화에 대한 설명 중 맞는 것은?

가. 호화가 되면 소화가 잘 되고 맛도 좋다.
나. 호화는 주로 단백질과 관련된 현상이다.
다. 유화제를 사용하면 호화를 지연시킬 수 있다.
라. 호화는 냉장온도에서 잘 일어난다.

59 제빵 시설에서 교차오염을 예방하기 위해 가장 바람직한 것은?

가. 냉수 전용 수세 설비를 갖춘다.
나. 작업 흐름을 일정한 방향으로 배치한다.
다. 작업장은 최소한의 면적을 확보한다.
라. 건조 식품과 젖은 식품을 교차할 수 있게 한다.

60 팬닝 시 주의할 사항으로 적당하지 않은 것은?

가. 반죽의 무게와 상태를 정하여 비용적에 맞추어 적당한 반죽량을 넣는다.
나. 팬닝 전 팬의 온도를 적정하고 고르게 한다.
다. 틀이나 철판의 온도를 25℃로 맞춘다.
라. 반죽의 이음매가 틀의 바닥에 놓이도록 팬닝한다.

제빵기능사 필기 모의고사 4 정답

1	2	3	4	5	6	7	8	9	10
다	가	가	다	라	가	가	다	가	다
11	12	13	14	15	16	17	18	19	20
나	다	라	라	나	라	다	다	가	가
21	22	23	24	25	26	27	28	29	30
가	라	가	나	라	나	라	나	다	라
31	32	33	34	35	36	37	38	39	40
라	가	다	가	라	다	나	라	가	가
41	42	43	44	45	46	47	48	49	50
가	가	다	가	가	가	다	나	다	라
51	52	53	54	55	56	57	58	59	60
나	다	다	라	가	다	다	가	나	다

참고문헌

- 이정훈, 강창수, 오현근, 윤미숙, 신숭녕(2005). 『식품위생학』. 백산출판사.
- 배현주, 백재은, 주나미, 윤지영(2005). 『HACCP 이론 및 실무』. 수학사.
- 류충호, 신형수, 정수경 역(2006). 『식품위생학』. 도서출판 동화기술.
- 문범수, 김동한, 김성환(2009). 『식품위생학』. 신광출판사.
- 재단법인과우학원(2011). 『표준 제빵이론』. 비엔씨 월드.
- 국가직무능력표준 활용패캐지 제과(2014). 한국산업인력공단.
- 김정희, 한장호, 임재연, 김미환, 남향우(2014). 『고등학교 제과제빵』. 웅보출판사.
- 월간 빠띠씨에(2014). 『제과제빵이론특강』. 비앤씨월드.
- 한국식품산업협회 교육교재편찬위원회(2014). 『식품위생교육교재』. 한국식품산업협회.
- 식품의약품안전처. http://www.kfda.go.kr 2015. 8 ~ 2015. 10
- 김덕웅, 정수현, 염동민, 신성균, 여생규, 조원대(2015). 『21C 식품위생학』. 수학사.
- 채동진, 이명호(2016). 『제과제빵 기능사 실기』. 도서출판 유강.
- 채동진, 이명호(2016). 『제과제빵 기능사 이론』. 도서출판 유강.
- 신숭녕 외(2018). 『NCS국가 직무능력 표준 NCS학습모듈』
  (빵류 제품 재료혼합, 빵류 제품 반죽 발효, 빵류 제품 반죽 정형, 빵류 제품 반죽 익힘,
  빵류 제품 마무리, 빵류 제품 위생 안전 관리, 빵류 제품 생산 작업 준비)
- 채동진, 이명호, 김남근, 김성봉(2019). 『NCS기반의 제빵실기』. 도서출판 유강.
- 채동진, 이명호, 김남근, 강란기(2024). 『제과기능사 필기 (이론+문제)』. 도서출판 유강.
- 채동진, 이명호, 김남근, 강란기(2024). 『제빵기능사 필기 (이론+문제)』. 도서출판 유강.
- 채동진, 이명호, 김남근, 강란기(2024). 『제과·제빵기능사 필기 (이론+문제)』. 도서출판 유강.

강 란 기 / 이학박사

숙명여자대학교 식품영양학과 졸업
숙명여자대학교 대학원 교육학 석사
숙명여자대학교 대학원 전통 식생활문화학 석사
호서대학교 대학원 식품영양학과 식품학 커피전공 이학박사
수원여대 겸임교수 역임
호서대, 경기대, 경원대, 안산공대, 동서울대 외래교수 역임
수원여대 외식산업과 커피바리스타 외래교수 역임
신한대학교 외식조리과 외래교수 역임
2024. 대한민국 직업능력개발 공로 "대통령 산업포장" 수훈
현) 성남제과조리커피직업전문학교 이사장
현) 성남 제과제빵커피학원 이사장
현) 성남요리학원 이사장
(사)한국관광음식문화협회 이사장

김 현 석 / 제과기능장

대한민국 제과기능장
한성대학교 호텔관광외식경영 석사
순천대학교 자연과학 박사
신흥대학교 겸임교수 역임
신한대학교 식품조리학부 교수 역임
(사) 대한제과협회 심사위원
(사) 한국기능장협회 심사위원
한성대학교 베이커리 연구회 회장
월드 마스터즈첼린지 컵 심사위원
(사) 음식문화교류협회 부회장
현) 김상엽제과제빵학원 원장

이 재 호 / 제과기능장

대한민국 제과기능장
인하대학교 공과대학 자원공학과 졸업
대한제과협회 제과제빵 명인
제과기능장협회 주최 베이커리 페어 심사위원
한국제과명장협회 주최 아카데코 심사위원
현) 제과기능장협회 강서지회장
현) 음식문화교류협회 재무이사
현) 강서 제과제빵학원장

제과 · 제빵기능사 필기

초 판 인 쇄 | 2020년 10월 5일
개정1쇄발행 | 2025년 1월 15일

저   자 | 강란기, 김현석, 이재호
발 행 처 | 도서출판 유강
발 행 인 | 柳麟夏

주   소 | 경기도 성남시 중원구 상대원동 144-3 우림라이온스밸리 5차 B동 412호
전   화 | 031-750-0238
총 무 과 | 031-750-0238
홈페이지 | www.ukang.co.kr

디 자 인 | 옥별
사   진 | 황익상

ISBN 979-11-90591-39-3

정가 20,000원

잘못된 책은 교환해 드립니다.
저자와 협의하에 인지를 생략합니다.

본책의 무단복제 행위는 저작권법에 의거 5년 이하의 징역 또는 8,000만원 이하의 벌금에 처하거나 이를 병과할 수 있습니다.